Braune/Streck

Praktische Methoden der Bilanzanalyse
und Bilanzkritik
mit dem Personalcomputer

Braune/Streck

Praktische Methoden der Bilanzanalyse und Bilanzkritik mit dem Personalcomputer

Mit Multiplan®-Modellen von
Michael Bernecker und Ulrich Schaefer

 verlag moderne industrie

CIP-Kurztitelaufnahme der Deutschen Bibliothek

Braune, Gerhard:
Praktische Methoden der Bilanzanalyse und Bilanzkritik
mit dem Personalcomputer / ®
Braune; Streck. Mit Multiplan-Modellen von
Michael Bernecker u. Ulrich
Schaefer — Landsberg: verlag moderne industrie, 1984
ISBN 3-478-44000-9

NE: Streck, Bernhard:

© 1984. Alle Rechte an Buch und Diskette (Programme) bei
verlag moderne industrie ag, Landsberg.
Ohne schriftliche Erlaubnis des verlages moderne industrie
darf kein Teil des Werkes in irgendeiner Form vervielfältigt
werden, weder grafisch noch elektrisch, noch mechanisch.

© 1984 Alle Rechte bei verlag moderne industrie AG + Co,
Buchverlag, 8910 Landsberg am Lech
Satz: Kösel, Kempten
Druck: Grafik + Druck, München
Bindearbeiten: Thomas-Buchbinderei, Augsburg
Schutzumschlag: Roman Gruber
Printed in Germany 320720 / 684403
ISBN 3-478-32720-2

Inhaltsverzeichnis

Einleitung		9
1.	Das Zahlenwerk des Jahresabschlusses – Struktur und Funktion	11
1.1	Grundlegende Begriffe und Zusammenhänge	11
1.1.1	Kapital und Vermögen	11
1.1.2	Inhalt von Bilanzen	14
1.1.3	Gewinn und Gewinnverwendung	15
1.1.4	Arten der Gewinnermittlung und Bilanzaufstellung	18
1.2	Bestandteile des Jahresabschlusses	21
1.3	Funktionen des Jahresabschlusses	23
2.	Bestandteile des Jahresabschlusses – Bedeutung und Aussagefähigkeit	27
2.1	Die Positionen der Bilanz nach AktG	30
2.1.1	Die Aktivseite der Bilanz	30
2.1.2	Die Passivseite der Bilanz	44
2.2	Die Positionen der Gewinn- und Verlustrechnung (Erfolgsrechnung nach § 157 AktG)	55
2.3	Der Geschäftsbericht als Ergänzung des Jahresabschlusses	64
2.3.1	Aufgabe und Inhalt	64
2.3.2	Der Lagebericht	64
2.3.3	Der Erläuterungsbericht	65
2.3.4	Der Geschäftsbericht in der Praxis	67
2.3.5	Zur bilanzanalytisch orientierten Erfassung der Geschäftsberichtsangaben	77
3.	Ziele und Arbeitsmethoden der Bilanzanalyse	79
3.1	Begriffe	79
3.2	Ziele und Probleme der Bilanzanalyse	80
3.3	Überblick über die Arbeitsmethoden	81
3.4	Konstruktion eines effizienten bilanzanalytischen Instrumentariums	86
3.5	Die Beschaffung von Vergleichszahlen	89
3.5.1	Ertragslage und Finanzierungsverhältnisse der Unternehmen im Jahre 1979	90
3.5.1.1	Ertragslage	90

| 3.5.1.2 | Finanzierungsverhältnisse | 93 |
| 3.5.1.3 | Kapital- und Vermögensstruktur | 97 |

4. Systematische Aufbereitung der Jahresabschlußdaten als Ausgangspunkt der Bilanzanalyse ... 113

4.1	Bedeutung und Aufriß der Jahresabschluß-Aufbereitung	113
4.2	Strukturierung der Bilanzdaten	114
4.3	Strukturbilanz und Beständedifferenzbilanz	123
4.3.1	Strukturbilanz	123
4.3.2	Beständedifferenzbilanz	123
4.4	Strukturierung der Gewinn- und Verlustrechnungs-Daten	126

5. Arbeitstechniken zur Strukturanalyse der Bilanz unter Verwendung der Gewinn- und Verlustrechnung ... 133

| 5.1 | Kennzahlen zur Vermögensstruktur | 133 |
| 5.2 | Kennzahlen zur Kapitalstruktur | 133 |

6. Offenlegung der Wechselbeziehungen zwischen Kapital und Vermögen ... 140

7. Ermittlung der Werteflüsse im Jahresabschluß ... 148

7.1	Umschlagskoeffizienten	148
7.2	Vorausschauende Liquiditätsrechnung unter Verwendung von Umschlagskoeffizienten	155
7.3	Umsatzüberschußziffern (Cash-Flow)	156
7.4	Cash-Flow-Beziehungszahlen	159
7.5	Bewegungsbilanzen	164
7.5.1	Einfache Veränderungsrechnungen (Beständedifferenzbilanz)	164
7.5.2	Bewegungsbilanz	164

8. Analyse der Erfolgs- und Verlustquellen des Betriebsprozesses ... 170

8.1	Gesamtergebnisstruktur	170
8.2	Wirtschaftlichkeit	170
8.3	Rentabilität	171
8.3.1	Gesamtrentabilität	171
8.3.2	Eigenkapitalrentabilität	172
8.3.3	Leverage-Faktor	172
8.3.4	Rentabilität des betriebsnotwendigen Kapitals	174
8.3.5	Return on Investment-Rechnung	175
8.4	Methoden zur Bestimmung des Unternehmens- und Firmenwertes	184

9. Praktische Anwendung des bilanzanalytischen Instrumentariums auf Jahresabschlüsse von AEG und Siemens ... 189

| 9.1 | Vorbemerkungen | 189 |

9.2	Ausgangsdaten (Jahresabschlüsse)	189
9.3	Systematische Bilanzanalyse in Tabellenform	196
10.	**Exkurse**	**234**
10.1	Das System und die Arbeitstechnik der doppelten Buchführung (Doppik)	234
10.1.1	Aufriß des Systems	234
10.1.2	Formale Regelungen	239
10.1.3	Von der Eröffnungs- zur Schlußbilanz	244
10.2	Bilanzierung bei Handels- und Steuerbilanzen	249
10.2.1	Formeller Bilanzansatz (Aktivierung und Passivierung) nach Handels- und Steuerrecht	250
10.2.2	Materieller Bilanzansatz (Bewertung) nach Handels- und Steuerrecht	255
10.2.2.1	Allgemeine Bewertungsgrundsätze und Bewertungsarten	255
10.2.2.2	Bilanzielle Bewertungsmaßstäbe	256
10.2.3	Die Bewertung der Vermögensgegenstände	261
10.2.3.1	Allgemeine Bewertungsgrundsätze	261
10.2.3.2	Spezielle Bewertungsansätze	262
10.2.3.3	Spezielle Verfahren zur Ermittlung der Anschaffungskosten bei schwankenden Preisen für Vermögensgegenstände des Umlaufvermögens	264
10.2.4	Bewertung des Kapitals	265
10.2.4.1	Eigenkapital	265
10.2.4.2	Fremdkapital	265
10.3	Konsolidierte Bilanzen	267
10.3.1	Konsolidierungskreis	268
10.3.2	Kapitalkonsolidierung	269
10.3.3	Konsolidierung von Forderungen und Verbindlichkeiten	276
10.3.4	Gewinnkonsolidierung	277
Literaturverzeichnis		**284**
Stichwortverzeichnis mit Kennzahlenregister		**286**

Einleitung

Zur Beurteilung von Unternehmungen ist das Lesen und Verstehen von Bilanzen eine unerläßliche Voraussetzung. Das Fehlen von bilanzanalytischen Kenntnissen führt dazu, daß man sich auf andere verlassen muß oder aber den Jahresabschluß der zu beurteilenden Unternehmung ganz oder teilweise unausgewertet läßt. In diesem Dilemma befinden sich sicherlich viele, so z. B. technisch, naturwissenschaftlich oder juristisch ausgebildete Fach- und Führungskräfte der Wirtschaft, Gewerkschaftsfunktionäre, Betriebsräte, Arbeitnehmervertreter in Aufsichtsräten, Kapitalanleger und Gesellschafter, Kreditsachbearbeiter in Banken, Versicherungen, Behörden und sonst in Staat und Wirtschaft Verantwortung tragende Persönlichkeiten. Dieses Dilemma wird noch verstärkt, wenn betriebswirtschaftliche Kenntnisse nur lückenhaft vorhanden sind.

Das vorliegende Buch soll Schwierigkeiten dieser Art beseitigen helfen. Es ist so angelegt, daß der Leser – ohne daß zunächst betriebswirtschaftliche Kenntnisse vorhanden sind – schrittweise in die Lage versetzt wird, die Inhalte von Jahresabschlüssen zu verstehen und bilanzanalytisch auszuwerten. Zum besseren Verständnis der betriebswirtschaftlichen Problematik und der buchhaltungstechnischen Zusammenhänge, die bei Aufstellung des Jahresabschlusses vorhanden sind, haben die Autoren in einem angegliederten Exkurs die einschlägigen Fragen im erforderlichen Umfang behandelt. So werden z. B. die Grundzüge der doppelten Buchführung, die Bilanzierungsprobleme bei Handels- und Steuerbilanz – insbesondere die Fragen im Zusammenhang mit der Bewertung der betrieblichen Vermögensgegenstände – sowie der Problemkreis der konsolidierten Bilanzen bei Konzernen dargestellt.

Für den Praktiker mit bereits vorhandenen betriebswirtschaftlichen Kenntnissen – auch für den Studenten – soll das Buch ein übersichtliches und systematisch aufgebautes Arbeitsmittel zur Bilanzanalyse sein.

Den genannten Zielgruppen steht damit ein praxisbezogenes Handbuch für die verschiedenen Zwecke der Bilanzanalyse zur Verfügung. Die geschaffene Auswertungssystematik ist so gehalten, daß jederzeit bedarfsgerechte EDV-Programme zur Bilanzanalyse daraus geschaffen werden können.

Bei der Entwicklung der bilanzanalytischen Methoden wird von der gesetzlich vorgeschriebenen Gliederung der Bilanz und der Gewinn- und Verlustrechnung von Aktiengesellschaften ausgegangen. Das aktienrechtliche Gliederungsschema hat inzwischen im handelsrechtlichen Sinne eine Normfunktion erlangt, so daß auch viele Nicht-Aktiengesellschaften dieses standardisierte Schema anwenden. Es existieren selbstverständlich auch andere Gliederungsschemata in den Unternehmungen, sie können jedoch durch Umordnung und Aufbereitung in das aktienrechtliche Schema überführt und damit für Zwecke der Bilanzanalyse – besonders im Sinne der Vergleichbarkeit mit anderen Betrieben – standardisiert werden.

Die Autoren haben sich bemüht, nicht nur die Denk- und Arbeitsmethoden in einem systematischen Zusammenhang – innerhalb eines Katalogs – darzustellen und einzuordnen, sondern dem Leser auch die praktische Anwendung aller Punkte des Methodenkataloges am Beispiel der Jahresabschlüsse zweier großer Unternehmungen zu zeigen (siehe Kap. 9).

Die Weiterentwicklung dieses Buches wird angestrebt. Daher sind die Autoren für Stellungnahmen und Vorschläge aus dem Leserkreis dankbar.

Gerhard Braune   Bernhard Streck

1. Das Zahlenwerk des Jahresabschlusses – Struktur und Funktion

1.1 Grundlegende Begriffe und Zusammenhänge[1]

1.1.1 Kapital und Vermögen

Bei Entstehung eines Betriebes werden Geldmittel und Sachwerte eingesetzt, um wiederum Sachdinge beschaffen und Menschen beschäftigen zu können. Auch die Aufrechterhaltung des späteren Beschaffungs-, Produktions-, Vertriebs- und Verwaltungsprozesses erfordert den stetigen Einsatz von Geldmitteln und Sachwerten.

Diese im Betrieb eingesetzten (auch investierten) Gelder und Sachwerte bezeichnet man als *Kapital*. Das Kapital wird dem Betrieb von den Kapitalgebern zur Verfügung gestellt und wandert damit zunächst in den Verfügungsbereich des Betriebs. Mit dem Kapital werden nun die für den Betriebsprozeß notwendigen Sachdinge beschafft und Kassenbestände zur Bezahlung von Mitarbeitern, Lieferanten etc. angelegt. Danach ist von dem ursprünglich vorhandenen Kapital (freie Geld- oder Sachwerte) nichts mehr verfügbar. Es ist restlos im Betrieb eingesetzt und für die verschiedensten Zwecke verwendet worden. Damit stellt das Kapital aus der Sicht des Betriebes nur noch einen abstrakten Wert dar.

Real sind dagegen die beschafften Sachdinge und Kassenbestände vorhanden. Diese werden als *Vermögen* bezeichnet. Die Abbildung »Kapital und Vermögen« auf Seite 12 soll den eben umschriebenen Sachverhalt verdeutlichen.

Damit gelten die folgenden Begriffsdefinitionen:

Kapital: (Mittelherkunft)
Summe der im Betrieb eingesetzten (investierten) Gelder und Sachwerte; *aus der Sicht des Betriebs:* abstrakte Summe Geldes, welche zur Beschaffung der betrieblichen Vermögensgegenstände verwendet worden ist.
   Je nach Mittelherkunft unterscheidet man zwischen Eigen- und Fremdkapital.

Vermögen: (Mittelverwendung)
Konkretes Sachvermögen = Wert der beschafften Grundstücke, Gebäude, Anlagen, Maschinen, Materialien etc. = Wert aller im Betrieb vorhandenen Sachdinge.
Konkretes Finanzvermögen = Wert der flüssigen (liquiden) Mittel: Bargeld, Girokontenbestände, Wertpapiere etc. = Wert aller im Betrieb vorhandenen Geldmittel und Wertpapiere.

Eine weitergehende Gliederung der Vermögensarten wird in Kapitel 2 durchgeführt.

Finanzierung: Jegliche Art der Kapitalbeschaffung. Aus der Tatsache, daß jede Geldeinheit (z.B. DM) investiertes Kapital in irgendeinem Vermögensgegenstand

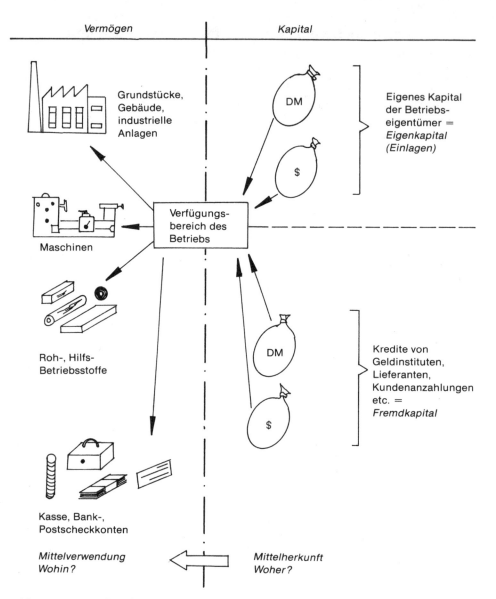

Abb. 1.1: *Kapital und Vermögen*

angelegt ist, folgt zwangsläufig, daß die Summe aller Kapitalwerte eines Betriebes zu jedem beliebigen Zeitpunkt gleich der Summe aller Vermögenswerte ist:

$$\Sigma \text{ Vermögenswerte} = \Sigma \text{ Kapitalien}$$

Ein Beispiel zur Gründung einer Unternehmung soll dies verdeutlichen:

Beispiel zu Kapital und Vermögen

Der Leser findet in Kapital 10 (Exkurse) eine kompakte Darstellung des Systems der Doppelten Buchführung und Bilanzierung. Deshalb erfolgt an dieser Stelle keine ausführliche buchungstechnische Behandlung des Beispiels.

Gründung einer Unternehmung am 1. 4. 1978.
Vom Eigentümer zur Verfügung gestellt:

		DM
– Pkw	Zeitwert	6.000,–
– Eigentumswohnung als Laden und Büro	Zeitwert	110.000,–
– Bargeld	Zeitwert	10.000,–
Eingesetztes Eigenkapital		126.000,–

	DM
Von der Ehefrau (Gütertrennung) und anderen Verwandten bar zur Verfügung gestellt	14.000,–
Bankkredite (auf Girokonto)	30.000,–
Gesamtkapital	170.000,–

Zeitpunkt 1. 4. 1978 ⇐

Vermögen	DM	Kapital	DM
Grundstücke und Gebäude	110.000,–	Eigenkapital	126.000,–
Betriebsmittel	6.000,–	Fremdkapital	44.000,–
Bankguthaben	30.000,–		
Kasse	24.000,–		
	170.000,–		170.000,–

Es werden anschließend bis zum 1. 5. 78 angeschafft und bezahlt über Bankkonto und Kasse:

– Büroeinrichtung und Ladeneinrichtung im Wert von	DM 40.000,–
– Warenvorräte im Wert von	DM 12.000,–

Auf Kredit werden weitere Warenvorräte bezogen im Wert von DM 30.000,–

Zeitpunkt 1. 5. 1978 ⇐

Vermögen	DM	Kapital	DM
Grundstücke und Gebäude	110.000,–	Eigenkapital	126.000,–
Betriebsmittel	46.000,–	Fremdkapital	74.000,–
Vorräte	42.000,–		
Bankguthaben	1.000,–		
Kasse	1.000,–		
	200.000,–		200.000,–

1.1.2 Inhalt von Bilanzen

In dem Wort Bilanz liegt die Vorstellung einer im Gleichgewicht befindlichen zweischaligen Waage (italienisch: = bilancia). Damit werden folgende Wesensmerkmale der Bilanz angesprochen:

a) Die Bilanz ist die Gegenüberstellung *zweier* Größen, nämlich Kapital und Vermögen.
b) Die Summen der beiden Größen, d. h. beide Seiten der Bilanz, sind gleich.

Bilanz: Aufzeichnung aller Vermögenswerte und Kapitalien eines Betriebes zu einem bestimmten Zeitpunkt (Bilanzstichtag), meist am Ende eines Zeitabschnitts (Abrechnungszeitraums).

Rein formal erfolgt die Aufzeichnung als Gegenüberstellung in Kontoform, wobei das Vermögen auf der *linken* Seite (Aktivseite) aufgelistet wird und das Kapital, mit dem das Vermögen beschafft wurde, auf der *rechten* Seite (Passivseite):

Aktiva	Bilanz zum ...	Passiva
Vermögensposition 1		Kapitalposition 1
2		2
.		.
.		.
.		.
n		m
Bilanzsumme Aktiva		Bilanzsumme Passiva

Bezüglich der zeitlichen Zusammenhänge gelten folgende Bezeichnungen:

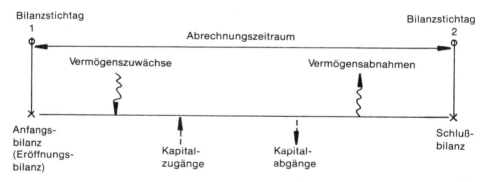

Während des Abrechnungszeitraums finden verschiedene Vorgänge statt, die bewirken, daß die Schlußbilanz von der Eröffnungsbilanz abweicht:

– Vermögenszuwächse und Vermögensverzehre(-abnahmen)
– Kapitalzugänge und Kapitalabgänge.

Als Abrechnungszeitraum kommen in Frage: Monat, Vierteljahr, Halbjahr, Jahr. Je nachdem entstehen sog. Monatsbilanzen, Vierteljahresbilanzen, Halbjahresbilanzen bzw. Jahresbilanzen.

Der vorangegangene Abschnitt »Kapital und Vermögen« enthält bereits Beispiele zweier Bilanzen, nämlich der Eröffnungsbilanz des Monats April 1978 sowie der Schlußbilanz desselben Monats.

1.1.3 Gewinn und Gewinnverwendung

Unter Gewinn wird – in Anlehnung an den Gewinnbegriff gemäß § 4 des Einkommensteuergesetzes (EStG) – dasjenige Mehr an Vermögen gegenüber dem Beginn des Abrechnungszeitraums verstanden, das *ohne* Zugänge an Kapital erwirtschaftet worden ist. So enthält die Bilanz zum 1. 5. 1978 die im Absatz 1.1.1 als Beispiel aufgeführt wurde, keinen Gewinn, da der gesamte Vermögenszuwachs von DM 30.000,– ausschließlich durch Aufnahme eines Krediets zustande gekommen ist.

Gewinn (Definition in Anlehnung an den Gewinnbegriff gemäß § 4 des EStG):

Differenz zwischen dem Vermögen *am Ende* eines Zeitabschnitts V_{Ende} und dem *am Anfang* des Zeitabschnitts vorhandenen Kapital (Vermögen)
K_{Anfang} vermindert um die Kapitalzuflußdifferenz ΔK
ΔK = Kapitalzugänge im Zeitabschnitt – Kapitalabgänge im Zeitabschnitt;

$$\text{Gewinn } G = V_{Ende} - K_{Anfang} - \Delta K$$

Gewinn ist Eigenkapital, das im Betrieb investiert *oder* an die Eigentümer ausbezahlt (ausgeschüttet) werden kann (Einlage *oder* Entnahme).

Weiterführung des Beispiels aus Absatz 1.1.1:

Am Ende des Geschäftsjahres zum Bilanzstichtag 31. 3. 1979 beträgt das gesamte Vermögen des Unternehmens DM 217.000,–.
Weiteres Kapital ist seit dem 1. 4. 1978 – neben den DM 30.000,– Warenkredit – noch zugeflossen bis zum Bilanzstichtag in Höhe von DM 50.000,–.
Zurückbezahlt wurden innerhalb des Geschäftsjahres DM 60.000,– (u. a. der bereits erwähnte Warenkredit von DM 30.000,–) an Kapital.
Damit sind:
Kapitalzugänge im Abrechnungszeitraum: DM 50.000,– + DM 30.000,– = DM 80.000,–
Kapitalabgänge im Abrechnungszeitraum: DM 60.000,–.
ΔK = Kapitalzuflußdifferenz = 80.000,– – 60.000,– = DM 20.000,–

Gewinn des Geschäftsjahres:
$V_{Anfang} = K_{Anfang}$ = DM 170.000,–
$V_{Ende} = K_{Ende}$ = DM 217.000,–
Gewinn G = DM 217.000,– – DM 170.000,– – DM 20.000,– = + DM 27.000,– d. h. DM 27.000,–
wurden erwirtschaftet als Mehr an Vermögen *ohne* Kapitalzuflüsse.

Der erwirtschaftete Gewinn am Ende eines Abrechnungszeitraums kann entweder im Unternehmen belassen oder an die Eigentümer »ausgeschüttet« werden. Im ersteren Fall bleibt der reale Vermögenszuwachs dem Unternehmen erhalten und der Gewinn vergrößert das in dem Unternehmen investierte Eigenkapital, da der Gewinn ja den Eigentümern des Unternehmens zusteht und von diesen investiert wird. Im zweiten Fall bleibt das Kapital unverändert und das Vermögen erreicht den Stand, den es am Beginn des Abrechnungszeitraums hatte.

Ein negativer Gewinn (Verlust) vermindert dagegen das Eigenkapital.

In jedem Fall herrscht aber Gleichheit zwischen Kapital und Vermögen.

Der Gewinn eines Unternehmens kann durch die Berücksichtigung von zukünftigen Vermögensverzehren geschmälert werden. Dies sind die *Rückstellungen*. Bei den Rückstellungen handelt es sich um zukünftige Zahlungsverpflichtungen, deren Entstehungsgrund zwar festliegt, deren Höhe und/oder Fälligkeit aber noch nicht bekannt ist und nur geschätzt werden kann (z. B. mögliche Zahlungsverpflichtungen aus einem noch schwebenden Gerichtsprozeß).

Sie sind »Verpflichtungsreserven«, welche zur Deckung zukünftiger Ausgaben (bzw. Verluste) dienen sollen.

Rückstellungen werden erfolgswirksam gebildet, d.h. sie schmälern den Erfolg (Gewinn). Im Gegensatz dazu belasten die Rücklagen den Gewinn nicht, vielmehr werden sie erst aus dem Reingewinn einbehalten. Dieser Sachverhalt soll durch ein Mengenflußbild verdeutlicht werden:

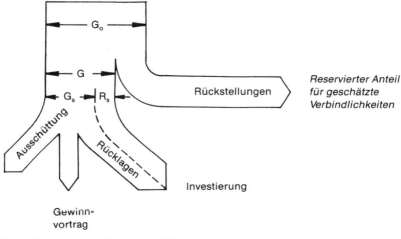

G_o = Gewinn ohne Bildung von Rückstellungen = $V_{Ende} - K_{Anfang} - \Delta K$
G = Gewinn bei Bildung von Rückstellungen = $V_{Ende} - K_{Anfang} - \Delta K -$ Rückstellungen
     (verwendungsfähiger Gewinn)
G_s = zu versteuernder Gewinn
R_s = Sonderposten mit Rücklagenanteil

Abb. 1.2: Zusammenhang zwischen Rückstellungen, Gewinn und Rücklagen

Der Reingewinn G ist der zu versteuernde Gewinn mit Ausnahme bestimmter Rücklagenanteile R_s (Sonderposten mit Rücklagenanteil), die bei ihrer Bildung nicht versteuert werden müssen.

Aus dem Reingewinn werden die Rücklagen als dauerhaft im Unternehmen verbleibender (investierter) Gewinnanteil gebildet. Außerdem kann noch eine Gewinnausschüttung an die Eigentümer und evtl. ein Gewinnvortrag zur Ausschüttung im nächsten Geschäftsjahr vorgesehen werden, der bis zu diesem Zeitpunkt im Unternehmen verbleibt.

Bei Erwirtschaftung eines negativen Gewinns (Verlust) sind keine Gewinnverwendungsmöglichkeiten gegeben. Einzige Maßnahme bleibt in diesem Fall, den gesamten Verlust oder Teile davon auf die Folgejahre vorzutragen (Verlustvortrag).

Weiterführung des Beispiels aus Absatz 1.1.1

1. Bildung einer Rückstellung für voraussichtliche Prozeßkosten eines Gerichtsverfahrens, das vor dem 31. 3. 1979 begonnen wurde: DM 3.000,–
   ↓
   Gewinn = DM 27.000,– – DM 3.000,– = DM 24.000,–
2. Bildung einer steuerbegünstigten Rücklage für Preissteigerungen: DM 4.000,– = Zuführung zu Sonderposten mit Rücklagenanteil
   ↓
   Zu versteuernder Gewinn = DM 24.000,– – DM 4.000,– = DM 20.000,–

Der zu versteuernde Gewinn soll der Einkommensteuer unterliegen zu einem Satz von ca. 25%:
Einkommensteuer: DM 5.000,–
Verfügbarer Gewinn: = DM 20.000,– – DM 5.000,– = DM 15.000,–

3. Im Unternehmen sollen verbleiben: DM 10.000,–: Zuführung zu Rücklagen
4. Gewinnausschüttung an Eigentümer: 15.000,– – 10.000,–
   (durch Überweisung vom Bankkonto) = DM 5.000,–

Rückstellungen und Rücklagen (incl. Sonderposten mit Rücklagenanteil) werden auf der Passivseite der Bilanz als gesonderte Kapitalpositionen ausgewiesen. In der Regel verbleibt – nach der Vornahme der Gewinnverwendungsmaßnahmen – nur noch der für die Ausschüttung vorgesehene Gewinn als in der Bilanz gesondert ausgewiesener »Bilanzgewinn«. Dieser sog. Bilanzgewinn kann dann als Differenzgröße (= Saldo)

Aktiva		Passiva		
Vermögenspositionen	1	Kapitalpositionen	1	darin gesondert aufgeführt: Rücklagen, Rückstellungen, Gewinnvortrag
	.		.	
	.		.	
	.		.	
	.		.	
	n		m	
Bilanzverlust (n + 1)		oder Bilanzgewinn .... (= Kapitalpos. m + 1)		
Σ Aktiva		=	Σ Passiva	

zwischen Vermögen und den restlichen Kapitalpositionen angesehen werden. Ein Bilanzverlust wird umgekehrt als Differenzgröße zwischen dem Kapital und dem noch vorhandenen Vermögen betrachtet.

1.1.4 Arten der Gewinnermittlung und Bilanzaufstellung

Der Gewinn eines Abrechnungszeitraums läßt sich grundsätzlich auf zwei Arten ermitteln. Zum einen kann man die gesamten Werte-Zuwächse ohne Kapitalbewegungen vergleichen mit dem Werte-Verzehr des betrieblichen Vermögens, der ebenfalls ohne Kapitalbewegungen stattgefunden hat. In diesem Falle wird eine sog. Gewinn- und Verlustrechnung (GuV-Rechnung) durchgeführt.

Die zweite Möglichkeit der Gewinnermittlung besteht in der Vermögensvergleichsrechnung, wie sie bereits in dem vorangegangenen Absatz mit Berücksichtigung der Kapitalbewegungen durchgeführt wurde.

In beiden Fällen erhält man dasjenige Mehr (Gewinn) bzw. Weniger (Verlust) an Vermögen, das *ohne* Kapitalbewegungen erwirtschaftet wurde.

Bei ordnungsgemäßer Buchführung ist in jedem Falle der nach Verfahren (1) ermittelte Gewinn gleich dem Gewinn, der gemäß Verfahren (2) ermittelt worden ist.

(1) Gewinn- und Verlustrechnung (GuV-Rechnung):

Gewinn = Erträge – Aufwendung

Zeitabschnittsbezogene Größen z. B.
Jahresgewinn = Jahreserträge – Jahresaufwendungen

Hierbei sind:

Aufwand = Jeglicher Werteverzehr (Vermögensabnahme) für Rechnung des Betriebs in einem Zeitabschnitt, der nicht durch Kapitalabgänge bewirkt wurde.

Beispiele: Zahlung von Löhnen, Wertminderung von Maschinen durch Nutzung und Alterung, Verbrauch von Material.

Ertrag = Jeglicher Wertezuwachs (Vermögenszunahme) für Rechnung des Betriebs in einem Zeitabschnitt, der nicht durch Kapitalzugänge bewirkt wurde (= Gegenteil von Aufwand).

Beispiele: Umsatzerlöse durch Verkauf von Gütern und Dienstleistungen, Zinsen auf ein Sparkonto des Betriebs.

Aufwendungen und Erträge für Rechnung des Betriebes können in der GuV-Rechnung unterschiedlich gegliedert bzw. zusammengefaßt werden.

§ 157 des Aktiengesetzes (AktG) gibt *ein* Beispiel eines möglichen Rechenschemas zur GuV-Rechnung. Im industriellen Rechnungswesen ist eine verfeinerte Gliederung von Aufwendungen und Erträgen erforderlich, wodurch eine anders aufgebaute GuV-Rechnung entsteht.

Weiterführung des Beispiels aus Absatz 1.1.1
Durch genaue Aufzeichnung der Erträge und Aufwendungen im o. g. Abrechnungszeitraum vom 1. 4. 78 bis 31. 3. 79 kam folgende Aufstellung zustande:

Aufwendungen	DM	Erträge	DM
Gehälter und Sozialaufw.	42.000,–	Bezahlte Umsatzerlöse	450.000,–
Einstandsaufwand für ausgelief. Waren	400.000,–	(Forderungszugänge – Forderungsabgänge)*	41.000,–
Strom, Wasser, sonst. Gebühren	4.000,–	Werterhöhung PKW** (aktivierte Eigenl.)	3.400,–
Porto, Büromaterial Verbrauch	7.000,–	Zinsen auf betriebseigenes Sparkonto	1.600,–
Frachten, Verpackungen	3.000,–		
Warendiebstahl	2.000,–		
Warenbruch	500,–		
Spende an das DRK	500,–		
Austauschmotor PKW und sonst. Ersatzteile (wurde selbst eingebaut durch Mitarbeiter)	3.000,–		
Summe	462.000,–	Summe	496.000,–

Gewinn = Erträge – Aufwendungen = + DM 34.000,–

* Dies ist der Bestand von Restforderungen an Kunden am 31. 3. 79 aus geleisteten Warenlieferungen, wobei kein Anfangsbestand am 1. 4. 78 vorhanden war. Restforderungen + bez. Umsatzerlöse = Gesamtumsatz.
** enthält anteilige Lohnkosten des Mitarbeiters in Höhe von DM 400,–.

(2) Vermögens-Vergleichsrechnung:

Gewinn = vorhandenes Vermögen am Ende eines Zeitabschnitts – vorhandenes Vermögen am Anfang dieses Zeitabschnitts – Kapitalzuflußdifferenz ΔK (vgl. hierzu Absatz 1.1.3)

Bezüglich der Arten der Bilanzaufstellung kommt zunächst die Inventur mit einer Inventaraufstellung zum Bilanzstichtag in Frage. Bei der Inventur werden alle Vermögensgegenstände und Kapitalien (z. B. Schulden) durch Zählen, Messen, Wiegen oder Schätzen ermittelt. Dieses Verfahren nennt man auch die sog. körperliche Bestandsaufnahme. Die Ergebnisse der Inventur werden in einem Verzeichnis, dem sog. Inventar festgehalten. Anschließend werden die ermittelten Mengengrößen bewertet und dadurch in Geldgrößen umgerechnet. Diese Werte werden dann in der Bilanz unter den einzelnen Vermögenspositionen aufgeführt. Die folgende Abbildung soll den geschilderten Sachverhalt verdeutlichen:

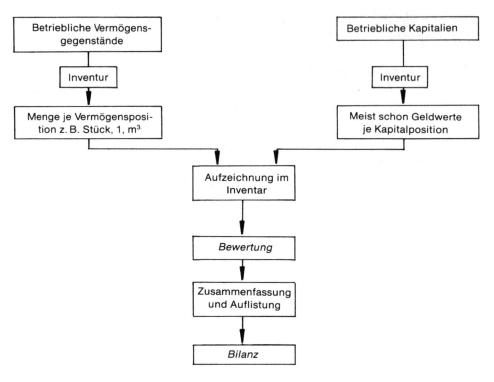

Abb. 1.3: Inventur, Inventar, Bilanz

Die zweite Möglichkeit der Bilanzaufstellung besteht in der Geschäftsbuchhaltung im System der doppelten Buchführung mit angeschlossener Gewinn- und Verlustrechnung.

Für jede Position des Vermögens bzw. Kapitals wird der geldwertmäßige Anfangsbestand zu Beginn eines Zeitabschnitts erfaßt (z. B. durch Inventur). Jeglicher Wertzuwachs zu einzelnen Vermögenspositionen, jegliche Wertabnahme bzw. jegliche Änderung von Kapitalpositionen werden im System der doppelten Buchführung lückenlos aufgezeichnet. Aus dem Anfangsbestand wird am Ende des Zeitabschnitts unter Berücksichtigung der aufgezeichneten Änderungen der Endbestand ermittelt.

Differenzen zu den Ergebnissen der Inventur bzw. Inventaraufstellung sind als außerordentliche Aufwendungen (z. B. Fehlbestand durch Diebstahl) oder außerordentliche Erträge neben den regulären Aufwendungen und Erträgen in der Gewinn- und Verlustrechnung zu berücksichtigen. In jedem Falle sind die Ergebnisse der körperlichen Bestandsaufnahme maßgeblich, die ja auch gesetzlich vorgeschrieben ist. Die folgende Abbildung soll hierzu eine Übersicht geben:

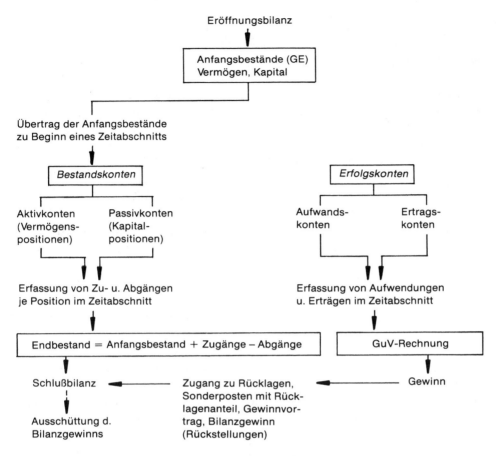

Abb. 1.4: Bilanzaufstellung im System der doppelten Buchführung

Eine ausführliche Darstellung des Systems und der Arbeitstechnik der doppelten Buchführung erfolgt im Exkurs unter Abschnitt 10.1.

1.2 Bestandteile des Jahresabschlusses

Die Bilanz sowie die Gewinn- und Verlustrechnung werden zusammen als Jahresabschluß bezeichnet, sofern sie am Ende eines Geschäftsjahres aufgestellt werden. Hierbei ist die Bilanz eine Beständeauflistung, die die Bestände an Vermögens- und Kapitalpositionen zu einem Zeitpunkt, dem *Bilanzstichtag*, gegenüberstellt. Die Bestände übernimmt sie aus den Bestandskonten der Geschäftsbuchhaltung, die als Zeitraumrechnung alle Geschäftsvorfälle einer Rechnungsperiode in chronologischer Reihenfolge aufzeichnet. Durch die Inventur werden Differenzen zwischen den sich aus den Konten buchmäßig ergebenden und den tatsächlich vorhandenen Beständen aufgedeckt und korrigiert. Neben den Beständen zeigt die Bilanz auch den nach Gewinnverwendung verbleibenden Erfolg (Bilanzgewinn) eines Abrechnungszeitraums als Differenzgröße zwischen Aktiv- und Passivseite, gibt aber keine Auskunft über die Entstehung dieses Gewinns. Das ist Aufgabe der Gewinn- und Verlustrechnung, die durch Gegenüberstellung von Erträgen und Aufwendungen der Abrechnungsperiode, die sie aus den Aufwands- und Ertragskonten der Buchhaltung übernimmt, über das Zustandekommen des Gewinns, über seine Herkunft und Höhe Rechenschaft gibt. Sie ist im Gegensatz zur Bilanz eine *Zeitraumrechnung*.

Der Jahresabschluß, bestehend aus Bilanz und Gewinn- und Verlustrechnung, wird bei Aktiengesellschaften, Genossenschaften, Versicherungsunternehmungen, Bausparkassen und öffentlichen Betrieben ergänzt um einen Geschäftsbericht, der auch Erläuterungen zu den Zahlenwerken der Bilanz und der Gewinn- und Verlustrechnung enthält. Dieser Geschäftsbericht stellt für die genannten Betriebe neben den erwähnten Zahlenwerken gewissermaßen einen dritten ergänzenden Bestandteil des Jahresabschlusses dar. Der Bericht hat die Aufgabe, die Organe der Gesellschaft (Aufsichtsrat, Hauptversammlung), die Gesellschafter, die Gläubiger und die interessierte Öffentlichkeit über den Geschäftsverlauf und die Lage der Gesellschaft zu informieren und die Bilanz und Gewinn- und Verlustrechnung zu erläutern und zu ergänzen. Zu diesem Zweck ist er in einen Lagebericht und einen Erläuterungsbericht eingeteilt. Zur Aufstellung des Geschäftsberichtes ist der Vorstand einer Aktiengesellschaft verpflichtet. Er muß in den ersten drei Monaten des Geschäftsjahres den Geschäftsbericht zusammen mit der Jahresbilanz und der Gewinn- und Verlustrechnung den Abschlußprüfern vorlegen (§ 148 AktG.). Die Vorschrift des § 149 Abs. 1 AktG., daß der Jahresabschluß so klar und übersichtlich wie möglich darzustellen ist und einen möglichst sicheren Einblick in die Vermögens- und Ertragslage der Gesellschaft gewähren soll, gilt analog für die Abfassung des Geschäftsberichtes. Die Berichterstattung des Vorstandes hat, worauf § 60 Abs. 4 AktG. ausdrücklich hinweist, den Grundsätzen einer gewissenhaften und getreuen Rechenschaftslegung zu entsprechen. Der Geschäftsbericht muß vollständig sein, d. h. er muß alle Angaben enthalten, die für den Aufsichtsrat und die Hauptversammlung bei der Beschlußfassung von Bedeutung sein können. Er muß außerdem verständlich sein, damit ein nichtfachkundiger Leser den Inhalt verstehen kann. Insbesondere sollen Bezugnahmen auf Gesetzesparagraphen ohne entsprechenden Erläuterungen unterlassen werden.

Die folgende Abbildung »Bestandteile des Jahresabschlusses« verdeutlicht den geschilderten Sachverhalt.

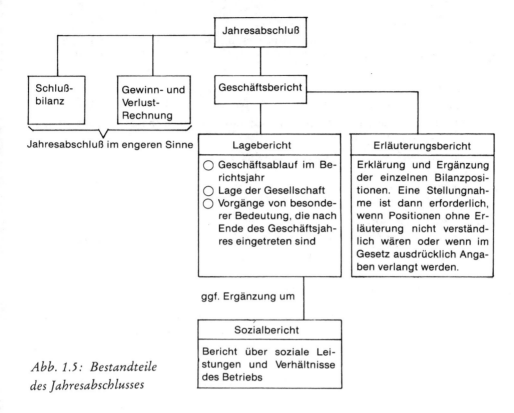

Abb. 1.5: Bestandteile des Jahresabschlusses

1.3 Funktionen des Jahresabschlusses

Generell ist es Aufgabe des Jahresabschlusses, Informationen über die Entwicklung und Lage des Unternehmens zu geben. Bezüglich der Bilanz lassen sich nach K. Olfert aus dieser allgemeinen Aufgabe mehrere Teilaufgaben der Bilanz ableiten.[2]

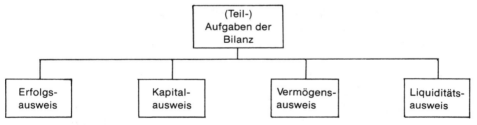

a) Erfolgsausweis

(Bilanzgewinn) nach Durchführung von Gewinnverwendungsmaßnahmen; vgl. hierzu Absatz 1.1.3

Der Gewinn (Erfolg) ist nach handels- bzw. steuerrechtlichen Vorschriften auszuweisen.

Der Erfolg wird jedoch nur seiner Höhe nach in der Bilanz, nicht aber nach seiner

Herkunft und Zusammensetzung ausgewiesen. Diese Informationen müssen der GuV-Rechnung entnommen werden.

b) Kapitalausweis
Hier sind 2 Aufgaben zu erfüllen:
- Kennzeichnung des Kapitalaufbaus (Kapitalstruktur), insbesondere Darstellung von Eigen- und Fremdkapital
- Nachweis der Kapitalerhaltung im Zeitablauf

c) Vermögensausweis
- Feststellung des Vermögens
  Das Vermögen soll in seiner Gesamtheit genau aufgeschlüsselt werden. Die aktienrechtlichen Gliederungsvorschriften (§ 151 AktG) der Bilanz berücksichtigen diese Voraussetzung
- Kennzeichnung des Vermögensaufbaus,
  insbesondere Darstellung von Anlagevermögen und Umlaufvermögen

Anlagevermögen = Vermögensgegenstände, die zum dauernden Verbleib und zur dauernden Nutzung im Unternehmen bestimmt sind (Gebrauchsgüter).
Umlaufvermögen = Vermögensgegenstände, die nicht zum dauernden Verbleib im Unternehmen bestimmt sind. Sie erfahren eine fortlaufende Umschichtung durch Lieferung, Verbrauch, Neulieferung etc. (Verbrauchsgüter).

d) Liquiditätsausweis
Unter *Liquidität* ist die Fähigkeit des Unternehmens zu verstehen, seinen laufenden Zahlungsverpflichtungen nachkommen zu können. Diese kann für den Bilanzstichtag aus einer Gegenüberstellung von vorhandenen Geldmitteln mit den Zahlungsverpflichtungen ersehen werden. Eine derartige Gegenüberstellung ist allerdings problematisch, da sie nur für einen Zeitpunkt, nicht aber für den diesem Zeitpunkt folgenden Zeitraum gilt.

Bezüglich der weiteren Aufgaben des Jahresabschlusses für die Unternehmung, die Gläubiger und die Öffentlichkeit kann der Zweck des Jahresabschlusses zunächst – vom Handelsrecht her gesehen – folgendermaßen grob umrissen werden:

Dokumentation für die Gläubiger eines Betriebs, um zu verhindern, daß Vermögensgegenstände arglistig dem Gläubigerzugriff entzogen werden (allgemeiner Zweck der sog. Rechnungslegung).	Konkurs-Orientierung
Selbstinformation des Betriebs durch periodische Gegenüberstellung von Vermögen und »Schulden« (Fremdkapital). Die Selbstinformation soll verhindern, daß das Unternehmen durch unzureichende Information über seine Schuldendeckungsmöglichkeit in Zahlungsschwierigkeiten gerät.	Dritte sollen geschützt werden

Darüber hinaus lassen sich – in Abhängigkeiten von verschiedenen Zielgruppen[1], an die sich der Jahresabschluß richtet – diese Hauptfunktionen noch deutlicher darstellen:

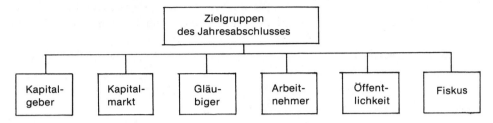

a) Kapitalgeber
Aus der Beteiligung am Unternehmen erhalten die Kapitalgeber eine Reihe von Mitverwaltungsrechten, insbesondere die Eigenkapitalgeber. Um ihre Rechte wahrnehmen zu können, müssen sie einen Einblick in die Geschäfte des Unternehmens haben. Die Bilanz ist – zusammen mit der GuV-Rechnung und dem Geschäftsbericht – als Rechenschaftsbericht der Unternehmung, insbesondere gegenüber den Eigenkapitalgebern, anzusehen.

b) Kapitalmarkt
Auch die potentiellen Anleger haben Anspruch auf Unterrichtung. Damit wird ihnen die Möglichkeit gegeben, u. a. den Börsenkurs eines Wertpapiers (z. B. Beteiligung) zu beurteilen und seine Entwicklungsmöglichkeit abzuschätzen.

c) Gläubiger
Für die Gläubiger ist – wie bereits oben angedeutet – die Bilanz ein Mittel zur Kreditsicherung. Den Gläubigern wird die Möglichkeit gegeben, sich über die Lage ihres Schuldners und das haftende Vermögen zu unterrichten.

d) Arbeitnehmer
Sie wünschen Informationen, da sie am Bestand des Unternehmens, insbesondere ihres Arbeitsplatzes orientiert sind. Der Anspruch auf Information kommt einmal durch das Betriebsverfassungsgesetz sowie durch das Mitbestimmungsgesetz zum Ausdruck.

e) Öffentlichkeit
Große Unternehmen berühren die Geschicke weiter Bevölkerungskreise. Damit hat die Bilanz, die GuV-Rechnung sowie gegebenenfalls der Geschäftsbericht die Aufgabe, die interessierte Öffentlichkeit zu informieren.

f) Fiskus
Der Fiskus fordert den Jahresabschluß, weil er die Gewinne, welche das bilanzierende

Unternehmen erzielt hat, mit Ertragsteuern (Einkommen-, Körperschaft-, Gewerbeertragsteuer) belegen will.

Je nachdem, welche Zielgruppe den Jahresabschluß eines Unternehmens zu beurteilen hat, wird sie andere Maßstäbe anlegen. Hieraus ergibt sich schon, daß es unterschiedliche Auslegungsmöglichkeiten des Jahresabschlusses für externe Beurteiler des Unternehmens gibt.

Je nach Zielsetzung kommen adäquate Auswertungsmethoden des Jahresabschlusses zur Anwendung. Die Analyse des Jahresabschlusses, insbesondere der Bilanz und der Gewinn- und Verlustrechnung (Bilanzanalyse), erfordert damit je nach Zielsetzung ein unterschiedliches Instrumentarium.

Das dritte Kapitel »Ziele und Arbeitsmethoden der Bilanzanalyse« gibt hierüber näheren Aufschluß.

2. Bestandteile des Jahresabschlusses – Bedeutung und Aussagefähigkeit

Zum Jahresabschluß gehören die Bilanz, die Gewinn- und Verlustrechnung und – gegebenenfalls – der Geschäftsbericht.

Der Gesetzgeber hat für bestimmte Rechtsformen von Unternehmungen Mindest-Gliederungsschemata vorgeschrieben, und zwar für

- die Aktiengesellschaft
- die Kommanditgesellschaft auf Aktien und
- die Genossenschaft.

Außerdem müssen nach dem Publizitätsgesetz Gesellschaften mit beschränkter Haftung und Personengesellschaften das Gliederungsschema nach dem Aktiengesetz zugrundelegen, wenn

- die Bilanzsumme   > DM 125 Mio ist,
- die Umsatzerlöse   > DM 250 Mio sind,
- die Zahl der Arbeitnehmer > 5000 ist

und wenn zwei der genannten Merkmale für drei aufeinanderfolgende Bilanzstichtage gegeben sind.

Nach der Steuerrechtsprechung sollten sich auch die Nichtaktiengesellschaften an die aktienrechtlichen Gliederungsvorschriften halten, weil sie dadurch die Grundsätze ordnungsgemäßer Buchführung erfüllen.

Der Gesetzgeber war gewissermaßen »bilanzanalytisch motiviert«, als er die aktienrechtlichen Vorschriften zur Bilanz, zur Gewinn- und Verlustrechnung und zum Geschäftsbericht erließ. An mehreren Stellen kann man nachlesen, daß er durch diese Gliederungsvorschriften einen möglichst sicheren Einblick in die Vermögens- und Ertragslage der Unternehmung ermöglichen wollte.

Nachfolgend zunächst die Gliederungsvorschriften nach den §§ 151 und 157 AktG und als ein Beispiel auf Seite 31 die GuV-Rechnung der M.A.N. – Maschinenfabrik Augsburg – Nürnberg Aktiengesellschaft, Augsburg, per 30. Juni 1979 sowie auf Seite 32/33 die Bilanz.

In den folgenden Abschnitten werden die einzelnen Positionen des Jahresabschlusses kurz erläutert.

Gliederung der Bilanz

nach § 151 Aktiengesetz

Aktiva   **Passiva**

I. Ausstehende Einlagen auf das Grundkapital; davon eingefordert:

II. Anlagevermögen
- A. Sachanlagen und immaterielle Anlagewerte:
  1. Grundstücke und grundstücksgleiche Rechte mit Geschäfts-, Fabrik- und anderen Bauten;
  2. Grundstücke und grundstücksgleiche Rechte mit Wohnbauten;
  3. Grundstücke und grundstücksgleiche Rechte ohne Bauten;
  4. Bauten auf fremden Grundstücken, die nicht zu Nr. 1 oder 2 gehören;
  5. Maschinen und maschinelle Anlagen;
  6. Betriebs- und Geschäftsausstattung;
  7. Anlagen im Bau und Anzahlungen auf Anlagen;
  8. Konzessionen, gewerbliche Schutzrechte und ähnliche Rechte sowie Lizenzen an solchen Rechten;
- B. Finanzanlagen:
  1. Beteiligungen;
  2. Wertpapiere des Anlagevermögens, die nicht zu Nr. 1 gehören;
  3. Ausleihungen mit einer Laufzeit von mindestens 4 Jahren; davon durch Grundpfandrechte gesichert:

III. Umlaufvermögen
- A. Vorräte:
  1. Roh-, Hilfs- und Betriebsstoffe;
  2. Unfertige Erzeugnisse;
  3. Fertige Erzeugnisse, Waren;
- B Andere Gegenstände des Umlaufvermögens:
  1. Geleistete Anzahlungen, soweit sie nicht zu II A Nr. 7 gehören;
  2. Forderungen aus Lieferungen und Leistungen; davon mit einer Restlaufzeit von mehr als einem Jahr:
  3. Wechsel; davon bundesbankfähig:
  4. Schecks;
  5. Kassenbestand, Bundesbank- und Postscheckguthaben;
  6. Guthaben bei Kreditinstituten;
  7. Wertpapiere, die nicht zu Nr. 3, 4, 8 oder 9 oder zu II B gehören;
  8. eigene Aktien unter Angabe ihres Nennbetrags;
  9. Anteile an einer herrschenden oder an der Gesellschaft mit Mehrheit beteiligten Kapitalgesellschaft oder bergrechtlichen Gewerkschaft unter Angabe ihres Nennbetrages, bei Kuxen ihrer Zahl;
  10. Forderungen an verbundene Unternehmen;
  11. Forderungen aus Krediten, die a) unter § 89, b) unter § 115 fallen;
  12. sonstige Vermögensgegenstände;

IV. Rechnungsabgrenzungsposten
V. Bilanzverlust

I. Grundkapital

II. Offene Rücklagen
  1. gesetzliche Rücklage;
  2. andere Rücklagen (freie Rücklagen);

III. Wertberichtigungen

IV. Rückstellungen
  1. Pensionsrückstellungen;
  2. andere Rückstellungen.

V. Verbindlichkeiten mit einer Laufzeit von mindestens 4 Jahren
  1. Anleihen; davon durch Grundpfandrechte gesichert:
  2. Verbindlichkeiten gegenüber Kreditinstituten; davon durch Grundpfandrechte gesichert:
  3. sonstige Verbindlichkeiten; davon durch Grundpfandrechte gesichert:
  Von Nummern 1 bis 3 sind vor Ablauf von 4 Jahren fällig:

VI. Andere Verbindlichkeiten
  1. Verbindlichkeiten aus Lieferungen und Leistungen;
  2. Verbindlichkeiten aus der Annahme gezogener Wechsel und der Ausstellung eigener Wechsel;
  3. Verbindlichkeiten gegenüber Kreditinstituten, soweit sie nicht zu V gehören;
  4. erhaltene Anzahlungen;
  5. Verbindlichkeiten gegenüber verbundenen Unternehmen;
  6. sonstige Verbindlichkeiten

VII. Rechnungsabgrenzungsposten

VIII. Bilanzgewinn

Gliederung der Gewinn- und Verlustrechnung in Staffelform nach § 157 AktG.
(die mit * gekennzeichneten Positionen sind in verschiedenen §§ des AktG vorgesehene Erweiterungen des Gliederungsschemas)

1. Umsatzerlöse
2. Erhöhung oder Verminderung des Bestands an fertigen und unfertigen Erzeugnissen
3. andere aktivierte Eigenleistungen
4. Gesamtleistung
5. Aufwendungen für Roh-, Hilfs- und Betriebsstoffe sowie bezogene Waren
6. Rohertrag/Rohaufwand
7. Erträge aus Gewinngemeinschaften, Gewinnabführungs- und Teilgewinnabführungsverträgen
8. Erträge aus Beteiligungen
9. Erträge aus den anderen Finanzanlagen
10. Sonstige Zinsen und ähnliche Erträge
11. Erträge aus dem Abgang von Gegenständen des Anlagevermögens und aus Zuschreibungen zu Gegenständen des Anlagevermögens
12. Erträge aus der Herabsetzung der Pauschalwertberichtigung zu Forderungen
13. Erträge aus der Auflösung von Rückstellungen
    a) Erträge aus der Auflösung von Sonderposten mit Rücklageanteil*
14. Sonstige Erträge
    davon außerordentliche
15. Erträge aus Verlustübernahme

16. Löhne und Gehälter
17. Soziale Abgaben
18. Aufwendungen für Altersversorgung und Unterstützung
19. Abschreibungen und Wertberichtigungen auf Sachanlagen und immaterielle Anlagewerte
20. Abschreibungen und Wertberichtigungen auf Finanzanlagen mit Ausnahme des Betrags, der in die Pauschalwertberichtigungen zu Forderungen eingestellt ist
21. Verluste aus Wertminderungen oder dem Abgang von Gegenständen des Umlaufvermögens außer Vorräten (§ 151 Abs. 1 Aktivseite III B) und Einstellung in die Pauschalwertberichtigung zu Forderungen
22. Verluste aus dem Abgang von Gegenständen des Anlagevermögens
23. Zinsen und ähnliche Aufwendungen
24. Steuern
    a) vom Einkommen, vom Ertrag und vom Vermögen
    b) sonstige
    c) Lastenausgleichs-Vermögensabgabe*
25. Aufwendungen aus Verlustübernahme
    a) Einstellungen in Sonderposten mit Rücklageanteil*
26. Sonstige Aufwendungen

Fortsetzung nächste Seite

27. auf Grund einer Gewinngemeinschaft, eines Gewinnabführungs- und eines Teilgewinnabführungsvertrags abgeführte Gewinne
28. Jahresüberschuß/Jahresfehlbetrag
29. Gewinnvortrag/Verlustvortrag aus dem Vorjahr

30. Entnahmen aus offenen Rücklagen
    a) aus der gesetzlichen Rücklage
    b) aus der Rücklage für eigene Aktien
    c) aus freien Rücklagen
    d) Ertrag aus der Kapitalherabsetzung*
31. Einstellungen aus dem Jahresüberschuß in offene Rücklagen
    a) in die gesetzliche Rücklage
    b) in die Rücklage für eigene Aktien
    c) in freie Rücklagen
    d) Einstellung in die gesetzliche Rücklage nach den Vorschriften über die vereinfachte Kapitalherabsetzung*

32. Bilanzgewinn/Bilanzverlust
33. Ertrag auf Grund höherer Bewertung gemäß Sonderprüfung oder gerichtlicher Entscheidung*

2.1 Die Positionen der Bilanz nach AktG

2.1.1 Die Aktivseite der Bilanz

Auf die Aktivseite der Bilanz gehören:

I. Ausstehende Einlagen auf das Grundkapital (nur selten erforderlich)
II. Anlagevermögen
III. Umlaufvermögen
IV. Rechnungsabgrenzungsposten
V. Bilanzverlust (sofern vorhanden)

Beginnend ab Seite 34 werden die einzelnen Positionen der Aktivseite der Bilanz innerhalb einer Tabelle wiedergegeben und kurz erläutert.

Der Leser möchte bitte beachten, daß jede Position in den nachfolgenden Tabellen nicht nur die im Gesetz vorgesehene Ordnungsziffer zugeordnet erhält, sondern auch eine bilanzanalytisch ausgerichtete Ordnungsziffer. Diese bilanzanalytischen Ordnungsziffern gehören zu dem in Kap. 3 erläuterten Nummernsystem, das die Autoren für die verschiedenen Positionen und Kennzahlen vergeben haben, die für die Bilanzanalyse von Belang sind.

Die nachfolgenden Tabellen dieses Kapitels enthalten auch einzelne Positionen, die nicht im aktienrechtlichen Gliederungsschema enthalten sind. Diese Positionen erfassen Sachverhalte, die vom Gesetzgeber nicht vorgesehen worden sind, jedoch in den Jahresabschlüssen auftauchen (weiter im Text auf Seite 34).

Gewinn- und Verlustrechnung für das Geschäftsjahr 1978/79

	DM	DM	1978/79 DM	1977/78 in 1 000 DM
Umsatzerlöse	4 870 627 024,67			
./. Mehrwertsteuer ./.	342 849 535,71	4 527 777 488,96		4 468 021
Bestandsveränderungen bei Erzeugnissen		./. 71 734 992,04		14 423
			4 456 042 496,92	4 482 444
andere aktivierte Eigenleistungen		7 782 904,—		7 890
Gesamtleistung			4 463 825 400,92	4 490 334
Stoffaufwand und bezogene Waren			2 408 528 310,16	2 441 171
Rohertrag			2 055 297 090,76	2 049 163
		DM		
Erträge aus Gewinnabführungsverträgen		22 727 889,06		8 619
Erträge aus Beteiligungen		13 492 905,98		9 990
Erträge aus anderen Finanzanlagen		665 610,07		669
sonstige Zinsen und ähnliche Erträge		27 333 261,18		34 390
Erträge aus Anlagenabgängen		6 145 936,16		13 735
Erträge aus Herabsetzung der Pauschalwertberichtigung zu Forderungen		922 900,—		—
Erträge aus Auflösung von Rückstellungen		4 617 445,08		582
Erträge aus Auflösung von Sonderposten mit Rücklageanteil		5 594 370,—		289
sonstige Erträge		82 012 800,86		48 714
			163 512 551,39	116 988
			2 218 809 642,15	2 166 151
		DM		
Löhne und Gehälter		1 275 012 125,85		1 207 793
soziale Abgaben		186 657 535,12		178 712
Aufwendungen für Altersversorgung und Unterstützung		38 446 376,24		62 409
Abschreibungen auf Sachanlagen		111 265 068,—		97 542
Abschreibungen auf Finanzanlagen		6 790,—		25
Verluste aus Wertminderungen oder dem Abgang von anderen Gegenständen des Umlaufvermögens und Einstellung in die Pauschalwertberichtigung zu Forderungen		13 236 514,23		23 687
Verluste aus Anlagenabgängen		661 515,17		492
Zinsen und ähnliche Aufwendungen		50 543 289,58		52 052
Steuern	DM			
vom Einkommen, vom Ertrag und vom Vermögen	107 860 926,72			107 614
sonstige	5 066 457,62	112 927 384,34		2 469
Aufwendungen aus Verlustübernahme		124 237,53		368
Einstellung in Sonderposten mit Rücklageanteil		4 472 000,—		5 486
sonstige Aufwendungen		355 350 748,90		360 212
			2 148 703 584,96	2 098 861
Jahresüberschuß			70 106 057,19	67 290
Gewinnvortrag aus Vorjahr			767 568,23	778
			70 873 625,42	68 068
Einstellung in Rücklagen		DM		
in die gesetzliche Rücklage		—,—		—
in Substanzerhaltungsrücklage		20 000 000,—		22 000
in freie Rücklagen		—,—	20 000 000,—	4 000
Bilanzgewinn			50 873 625,42	42 068

Die Buchführung, der Jahresabschluß und der Geschäftsbericht entsprechen nach unserer pflichtmäßigen Prüfung Gesetz und Satzung.

Nürnberg, 22. Oktober 1979

Süddeutsche Treuhand-Gesellschaft A.G
Wirtschaftsprüfungsgesellschaft   Steuerberatungsgesellschaft
Zweigniederlassung Nürnberg

Dr. Bürger
Wirtschaftsprüfer

Pfleger
Wirtschaftsprüfer

Aktiva Bilanz zum 30. Juni 1979

	Stand am 1. Juli 1978	Zugänge	Umbuchungen	Abgänge	Abschreibungen	Stand am 30. Juni 1979	Stand 30. Juni
	DM	DM	DM	DM	DM	DM	in 1000
Anlagevermögen							
Sachanlagen und immaterielle Anlagewerte							
Grundstücke und grundstücksgleiche Rechte							
mit Geschäfts-, Fabrik- und anderen Bauten	161 866 149,—	2 366 486,—	36 141 482,—	22 276,—	16 946 523,—	183 405 318,—	161 8
mit Wohnbauten	11 876 149,—	562 436,—		48,—	408 917,—	12 029 620,—	11 8
ohne Bauten	4 532 946,—	599 050,—	./. 2 100 382,—	30,—	215 247,—	2 816 337,—	4 5
Bauten auf fremden Grundstücken	3 262 954,—	2 304 142,—	1 191 500,—		1 565 889,—	5 192 707,—	3 2
Maschinen und maschinelle Anlagen	151 449 618,—	29 739 485,—	30 045 393,—	1 286 540,—	54 295 343,—	155 652 613,—	151 4
Betriebs- und Geschäftsausstattung	93 847 221,—	38 767 584,—	20 164 811,—	780 275,—	37 833 149,—	114 166 192,—	93 8
Anlagen im Bau und Anzahlungen	46 341 808,—	74 407 385,—	./. 85 442 804,—			35 306 389,—	46 3
(davon Anzahlungen an verbundene Unternehmen: 163 000,— DM)							
Konzessionen, Schutzrechte u. ä.	4,—					4,—	
	473 176 849,—	148 746 568,—	—,—	2 089 169,—	111 265 068,—	508 569 180,—	473 1
Finanzanlagen							
Beteiligungen	330 489 719,26	32 464 455,35		50 000,—		362 904 174,61	330 4
Wertpapiere des Anlagevermögens	1 252 070,04	124 855,90				1 376 925,94	1 2
Ausleihungen mit einer Laufzeit von mindestens vier Jahren	14 093 355,26	1 069 252,60		846 037,54	6 790,—	14 309 780,32	14 0
(davon an verbundene Unternehmen: 9 050 888,60 DM durch Grundpfandrechte gesichert: 2 723 521,35 DM)							
	345 835 144,56	33 658 563,85	—,—	896 037,54	6 790,—	378 590 880,87	345 8
	819 011,993,56	182 405 131,85	—,—	2 985 206,54	111 271 858,—	887 160 060,87	819 0

Umlaufvermögen

Vorräte

Roh-, Hilfs- und Betriebsstoffe		322 932 330,39	321 6
unfertige Erzeugnisse		1 377 908 428,88	1 457 5
fertige Erzeugnisse		43 660 951,—	35 7
		1 744 501 710,27	1 814 9

Andere Gegenstände des Umlaufvermögens

geleistete Anzahlungen (davon an verbundene Unternehmen: 3 337 092,90 DM)		200 473 674,86	184 4
Forderungen aus Lieferungen und Leistungen (davon mit einer Restlaufzeit von mehr als einem Jahr: 26 162 910,39 DM)		708 596 069,72	718 6
Wechsel (davon von verbundenen Unternehmen: 49 700 356,50 DM) (bundesbankfähig: 5 577 027,13 DM)		135 144 255,34	133 6
Kassenbestand; Bundesbank- und Postscheckguthaben		1 794 858,75	1 5
Guthaben bei Kreditinstituten		71 272 729,16	65 5
Wertpapiere		—,—	1
Forderungen an verbundene Unternehmen		162 623 606,91	86 4
Forderungen aus Krediten nach § 89 AktG (Nennbetrag: 443 616,— DM)		443 616,—	6
sonstige Vermögensgegenstände		40 930 489,70	24 3
		1 321 279 300,44	1 215 4
Rechnungsabgrenzungsposten		2 273 777,07	1 4
		3 955 214 848,65	3 850 8

Haftungsverhältnisse (in Klammern: davon gegenüber verbundenen Unternehmen):

Verbindlichkeiten aus der Begebung und Übertragung von Wechseln . . . . 189 346 906,82 DM (10 476 269,43 DM)

Verbindlichkeiten aus Bürgschaften . . . . 242 269 160,74 DM (—,— DM)

Passiva

			Stand am 30. Juni 1979	Stand am 30. Juni 1978
			DM	in 1000 DM
Grundkapital		DM		
Stammaktien		198 000 000,—		165 000
Vorzugsaktien (ohne Stimmrecht)		160 000 000,—		120 000
			358 000 000,—	285 000
Rücklagen	DM	DM		
gesetzliche Rücklage		330 512 700,—		186 643
Substanzerhaltungsrücklage	110 000 000,—			110 000
Einstellung aus dem Jahresüberschuß	20 000 000,—	130 000 000,—		
andere Rücklagen		150 357 300,—		150 357
			610 870 000,—	447 000
Sonderposten mit Rücklageanteil				
(gemäß § 1 EntwLStG, § 6b EStG, Abschn. 34 EStR)			8 374 320,—	9 497
Paul Reusch-Jugendstiftung			970 000,—	970
Pauschalwertberichtigung zu Forderungen			66 405 100,—	67 328
Rückstellungen		DM		
Pensionsrückstellungen		346 151 242,—		327 472
Instandhaltungsrückstellungen		14 500 000,—		13 000
andere Rückstellungen		403 328 069,53		384 117
			763 979 311,53	724 589
Verbindlichkeiten mit einer Laufzeit von mindestens vier Jahren		DM		
Verbindlichkeiten gegenüber Kreditinstituten		79 223 367,46		98 778
(davon durch Grundpfandrechte gesichert: 79 223 367,46 DM)				
sonstige Verbindlichkeiten		26 257 608,68		37 313
(davon gegenüber verbundenen Unternehmen: 3 833 821,57 DM)				
(durch Grundpfandrechte gesichert: 536 605,24 DM)			105 480 976,14	136 091
(vor Ablauf von vier Jahren fällig: 49 807 123,56 DM)				
Anzahlungen und Kredite zur Finanzierung von Kundenaufträgen		DM		
erhaltene Anzahlungen		1 044 404 261,91		1 260 519
(davon von verbundenen Unternehmen: 33 322 102,04 DM)				
Verbindlichkeiten gegenüber Kreditinstituten		326 108 766,86		307 801
(davon mit einer Laufzeit von mindestens vier Jahren: 10 157 000,— DM)			1 370 513 028,77	1 568 320
(von den Verbindlichkeiten mit einer Laufzeit von mindestens vier Jahren sind vor Ablauf von vier Jahren fällig: 4 091 000,— DM)				
Andere Verbindlichkeiten		DM		
Verbindlichkeiten aus Lieferungen und Leistungen		373 539 857,91		375 155
Verbindlichkeiten gegenüber Kreditinstituten		938 574,82		803
Verbindlichkeiten gegenüber verbundenen Unternehmen		30 722 540,48		35 632
sonstige Verbindlichkeiten		214 547 513,58		158 403
			619 748 486,79	569 993
Bilanzgewinn			50 873 625,42	42 068
			3 955 214 848,65	3 850 856

k nach § 159 AktG:

nszahlungen und Zahlungen an rechtlich selbständige
gungskassen betrugen im Geschäftsjahr 1978/79 . . 18 745 353,35 DM
sichtliche Entwicklung dieser Zahlungen in den Folgejahren:

79	1979/80	1980/81	1981/82	1982/83	1983/84
	104,8	107,7	110,2	113,5	118,3

Die Bilanzanalyse-Ziffern, die in den folgenden Tabellen zur Bilanz vergeben werden, sind so angeordnet, daß alle Vermögens-Positionen mit der Ziffer 0 beginnen und – alle Kapital-Positionen mit der Ziffer 1.

Tabelle 2.1: Aktivseite der Bilanz nach AktG

AG-Bilanz-Ziffer	Bilanz-Analyse-Ziffer	Benennung der Bilanzposition	Erläuterungen zum Inhalt
I.	001	Ausstehende Einlagen auf das Grundkapital; davon eingefordert	Aktionäre haben manchmal – in Zusammenhang mit der Gründung – die Einzahlungsverpflichtung noch nicht erfüllt. Die AG hat Forderungen an die entsprechenden Aktionäre. Bezogen auf das nominal auszuweisende Grundkapital handelt es sich um einen Korrekturposten. Selten!
II.	–	Anlagevermögen	Diese Überschrift umfaßt Vermögensgegenstände, die nicht für den kurzfristigen Umlaufprozeß bestimmt sind, sondern der Unternehmung mehrere Geschäftsjahre dienen sollen. Ihr Wert vermindert sich von Jahr zu Jahr, daher Abschreibungen bzw. Wertminderungen. – Wegen der Bedeutung der Wertänderungen hat der Gesetzgeber in § 152 eine horizontal gegliederte Darstellung vorgeschrieben. – Im folgenden wird die maximale 7-spaltige Darstellung erläutert. (Endbestände ab S. 35 unten)
	BA (...)*	Anfangsbestand	Der wertmäßige Bestand am ersten Tag des Geschäftsjahres, über das bilanziert wird.
II.	ZG (...)*	Zugänge	Hinter diesen Zahlen stehen bewertete mengenmäßige Zugänge, also z. B. Erwerb von Grundstücken, Maschinen usw.
	AG (...)*	Abgänge	Hinter diesen Zahlen stehen bewertete mengenmäßig Abgänge
	UB (...)*	Umbuchungen	Werden erforderlich, wenn Gegenstände die Positionszugehörigkeit wechseln, z. B. nach dem Bau eines Gebäudes auf einem bisher unbebauten Grundstück
	ZS (...)*	Zuschreibungen	Hinter diesen Zahlen stehen Werterhöhungen, wie sie z. B. nach Großreparaturen von Maschinen vorkommen.
	AB (...)*	Abschreibungen	Durch die Abschreibungen wird der Wertverbrauch des Anlagevermögens

* Vgl. Seite 38

Fortsetzung nächste Seite

AG-Bilanz-Ziffer	Bilanz-Analyse-Ziffer	Benennung der Bilanzposition	Erläuterungen zum Inhalt
II.			pro Geschäftsjahr berücksichtigt. Bilanzielle Abschreibungen werden vom Anschaffungspreis bzw. von den Herstellungskosten vorgenommen. Man unterscheidet direkte und indirekte Abschreibungen. Bei den direkten Abschreibungen wird der Abschreibungsbetrag auf der Habenseite des jeweiligen Vermögens-Kontos eingetragen, so daß die Saldierung den Restwert ergibt (Nettoausweis). Bei der indirekten Abschreibung bleibt der Wert auf dem Vermögens-Konto unverändert, die Abschreibungsbeträge werden auf der Habenseite des Kontos »Wertberichtigungen« eingetragen. Erst in der Bilanz werden die Wertberichtigungen den Bruttowerten des Anlagevermögens durch Ausweis auf der Passivseite gegenübergestellt. Die Wertberichtigungen wirken demzufolge als Korrekturposten (Bruttoausweis). Von den oben genannten bilanziellen Abschreibungen sind die kalkulatorischen Abschreibungen zu unterscheiden. Letztere dienen der Selbstkosten-Ermittlung, dürfen auf den Wiederbeschaffungspreis bezogen werden und fließen in den Umsatzerlösen in die Unternehmung zurück; einen direkten Bezug zur Bilanz haben sie nicht. Die folgenden Abschreibungsmethoden stehen zur Verfügung: Lineare Abschreibung, geometrisch-degressive Abschreibung, arithmetisch-degressive (digitale) Abschreibung, Abschreibung nach Leistungseinheiten. Die Wahl des Abschreibungsverfahrens muß unter Beachtung der handels- und steuerrechtlichen Vorschriften getroffen werden.
II. A.	–	Sachanlagen und immaterielle Anlagewerte	Es handelt sich hier lediglich um eine Überschrift zu der folgenden Tabelle
II. A. 1	002	Grundstücke und grundstücksgleiche Rechte mit Geschäfts-, Fabrik- und anderen Bauten	Hierher gehören nur bebaute Grundstücke. Grundstücksgleiche Rechte können z. B. sein: Erbbaurecht, Wohnungseigentum, Abbaurecht, Bergwerkseigentum.

Fortsetzung nächste Seite

AG-Bilanz-Ziffer	Bilanz-Analyse-Ziffer	Benennung der Bilanzposition	Erläuterungen zum Inhalt
II.A.2	003	Grundstücke und grundstücksgleiche Rechte mit Wohnbauten	z.B. betriebliche Sozialeinrichtungen, Werkswohnungen
II.A.3	004	Grundstücke und grundstücksgleiche Rechte ohne Bauten	z.B. landwirtschaftliches Gelände für spätere Erweiterungen
II.A.4	005	Bauten auf fremden Grundstücken, die nicht zu Nummer 1 oder 2 gehören	Bauten auf fremden Grundstücken sind hier auszuweisen.
II.A.5	006	Maschinen und maschinelle Anlagen	Maßgebend ist die wirtschaftliche Zugehörigkeit, wenn die Maschinen nicht wesentliche Bestandteile der Grundstücke sind. Fundamente, Schutzvorrichtungen usw. sind einzubeziehen, ebenso größere Reserveteile. Bei Leasingverträgen ergibt sich die wirtschaftliche Zugehörigkeit zum Anlagevermögen aus dem jeweiligen Vertrag. Bei wirtschaftlicher Zugehörigkeit Aktivierungspflicht.
II.A.6	007	Betriebs- und Geschäftsausstattung	Dazu gehören Werkzeuge, Werkstatt-, Büro- und Lagereinrichtungen, Arbeitsgeräte, Rohrpostanlage, Transportgeräte, Fahrzeuge. – In Einzelfällen ist die Abgrenzung zu Nr. II.A.5 schwierig, sie muß jedoch getroffen und durchgehalten werden.
II.A.7	008	Anlagen im Bau und Anzahlungen auf Anlagen	Anlagen, die im Unternehmen erstellt werden, sind zum Bilanzstichtag in Höhe der bis dahin angefallenen Herstellkosten zu bewerten. Bei Anlagen, die von Außenstehenden erstellt werden, sind die bis zum Bilanzstichtag geleisteten Abschlagszahlungen maßgebend. Sind selbständige Teile einer im Bau befindlichen Anlage fertiggestellt (von Außenstehenden) und abgerechnet, so ist der jeweilige Anschaffungspreis anzusetzen.

AG-Bilanz-Ziffer	Bilanz-Analyse-Ziffer	Benennung der Bilanzposition	Erläuterungen zum Inhalt
II. A. 8	009	Konzessionen, gewerbliche Schutzrechte und ähnliche Rechte sowie Lizenzen an solchen Rechten	Wenn die immateriellen Anlagewerte entgeltlich erworben wurden, dürfen sie nach § 153, Abs. 3 AktG aktiviert werden. So z. B. Patente, Gebrauchsmusterrechte, Urheberrechte, EDV-Programme, Verlagsrechte, Brenn- und Braurechte. Keinesfalls dürfen die Kosten (Entwicklungkosten) aktiviert werden, die in selbst entwickelten Patenten usw. stecken.
–	010	Sonstiges Anlagevermögen	Nicht im Schema des AktG enthalten.
II. B		Finanzanlagen	Unter dieser Überschrift werden die Rechte an Gesellschaften, die Wertpapiere und Gläubigerrechte geführt, die aus der Finanzmasse erworben wurden und die Anlagevermögen darstellen. (Vgl. III. B. 7–11)
II. B. 1	011	Beteiligungen	Wenn Anteile an einer Kapitalgesellschaft im Umfang von mindestens 25% des Nennkapitals der anderen Kapitalgesellschaft gehalten werden, dann unterstellt der Gesetzgeber Beteiligungsabsicht. In diesem Falle sind Beteiligungen hier zu bilanzieren.
II. B. 2	012	Wertpapiere des Anlagevermögens, die nicht zu Nr. 1 gehören.	Hierhin gehören die übrigen Anteile an Kapitalgesellschaften. Es werden weniger als 25% der Anteile gehalten, deshalb wird keine Beteiligungsabsicht unterstellt. Außerdem: Pfandbriefe, Obligationen u. ä.
II. B. 3	013	Ausleihungen mit einer Laufzeit von mindestens vier Jahren; davon durch Grundpfandrechte gesichert.	Forderungen aus gegebenen Krediten – die nichts mit eigenen Lieferungen zu tun haben – mit einer vereinbarten Laufzeit von mindestens 4 Jahren. Die Restlaufzeit ist unerheblich. – Grundpfandrechte können sein: Hypotheken, Grundschulden, Rentenschulden im Sinne des BGB. – Andere Sicherungen sind möglich, werden aber hier nicht gesondert ausgewiesen.
–	014	Sonstige Finanzanlagen	Nicht im Schema des AktG enthalten.

Tabelle 2.2: *Veränderungspositionen des Anlagevermögens*

Endbestand*)	Zugänge	Zuschrei-bungen	Umbuchun-gen	Abgänge	Abschrei-bungen	Anfangs-bestand
002 Grundstücke mit Geschäfts-, Fabrik- und anderen Bauten	ZG (002)	ZS (002)	UB (002)	AG (002)	AB (002)	BA (002)
003 Grundstücke mit Wohnbauten	ZG (003)	ZS (003)	UB (003)	AG (003)	AB (003)	BA (003)
004 Grundstücke ohne Bauten	ZG (004)	ZS (004)	UB (004)	AG (004)	AB (004)	BA (004)
005 Bauten auf fremden Grundstücken	ZG (005)	ZS (005)	UB (005)	AG (005)	AB (005)	BA (005)
006 Maschinen und maschinelle Anlagen	ZG (006)	ZS (006)	UB (006)	AG (006)	AB (006)	BA (006)
007 Betriebs- u. Geschäftsausstattung	ZG (007)	ZS (007)	UB (007)	AG (007)	AB (007)	BA (007)
008 Anlagen im Bau u. Anzahlungen auf Anlagen	ZG (008)	ZS (008)	UB (008)	AG (008)	AB (008)	BA (008)
009 Konzessionen, Lizenzen usw.	ZG (009)	ZS (009)	UB (009)	AG (009)	AB (009)	BA (009)
010 Sonstiges Anlagevermögen	ZG (010)	ZS (010)	UB (010)	AG (010)	AB (010)	BA (010)
011 Beteiligungen	ZG (011)	ZS (011)	UB (011)	AG (011)	AB (011)	BA (011)
012 Wertpapiere des Anlagevermögens	ZG (012)	ZS (012)	UB (012)	AG (012)	AB (012)	BA (012)
013 Ausleihungen v. mind. vier Jahren	ZG (013)	ZS (013)	UB (013)	AG (013)	AB (013)	BA (013)
014 Sonstige Finanzanlagen	ZG (014)	ZS (014)	UB (014)	AG (014)	AB (014)	BA (014)

*) Es gilt folgender Zusammenhang
Endbestand = Anfangsbestand + Zugänge + Zuschreibungen ± Umbuchungen − Abgänge − Abschreibungen
(vgl. hierzu die Aktivseite der MAN-Bilanz auf Seite 32)

Tabelle 2.3: Aktivseite der Bilanz nach AktG

AG-Bilanz-Ziffer	Bilanz-Analyse-Ziffer	Benennung der Bilanzposition	Erläuterungen zum Inhalt
III.	–	Umlaufvermögen	Unter diese Überschrift gehören Vermögensgegenstände, die für den kurzfristigen Umlaufprozeß bestimmt sind. Es werden z. B. Gelder für Rohstoffe eingesetzt, die Rohstoffe werden verarbeitet, die Fertigerzeugnisse werden verkauft und mit den Umsatzerlösen strömt das Geld wieder zurück. (Bei Zielverkäufen bilden sich zwischenzeitlich Forderungen.) Demzufolge wandelt sich die Zusammensetzung des Umlaufvermögens ständig.
III. A.	–	Vorräte	Zu dieser Teil-Überschrift gehören die Bestände an eingekauften und noch auf Lager liegenden Stoffen, die Bestände an unfertigen und an fertig hergestellten Erzeugnissen. Außerdem werden hierunter auch Waren im Sinne von Handelswaren geführt.
III. A. 1	015	Roh-, Hilfs- und Betriebsstoffe	Rohstoffe = Stoffe, die direkt in die Fertigerzeugnisse eingehen und jeweils die Hauptbestandteile bilden (z. B. Kupferdraht im Elektromotor) Hilfsstoffe = Stoffe, die im Produktions- oder im Umlaufprozeß lediglich Hilfsfunktionen haben (z. B. Leim bei der Produktion von Möbeln, Verpackungsmaterial) Betriebsstoffe = Stoffe, die bei der Produkterstellung oder im Umsatzprozeß vorwiegend indirekt benötigt werden (z. B. Heizmaterial, Schmiermittel, Kraftstoffe, Reinigungsmittel, Büromaterial, Werbematerial)
III. A. 2	016	Unfertige Erzeugnisse	Die Produkte haben noch nicht die Verkaufsreife erreicht, es sind aber bereits Kosten angefallen (z. B. Materialkosten, Löhne). Auf die Besonderheiten der Bewertung wird noch eingegangen werden (vgl. Abschnitt 10.2). Bei Dienstleistungsunternehmen können hierunter »In Arbeit befindliche Aufträge« geführt werden. Diese Position nimmt in solchen Fällen mehr den Charakter von »Forderungen« an.
III. A. 3	017	Fertige Erzeugnisse, Waren	*Fertige Erzeugnisse* = verkaufsreife und versandfertige Erzeugnisse, die im eige-

Fortsetzung nächste Seite

AG-Bilanz-Ziffer	Bilanz-Analyse-Ziffer	Benennung der Bilanzposition	Erläuterungen zum Inhalt
			nen Unternehmen hergestellt bzw. bearbeitet wurden. – Wurden sie nicht im eigenen Unternehmen bearbeitet, dann zu »Sonstige Vermögensgegenstände« (III. B. 12) *Waren* = Handelswaren fremder Herkunft, die nicht wesentlich bearbeitet wurden und verkauft werden sollen. –
–	018	Sonstige Vorräte	Nicht im Schema des AktG enthalten.
–	019	Erhaltene Anzahlungen auf Vorräte	Nicht im Schema des AktG enthalten. Es besteht die Möglichkeit, erhaltene Anzahlungen vom Vorratsvermögen abzuziehen, sofern diese einzelnen Vorratsvermögenspositionen konkret zuordenbar sind.
III. B.	–	Andere Gegenstände des Umlaufvermögens	Zu dieser Teil-Überschrift gehören verschiedene Arten von Vermögensgegenständen, die zum Umlaufprozeß gehören: Die Hauptgruppen sind: Forderungen, Zahlungsmittel, Wertpapiere
III. B. 1	020	Geleistete Anzahlungen, soweit sie nicht zu II. A. 7 gehören	Es handelt sich hier um Anzahlungen mit Vorleistungscharakter, die aufgrund von Lieferverträgen an Lieferanten gegeben wurden. – Gewisse Abgrenzungsschwierigkeiten können im Verhältnis zu III. B. 12 und IV. auftauchen (siehe dort!). – Anzahlungen auf Gegenstände des Anlagevermögens müssen unter II. A. 7 eingeordnet werden. – Die hier ausgewiesenen Anzahlungen betreffen normalerweise Roh-, Hilfs- u. Betriebsstoffe, Waren.
III. B. 2	021 022	Forderungen aus Lieferungen und Leistungen; davon mit einer Restlaufzeit von mehr als einem Jahr:	Die eigene Unternehmung hat bestehende Kauf-, Werk-, Dienst- und andere Verträge erfüllt, aber die Zahlungen stehen noch aus. Solche sog. Zielverkäufe werden oft vom Markt erzwungen. Da es sich um eine Kreditgewährung handelt, beeinflussen die Kreditfristen die Forderungsbestände. – Die Forderungsbeträge sind um die Rabatte, Umsatzprämien und sonstigen Preisnachlässe vermindert anzusetzen. – Der gesonderte Ausweis der Forderungen mit einer Restlaufzeit von mehr als einem Jahr soll der Liquiditätsbeurtei-

AG-Bilanz-Ziffer	Bilanz-Analyse-Ziffer	Benennung der Bilanzposition	Erläuterungen zum Inhalt
			lung dienen. – Verbindet sich mit dem Umsatzgeschäft ein längerfristiges Kreditgeschäft, wie es z. B. im Anlagenbau vorkommt, dann sollte unter III. B. 12 bilanziert werden.
III. B. 3	023 024	Wechsel; davon bundesbankfähig	Hierher gehören nur Wechsel, die die Unternehmung ausgestellt (gezogen) hat und solche, die auf dem Wege der Indossierung (Weitergabe) von Schulden hereingegeben worden sind (Besitzwechsel). – Wechsel, die die Unternehmung akzeptiert hat (= Wechselschuldner) gehören auf die Passivseite der Bilanz (VI. 2). – *Bundesbankfähig* sind im wesentlichen nur Handelswechsel (auf einem Warengeschäft beruhend), die mindestens drei gute Unterschriften aufweisen, max. 3 Monate Restlaufzeit haben und eine Bank an einem Bankplatz (wo eine Landeszentralbank vertreten ist) als Zahlstelle enthalten.
III. B. 4	025	Schecks	Da Schecks normalerweise sofort nach Eingang an die jeweilige Bank weitergegeben werden, werden hier meistens nur Schecks ausgewiesen, die kurz vor dem Bilanzierungsstichtag eingingen und noch nicht weitergereicht werden konnten.
III. B. 5	026	Kassenbestand; Bundesbank- und Postscheckguthaben	Hierzu gehören: Bestände in Haupt- und Nebenkassen, Wertmarken (z. B. Briefmarken), Bundesbankguthaben und Postscheckguthaben. Auch Bestände an ausländischen Sorten gehören hierher. Wertpapiere gehören nicht hierher!
III. B. 6	027	Guthaben bei Kreditinstituten	Gemeint sind alle Guthaben bei Kreditinstituten, mit Ausnahme Bundesbank (nach III. B. 5) und Bausparkassen (nach III. B. 10). – Gleichartige Forderungen und Verbindlichkeiten gegenüber demselben Kreditinstitut werden bei gleicher Fristigkeit saldiert. Das hat zur Folge, daß in solchen Fällen hier nur der »Guthabenüberhang« ausgewiesen wird.
III. B. 7	028	Wertpapiere, die nicht zu Nr. 3, 4, 8 oder 9 oder zu II. B gehören;	Eine Sammel-Position für alle restlichen Wertpapiere, die keinen Anlagen- und Beteiligungscharakter haben, oft Spekulationspapiere, wie z. B. Aktien, Anleihen, Pfandbriefe, Industrieobligationen

Fortsetzung nächste Seite

AG-Bilanz-Ziffer	Bilanz-Analyse-Ziffer	Benennung der Bilanzposition	Erläuterungen zum Inhalt
III. B. 8	029	eigene Aktien unter Angabe ihres Nennbetrages	Die AG darf nur ausnahmsweise eigene Aktien erwerben. Nach § 71 I AktG u. a. dann, wenn – schwerer Schaden abgewendet werden soll, – Belegschaftsaktien geplant sind, – Abfindungen anstehen, – durch die Aktieneinziehung eine Kapitalherabsetzung erreicht werden soll.
III. B. 9	030	Anteile an einer herrschenden oder an der Gesellschaft mit Mehrheit beteiligten Kapitalgesellschaft oder bergrechtlichen Gewerkschaft unter Angabe ihres Nennbetrages, bei Kuxen ihrer Zahl;	Durch diese Position soll der Einblick in die Verflechtung mit anderen Unternehmen ermöglicht werden. Besteht zum Bilanzstichtag ein Beherrschungsverhältnis oder eine Mehrheitsbeteiligung, so ist auszuweisen: – Anteile an einer herrschenden AG, KGaA, GmbH und bergrechtlichen Gewerkschaft, – Anteile an einer AG, KGaA, GmbH und bergrechtlichen Gewerkschaft, die an der bilanzierenden Gesellschaft mehrheitlich beteiligt ist, ohne beherrschend zu sein (vgl. §§ 16 und 17 AktG).
III. B. 10	031	Forderungen an verbundene Unternehmen;	Hier sind sämtliche Forderungen an verbundene Unternehmen auszuweisen, z. B. aus Darlehensverträgen, Kaufverträgen, Werkverträgen. Gemäß §§ 15 bis 19 AktG gelten als verbundene Unternehmen – in Mehrheitsbesitz und mit Mehrheit beteiligte Unternehmen, – abhängige und herrschende Unternehmen, – Konzernunternehmen – wechselseitig beteiligte Unternehmen – Vertragsteile eines Unternehmensvertrages (§§ 291 ff. AktG) Wenn Forderungen dieser Art in anderen Positionen enthalten sind, so ist nach § 151 III AktG auf die Zugehörigkeit zu III. B. 10 hinzuweisen. Hinweise hierzu werden im Geschäftsbericht gegeben.
III. B. 11	032	Forderungen aus Krediten, die a) unter § 89 AktG, b) unter § 115 AktG fallen;	Es handelt sich um Kredite, die Vorstandsmitgliedern, Aufsichtsratsmitgliedern und Prokuristen gewährt worden sind.

AG-Bilanz-Ziffer	Bilanz-Analyse-Ziffer	Benennung der Bilanzposition	Erläuterungen zum Inhalt
–	033	Sonstige Forderungen	Hierzu können beispielsweise Darlehensforderungen gegenüber Mitarbeitern oder Forderungen gegenüber Versicherungsunternehmen gehören. Diese Position ist nicht im Schema des AktG enthalten. In der Praxis werden hier auch Beträge aufgeführt, die ebenfalls unter 034 geführt werden könnten (s. dort).
III. B. 12	034	Sonstige Vermögensgegenstände	Hier handelt es sich wieder um eine Sammel-Position. Auf die folgenden Einzelpositionen sei besonders hingewiesen: 1. Es gehören hierher die sog. »Sonstigen Forderungen« (sofern sie nicht unter 033 ausgewiesen werden), die dadurch entstehen, daß *Erträge* zwar in das *Bilanzierungsjahr* gehören, jedoch die *Einnahmen* dazu *noch nicht eingegangen* sind (z. B. ein Darlehensschuldner hat die Zinsen für die Zeit vom 1. 7.–31. 12. noch nicht überwiesen) 2. Darlehensforderungen, soweit nicht an anderer Stelle auszuweisen. 3. Gehaltsvorschüsse 4. Kautionen 5. Steuererstattungsansprüche 6. Forderungen aus Bürgschaftsübernahmen Gemäß § 160 II. 1 AktG sind in vielen Fällen besondere Erläuterungen im Geschäftsbericht erforderlich.
IV.	036	Rechnungsabgrenzungsposten	Diese Position ist nicht weiter unterteilt; sie dient der zeitlichen Abgrenzung. Beispiel: Im Dezember des Bilanzierungsjahres mit Stichtag 31. 12. wurde eine Feuerversicherungsprämie von DM 2.000,– im voraus für das nächste Jahr bezahlt. Die Ausgabe erfolgte also im »alten« Jahr, der Aufwand gehört in das »neue« Jahr. »RAP sind gewissermaßen Forderungen an das neue Jahr«. *Beachten Sie bitte:* Erträge im »alten« Jahr mit Einnahmen im »neuen« Jahr gehören in die Position III. B. 12 (siehe oben).
	035	Disagio	Nach § 156 III AktG darf unter dieser Position auch das Anleihedisagio ausgewiesen werden. Ein solches Disagio (=

Fortsetzung nächste Seite

AG-Bilanz-Ziffer	Bilanz-Analyse-Ziffer	Benennung der Bilanzposition	Erläuterungen zum Inhalt
			Abgeld) kann bei einer Anleihenausgabe unter dem Nennwert (= unter pari) entstehen. Da bei einer Anleihe in der Regel der Nennwert zurückzuzahlen ist, wie er auf der Passivseite ausgewiesen wird, handelt es sich hier gegebenenfalls um einen Korrekturposten. In manchen Bilanzen wird das »Disagio« vor den »Rechnungsabgrenzungsposten« ausgewiesen, was sich in diesem Falle in einer entsprechenden Reihenfolge der Bilanzanalyse-Ziffern niederschlägt.
V.	037	Bilanzverlust	Betrag deckt sich mit der in der GuV-Rechnung ausgewiesenen negativen Erfolgsgröße. Nach den Regeln der doppelten Buchführung würde bei anderen Unternehmungsformen der Verlust auf der Sollseite (links) des Eigenkapital-Kontos verbucht werden; durch die Saldierung ergäbe sich die entsprechende Verminderung des Eigenkapitals. Da bei der AG das Grundkapital unverändert bleiben muß, wirkt diese Position auf der Aktivseite »grundkapitalvermindernd«.
	038	Bilanzsumme Aktiva	

2.1.2 Die Passivseite der Bilanz

Auf die Passivseite der Bilanz gehören:

I. Grundkapital
II. Offene Rücklagen
III. Wertberichtigungen
IV. Rückstellungen
V. Verbindlichkeiten mit einer Laufzeit von mindestens 4 Jahren
VI. Andere Verbindlichkeiten
VII. Rechnungsabgrenzungsposten
VIII. Bilanzgewinn (sofern vorhanden)

Tabelle 2.4: Passivseite der Bilanz nach AktG

AG-Bilanz-Ziffer	Bilanz-Analyse-Ziffer	Benennung der Bilanzposition	Erläuterungen zum Inhalt
I.	100	Grundkapital	Es ist das Eigenkapital im engeren Sinne, der gesamte Nennbetrag aller ausgegebenen Aktien (Mindestnennbetrag pro Aktie = DM 50,-). Das Grundkapital muß bei der AG mindestens DM 100.000,- betragen (das Stammkapital einer GmbH mindestens DM 50.000,-). Das Grundkapital wird durch Gewinne oder Verluste nicht direkt in seiner Summe geändert. Grundkapitalherabsetzungen durch Verluste oder -erhöhungen sind im AktG. geregelt. Gewinne und Verluste werden getrennt vom Grundkapital ausgewiesen. – Jede Aktiengattung ist gesondert auszuweisen, und zwar: *Bedingtes Kapital* = Nach §§ 192 ff. AktG kann die Hauptversammlung eine bedingte Kapitalerhöhung beschließen. Es handelt sich dabei um eine vorsorgliche Kapitalerhöhung, die aber letztlich davon abhängig gemacht wird, daß von gewissen Umtausch- oder Bezugsrechten Gebrauch gemacht wird, so z. B. im Zusammenhang mit Wandelschuldverschreibungen, Unternehmenszusammenschlüssen oder Mitarbeiteraktien. *Mehrstimmrechtsaktien* = Grundsätzlich gewährt jede Aktie eine Stimme in der Hauptversammlung. Ausnahmen können nach § 12 Abs. 2 AktG vom Staat genehmigt werden. Diese Aktien sind ebenfalls gesondert auszuweisen (vgl. Siemens-Bilanz unten). Ermächtigt die Satzung den Vorstand einer AG, innerhalb einer bestimmten Frist das Grundkapital durch Ausgabe neuer Aktien zu erhöhen, so spricht man von *genehmigtem Kapital* (Vgl. §§ 202 ff. AktG).
II.	–	Offene Rücklagen	Überschrift für alle Rücklagen. – Rücklagen sind zurückbehaltene Gewinnanteile, gewissermaßen Ersparnisse. Sie dürfen nur aus dem versteuerten Gewinn gebildet werden. Die Rücklagen gehören zum Eigenkapital. Nach dem AktG unterteilen sich die offenen Rücklagen in die gesetzlichen und in die anderen (freien) Rücklagen.

Fortsetzung nächste Seite

AG-Bilanz-Ziffer	Bilanz-Analyse-Ziffer	Benennung der Bilanzposition	Erläuterungen zum Inhalt
			(Vgl. auch die Darlegungen über die Gewinnverwendung in Abschnitt 1.1.3)
II. 1	101	Gesetzliche Rücklagen	Nach § 150 Abs. 2, 1 AktG müssen 5% des Jahresüberschusses (vermindert um einen evtl. Verlustvortrag) jährlich solange den Rücklagen zugeführt werden, bis mindestens 10% des Grundkapitals erreicht sind.
	102	Rücklagen für eigene Aktien	Rücklagen, die über 10% vom Grundkapital hinausgehen, können für künftige Kapitalerhöhungen durch die Ausgabe von Gratisaktien verwendet werden. – Diese Position ist nicht im Gliederungsschema des AktG enthalten.
II. 2	103	Andere Rücklagen (freie Rücklagen)	Diese Rücklagen sind nicht gesetzlich vorgeschrieben, sie werden frei nach den unternehmenspolitischen Vorstellungen von Vorstand, Aufsichtsrat und Hauptversammlung gebildet. (Einzelheiten in den §§ 58, 172, 173 und 254 AktG). Gegebenenfalls kann in diesem Posten die Rücklage für die Lastenausgleichs-Vermögensabgabe enthalten sein. Dies gilt allerdings nur für Bilanzen, die vor 1979 erstellt wurden.
–	104	Sonderposten mit Rücklageanteil	Obwohl im Bilanzschema nicht enthalten, wird diese Position im Sinne von § 152 V AktG oft geführt. Es sind Rücklagen aus unversteuerten Gewinnen, die im Hinblick auf bestimmte Verpflichtungen gebildet werden und daher auch den Charakter von Rückstellungen haben (siehe IV Passivseite). Bei Auflösung erfolgt die Versteuerung der Beträge. Gründe für die Bildung dieser Sonderposten sind z. B.: Ersatzbeschaffungen, erhebliche Preissteigerungen, steuerliche Gesichtspunkte bei Investitionen in Entwicklungsländern.
III.	–	Wertberichtigungen	Bei diesem Sammelposten, der im Bilanzschema des Aktiengesetzes nicht weiter untergliedert wird, handelt es sich um Korrekturposten zur Aktivseite der Bilanz. Korrekturposten dieser Art sind überflüssig, wenn die Abschreibungen sogleich direkt auf den betreffenden Konten (z. B. Maschinen) verbucht werden, so daß der Saldo (= Differenz) des

Fortsetzung nächste Seite

AG-Bilanz-Ziffer	Bilanz-Analyse-Ziffer	Benennung der Bilanzposition	Erläuterungen zum Inhalt
			Kontos – den aktuellen Restwert ausweist (Nettoausweis). Werden allerdings die Abschreibungen indirekt verbucht, d. h. die Abschreibungen werden auf Wertberichtigungskonten gegengebucht anstatt auf den Habenseiten der jeweiligen Vermögenskonten, so müssen in der Bilanz die Brutto-Vermögenswerte durch die Gegenüberstellung der Wertberichtigungen in ihrem Wert korrigiert werden (Bruttoausweis). Auch beim Ansatz von Wertberichtigungen muß der tabellarische Ausweis beibehalten werden (vgl. Seite 38). Nachfolgend wird auf die nach § 152, Abs. 6 AktG erlaubten Wertberichtigungen eingegangen. Es sei jetzt bereits darauf hingewiesen, daß die Bildung von Wertberichtigungen zu den folgenden Positionen der Aktivseite nicht erlaubt ist: Ausstehende Einlagen auf das Grundkapital, Ausleihungen mit einer Laufzeit von mindestens vier Jahren, Roh-, Hilfs- und Betriebsstoffe, Waren. (Vgl. auch die Darlegungen über Abschreibungen in Tab. 2.2. dieses Kapitels)
III.	105	Wertberichtigungen zu Sachanlagen	Im Sinne der obigen Erläuterungen sind Wertberichtigungen zu Sachanlagen Korrekturposten zu den auf der Aktivseite ausgewiesenen Bruttowerten, und zwar in diesem Fall zu den Positionen der Aktivseite II. A. 1 bis A. 7. Die Wertberichtigungen müssen also von den auf der Aktivseite ausgewiesenen Bruttowerten abgezogen werden, wenn man den Wert der jeweiligen Bestände ermitteln will. Nach § 152 AktG ist gegebenenfalls eine entsprechende tabellarische Darstellung auf der Passivseite erforderlich.
III.	106	Wertberichtigungen zu Beteiligungen und Wertberichtigungen zu Wertpapieren des Anlagevermögens	Die Korrekturposten beziehen sich hier auf die Positionen II. B. 1 und B. 2 auf der Aktivseite der Bilanz. Wegen der inneren Verwandtschaft dieser beiden Positionen können die entsprechenden Wertberichtigungen unter bilanzanalytischen Aspekten unter »Wertberichtigungen zu Finanzanlagen« zusammengefaßt werden. Es ist daher nur eine Bilanzanalyse-Ziffer nötig.

Fortsetzung nächste Seite

AG-Bilanz-Ziffer	Bilanz-Analyse-Ziffer	Benennung der Bilanzposition	Erläuterungen zum Inhalt
III.	107	Pauschalwertberichtigungen zu Forderungen	Dieser Korrekturposten steht im Bezug zu den »Forderungen aus Lieferungen und Leistungen« auf der Aktivseite der Bilanz. Die Korrekturen sind deshalb zum Zeitpunkt der Bilanzierung notwendig, weil sich aufgrund fruchtloser Pfändungen, Konkurse usw. Forderungen als uneinbringlich erwiesen haben. Nach § 152, Abs. 6 AktG wird die Bemessung der Pauschalwertberichtigungen zu Forderungen auf das »Allgemeine Kreditrisiko« beschränkt. Bei Berücksichtigung der unternehmensspezifischen Marktverhältnisse und Bedingungen können bei der Festlegung der Pauschalwertberichtigungen zu Forderungen die folgenden Faktoren zugrunde gelegt werden: Allgemeines Ausfallrisiko, erfahrungsgemäßer Skontoabzug, Zinsverlust und Eintreibungskosten.
III.	108	Sonstige Wertberichtigungen zum Umlaufvermögen	Wertberichtigungen dieser Art tauchen manchmal in Bilanzen auf und beziehen sich meistens auf den Schwund (z. B. durch Veruntreuung usw.) im Geldbereich. Dies sind sicherlich Grenzfälle.
IV.	–	Rückstellungen	Rückstellungen dürfen nicht mit den Rücklagen verwechselt werden. Handelt es sich bei den Rücklagen gewissermaßen um die Ersparnisse der Unternehmung, so sind die Rückstellungen eine besondere Art von Verbindlichkeiten und Bestandteile des Fremdkapitals. Bei den Rückstellungen handelt es sich um Verbindlichkeiten, die zwar in der Bilanzierungsperiode verursacht worden sind, die aber in ihrer Höhe noch nicht feststehen und auch noch nicht zu Ausgaben geführt haben. Manchmal kann auch nicht exakt vorausgesagt werden, ob die Verpflichtung überhaupt eintreten wird. Aus § 152 Abs. 7 AktG ergeben sich die Rückstellungszwecke, die stichwortartig umrissen werden sollen: Ungewisse Verbindlichkeiten, drohende Verluste aus schwebenden Geschäften, nachzuholende Aufwendungen für Instandhaltung oder Abraumbeseitigung und Gewährleistungen, die ohne rechtliche Verpflichtung erbracht werden. An der gleichen

Fortsetzung nächste Seite

AG-Bilanz-Ziffer	Bilanz-Analyse-Ziffer	Benennung der Bilanzposition	Erläuterungen zum Inhalt
			Stelle AktG wird auch festgelegt, daß unter dem Posten »Pensionsrückstellungen« die Rückstellungen für laufende Pensionen und die für Anwartschaften auf Pensionen auszuweisen sind. (Vgl. hierzu auch Absatz 1.1.3)
IV. 1	109	Pensionsrückstellungen	Die Bildung und Auflösung von Pensionsrückstellungen hat mehrere steuerrechtliche und auch versicherungsmathematische Aspekte. In der gebotenen Kürze sei hier darauf hingewiesen, daß mit der Bildung von Pensionsrückstellungen erst dann begonnen werden darf, wenn der Berechtigte (z. B. ein Facharbeiter, ein Meister, ein Abteilungsleiter) das 30. Lebensjahr vollendet hat. Prinzipiell bleibt es aber der Unternehmung überlassen, ob sie überhaupt Pensionsrückstellungen bilden möchte und ob jährlich eine Zuführung zu den Pensionsrückstellungen erfolgen soll. Wegen der Zuführungshöchstgrenzen, die im EStG vorgeschrieben sind, sind allerdings nachträgliche Zuführungen zu den Pensionsrückstellungen eines bestimmten Geschäftsjahres nicht erlaubt.
IV. 2	110	Andere Rückstellungen	Unter dieser Position werden alle anderen Rückstellungen mit den o. g. Zwecken zusammengefaßt. Dazu einige Beispiele: Rückstellungen für die Abschlußzahlungen der Gewerbesteuer (andere Steuerschulden sind unter den »Sonstigen Verbindlichkeiten« zu bilanzieren), Rückstellungen für Verluste aufgrund von nicht ausreichenden Angebotspreisen, Rückstellungen für Garantieverpflichtungen eines Kfz-Producenten gegenüber den Kunden und Rückstellungen für eine unterlassene Großreparatur von Maschinen, die aufgeschoben werden mußte, jedoch unmittelbar nach dem Bilanzstichtag durchgeführt werden soll (ist allerdings steuerrechtlich problematisch).
V.	–	Verbindlichkeiten mit einer Laufzeit von mindestens 4 Jahren	Unter dieser Überschrift werden Verbindlichkeiten zusammengefaßt, die eine ursprünglich vereinbarte Laufzeit von mindestens 4 Jahren aufweisen. Da es bei der Zuordnung zu dieser Position nicht

Fortsetzung nächste Seite

AG-Bilanz-Ziffer	Bilanz-Analyse-Ziffer	Benennung der Bilanzposition	Erläuterungen zum Inhalt
			auf die Restlaufzeit ankommt, müssen am Ende der Pos. V die Beträge der Nr. V.1 bis V.3 zusammengefaßt werden, die vor Ablauf von 4 Jahren fällig sind.
V.1	111	Anleihen; davon durch Grundpfandrechte gesichert	Es handelt sich hier um die Verbindlichkeiten eines Unternehmens, die durch die Inanspruchnahme des öffentlichen Kapitalmarktes entstanden sind. Die Fremdkapitalbeschaffung auf diesem Wege – wie z. B. Wandelschuldverschreibungen, Gewinnschuldverschreibungen – stehen in der Regel nur Aktiengesellschaften oder besonders finanzstarken Gesellschaften anderer Rechtsformen offen. – Das aktienrechtliche Gliederungsschema verlangt, daß der Anteil der Anleihen zu vermerken ist, der durch Grundpfandrechte gesichert ist, so z. B. durch Hypotheken, Grundschulden.
V.2	112	Verbindlichkeiten gegenüber Kreditinstituten; davon durch Grundpfandrechte gesichert	Hierunter sind die Bankkredite auszuweisen, insoweit sie tatsächlich in Anspruch genommen wurden. Ein von einer Bank zugesagtes Darlehen, das zum Bilanzstichtag noch nicht in Anspruch genommen worden ist, darf nicht als Verbindlichkeit erscheinen. Auch hier sind die Verbindlichkeiten gesondert auszuweisen, die durch Grundpfandrechte (z. B. Hypotheken, Grundschulden) gesichert sind. Bausparkassen gehören nicht zu den Kreditinstituten, die hier gemeint sind.
V.3	113	Sonstige Verbindlichkeiten; davon durch Grundpfandrechte gesichert	Unter dieser Position werden die langfristigen Verbindlichkeiten erfaßt, die nicht zu den »Anleihen« und »Verbindlichkeiten gegenüber Kreditinstituten« gehören. Das können z. B. langfristig gestellte Kautionen oder auch langfristige Darlehen von Geschäftspartnern sein.
–	114	Von Nummer V.1 bis V.3 sind vor Ablauf von 4 Jahren fällig	Wie schon erwähnt, sind hier die Beträge auszuweisen, die vor Ablauf von 4 Jahren fällig sind und demzufolge nicht mehr den Charakter von langfristigen Verbindlichkeiten haben.
VI.	–	Andere Verbindlichkeiten	Unter dieser Bezeichnung werden verschiedene Arten kurzfristiger Verbindlichkeiten zusammengefaßt. Der Ab-

AG-Bilanz-Ziffer	Bilanz-Analyse-Ziffer	Benennung der Bilanzposition	Erläuterungen zum Inhalt
			schnitt stellt gewissermaßen das Gegenüber zu »Andere Gegenstände des Umlaufvermögens« auf der Aktivseite der Bilanz dar. Auf die dazugehörigen 6 Einzelpositionen wird nachfolgend eingegangen.
VI. 1	115	Verbindlichkeiten aus Lieferungen und Leistungen	Wareneinkäufe auf Kredit (Ziel), die zum normalen Geschäftsverkehr gehören, führen zu dieser Art von Verbindlichkeiten. Es werden an dieser Stelle auch die Verbindlichkeiten ausgewiesen, die sich aus solchen Leasing-Verträgen ergeben, aus denen die wirtschaftliche Zugehörigkeit des Leasing-Gegenstandes zum Vermögen des Leasing-Nehmers hervorgeht. Nach der herrschenden Meinung muß ein solcher Leasing-Nehmer den Leasing-Gegenstand aktivieren, obwohl er nicht Eigentümer ist, während die zu zahlenden Mieten unter dieser Position als Verbindlichkeiten ausgewiesen werden können. Ist der Leasing-Geber der juristische Eigentümer des Leasing-Gegenstandes und auch im wirtschaftlichen Sinne für den Gegenstand verantwortlich – durch Wartungs-, Reparatur-, Beratungspflichten –, so entfällt dieser Gesichtspunkt, weil dann der juristische Eigentümer den Leasing-Gegenstand in seinem Vermögen ausweisen muß.
VI. 2	116	Verbindlichkeiten aus der Annahme gezogener Wechsel und der Ausstellung eigener Wechsel	In Kurzfassung gebracht, ist der Wechsel eine nach dem Wechselgesetz formgebundene schriftliche Zahlungsanweisung des Ausstellers (Gläubigers) an den Bezogenen (Schuldner), gegen Vorlage der Wechselurkunde und zu einem bestimmten Termin eine definierte Summe entweder an ihn selbst oder an einen im Wechsel genannten Dritten zu zahlen. Dabei ist der Wechselschuldner derjenige, der den Wechsel akzeptiert (quergeschrieben) hat. Unter dieser Position sind die Verbindlichkeiten auszuweisen, die durch die Annahme gezogener Wechsel (der Aussteller hat den Wechsel ausgefüllt und zur Annahme zugeschickt) oder der Ausstellung eigener Wechsel (sog. Sola-Wechsel, der Wechselschuldner ist

AG-Bilanz-Ziffer	Bilanz-Analyse-Ziffer	Benennung der Bilanzposition	Erläuterungen zum Inhalt
			gleichzeitig auch Aussteller) entstanden sind, wobei die Bilanzierungspflicht mit der Weitergabe des Wechsels entsteht. Demgegenüber sind Wechsel, die die Unternehmung zahlungshalber als sog. »Besitzwechsel« erhält, Gegenstände des Umlaufvermögens; sie werden unter der Bilanzposition III. B. 3 ausgewiesen.
VI. 3	117	Verbindlichkeiten gegenüber Kreditinstituten, soweit sie nicht zu V. gehören	An dieser Stelle sind die kurzfristigen Verbindlichkeiten gegenüber Kreditinstituten aufzuführen. Dabei kann es sich z. B. um Kontokorrentkredite (Überziehungskredite) handeln, um kurzfristige Überbrückungskredite, Saisonkredite und um sonstige täglich und kurzfristig fällige Gelder.
VI. 4	118	Erhaltene Anzahlungen	In verschiedenen Wirtschaftsbranchen ist es geradezu üblich und daher auch in den Verträgen vorzufinden, daß die Kunden im Zusammenhang mit der Auftragserteilung eine Anzahlung leisten (z. B. Stahlbau, Schiffsbau, Anlagebau). Es entsteht hierdurch eine besondere Art von Verbindlichkeit, weil die Verbindlichkeit nicht auf eine Zahlungsverpflichtung gerichtet ist, sondern auf noch zu liefernde Produkte oder noch zu erbringende Dienstleistungen. Die Anzahlungen sind auch dann auszuweisen, wenn die zu erbringenden Leistungen nicht auf der Aktivseite eingestellt werden können. Eine interessante Besonderheit ist, daß erhaltene Anzahlungen auf der Aktivseite von den Vorräten abgesetzt werden können, wenn beispielsweise eine Unternehmung Rohstoffe eingekauft hat, die zur Durchführung eines angezahlten Auftrages nötig sind. In diesem Fall dürfen die Beträge nicht mehr auf der Passivseite ausgewiesen werden, da eine Saldierung stattgefunden hat.
VI. 5	119	Verbindlichkeiten gegenüber verbundenen Unternehmen	Verbindlichkeiten, die normalerweise unter anderen Positionen der Passivseite zu führen wären, sind hier aufzunehmen, wenn sie gegenüber verbundenen Unternehmen bestehen. Demzufolge können es Lieferantenschulden sein, Finanzierungsschulden, Ausdruck einer Beteili-

AG-Bilanz-Ziffer	Bilanz-Analyse-Ziffer	Benennung der Bilanzposition	Erläuterungen zum Inhalt
			gung oder auch Verpflichtungen aus Unternehmensverträgen. Wie auch zu anderen Bilanzpositionen, so sind auch hierzu Vermerke im Geschäftsbericht nötig. Auf diese ergänzenden Funktionen des Geschäftsberichts wird noch eingegangen werden.
VI. 6	120	Sonstige Verbindlichkeiten	Alle kurzfristigen Verbindlichkeiten, die unter den anderen Positionen nicht untergebracht werden können, werden hier zusammengefaßt. Dazu gehören: Steuerschulden der Gesellschaft (vor allem Mehrwertsteuer), kurzfristige Darlehen, einbehaltene und noch abzuführende Steuern (z. B. Lohnsteuer), rückständige Löhne und Gehälter, einbehaltene und noch abzuführende Sozialversicherungsabgaben, noch abzuführende Arbeitgeberbeiträge zur Sozialversicherung.
VII.	121	Rechnungsabgrenzungsposten	Der Unterschied zu den Rechnungsabgrenzungsposten auf der Aktivseite der Bilanz besteht darin, daß in diese Position die Einnahmevorgänge einfließen, die vor dem Abschlußstichtag stattgefunden haben, die Ertragszurechnung erfolgt dann für das anschließende Geschäftsjahr. Der Ausweis von passiven Rechnungsabgrenzungsposten wird beispielsweise nötig bei erhaltenen Vorauszahlungen für Miete. Auf die Ausführungen zu den aktiven Rechnungsabgrenzungsposten – Aktivseite IV. – darf verwiesen werden.
VIII.	122	Bilanzgewinn	Wie beim Bilanzverlust so muß auch der Bilanzgewinn mit der Erfolgsgröße betragsmäßig übereinstimmen, die im Rahmen der Gewinn- und Verlustrechnung ermittelt wurde. Im Sinne der doppelten Buchführung müßte der Gewinn eigentlich auf der Habenseite des Eigenkapitalkontos gutgeschrieben werden. Da aber bei der Aktiengesellschaft das Grundkapital konstant gehalten wird, muß der Bilanzgewinn – durchaus im Sinne einer Eigenkapitalvermehrung – auf der Passivseite der Bilanz getrennt ausgewiesen werden. Der nächste Abschnitt innerhalb dieses

Fortsetzung nächste Seite

AG-Bilanz-Ziffer	Bilanz-Analyse-Ziffer	Benennung der Bilanzposition	Erläuterungen zum Inhalt
			Kapitels wird die Gewinn- und Verlustrechnung näher behandeln; der Leser wird dann klarer erkennen können, auf welche Weise nach den aktienrechtlichen Vorschriften der Bilanzgewinn ermittelt wird. In jedem Fall ist der Bilanzgewinn der Restanteil des Jahresgewinns, der zur Ausschüttung an die Aktionäre vorgesehen ist (vgl. Abs. 1.1.3).
	123	Bilanzsumme Passiva	

Tabelle 2.5: Eventualverbindlichkeiten (nach § 151, Abs. 5 AktG)
(= Verbindlichkeiten, die dem Unternehmen möglicherweise entstehen können)

AG-Bilanz-Ziffer	Bilanz-Analyse-Ziffer	Benennung der Bilanzposition	Erläuterungen zum Inhalt
1.	–	Verbindlichkeiten aus der Begebung und Übertragung von Wechseln	Es handelt sich hier um das sog. Wechselobligo, das zum Bilanzierungszeitpunkt vorhanden ist. Daraus wird deutlich, inwieweit die Unternehmung aus Wechselgeschäften haftbar gemacht werden kann.
2.	–	Verbindlichkeiten aus Bürgschaften, Wechsel- und Scheckbürgschaften	Hierdurch soll verdeutlicht werden, in welchem Umfange die Unternehmung aus Bürgschaftserklärungen möglicherweise haftbar gemacht werden kann. Grundlage hierfür sind die entsprechenden Bestimmungen im Bürgerlichen Gesetzbuch, im Wechselgesetz und im Scheckgesetz.
3.	–	Verbindlichkeiten aus Gewährleistungsverträgen	Hierunter fallen branchenübliche Garantieverpflichtungen nicht. Beispielsweise können sich aus dem Exportgeschäft mit bestimmten Ländern, wo sog. Bietungsgarantien im Zusammenhang mit der Abgabe eines Angebots üblich sind, derartige Verbindlichkeiten ergeben.
4.	–	Haftung aus der Bestellung von Sicherheiten für fremde Verbindlichkeiten	Hier soll verdeutlicht werden, in welchem Umfange möglicherweise die Unternehmung im Rahmen der Sicherung fremder Verbindlichkeiten haftbar gemacht werden kann; im Hinblick auf 2. sind hier Bürgschaften auszunehmen.

Fortsetzung nächste Seite

AG-Bilanz-Ziffer	Bilanz-Analyse-Ziffer	Benennung der Bilanzposition	Erläuterungen zum Inhalt
–	–	Vermerk der Lastenausgleichs-Vermögensabgabe	Hier wird der Gegenwartswert vermerkt und außerdem der Vierteljahresbetrag (s. auch § 218, Abs. 1 LAG). Nur bei Bilanzen bis 1979 von Bedeutung.
–	–	Vermerk zu Pensionszahlungen	Hier soll der im Geschäftsjahr geleistete Gesamtbetrag ausgewiesen werden, außerdem nach § 159 AktG in Prozentsätzen die in den folgenden 5 Geschäftsjahren voraussichtlich zu leistenden Zahlungen.
Die Eventualverbindlichkeiten sind bilanzanalytisch lediglich von geringer Bedeutung, weshalb keine Bilanzanalyse-Ziffern vergeben wurden.			

2.2 Die Positionen der Gewinn- und Verlustrechnung (Erfolgsrechnung nach § 157 AktG)

Die Gewinn- und Verlustrechnung faßt die Aufwendungen und Erträge eines Geschäftsjahres zusammen. Die GuV-Rechnung ist eine Zeitraumrechnung; die Bilanz ist demgegenüber streng stichtagsbezogen. (Vgl. hierzu die Darlegungen über die Arten der Gewinnermittlung und Bilanzaufstellung in Absatz 1.1.4 sowie im Exkurs 10.1.)

Die vorgeschriebene Staffelform (Berichtsform) ist nur eine andere Darstellungsweise des Inhalts, der sich sonst nach Abschluß der Erfolgsrechnung in Kontoform ergibt.

Die Bilanzanalyse-Ziffern, die in den folgenden Tabellen zur Gewinn- und Verlustrechnung vergeben werden, sind so angeordnet, daß alle Aufwands-Positionen mit der Ziffer 2 beginnen und alle Ertrags-Positionen mit der Ziffer 3. Alle Gewinn- und Verlust-Verwendungs-Positionen beginnen mit der Ziffer 4.

Tabelle 2.6: GuV-Rechnung

AG-GuV.-R.-Ziffer	Bilanz-Analyse-Ziffer	Benennung der GuV-R.-Position	Erläuterungen zum Inhalt
1.	300	Umsatzerlöse	Brutto-Umsatzerlöse aus Geschäftszweig vermindert um Nachlässe und Gutschriften. Mehrwertsteuer wird abgezogen. Kantinenerlöse u. ä. nach Pos. 14
	200		Nachlässe und Gutschriften müssen nach dem AktG nicht als gesonderte

Fortsetzung nächste Seite

AG-GuV R.-Ziffer	Bilanz-Analyse-Ziffer	Benennung der GuV-R.-Position	Erläuterungen zum Inhalt
			Positionen ausgewiesen werden. Für die Fälle, in denen das trotzdem geschieht, wird die Ziffer 200 vergeben. Die dann unter 300 ausgewiesenen Umsatzerlöse sind Bruttoerlöse ohne Mehrwertsteuer.
2.		Erhöhung oder Verminderung des Bestands an fertigen und unfertigen Erzeugnissen	Im Sinne des Gesamtkostenverfahrens werden Verminderungen vom Umsatzerlös abgezogen, Erhöhungen dazu addiert. Beim Gesamtkostenverfahren werden zur Gewinnermittlung die Aufwendungen den Erträgen gegenübergestellt. Bestandserhöhungen sind in diesem Falle Wertzuwächse zum betrieblichen Vermögen und daher Erträge, Bestandsverminderungen dagegen sind Wertverzehre und daher Aufwendungen.
	301		(301) = Bestandsvermehrungen
	201		(201) = Bestandsverminderungen
3.	302	Andere aktivierte Eigenleistungen	Dazu gehören selbsterstellte Anlagen, selbstdurchgeführte Großreparaturen usw. Die Einbeziehung erfolgt im Anlagevermögen, allerdings erst ab einer gewissen Wertuntergrenze der Herstellkosten, die sich nach den jeweils handels- und steuerrechtlichen Vorschriften bemißt.
4.	–	Gesamtleistung	Es handelt sich um die Zwischensumme der Positionen 1–3.
5.	202	Aufwendungen für Roh-, Hilfs- und Betriebsstoffe sowie bezogene Waren	Der Gesetzgeber hat nicht festgelegt, ob der gesamte Stoffverbrauch oder nur der auf den Fertigungsbereich bezogene Teil einbezogen werden muß. Gemäß § 149 AktG sollte es der gesamte Verbrauch sein. Die Aufwendungen für Versandverpackungen gehören nicht hierher.
6.	–	Rohertrag/ Rohaufwand	Ergibt sich als Differenz von Gesamtleistung und den Aufwendungen für Roh-, Hilfs- und Betriebsstoffe sowie für bezogene Waren. Im Sinne von § 157, Abs. 4 AktG kann in bestimmten Fällen der Ausweis der vorhergehenden Positionen entfallen. Diese Position hat im betriebswirtschaftlichen Sinne Bedeutung als *Wertschöpfung*, das heißt sie stellt das Mehr an Wert dar, das gegenüber dem Materialeinsatz geschaffen wurde.

Fortsetzung nächste Seite

AG-GuV.-R.-Ziffer	Bilanz-Analyse-Ziffer	Benennung der GuV-R.-Position	Erläuterungen zum Inhalt
7.	303	Erträge aus Gewinngemeinschaften, Gewinnabführungs- und Teilgewinnabführungsverträgen	Diese Position muß im Zusammenhang mit den Positionen 15, 25 und 27 gesehen werden. Diese Posten sollen die Beziehungen zu verbundenen Unternehmen im Sinne von § 15 ff. AktG darlegen. Es gehören paarweise zusammen: Gesellschaft, die zur Übernahme des Gewinnes berechtigt bzw. zur Deckung des Verlustes verpflichtet ist (Pos. 7 bzw. 25); Gesellschaft, die zur Abführung des Gewinnes verpflichtet bzw. zur Verlustdeckung berechtigt ist (Pos. 15 bzw. 27). Hinweise geben auch die §§ 291, 292 und 302 AktG.
8.	304	Erträge aus Beteiligungen	Saldierungen mit Verlusten aus Beteiligungen sind nicht zulässig, sie müssen unter Pos. 26 eingesetzt werden. Buchgewinne aus der Veräußerung von Beteiligungen gehören zu Pos. 11, dementsprechende Buchverluste zu Pos. 22.
9.	305	Erträge aus den anderen Finanzanlagen	Es handelt sich um Erträge aus nicht als Beteiligungen aktivierten Wertpapieren des Anlagevermögens und aus den Ausleihungen mit einer Laufzeit von mindestens 4 Jahren. Der Ausweis erfolgt auch hier brutto und unsaldiert. Die angefallene Kapitalertragsteuer erscheint unter Pos. 24a.
10.	306	Sonstige Zinsen und ähnliche Erträge	Es handelt sich um Erträge aus flüssigen Mitteln und anderen verzinslichen Vermögenswerten, soweit der Ausweis nicht unter den Pos. 8 und 9 vorgesehen ist. Es gehören dazu Zinsen für Einlagen bei Kreditinstituten und für Forderungen gegenüber Dritten (einschl. Wechselforderungen). Grundsätzlich dürfen Zinserträge und Zinsaufwendungen nicht saldiert werden.
11.	307	Erträge aus dem Abgang von Gegenständen des Anlagevermögens und aus Zuschreibungen zu Gegenständen des Anlagevermögens	Erträge aus Abgängen des Anlagevermögens entstehen in Höhe der Differenzen zwischen dem Buchwert und dem erzielten Verkaufserlös. Eine Saldierung ist auch hier nicht zulässig, Verluste sind in der Pos. 22 auszuweisen. Erträge aus Zuschreibungen entstehen, wenn Gegenstände des Anlagevermögens durch bestimmte Einflüsse eine dauerhafte Werterhöhung erfahren.

Fortsetzung nächste Seite

AG-GuV.-R.-Ziffer	Bilanz-Analyse-Ziffer	Benennung der GuV.-R.-Position	Erläuterungen zum Inhalt
12.	308	Erträge aus der Herabsetzung der Pauschalwertberichtigung zu Forderungen	Coenenberg interpretiert diesen Posten wie folgt: »Kommt es zu einer Herabsetzung der Pauschalwertberichtigungen zu Forderungen, da sie nicht mehr erforderlich scheinen, so fällt ein unter Posten Nr. 12 GuV auszuweisender Ertrag an. Kein Ertrag entsteht dagegen, wenn eine wegen des allgemeinen Kreditrisikos wertberichtigte Forderung ausfällt; in einem derartigen Fall erfolgt vielmehr eine erfolgswirksame Ausbuchung (Wertberichtigung an Forderungen).«*)
13.	309	Erträge aus der Auflösung von Rückstellungen	Sind Rückstellungen nicht in Anspruch genommen worden oder sind sie zu hoch ausgewiesen worden, so müssen sie aufgelöst werden. Derartige Auflösungen sind an dieser Stelle als Erträge auszuweisen.
13a)	310	Erträge aus der Auflösung von Sonderposten mit Rücklagenanteil	Die unter 13a. genannten Erträge fallen dann an, wenn ein nach den gesetzlichen Vorschriften gebildeter Sonderposten mit Rücklageanteil aufgelöst wird, das heißt, daß Gewinne früherer Perioden der gegenwärtigen Erfolgsrechnung als Erträge, die sie ja früher einmal waren, wieder zugeführt werden. (Vgl. Absatz 1.1.3)
14.	311	Sonstige Erträge	Es ist ein Sammelposten für all die Erträge, die nicht unter einem der vorher beschriebenen Ertragsposten auszuweisen sind. Beispiele: Erlöse aus betriebsfremden Umsätzen, Zahlung einer uneinbringlich ausgebuchten Forderung, Währungsgewinne, Schuldnachlässe, Schadensersatzleistungen, Erträge aus Sozialeinrichtungen u. a. m.
	312	davon außerordentliche	Zu den außerordentlichen sonstigen Erträgen rechnen u. a. Aufwendungen früherer Jahre, die sich im Nachhinein als überflüssig erwiesen haben (z. B. überzahlte Steuern), aufgelöste stille Reserven und außergewöhnliche einmalige Erträge (z. B. Abfindungen).
15.	313	Erträge aus Verlustübernahme	Diese Position ist im Zusammenhang mit Konzernbeziehungen zu sehen. Nach

*) A. G. Coenenberg; Jahresabschluß und Jahresabschlußanalyse; München 1974; S. 215

Fortsetzung nächste Seite

AG-GuV.-R.-Ziffer	Bilanz-Analyse-Ziffer	Benennung der GuV.-R.-Position	Erläuterungen zum Inhalt
			§ 302 AktG muß der Verlust einer Aktiengesellschaft durch Zuschüsse von seiten eines Vertragspartners eines Beherrschungs- oder Gewinnabführungsvertrages abgedeckt werden. Derartige Verlustübernahmen sind praktisch Erträge.
16.	203	Löhne und Gehälter	Es sind die Bruttobeträge einzutragen. Der Arbeitgeberanteil an Sozialabgaben ist Teil der Aufwendungen in Pos. 17. Nebenbezüge (z. B. Erfindervergütungen, mietfreie Dienstwohnungen oder ein kostenloser Dienstwagen) werden hier berücksichtigt. Nicht dazu gehören Pensionen und Renten, der Ausweis ist unter Pos. 18. vorzunehmen.
17.	204	Soziale Abgaben	An dieser Stelle werden die vom Arbeitgeber zu tragenden Beiträge an die gesetzliche Krankenversicherung, Rentenversicherung, Arbeitslosenversicherung und an die Berufsgenossenschaften ausgewiesen.
18.	205	Aufwendungen für Altersversorgung und Unterstützung	Hierzu gehören Pensionszahlungen, Zuführungen zu Pensionsrückstellungen und Zuweisungen an Unterstützungs- und Pensionskassen. Auch Unterstützungen (z. B. für Verunglückte, Heiratshilfen) werden hier ausgewiesen. (Vgl. hierzu A. G. Coenenberg; aaO; S. 217)
19.	206	Abschreibungen und Wertberichtigungen auf Sachanlagen und immaterielle Anlagewerte	An dieser Stelle werden die in der Regel planmäßigen Abschreibungen auf Sachanlagen und immaterielle Anlagewerte einschließlich der Wertberichtigungen ausgewiesen. Diese Abschreibungen sind Wertminderungen (Aufwendungen) der Vermögensgegenstände durch normalerweise planmäßige Nutzung und Alterung.
20.	207	Abschreibungen und Wertberichtigungen auf Finanzanlagen mit Ausnahme des Betrags, der in die Pauschalwertberichtigungen zu Forderungen eingestellt ist.	Hier überwiegt der Verlustcharakter. Eine Trennung der Abschreibungen in ihre planmäßigen und außerplanmäßigen Bestandteile ist nicht vorgeschrieben. Die in der Bilanz ausgewiesenen Abschreibungen auf Gegenstände des Anlagevermögens entsprechen den Positionen 19 und 20.

Fortsetzung nächste Seite

AG-GuV.-R.-Ziffer	Bilanz-Analyse-Ziffer	Benennung der GuV.-R.-Position	Erläuterungen zum Inhalt
21.	208	Verluste aus Wertminderungen oder dem Abgang von Gegenständen des Umlaufvermögens außer Vorräten (§ 151, Abs. 1 Aktivseite IIIB) und Einstellung in die Pauschalwertberichtigungen zu Forderungen	Hier werden Wertminderungen (Abschreibungen) und Verluste aus dem Abgang von Gegenständen des Umlaufvermögens (mit Ausnahme der Vorräte) sowie die Einstellungen in die Pauschalwertberichtigungen zu Forderungen zusammen erfaßt.
22.	209	Verluste aus dem Abgang von Gegenständen des Anlagevermögens	Hier sind Verluste einzubringen, die sich dadurch ergeben, daß der beim Abgang erzielte Betrag unter dem Buchwert liegt. Das kann z. B. auch beim Ausscheiden von zum Abbruch oder zur Verschrottung bestimmten alten Anlagen der Fall sein. Eine Saldierung mit Erträgen aus dem Abgang von Gegenständen des Anlagevermögens unter Pos. 11 ist unzulässig.
23.	210	Zinsen und ähnliche Aufwendungen	An dieser Stelle sind alle Zinsaufwendungen auszuweisen, die von der Gesellschaft für aufgenommene Kredite oder im Rahmen der Diskontierung von Wechseln zu zahlen sind. Auch Kreditprovisionen, Überziehungsprovisionen, Bereitstellungsgebühren usw. zählen dazu. Nicht dazu gehören u. a. Bankspesen, Kreditvermittlungsprovisionen oder Kreditüberwachungsgebühren. Die letztgenannten Posten werden unter Nr. 26 »Sonstige Aufwendungen« ausgewiesen.
24a.	211	Steuern – vom Einkommen, vom Ertrag und vom Vermögen	Alle als Steuerschuldner zu tragenden Steuern sind hier einzubringen: Körperschaftsteuer, Kapitalertragsteuer, Gewerbeertragsteuer, Vermögensteuer, Grundsteuer, Gewerbekapitalsteuer. Nach vorherrschender Meinung ist es möglich, Steuerrückerstattungen und Steuernachzahlungen für vergangene Perioden – ggf. ergänzt durch Erläuterungen im Geschäftsbericht – miteinander aufzurechnen. Nicht hierher gehören Steuerstrafen und Säumniszuschläge;

Fortsetzung nächste Seite

AG-GuV.-R.-Ziffer	Bilanz-Analyse-Ziffer	Benennung der GuV.-R.-Position	Erläuterungen zum Inhalt
			sie sind als sonstige Aufwendungen oder zinsähnliche Aufwendungen anzusehen.
24b.	212	Sonstige Steuern	Als *sonstige Steuern* kommen in Betracht: Ausfuhrzölle, Beförderungssteuer, Kraftfahrzeugsteuer, Mineralölsteuer, Versicherungssteuer usw. Bei einem Bruttoausweis der Umsatzerlöse ohne gesonderte Absetzung der Mehrwertsteuer muß die Mehrwertsteuer in diese Position aufgenommen werden. Hierher gehören allerdings nicht solche Steuern, die als Anschaffungsnebenkosten gelten und als solche aktiviert werden, z. B. Eingangszölle, Erwerbsteuer, Börsenumsatzsteuer.
24c.	213	Lastenausgleichs-Vermögensabgabe	Als Pos. 24c kann als Sonderposten die »*Lastenausgleichs-Vermögensabgabe*« eingebracht werden. Das gilt nur für Jahresabschlüsse bis 1979.
25.	214	Aufwendungen aus Verlustübernahme	Zu den »Aufwendungen aus Verlustübernahme« siehe Erläuterungen zu Pos. 7.
25a.	215	Einstellungen in Sonderposten mit Rücklagenanteil	Die Einstellung in Sonderposten mit »Rücklagenanteil« stellt eine Gewinnverwendungsmaßnahme dar. (Vgl. Absatz 1.1.4 und Erläuterungen zu der entsprechenden Bilanzposition [Passivseite]).
26.	216	Sonstige Aufwendungen	Hier werden alle ordentlichen und außerordentlichen Aufwendungen zusammengefaßt, die nicht in den anderen Positionen auszuweisen sind. Beispiele: Reklameaufwendungen, Ausgangsfrachten, Reisespesen, Provisionen, Fremdreparaturen, Büromaterial, Gründungskosten, Fernmeldekosten, Gebühren, Spenden, Ausbildungs-, Bewirtungs- und Betreuungskosten, Kosten des Aufsichtsrats und der Hauptversammlung, Mieten und Pachten, Lizenzgebühren, Lagerungskosten, Zuschüsse zu Kantinen und Sportanlagen, Kosten des Zahlungsverkehrs, Verluste bei Valuta-Schulden usw.

Fortsetzung nächste Seite

AG-GuV.-R.-Ziffer	Bilanz-Analyse-Ziffer	Benennung der GuV.-R.-Position	Erläuterungen zum Inhalt
27.	217	Aufgrund einer Gewinngemeinschaft, eines Gewinnabführungs- und eines Teilgewinnabführungsvertrages abgeführte Gewinne	Diese Position ergibt sich aus den Konzernbeziehungen. Es handelt sich um Gewinne, die an Dritte abzuführen sind, d. h. an die im Rahmen von Beherrschungs- bzw. Gewinnabführungsverträgen genannten Vertragspartner.
28.	–	Jahresüberschuß / Jahresfehlbetrag	Es handelt sich hier um die Differenz der ausgewiesenen Erträge und Aufwendungen; allerdings sind die im Rahmen der Gewinnverwendung bewirkten Veränderungen der Rücklagen noch nicht berücksichtigt. Der Betrag hier ist u. a. auch die Ausgangsbasis zur Berechnung der Gewinnbeteiligung der Vorstandsmitglieder gemäß § 86, Abs. 2 AktG.
29.	400	Gewinnvortrag/	Ein Gewinnvortrag erhöht den Bilanzgewinn.
29a.	401	Verlustvortrag aus dem Vorjahr	Ein Verlustvortrag vermindert den Bilanzgewinn.
30.		Entnahmen aus offenen Rücklagen	Hierzu gehören die Entnahmen zum Ausgleich eines Jahresfehlbetrages oder eines Verlustvortrages.
30a.	402	aus der gesetzlichen Rücklage...	
30b.	403	aus der Rücklage für eigene Aktien	Rücklagen für eigene Aktien werden für die Ausgabe von Gratisaktien gebildet. Falls dies aus irgendwelchen Gründen nicht zur Ausgabe führt, wird eine entsprechende Entnahme aus der Rücklage für eigene Aktien nötig.
30c.	404	aus freien Rücklagen	
30d.	314	Ertrag aus Kapitalherabsetzungen	In den §§ 222ff. AktG werden die Maßnahmen der Kapitalherabsetzung behandelt. Eine Kapitalherabsetzung führt buchungstechnisch zu einem Ertrag, der einen eingetretenen Verlust ausgleichen soll. Dieser Ertrag wird gem. § 240 hier ausgewiesen.

AG-GuV.-R.-Ziffer	Bilanz-Analyse-Ziffer	Benennung der GuV.-R.-Position	Erläuterungen zum Inhalt
31.		Einstellung aus dem Jahresüberschuß in offene Rücklagen	Bei der Einstellung in die gesetzlichen Rücklagen, in die Rücklagen für eigene Aktien und in die freien Rücklagen handelt es sich um Gewinnverwendungsmaßnahmen. Es werden Teile des Jahresüberschusses (Gewinns) als investiertes Eigenkapital im Unternehmen belassen. (Vgl. hierzu Absatz 1.1.3.)
31a.	405	in die gesetzliche Rücklage	
31b.	406	in die Rücklage für eigene Aktien	
31c.	407	in freie Rücklagen	
31d.	408	Einstellung in die gesetzliche Rücklage nach den Vorschriften über die vereinfachte Kapitalherabsetzung	»Einstellung in die gesetzliche Rücklage nach den Vorschriften über die vereinfachte Kapitalherabsetzung« ist dann erforderlich, wenn mit Hilfe der vereinfachten Kapitalherabsetzung Beträge in die gesetzliche Rücklage eingestellt werden sollen oder bei einer Durchführung zum Ausgleich von Wertminderung oder der Abdeckung von sonstigen Verlusten, die sich kleiner als ursprünglich angenommen, erweisen (vgl. auch § 232 AktG).
32.	409	Bilanzgewinn/	Die Zahl hier muß mit dem in der Bilanz ausgewiesenen Bilanzgewinn/Bilanzverlust übereinstimmen. Ein Bilanzverlust ist als Verlustvortrag auf neue Rechnung vorzutragen. Über die Verwendung des Bilanzgewinns entscheidet gem. § 58 Abs. 3 AktG die Hauptversammlung mit einfacher Stimmenmehrheit (vgl. auch § 133 Abs. 1 AktG). In der Regel wird der Bilanzgewinn zur Ausschüttung an die Gesellschafter (Aktionäre) in Form von Dividende verwendet.
	410	Bilanzverlust	
33.	315	Ertrag aufgrund höherer Bewertung gemäß Sonderprüfung oder gerichtlicher Entscheidung	Sind im Rahmen einer Sonderprüfung oder eines Gerichtsverfahrens die Wertansätze auf der Aktivseite als zu gering oder die Wertansätze auf der Passivseite der Bilanz als zu hoch beanstandet worden, so sind die erforderlichen Wertveränderungen an dieser Stelle als Erträge auszuweisen (vgl. §§ 258, 259, 260 AktG).

2.3 Der Geschäftsbericht als Ergänzung des Jahresabschlusses

2.3.1 Aufgabe und Inhalt

Zur Erläuterung und Ergänzung von Bilanz und GuV-Rechnung haben die Aktiengesellschaften und andere Unternehmensformen einen Geschäftsbericht zu erstellen. Im einzelnen sind es:[4]

- Aktiengesellschaften (§ 148 AktG),
- Genossenschaften (§ 33, Abs. 2 GenG),
- Unternehmen, die dem Publizitätsgesetz unterliegen mit Ausnahme der Personenhandelsgesellschaften und Einzelkaufleute (§ 5, Abs. 1 Publizitätsgesetz),
- Versicherungsunternehmen und Bausparkassen (§§ 55, Abs. 1, 112, Abs. 1 Versicherungsaufsichtsgesetz),
- Wohnungsunternehmen (§ 23, Abs. 2 WGGDV),
- Kommunale Eigenbetriebe,
- Privatrechtliche Unternehmen, an denen die öffentliche Hand beteiligt ist (§ 65, Abs. 1, Nr. 4 Bundeshaushaltsordnung),
- Unternehmen in der Rechtsform einer juristischen Person des öffentlichen Rechts (§§ 65, Abs. 1, Nr. 4, 112, 112, Abs. 2 Bundeshaushaltsordnung).

Die Aktiengesellschaft ist zu einer gewissenhaften und getreuen Rechenschaft gesetzlich verpflichtet, damit durch die Veröffentlichung und Erläuterung des Jahresabschlusses ein möglichst sicherer Einblick in die Vermögens- und Ertragslage der Gesellschaft gewährt wird (vgl. § 149 AktG). Nach § 160 AktG umfaßt der Geschäftsbericht

1. den Lagebericht und
2. den Erläuterungsbericht.

Aufgrund gesetzlicher Bestimmungen sind u. U. auch zusätzliche Angaben erforderlich. Andererseits kann unter bestimmten Bedingungen die Berichtspflicht eingeschränkt werden oder entfallen (vgl. § 160, Abs. 4 AktG). Es ist zu vermerken, ob diese Schutzklausel in Anspruch genommen wird.

2.3.2 Der Lagebericht

Die Aktiengesellschaft soll im Lagebericht Auskunft geben über

1. den Geschäftsverlauf
2. die Lage der Gesellschaft
3. Vorgänge von besonderer Bedeutung, die nach dem Schluß des Geschäftsjahres eingetreten sind.

Zu 1. und 2.:
Genaue Angaben über den Berichtsinhalt fehlen im Aktiengesetz. Üblicherweise gehören zu den Ausführungen z. B. die folgenden Punkte: Entwicklung der Kosten, der Erlöse, der Liquidität, der Rentabilität; Entwicklung des Beschäftigungsgrades, des Auftragseinganges; die Stellung der Unternehmung auf dem Beschaffungs- und Absatzmarkt; die Lage des Geschäftszweiges.

Zu 3:
Dieser Berichtsteil befaßt sich mit den nach Ablauf des Geschäftsjahres eingetretenen Vorgängen von besonderer Bedeutung, die vor allem die Gewinnverwendung des vergangenen Geschäftsjahres beeinflussen können oder bezüglich der allgemeinen wirtschaftlichen Lage der Gesellschaft Bedeutung haben.

Viele Gesellschaften stellen zusätzlich einen Sozialbericht auf. Hier werden u. a. die personellen und sozialen Verhältnisse dargelegt und die Sozialleistungen der Gesellschaft erläutert. Üblicherweise gehören zum Sozialbericht: Zahl und Zusammensetzung der Belegschaft, Veränderungen bei Lohn und Arbeitszeit, Nachwuchsschulung, Werkswohnungen, Fürsorgemaßnahmen auf dem Gebiet der Gesundheit und des Unfallschutzes usw.

2.3.3 Der Erläuterungsbericht

Während sich der Lagebericht vornehmlich mit allgemeinen Entwicklungen und Aspekten befaßt, hat der Erläuterungsbericht direkt auf den vorliegenden Jahresabschluß einzugehen. Im Sinne von § 149 Abs. 1 AktG soll ein möglichst sicherer Einblick in die Vermögens- und Ertragslage gewährt werden. Man unterscheidet:

1. die allgemeinen Abschlußerläuterungen
2. die besonderen Abschlußerläuterungen und
3. die vorgeschriebenen Einzelangaben.

Zu 1.
Hierzu gehören vor allem die Angaben über Zu- und Abgänge, Aktivierung entgeltlich erworbener immaterieller Gegenstände, über das Vorratsvermögen, über die Fristigkeit und Bonität der Forderungen, über Art und Umfang der Wertpapiere, Veränderungen des Grundkapitals. Bei der GuV-Rechnung sind erläuternde Angaben über außerordentliche Erträge usw. zu machen.

Zu 2.
In § 160 Abs. 2 bis 5 AktG werden die besonderen Abschlußerläuterungen aufgezählt. Dazu gehören:

– vollständige Angaben der Bewertungs- und Abschreibungsmethoden, wie es zur

Vermittlung eines möglichst sicheren Einblicks in die Vermögens- und Ertragslage der Gesellschaft erforderlich ist.
- Angabe der Abschreibungen und Wertberichtigungen auf die Zugänge im Geschäftsjahr zu den einzelnen Posten des Anlagevermögens.
- Erörterung derjenigen Abweichungen des Jahresabschlusses von dem des Vorjahres, die die Vergleichbarkeit beider Abschlüsse beeinträchtigen. Dies bezieht sich besonders auf die Erörterung der wesentlichen Änderungen der Bewertungs- und Abschreibungsmethoden und auf die Erörterung der Vornahme außerplanmäßiger Abschreibungen oder Wertberichtigungen.
- Angabe eines Unterschiedsbetrages beim Jahresüberschuß/Jahresfehlbetrag infolge von Änderungen der Bewertungs- und Abschreibungsmethoden einschl. der Vornahme von außerplanmäßigen Abschreibungen oder Wertberichtigungen.

Zu 3.
Diese Vorschriften stellen sicher, daß z. B. die zu den Herstellungskosten zusammengefaßten Kosten, das angewandte Sammelbewertungsverfahren bei den Vorräten, eine erstmalige Passivierung der Lastenausgleichs-Vermögensabgabe usw. genannt werden müssen. Einzelangaben müssen gemacht werden über:

1. Erwerb, Bestand und Verwertung von Vorratsaktien (Diese Möglichkeit nach § 56 AktG ist durch die Möglichkeit zur Bildung von genehmigtem Kapital und der bedingten Kapitalerhöhung weitgehend bedeutungslos geworden).
2. Erwerb, Bestand und Veräußerung eigener Aktien,
3. das Bestehen einer wechselseitigen Beteiligung unter Angabe des Unternehmens,
4. Aktien, die bei bedingter Kapitalerhöhung bezogen worden sind (vgl. hierzu die Erläuterungen zur Bilanzanalyse-Ziffer 100),
5. das genehmigte Kapital
6. Genußrechte und ähnliche Rechte,
7. aus der Jahresbilanz nicht ersichtliche Haftungsverhältnisse einschl. der Bestellung von Sicherheiten für eigene Verbindlichkeiten,
8. Bezüge der Mitglieder des Vorstandes und des Aufsichtsrates,
9. Bezüge der früheren Mitglieder dieser Organe und deren Hinterbliebenen,
10. die rechtlichen und geschäftlichen Beziehungen zu verbundenen Unternehmen und über wichtige Vorgänge bei diesen,
11. Beteiligungen, die der Gesellschaft mitgeteilt worden sind,
12. die Zusammensetzung des Vorstandes und des Aufsichtsrats.

2.3.4 Der Geschäftsbericht in der Praxis

Zur Verdeutlichung der praktischen Handhabung des Geschäftsberichtes auf der Basis der gesetzlichen Bestimmungen wird nachfolgend der Erläuterungsbericht aus dem Geschäftsbericht der Firma M.A.N. zum Jahresabschluß per 30. Juni 1979 vorgestellt.

Erläuterungen zum Jahresabschluß

Abschreibungs- und Bewertungsmethoden
Wir haben unser Vorgehen im Geschäftsbericht 1975/76 dargestellt.

Sachanlagen und immaterielle Anlagenwerte

Der Bilanzwert hat sich im Berichtsjahr um 35,4 Millionen DM auf 508,6 Millionen DM erhöht.

Millionen DM	**30. Juni 1978**	**Veränderung**	**30. Juni 1979**
Grundstücke und Gebäude	194,3	+ 13,7	208,0
Anderes Anlagevermögen	278,9	+ 21,7	300,6
	473,2	+ 35,4	508,6

Die Veränderung hat sich wie folgt ergeben:

Millionen DM	**Grundstücke und Gebäude**	**Anderes Anlagevermögen**	**Summe**
Zugänge und Umbuchungen auf fertige Anlagen	41,1	118,7	159,8
Veränderungen der Anlagen im Bau und der Anzahlungen	./. 8,3	./. 2,8	./. 11,1
Zugänge laut Bilanz	32,8	115,9	148,7
Abgänge	–	./. 2,1	./. 2,1
Nettozugänge	32,8	113,8	146,6
Normalabschreibungen	./. 9,8	./. 90,2	./.100,0
Sonderabschreibungen	./. 9,3	./. 1,9	./. 11,2
Veränderung	13,7	21,7	35,4

Im Berichtszeitraum lagen die Anlagenzugänge mit 148,7 Millionen DM um 34 Prozent über den Abschreibungen von 111,2 Millionen DM. Die Erhöhung des Sachanlagevermögens ist wesentlich durch Investitionen für die M.A.N./VW-Kooperations-Fahrzeugreihe bedingt. M.A.N. fertigt im Rahmen dieser Kooperation Motoren und Vorderachsen und übernimmt einen Teil der Fahrzeug-Montage.

Ferner haben wir in größerem Umfang als im Vorjahr moderne Werkzeugmaschinen beschafft. Damit haben wir die Voraussetzungen für eine rationelle und technisch hochwertige Fertigung verbessert. Dies wird zu einer Stärkung unserer Wettbewerbsfähigkeit und zu der Erhaltung der Arbeitsplätze unserer Mitarbeiter wesentlich beitragen.

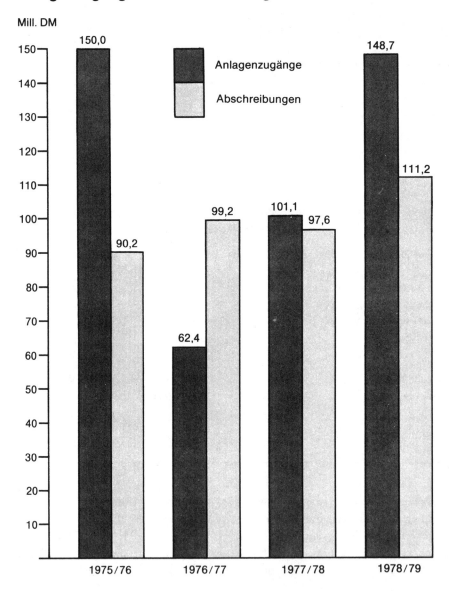

Anlagenzugänge und Abschreibungen

Die Abschreibungen des Berichtsjahres setzen sich wie folgt zusammen:

Millionen DM	Summe
Laufende Abschreibungen	100,0
Abschreibungen nach § 6b EStG	8,3
Abschreibungen auf Anlagen, die dem Umweltschutz dienen	1,3
Abschreibungen nach Abschnitt 34 EStR	1,6
	111,2

Auf 159,8 Millionen DM Zugänge und Umbuchungen auf fertige Anlagen sind 34,2 Millionen DM abgeschrieben worden. Der Abschreibungsbetrag verteilt sich auf folgende Bilanzpositionen:

	TDM
Grundstücke und grundstücksgleiche Rechte mit Geschäfts-, Fabrik- und anderen Bauten	8.830
Grundstücke und grundstücksgleiche Rechte mit Wohnbauten	7
Grundstücke und grundstücksgleiche Rechte ohne Bauten	215
Bauten auf fremden Grundstücken	1.177
Maschinen und maschinelle Anlagen	10.271
Betriebs- und Geschäftsausstattung	13.737
	34.237

Über unsere *Beteiligungsgesellschaften* haben wir auf den Seiten 45 bis 53 berichtet. Von den Beteiligungszugängen entfallen 10.8 Millionen DM auf den Kauf von Aktien der Roland Offsetmaschinenfabrik Faber & Schleicher Aktiengesellschaft, Offenbach. Wie bereits auf Seite 45 des Geschäftsberichtes dargelegt, haben wir damit unseren Anteilsbesitz an dieser Gesellschaft auf über 87 Prozent erhöht.

Für die 25prozentige Beteiligung an der CEC Equipamentos Maritimos e Industriais S.A., Rio de Janeiro (Brasilien), haben wir 10,5 Millionen DM aufgewendet. Über die Tätigkeit dieser Gesellschaft haben wir auf Seite 53 berichtet.

Über den Erwerb der M.A.N.-Wood Industries Inc., Middlesex, New Jersey (USA), durch die M.A.N. North America Inc., Dover (USA), haben wir auf Seite 50 berichtet. Für die 100prozentige Beteiligung wurden insgesamt 8,9 Millionen US-$ aufgewendet.

Weitere Zugänge von rund 1,8 Millionen DM betreffen im wesentlichen M.A.N.-Uranit Gronau GmbH, Gronau, sowie ausländische Vertriebsgesellschaften.

Veräußert haben wir unseren Anteil an der M.A.N.-Ferrostaal Bauunion GmbH, Gustavsburg, an die Ferrostaal AG, Essen.

Wertpapiere des Anlagevermögens enthalten fast ausschließlich börsengängige Aktien.

Ausleihungen mit einer Laufzeit von mindestens vier Jahren entfallen zu rund 87 Prozent auf Wohnungsbaudarlehen.

Vorräte und geleistete Anzahlungen haben sich vermindert. Wir bemühen uns, die Mittelbindung im Rahmen des Möglichen niedrig zu halten. Von den Vorräten und geleisteten Anzahlungen sind 54 Prozent (Vorjahr 63 Prozent) durch Kundenanzahlungen finanziert.

Finanzanlagen Millionen DM	30. Juni 1978	Veränderung	30. Juni 1979
Beteiligungen	330,5	+ 32,4	362,9
Wertpapiere des Anlagevermögens	1,2	+ 0,2	1,4
Ausleihungen mit einer Laufzeit von mindestens vier Jahren	14,1	+ 0,2	14,3
	345,8	+ 32,8	378,6

Vorräte und geleistete Anzahlungen Millionen DM	30. Juni 1978	Veränderung	30. Juni 1979
Roh-, Hilfs- und Betriebsstoffe	321,6	+ 1,3	322,9
Fertige und unfertige Erzeugnisse	1.493,3	./. 71,7	1.421,6
Vorräte zusammen	1.814,9	./. 70,4	1.744,5
Geleistete Anzahlungen	184,4	+ 16,1	200,5
	1.999,3	./. 54,3	1.945,0

Der Bilanzansatz der *Außenstände* hat sich gegenüber dem Vorjahr erhöht.

Außenstände Millionen DM	30. Juni 1978	Veränderung	30. Juni 1979
Forderungen aus Lieferungen und Leistungen	718,7	./. 10,1	708,6
Forderungen an verbundene Unternehmen	86,5	+ 76,1	162,6
Forderungen nach § 89 AktG	0,6	./. 0,2	0,4
Sonstige Vermögensgegenstände	24,4	+ 16,5	40,9
Rechnungsabgrenzungsposten	1,5	+ 0,8	2,3
	831,7	+ 83,1	914,8

Von den *Wechseln* sind 84 Prozent innerhalb eines Jahres fällig; aus dem Auslandsgeschäft stammen 86 Prozent.

Wechsel, Wertpapiere und Geldwerte Millionen DM	30. Juni 1978	Veränderung	30. Juni 1979
Wechsel	133,7	+ 1,4	135,1
Wertpapiere des Umlaufvermögens	0,1	./. 0,1	–
Guthaben bei Kreditinstituten und Kassenbestand	67,1	+ 6,0	73,1

Grundkapital und Rücklagen erhöhten sich im Geschäftsjahr 1978/79 um 236,9 Millionen DM.

- Im Juli 1978 hat der Vorstand mit Zustimmung des Aufsichtsrates das restliche noch vorhandene genehmigte Kapital in Höhe von 10 Millionen DM Vorzugsaktien verwertet. Die Ermächtigung hierzu war in der Hauptversammlung vom 4. Februar 1977 erteilt worden. Die Aktien wurden im Juli 1978 unter Ausschluß des gesetzlichen Bezugsrechtes der Aktionäre ausgegeben und außerhalb der Börse bei Daueranlegern plaziert. Der Ausgabekurs betrug 360 Prozent, wir erhielten daraus ein Aufgeld von 26 Millionen DM in die gesetzlichen Rücklagen.
- Aufgrund der in der außerordentlichen Hauptversammlung vom 10. Mai 1979 erteilten Ermächtigung hat der Vorstand mit Zustimmung des Aufsichtsrates das Grundkapital um 63 Millionen DM durch Ausgabe von 33 Millionen DM neuen, auf den Inhaber lautenden Stammaktien und 30 Millionen DM neuen, auf den Inhaber lautenden Vorzugsaktien ohne Stimmrecht unter Ausschluß des gesetzlichen Bezugsrechts erhöht. Die neuen Aktien nehmen an der Dividendenausschüttung für das Geschäftsjahr 1978/79 in voller Höhe teil. Die 33 Millionen DM neuen Stammaktien und 26 Millionen DM neue Vorzugsaktien wurden von einem Bankenkonsortium übernommen und den Aktionären im Verhältnis 5:1 zum

Grundkapital und Rücklagen Millionen DM	30. Juni 1978	Veränderung	30. Juni 1979
Stammaktien	165,0	+ 33,0	198,0
Vorzugsaktien	120,0	+ 40,0	160,0
Grundkapital zusammen	285,0	+ 73,0	358,0
gesetzliche Rücklagen	186,6	+ 143,9	330,5
Substanzerhaltungsrücklage	110,0	+ 20,0	130,0
andere Rücklagen	150,4	–	150,4
	732,0	+ 236,9	968,9

Bezugspreis von 142,50 DM je 50-Mark-Aktie = 285 Prozent (Stamm- und Vorzugsaktien) angeboten. Wir erhielten daraus ein Aufgeld von 109,2 Millionen DM.
– Weitere vier Millionen DM wurden unter Ausschluß des Bezugsrechtes der Aktionäre ausgegeben und außerhalb der Börse bei Daueranlegern plaziert. Der Ausgabekurs betrug 318 Prozent, wir erhielten ein Aufgeld von 8,7 Millionen DM.

Wir haben im Berichtsjahr aus Veräußerungen insgesamt 4,5 Millionen DM Buchgewinne im Sinne von § 6b EStG erzielt, die auf Anlagenzugänge übertragen wurden. Die zu Beginn des Geschäftsjahres vorhandene *Rücklage nach § 6b EStG* in Höhe von 3,8 Millionen DM wurde ebenfalls auf Anlagenzugänge übertragen. Die Rücklage nach dem *Entwicklungsländer-Steuergesetz* hat sich im Berichtsjahr um 4,4 Millionen DM erhöht. Ursächlich waren Beteiligungszugänge in Brasilien, Saudi-Arabien und Nigeria. Die bestehende Rücklage für Auslandsbeteiligungen in Brasilien und in der Türkei war planmäßig zu vermindern.

Die *Rücklage für Zuschüsse aus öffentlichen Mitteln (Abschnitt 34 EStR)* wurde auf die entsprechenden Investitionen übertragen.

| **Sonderposten mit Rücklageanteil** | | | |
Millionen DM	30. Juni 1978	Veränderung	30. Juni 1979
Rücklage nach § 6b EStG	3,8	./. 3,8	–
Rücklage nach dem Entwicklungsländer-Steuergesetz	4,0	+ 4,4	8,4
Rücklage nach Abschnitt 34 EStR	1,7	./. 1,7	–
	9,5	./. 1,1	8,4

Wegen des Rückganges der Forderungen aus Lieferungen und Leistungen ergab sich bei gleichen Bewertungsgrundsätzen eine Verminderung der *Pauschalwertberichtigung zu Forderungen* um 0,9 Millionen DM.

| **Pauschalwertberichtigung zu Forderungen** | | | |
Millionen DM	30. Juni 1978	Veränderung	30. Juni 1979
Bilanzausweis	67,3	./. 0,9	66,4

Pensionsrückstellungen für schon laufende Ruhegelder, für Hinterbliebenenrenten und für Versorgungsanwartschaften wurden auf Grundlage versicherungsmathematischer Gutachten gebildet. Wir sind von den Vorschriften des § 6a EStG in der Fassung des Gesetzes vom 19. Dezember 1974 ausgegangen. In der Zuführung wirken sich Anpassungsmaßnahmen nach § 16 des Gesetzes zur Verbesserung der betrieblichen

Altersversorgung aus. Von den *anderen Rückstellungen* entfallen rund 356 Millionen DM auf Verpflichtungen aus dem Personalbereich, auf Steuern, auf Gewährleistungen und auf Verlustvorsorgen.

Rückstellungen Millionen DM	30. Juni 1978	Veränderung	30. Juni 1979
Pensionsrückstellungen	327,5	+ 18,7	346,2
Instandhaltungsrückstellungen	13,0	+ 1,5	14,5
Andere Rückstellungen	384,1	+ 19,2	403,3
	724,6	+ 39,4	764,0

Investitionskredite wurden planmäßig zurückgezahlt. Das unter den Sonstigen Verbindlichkeiten ausgewiesene Restdarlehen der Bundesversicherungsanstalt wurde ebenfalls planmäßig zurückgezahlt. Wesentlicher Posten ist ein Guthaben der M.A.N.-Unterstützungskasse.

Verbindlichkeiten mit einer Laufzeit von mindestens vier Jahren Millionen DM	30. Juni 1978	Veränderung	30. Juni 1979
Investitionskredite	95,6	./. 18,7	76,9
Sonstige Darlehen	3,2	./. 0,9	2,3
Verbindlichkeiten gegenüber Kreditinstituten	98,8	./. 19,6	79,2
Sonstige Verbindlichkeiten	37,3	./. 11,0	26,3
	136,1	./. 30,6	105,5

Die hier ausgewiesenen *Verbindlichkeiten gegenüber Kreditinstituten* dienen der Finanzierung längerfristiger Exportgeschäfte. Ihre Fälligkeiten sind auf die jeweiligen Gegebenheiten des zugrunde liegenden Geschäfts abgestellt. Durch Abrechnung einiger größerer Aufträge verminderten sich die *Erhaltenen Anzahlungen* gegenüber dem Vorjahr um 216,1 Millionen DM.

Anzahlungen und Kredite zur Finanzierung von Kundenaufträgen Millionen DM	30. Juni 1978	Veränderung	30. Juni 1979
Verbindlichkeiten gegenüber Kreditinstituten	307,8	+ 18,3	326,1
Erhaltene Anzahlungen	1.260,5	./. 216,1	1.044,4
	1.568,3	./. 197,8	1.370,5

Verbindlichkeiten aus Lieferungen und Leistungen bleiben gegenüber dem Vorjahr nahezu unverändert.

Von den *sonstigen Verbindlichkeiten* entfallen rund 57 Prozent auf Restlöhne, auf einbehaltene Steuern und Versicherungsbeiträge, auf Berufsgenossenschaftsbeiträge und auf Umsatzsteuer.

Andere Verbindlichkeiten Millionen DM	30. Juni 1978	Veränderung	30. Juni 1979
Verbindlichkeiten aus Lieferungen und Leistungen	375,2	./. 1,7	373,5
Verbindlichkeiten gegenüber Kreditinstituten	0,8	+ 0,1	0,9
Verbindlichkeiten gegenüber verbundenen Unternehmen	35,6	./. 4,9	30,7
Sonstige Verbindlichkeiten	158,4	+ 56,1	214,5
	570,0	+ 49,6	619,6

Gewinn- und Verlustrechnung

Der *Umsatzerlös* ist gegenüber dem Vorjahr um 1,3 Prozent gestiegen. Die Gesamtleistung blieb nahezu unverändert.

Wie im Vorjahr entfallen rund 54 Prozent der *Gesamtleistung auf Stoffaufwand und bezogene Waren.*

Millionen DM	1977/78	Veränderung	1978/79
Umsatzerlös (ohne MwSt)	4.468	+ 60	4.528
Bestandsveränderung bei Erzeugnissen und andere aktivierte Eigenleistungen	22	./. 86	./. 64
Gesamtleistung	4.490	./. 26	4.464
Stoffaufwand und bezogene Waren	2.441	./. 32	2.409
Rohertrag	2.049	+ 6	2.055

Millionen DM	1977/78	1978/79
Zinsen und ähnliche Aufwendungen	52,1	50,5
Erträge aus anderen Finanzanlagen, sonstige Zinsen und ähnliche Erträge	35,1	28,0
Aufwandsüberschuß	17,0	22,5

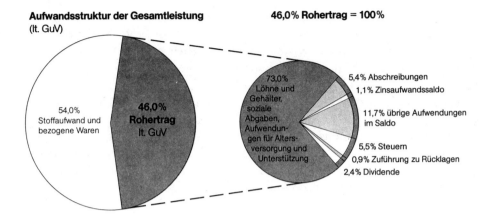

Bei den *Erträgen aus Gewinnabführungsverträgen* wirkt sich erstmals eine Gewinnübernahme der Roland Offsetmaschinenfabrik Faber & Schleicher AG, Offenbach, aus.

Die *Erträge aus Beteiligungen* sind um 3,5 Millionen DM gestiegen. Von einer Beteiligung in Übersee konnten wir im Berichtsjahr 4,1 Millionen DM Erträge vereinnahmen.

Die Erhöhung des Aufwandsüberschusses bei den Zinsen ist im wesentlichen auf die im Berichtsjahr gestiegenen Zinssätze zurückzuführen.

Die *sonstigen Erträge* enthalten alle Erträge, die nicht zwingend an anderer Stelle auszuweisen sind. Wesentlich angestiegen sind Steuerumlagen, die wir an unsere Beteiligungsgesellschaften verrechnet haben. Erstmals wirken hier Zuschüsse der Bundesanstalt für Arbeit (Zuschüsse für Einarbeitung, zur beruflichen Eingliederung und zur betrieblichen Ausbildung Behinderter).

Die *Position Löhne, Gehälter und soziale Abgaben* haben wir im Abschnitt »Mitarbeiter« behandelt.

Aufwendungen für Altersversorgung und Unterstützung enthalten gegenwärtige Versorgungsleistungen und Zuführungen zu den Pensionsrückstellungen.

Steuern vom Einkommen, vom Ertrag und vom Vermögen enthalten unter anderem die Steuergutschrift für die Aktionäre mit 28,2 Millionen DM. Die Steuerschuld unserer Organgesellschaften haben wir an die Gesellschaften weiterverrechnet. Der Betrag wirkt sich in unserem Steueraufwand, seine Weiterverrechnung in unseren sonstigen Erträgen aus.

Sonstige Steuern entfallen mit 2,2 Millionen DM auf Gesellschaftsteuer.

Sonstige Aufwendungen enthalten als Hauptposten: Sondereinzelkosten des Vertriebs, Vertriebsgemeinkosten, Verwaltungskosten, Mieten und Pachten.

Haftungsverhältnisse
Die Verbindlichkeiten aus der Begebung von Wechseln haben sich von 125,3 Millionen DM im Vorjahr auf 189,3 Millionen DM erhöht.

Verbindlichkeiten aus Bürgschaften nennen wir in der Fußnote zur Bilanz mit 242,3 Millionen DM (Vorjahr 212,7 Millionen DM). Wir helfen unseren Tochtergesellschaften im Inland und im Ausland mit diesen Bürgschaften bei der Abwicklung von Aufträgen, besonders bei deren Bemühungen um den Erhalt von Kundenanzahlungen.

Von den Verbindlichkeiten aus der Exportfinanzierung waren 104,0 Millionen DM (im Vorjahr 108,4 Millionen DM) den Geschäftsbedingungen der Ausfuhrkredit-Gesellschaft mbH entsprechend gesichert und mit Solawechseln unterlegt. Von anderen Verbindlichkeiten waren 6,9 Millionen DM durch Übereignung aus dem Umlaufvermögen gesichert. Auf nicht einbezahlte GmbH-Anteile bestanden am 30. Juni 1979 Einzahlungsverpflichtungen von 7,3 Millionen DM.

Sonstige Angaben nach dem Aktiengesetz
Für das Geschäftsjahr 1978/79 betragen die Bezüge des Vorstandes 4.343.619 DM, von verbundenen Unternehmen wurden 214.450 DM bezahlt. Ehemalige Vorstandsmitglieder oder deren Hinterbliebene erhielten 1.841.961,80 DM. Der Aufsichtsrat erhält 751.236 DM.

Für das Geschäftsjahr 1978/79 haben wir den Bericht über die Beziehungen der Gesellschaft zu verbundenen Unternehmen aufgestellt und am Schluß dieses Berichtes die gesetzlich vorgeschriebene Erklärung abgegeben: »Wir erklären, daß unsere Gesellschaft nach den Umständen, die uns in dem Zeitpunkt bekannt waren, in dem die Rechtsgeschäfte vorgenommen wurden, eine angemessene Gegenleistung erhalten hat.« Rechtsgeschäfte mit Dritten auf Veranlassung oder im Interesse des herrschenden Unternehmens oder eines mit dem herrschenden Unternehmen verbundenen Unternehmens wurden nicht abgeschlossen. Auch Maßnahmen auf Veranlassung oder im Interesse des herrschenden Unternehmens oder eines mit dem herrschenden Unternehmen verbundenen Unternehmens wurden weder getroffen noch unterlassen.

Gewinnverwendungsvorschlag
Der Jahresabschluß 1978/79 weist einen Bilanzgewinn aus von 50.873.625,42 DM. Wir schlagen der Hauptversammlung vor, diesen Gewinn wie folgt zu verwenden:

Ausschüttung einer Dividende von 7,- DM je Stamm- und Vorzugsaktie im Nennbetrag von 50,- DM auf das dividendenberechtigte Aktienkapital von 358.000.000,- DM	= 50.120.000,— DM
Vortrag auf neue Rechnung	= 753.625,42 DM
Bilanzgewinn	= 50.873.625,42 DM

Augsburg, im Oktober 1979

DER VORSTAND

2.3.5 Zur bilanzanalytisch orientierten Erfassung der Geschäftsberichts-Angaben

Im Hinblick darauf, daß zur Gewinnung bilanzanalytischer Erkenntnisse meistens auch die Angaben des Geschäftsberichts herangezogen werden müssen, haben die Autoren wesentliche Angaben in Geschäftsberichten in ihr Nummern- und Kennzahlensystem einbezogen, das in Kapitel 3 näher erläutert werden wird. Der Leser sollte im Bedarfsfall dieses Nummernsystem seinen spezifischen Absichten und Bedürfnissen anpassen; hierfür wurden eigens gewisse Freibereiche gelassen.

»Informationsbündel« des Lageberichts

Bilanz-analyse-Ziffer	Bezeichnung
500	Umsatzentwicklung und Umsatzverteilung nach Produktrichtungen
501	Auftragseingang und Verteilung nach Produktrichtungen
502	Preisentwicklung auf den Verkaufsmärkten (Absatzmärkten)
503	Preisentwicklung auf den Beschaffungsmärkten (Roh-, Hilfs- und Betriebsstoffe)
504	Unternehmensgliederung / Konzerngliederung
505	Arbeitsgebiete innerhalb des Unternehmens (z. B. Forschung und Entwicklung, Produktion)
506	Durchgeführte Investitionen (Ersatz, Erweiterung, Rationalisierung)
507	Finanzierung
508	Ertragslage / Rentabilitätsentwicklung
509	Liquiditätsentwicklung
510	Änderungen der Produktpalette (Produktrichtungen) und der Produktionsverfahren
511	Abschluß wichtiger Verträge
512	Gründung von Filialen
513	Erwerb von Beteiligungen
514	Beziehungen zu anderen Gesellschaften einschl. verbundener Unternehmen im In- und Ausland

Die Positionen 515 bis 529 sind als Reserve für individuelle Auswertungen des Lageberichts freigehalten.

Aus dem Sozialbericht als Teil des Lageberichts:

530	Beschäftigtenzahlen
531	Beschäftigungsstruktur
532	Entwicklung des Beschäftigungsgrades
533	Veränderungen der Arbeitszeit und Entlohnung
534	Unfallschutz und Arbeitssicherheit
535	Sozialleistungen

Die Positionen 536 bis 549 sind wiederum freigehalten.

»Informationsbündel« des Erläuterungsberichts

Bilanz-analyse-Ziffer	Bezeichnung
550	Zu- und Abgänge des Anlagevermögens
551	Aktivierung entgeltlich erworbener immaterieller Gegenstände
552	Vorratsvermögen
553	Fristigkeit und Bonität der Forderungen
554	Art und Umfang der Wertpapiere
555	Veränderungen des Grundkapitals
556	Außerordentliche Erträge
557	Außerordentliche Aufwendungen
558	Bewertungsmethoden
559	Abschreibungsmethoden
560	Abschreibungen und Wertberichtigungen auf Zugänge zum Anlagevermögen
561	Abweichungen von den Bewertungs- und Abschreibungsverfahren des Vorjahres
562	Außerplanmäßige Abschreibungen und Wertberichtigungen
563	Wesentlicher Unterschiedsbetrag beim Jahresüberschuß/Jahresfehlbetrag infolge geänderter Bewertungs- und Abschreibungsmethoden sowie außerplanmäßiger Abschreibungen
564	Erwerb, Bestand und Verwertung von Vorratsaktien
565	Erwerb, Bestand und Veräußerung eigener Aktien
566	Das Bestehen einer wechselseitigen Beteiligung unter Angabe des Unternehmens
567	Aktien, die bei bedingter Kapitalerhöhung bezogen worden sind
568	Das genehmigte Kapital
569	Genußrechte und ähnliche Rechte
570	Aus der Jahresbilanz nicht ersichtliche Haftungsverhältnisse einschl. der Bestellung von Sicherheiten für eigene Verbindlichkeiten
571	Bezüge der Mitglieder des Vorstandes und des Aufsichtsrates
572	Bezüge der früheren Mitglieder dieser Organe und deren Hinterbliebenen
573	Die rechtlichen und geschäftlichen Beziehungen zu verbundenen Unternehmen und wichtige diesbezügliche Vorgänge
574	Beteiligungen, die der Gesellschaft mitgeteilt worden sind
575	Grundsätze für die Konsolidierung
576	Erläuterungen zum Konsolidierungskreis
577	Allgemeine Erläuterung zum Konzernabschluß hinsichtlich der konsolidierten Bilanz
578	Allgemeine Erläuterungen zum Konzernabschluß hinsichtlich der konsolidierten Gewinn- und Verlustrechnung

3. Ziele und Arbeitsmethoden der Bilanzanalyse

3.1 Begriffe

Unter Bilanzanalyse und Bilanzkritik versteht man die Auswertung der Jahresbilanz, der GuV-Rechnung sowie gegebenenfalls des Geschäftsberichts (Auswertung des Jahresabschlusses) sowie deren kritische Beurteilung. Einzelne Positionen von Bilanz und GuV-Rechnung werden hierbei statistisch aufbereitet, d.h. gruppiert, zusammengefaßt, umgebildet und zueinander in Beziehung gesetzt, um Informationen über die Finanz- und Ertragslage der Unternehmung zu gewinnen. Dadurch wird ein besserer Einblick in die Verhältnisse der Unternehmung sowie ein Vergleich nach Maßgabe der Zielsetzung der Analyse ermöglicht. In der Regel erfolgen Bilanzanalyse und Bilanzkritik anhand der Daten von veröffentlichten Jahresabschlüssen (externe Bilanzanalyse) durch Außenstehende. Die interne Analyse, bei der dem Betrachter mehr Daten zur Verfügung stehen, wird unter Verwendung betriebsinternen Materials durchgeführt. Sie wird oft auch als *Betriebsanalyse* bezeichnet.

Einperiodische Bilanzanalyse:
Es werden nur die Daten einer einzigen Periode betrachtet:

- Beurteilung einer Einzelbilanz
- Beurteilung mehrerer unterschiedlicher Einzelbilanzen beim zwischenbetrieblichen Vergleich

Mehrperiodische Bilanzanalyse:
Betrachtung mehrerer zeitlich nacheinander liegender Bilanzen (Bilanzreihe):

- innerbetrieblicher Vergleich (Bilanzreihe eines Betriebs)
- zwischenbetrieblicher Vergleich (Bilanzreihen mehrerer Betriebe)

Der Schwerpunkt der folgenden Darstellungen soll bei der externen Bilanzanalyse liegen, da mit ihr quasi ein »Minimalwissen« über eine Unternehmung geschaffen wird, das jederzeit – unter Verwendung betriebsinterner Daten – ergänzt und erweitert werden kann.

3.2 Ziele und Probleme der Bilanzanalyse

Die Ziele der externen Bilanzanalyse sind sehr stark davon geprägt, von wem und für welchen Zweck die Analyse aufgestellt wird.

Die Kreditgeber von *kurzfristigem Kapital* sind an Umsatz, finanzieller Stabilität, Vermögens- und Kapitalstruktur sowie Liquidität und Rentabilität interessiert. Dies sind vor allem Kunden und Lieferanten des Unternehmens.

Die Kreditgeber von *langfristigem Kapital* richten ihre Betrachtung auf Gewinn, Ertragskraft und Finanzierung, während sich die Anteilseigner (Eigentümer) für die Erfolgswirksamkeit interessieren, d.h. insbesondere für die mögliche Höhe der ausschüttbaren Gewinne.

An zwischenbetrieblichen Analysen, insbesondere auch der Ertragslage, sind die Gewerkschaften interessiert, um u.U. mögliche Lohnforderungen durchzusetzen.

Die Konkurrenz schließlich interessiert sich für die Stärke eines Unternehmens, d.h. insbesondere auch für seine Ertragslage.

Zusammenfassend können die Ziele und die daraus abgeleiteten schwerpunktmäßigen Bilanzanalysen in der folgenden Tabelle dargestellt werden:

Tabelle 3.1: Ziele und Arten der Bilanzanalyse

Ziele[5]		Arten der Bilanzanalyse
Gewinnung von Informationen über:		Schwerpunkte:
Partialziele	Liquidität	Liquiditätsanalyse
	Erfolg, Rentabilität	Ergebnisanalyse, Analyse der Ertragskraft, Rentabilitätsanalyse, Umsatzanalyse, Wertschöpfungsanalyse
	Vermögenslage, Wachstum, Kreditwürdigkeit, Abhängigkeit	Investitionsanalyse, Finanzierungsanalyse, (Umsatzanalyse) Analyse der Unternehmenssubstanz-Änderungen
	Personal- und Umweltpolitik	Sonderformen der Analyse des personal- und sozialpolitischen Verhaltens der Unternehmung sowie des Verhaltens hinsichtlich Umweltschutz, Informationspolitik und Ansprüchen des Fiskus
Totalziele	Unternehmenswert (Firmenwert)	Analyse zur Ermittlung des Wertes der ganzen Unternehmung unter Berücksichtigung aller wichtigen Faktoren
	Unternehmenszielerreichung	Analyse der Zielsetzung der Geschäftsleitung sowie Bestimmung des Zielerreichungsgrades

Die Grenzen der Bilanzanalyse ergeben sich dort, wo die verfügbaren Informationen nicht den aus den Zielen abgeleiteten Informationserfordernissen entsprechen. Vielen Zielen der Bilanzanalyse ist gemein, daß sie zukunftsbezogene Informationen für die

Beurteilung der finanz- und der ertragswirtschaftlichen Unternehmensentwicklung erfordern.

Dabei gilt, daß das Risiko einer Fehlbeurteilung mit zunehmendem Umfang der für die künftige Unternehmensentwicklung bekannten relevanten Daten sinkt.

In diesen beiden Forderungen nach Zukunftsbezogenheit und möglichst weitgehender Vollständigkeit der Informationen zeigen sich unmittelbar die Grenzen der Jahresabschluß-Information. Die folgende Tabelle gibt hierzu eine Übersicht.

Tabelle 3.2: Problematik der Bilanzanalyse

Mangelnde Zukunftsbezogenheit der Daten	Mangelnde Vollständigkeit der Daten
• Jahresabschlußinformationen beziehen sich auf einen abgeschlossenen vergangenen Zeitraum; Trend- bzw. Tendenzfeststellung ist erschwert.	• Jahresabschluß enthält, als eine die finanziellen Transaktionen der Unternehmung abbildende Rechnung, nur in Geldeinheiten transformierte Daten. Verläßliche Daten fehlen über: – Qualität des Managements – technisches Know-how und Entwicklungsprojekte – Marktstellung
• Die Daten des Jahresabschlusses sind erst geraume Zeit nach dem Bilanzstichtag verfügbar. Nach dem AktG (§ 175 Abs. 1) ergibt sich ein spätest möglicher Verfügungszeitpunkt erst acht Monate nach dem Bilanzstichtag → Aktualität der Daten ist u.U. nicht mehr vorhanden.	• Jahresabschluß bildet nur die tatsächlichen Transaktionen ab; »schwebende Geschäfte«, die zu rechtlich fixierten Forderungen und Verbindlichkeiten führen können, bleiben außer acht. • Jahresabschluß enthält vorsichtige Vermögensdarstellung und Erfolgsermittlung gem. HGB. Aussage über – stille Reserven im Vermögen – Kreditlinien – Möglichkeiten kurzfristiger Kredite fehlen.

3.3 Überblick über die Arbeitsmethoden

Unter den Methoden der Bilanzanalyse werden die formalen Verfahren der Zahlenaufbereitung und die Darstellung der aufbereiteten Zahlenergebnisse verstanden.

Zahlenaufbereitung bedeutet Informationsverarbeitung im Hinblick auf die durch die Bilanzanalyse zu verfolgenden Ziele.

Hierbei sind die Zahlen des Urmaterials (Daten des Jahresabschlusses) zu ordnen und zu bearbeiten, wobei statistische Verfahren eingesetzt werden.

Die Ordnung und Bearbeitung des Urmaterials erfolgt durch Zusammenfassung, Gliederung und Bildung von Kennzahlen. Generell lassen sich die Ablaufphasen der Bilanzanalyse wie folgt beschreiben:

Ablauf der Bilanzanalyse und Bilanzkritik:[6]	
– Zielsetzung der Analyse – Sammlung der Informationsquellen – Auswahl der im Hinblick auf die Zielsetzung adäquaten Analysemethoden – Berechnung der Analyseergebnisse	Bilanz- Analyse
– Ergebnisvergleich und -interpretation – Gesamtbeurteilung	Bilanz- Kritik

Die zu verwendenden Analysemethoden sind in starkem Maße durch die Zielsetzung der Analyse bestimmt. Generell lassen sich jedoch bestimmte allgemeine Methoden der Analyse und Bilanzkritik beschreiben. Hierbei dienen die Bilanzanalysemethoden insbesondere der Aufbereitung und Komprimierung der Daten des Jahresabschlusses, wobei man die Kennzahlenbildung, Fluß- bzw. Bewegungsrechnungen sowie kombinierte Methoden unterscheidet. Die aufbereiteten Daten stehen dann für die Bilanzkritik zur Verfügung, wobei hier insbesondere ein Vergleich erfolgt, entweder mit früheren Werten des gleichen Betriebs (Zeitvergleich) oder ein zwischenbetrieblicher Vergleich (Betriebsvergleich) oder ganz allgemein ein Vergleich von irgendwelchen Sollwerten mit den tatsächlich eingetretenen Istwerten.

Die Methoden der Bilanzanalyse und Bilanzkritik sind zusammenfassend in Abbildung 3.1 dargestellt.

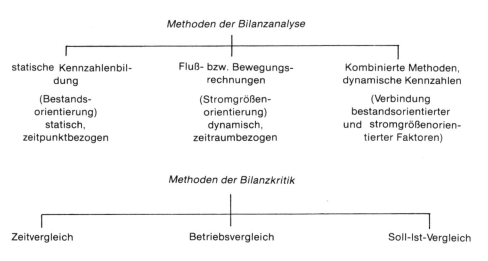

Abb. 3.1: Methoden der Bilanzanalyse und Bilanzkritik

1. Statische Kennzahlen (zeitpunktbezogen)
Unter Kennzahlen sind »solche Zahlen zu verstehen, die sich auf wichtige Tatbestände beziehen und diese in konzentrierter Form zum Ausdruck bringen«[7].

Man unterscheidet folgende Arten von Kennzahlen:

Tabelle 3.3: Kennzahlenarten

Art der Kennzahl		Erläuterung
Absolute Kennzahlen		Besitzen nur eine begrenzte Aussagekraft, da sie nur *absolute* Veränderungen berücksichtigen, z. B. Einzelzahlen, Summen und Differenzen
Relative Kennzahlen (Verhältniszahlen)	Gliederungszahlen	Eine statistische Teilmasse wird zu ihrer Gesamtmasse in Beziehung gesetzt: z. B. $\frac{\text{Gesamtkap.}}{\text{Gesamtkap.}} = \frac{\text{Eigenkap.}}{\text{Gesamtkap.}} + \frac{\text{Fremdkap.}}{\text{Gesamtkap.}}$
	Beziehungszahlen	Wesensverschiedene, zueinander in Beziehung gesetzte statistische Massen, die jedoch in einem logisch sinnvollen Zusammenhang stehen, z. B. Anlagevermögen : Eigenkapital
	Indexzahlen	Gleichartige, aber zeitlich und örtlich verschiedene statistische Massen werden zu einer bestimmten als Basis bezeichneten Masse in Beziehung gesetzt z. B. Aktien- oder Preisindizes; Preis eines Gutes im Jahre 1950 = 100%, im Jahre 1979 = x%

Generell lassen sich folgende Möglichkeiten der Kennzahlenbildung nennen, die – bei immer weiterer Verfeinerung – zu sogenannten *Kennzahlensystemen* führen.

a) Möglichkeiten der Kennzahlenzerlegung:

Für die rechnerische Zerlegung einer Kennzahl in weitere Kennzahlen gibt es folgende Möglichkeiten:

(1) Zerlegung der Beobachtungszahl durch Gliederung
(2) Einführung einer neuen Bezugszahl
(3) Einführung einer neuen Beobachtungszahl
(4) Einführung einer neuen Zahl als Beobachtungs- und als Bezugszahl

Zerlegungsart	Ausgangszahl		Zerlegung
(1)	$\frac{A}{B}$	=	$\frac{C}{B} \pm \frac{D}{B}$
(2)	$\frac{D}{B}$	=	$\frac{D}{C} : \frac{B}{C}$
(3)	$\frac{E}{B}$	=	$\frac{G}{B} : \frac{G}{E}$
(4)	$\frac{B}{C}$	=	$\frac{B}{H} : \frac{H}{C}$

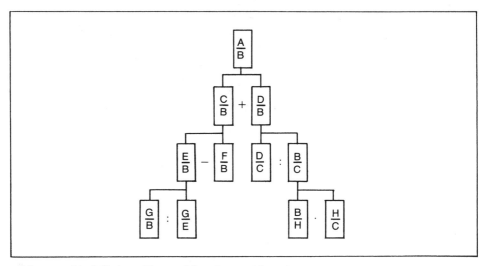

Abb. 3.2: Modell einer Kennzahlen-Pyramide

b) Möglichkeiten der Bildung relativer Kennzahlen:
Bezogen auf Bilanz und GuV-Rechnung lassen sich folgende relative Kennzahlen bilden, die *bestandsorientiert* und damit zeitpunktbezogen sind:

Relationen von \ zu	Aktiva	Passiva	Aufwendungen	Erträge
Aktiva	(1)	(2)	(3)	(4)
Passiva	(5)	(6)	(7)	(8)
Aufwendungen	(9)	(10)	(11)	(12)
Erträge	(13)	(14)	(15)	(16)

– Relationen zwischen Größen der Bilanz und der GuV-Rechnung: (9), (10), (13), (14), (3), (4), (7), (8)
– Relationen von Aufwand- und Erfolgsseite der GuV-Rechnung: (12), (15)
– Relationen auf der Ertragsseite der GuV-Rechnung: (16)
– Relationen auf der Aufwandsseite der GuV-Rechnung: (11)
– Relationen von Kapital- und Vermögensseite der Bilanz: (2), (5)
– Relationen auf der Vermögensseite der Bilanz: (1)
– Relationen auf der Kapitalseite der Bilanz: (6)

2. *Fluß- bzw. Bewegungsrechnungen*
Fluß- bzw. Bewegungsrechnungen zeigen die Entstehung und Steuerung von Kapital- und Vermögensströmen (z. B. Zahlungsströmen) im Hinblick auf Mittelentstehung (Mittelaufbringung) und Mittelverwendung im Zeitablauf.
Beispiel: Zeitraumbilanz (Bewegungsbilanz):

In dieser »Bilanz« wird davon ausgegangen, daß *Erhöhungen* von *Vermögenspositionen (Aktivpositionen)* bzw. *Verminderungen* von *Kapitalpositionen (Passivpositionen)* gegenüber der Vorjahresbilanz bewirkt werden durch *Verminderungen* bei Vermögenspositionen (z. B. Kauf einer Maschine durch Barzahlung, Rückzahlung eines Kredits) bzw. *Erhöhung* bei Kapitalpositionen (z. B. Warenkauf auf Kredit). Die entsprechenden Größen werden in einem Schema, der sog. »Bewegungsbilanz«, einander gegenübergestellt:

Mittelverwendung	Mittelaufbringung
I Erhöhung bei Aktivpositionen gegenüber der Vorjahresbilanz	III Verminderungen bei Aktivpositionen gegenüber der Vorjahresbilanz
II Verminderung bei Passivpositionen gegenüber der Vorjahresbilanz	IV Erhöhung bei Passivpositionen gegenüber der Vorjahresbilanz
Summe =	Summe

3. Kombinierte Methoden, dynamische Kennzahlen

Diese Methoden sind statisch-dynamisch orientiert. Sowohl die *Struktur* als auch die Ursache für die *Entwicklung* einer Kennzahl im Zeitablauf sollen aufgezeigt werden.

Beispiel: Kennzahl der Gesamtkapitalliquidität als »Kennzahlen-Pyramide«

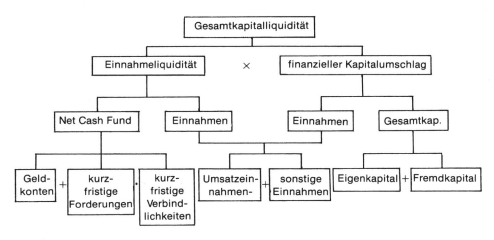

Abb. 3.3: *Gesamtkapitalliquidität auf der Basis des Netto-Geldvermögens (Net Cash Fund)*

Beispiel: (Aus den Zahlenwerten eines Jahresabschlusses)

Geldbestände	100.000,–	⎫
Kurzfristige Forderungen	50.000,–	⎬ 100.000 + 50.000 – 30.000 = DM 120.000,–
Kurzfristige Verbindlichk.	30.000,–	⎭ »Net Cash Fund« (Barmittel-Fond)
Umsatzerlöse pro Jahr	700.000,–	⎫
Sonstige Einnahmen pro Jahr	10.000,–	⎬ 700.000 + 10.000 = DM 710.000,– Einnahmen pro Jahr
Eigenkapital	300.000,–	⎫ 300.000 + 200.000 = DM 500.000,–
Fremdkapital	200.000,–	⎭ Gesamtkapital

$$\text{Finanzieller Kapitalumschlag} = \frac{710.000 \text{ DM}}{500.000 \text{ DM/Jahr}} = \frac{1{,}42}{\text{Jahr}}$$

$$\text{Einnahmeliquidität} \quad \frac{120.000 \text{ DM}}{710.000 \text{ DM}} = 0{,}17$$

Gesamtkapitalliquidität = 0,17 × 1,42 = 0,24

d. h. 24% des Gesamtkapitals sind in Vermögensform als liquide Mittel vorhanden. Die Gesamtliquidität wird als *Funktion* von *Einnahmeliquidität* und *finanziellem Kapitalumschlag* gesehen. Je höher z. B. der finanzielle Kapitalumschlag ist, desto geringer kann die Einnahmeliquidität bei gleicher Gesamtliquidität sein. (Als Demonstrationsbeispiel wird hier eine in der Literatur genannte, besonders komplexe kombinierte Methode herangezogen. Wegen der Komplexität und der Ermittlungsproblematik wird die Kennzahl im Rahmen dieses praxisbezogenen Buches nicht weiter verwendet).

Kennzahlen werden hauptsächlich zur Strukturanalyse verwendet (vgl. Kapitel 5.6).

Fluß- bzw. Bewegungsrechnungen sowie die kombinierten Methoden werden insbesondere bei der Ermittlung der Werteflüsse (»Umschlagskoeffizienten«) in Kapitel 7 sowie zur Rentabilitätsanalyse (»Return on Investment«) in Kapitel 8 herangezogen.

3.4 Konstruktion eines effizienten bilanzanalytischen Instrumentariums

Beim Studium der bilanzanalytischen Literatur fällt immer wieder ins Auge, daß teilweise eine mangelnde Systematik vorherrscht. So werden sehr oft Größen und Zahlenwerte, die normalerweise nur betriebsintern, d. h. für eine interne Bilanzanalyse zur Verfügung stehen, vermengt mit externen, d. h. veröffentlichten Zahlenwerten.

Außerdem werden oft undeutliche bzw. weitgefaßte Begriffe verwendet, wie z. B. »kurzfristige Geldmittel« oder »Investitionen«, ohne daß deren vorherige eindeutige Definition und Inbeziehungsetzung zu den Daten des Jahresabschlusses erfolgt ist. Hierin liegt nach Ansicht der Autoren eine große Schwachstelle. Eine systematische externe Bilanzanalyse wird teilweise durch die Unklarheit der Positionen, durch Fehlen einer Ordnungssystematik, durch Begriffsverwirrung und Begriffsvielfalt wie sie in manchen Teilen der bilanzanalytischen Literatur anzutreffen ist, erheblich erschwert.

Aus diesem Grund wurde ein Bilanzanalyse-Instrumentarium entwickelt, das in eindeutiger Weise, ausgehend von den Grunddaten des Jahresabschlusses, unter Verwendung einer Nummernsystematik alle Bereiche der externen Bilanzanalyse in Form eines systematisch geordneten Kataloges abzudecken versucht.

Jede Rechengröße erhält *eine* sowohl identifizierende als auch klassifizierende Nummer (Bilanzanalyse-Ziffer), anhand deren sie in eindeutiger Weise dem Jahresabschluß bzw. den Problembereichen eines Analyse-Kataloges zugeordnet werden kann.

Hierbei wurde den Arbeitsphasen der Bilanzanalyse

– Quellenmaterial (Jahresabschlußdaten)
– Aufbereitung
– Auswertung

Rechnung getragen.

Der Aufbau des Nummernsystems zur Bilanzanalyse ist in der auf Seite 88 folgenden Tabelle 3.4 dargestellt.

Durch Einführung einer systematisch geordneten Numerierung, aufgegliedert nach Auswertephasen der Bilanzanalyse, ist ein systematisches und stets gleichbleibendes Vorgehen bei der Auswertung des Jahresabschlusses gewährleistet. Zunächst werden alle wichtigen Rechengrößen ermittelt (Aufbereitung des Jahresabschlusses). Die so berechneten Größen finden Eingang in die anschließend durchzuführenden Kennzahlenberechnungen bzw. Werteflußrechnungen bzw. kombinierte Anwendungsmethodik, die in einem *Gesamtkatalog* dargestellt werden. Die stets gleichbleibende Arbeitsweise, ausgehend von den Daten des Jahresabschlusses, bildet eine Grundlage für einen eventuellen Einsatz eines EDV-Programms zur Bilanzanalyse.

Je nach Fragestellung des externen Analytikers können aus dem Gesamtkatalog entsprechende Arbeits- und Analysemethoden ausgewählt werden.

Hinweise zur Beschaffung von Vergleichsmaterial für die Bilanzkritik wird in Abschnitt 3.5 »Beschaffung von Vergleichszahlen« gegeben.

In diesem Zusammenhang sei noch erwähnt, daß das vorliegende Nummernsystem Freiräume läßt, in die der Benutzer eigene Kennzahlen eintragen kann.

Der Gesamtkatalog selbst ist über die einzelnen Kapitel des Buches aufgeteilt. In jedem Kapitel findet zunächst eine Beschreibung und Erörterung der Problematik

Tabelle 3.4: *Nummernsystematik einer methodischen Bilanzanalyse*

Nummern-bereich	Bedeutung			Arbeits-phase
001 ... 099	Aktiva der Bilanz (Vermögenspositionen)		Ausgangsgrößen des Jahres-abschlusses	QUELLEN
100 ... 199	Passiva der Bilanz (Kapitalpositionen)			
200 ... 299	Aufwandspositionen der Gewinn- und Verlustrechnung (GuV)			
300 ... 399	Ertragspositionen der Gewinn- und Verlustrechnung (GuV)			
400 ... 499	Gewinn- bzw. Verlust-Verwendung des jetzigen Jahres bzw. früherer Jahre			
500 ... 599	Geschäftsbericht	500 ... 549 550 ... 599	Lagebericht Erläuterungsbericht	
600 ... 699	Aufbereitete Daten	600 ... 649 650 ... 699	Bilanzstruktur GuV-Struktur	Abgeleitete Größen aus Aufbereitung	AUF-BEREITUNG
700 ... 799	Statische Kennzahlen	700 ... 729 730 ... 759 760 ... 799	Kennzahlen zur Vermögensstruktur Kennzahlen zur Kapitalstruktur Kennzahlen zur Wechselbeziehung zwischen Kapital und Vermögen	Abgeleitete Größen aus Auswertung	AUS-WERTUNG
800 ... 899	Dynamische Werteflüsse	800 ... 829 830 ... 840 841 ... 859 860 ... 899	Umschlagskoeffizienten Umsatzüberschußziffern (Cash-Flow) Cash-Flow-Beziehungszahlen Kapitalflußrechnungen	
900 ... 999	Rentabilität, Wirtschaftlichkeit, Firmenwert, sonstige ergänzende Kennzahlen	900 ... 905 906 ... 915 916 ... 935 936 ... 950 951 ... 999	Kennzahlen der Aufwands- und Ertragsstruktur Wirtschaftlichkeit Rentabilität Firmenwert Sonstige ergänzende Werte	

sowie der Ermittlungsmethoden statt. Anschließend folgen dann die dem Kapitel zugehörigen Seiten des Gesamtkataloges.

Ein Gesamtregister mit Seitenverweis am Ende des Buches ermöglicht – über die Nummerung – auch einen Direktzugriff zu den einzelnen Rechenformeln bzw. Arbeitsmethoden des Kataloges.

Die Daten des Jahresabschlusses finden sich unter ihren Bilanzanalyse-Ziffern im Kapitel 2.

3.5 Die Beschaffung von Vergleichszahlen

Die Jahresabschlüsse der Aktiengesellschaften und der sonst publizitätspflichtigen Unternehmungen können dem Bundesanzeiger und – wenn in der Satzung vorgesehen – den anderen satzungsgemäßen Publikationsorganen, durchweg Tageszeitungen, entnommen werden. Aktiengesellschaften mit börsengängigen Aktien lassen durch die Banken gedruckte Broschüren verteilen, in denen auch der Jahresabschluß enthalten ist. Werden hierzu zusätzliche Informationen gewünscht, so erfüllen die Gesellschaften diese Wünsche durchaus, vor allem dann, wenn der Anfrager ein Aktionär ist. In diesem Zusammenhang ist auch auf das Bilanzarchiv an der Universität Mannheim hinzuweisen, dessen vorbildliche Sammlung gegebenenfalls in Anspruch genommen werden kann.

Die Jahresabschlüsse der Unternehmungen, die nicht zur Veröffentlichung verpflichtet sind, können meistens nicht beschafft werden, weil die Jahresabschlüsse in diesen Unternehmungen weitgehend als »Geheimsache« angesehen werden. Der zwischenbetriebliche Vergleich kann deshalb hier nicht direkt erfolgen, sondern nur im Verhältnis zu branchenbezogenen Sammel- und Durchschnittswerten. Für die Beschaffung solcher Vergleichszahlen stehen zahlreiche Bezugsquellen zur Verfügung, von denen hier nur einige genannt werden können:

- Die wirtschaftsorientierten Tageszeitungen und Zeitschriften. Beispielsweise veröffentlicht das *Handelsblatt* regelmäßig Analysen von Jahresabschlüssen.
- Die *Deutsche Bundesbank* veröffentlicht in ihren Monatsberichten in Abständen Untersuchungsergebnisse über mehrere Branchen hinweg.
- Vergleichszahlen können auch über Banken bezogen werden. Beispielsweise veröffentlicht die *Bayerische Hypotheken- und Wechselbank* jährlich einen »Wegweiser durch deutsche Aktiengesellschaften«, dem nicht nur die kompaktierten Jahresabschlüsse entnommen werden können, sondern auch Durchschnittszahlen.
- Die meisten Wirtschaftsverbände sind in der Lage, branchenbezogene Vergleichszahlen zu liefern. Beispielsweise enthält das »Statistische Handbuch für den Maschinenbau« des VdMA, Frankfurt, aussagekräftige Vergleichszahlen für den gesamten Maschinenbau.

– Diesbezügliche Informationen können u. U. auch vom *Statistischen Bundesamt,* Wiesbaden, und den Statistischen Ämtern der Bundesländer bezogen werden.

Auf den folgenden Seiten werden dem Leser exemplarisch Vergleichszahlen vorgestellt, welche die *Deutsche Bundesbank* und die *Bayerische Hypotheken- und Wechselbank* vorgelegt haben. Aus diesen Veröffentlichungen sind verschiedene bilanzanalytische Begriffe – gewissermaßen zur Einstimmung – zu entnehmen, auf die in den folgenden Kapiteln ausgiebig eingegangen werden wird. Wahrscheinlich wird der Leser auf diese Vergleichszahlen dann zurückkommen wollen, wenn er nach der Lektüre der folgenden Kapitel eine erste praktische Anwendung in seinem Arbeits- und Interessenbereich beabsichtigt.

3.5.1 Ertragslage und Finanzierungsverhältnisse der Unternehmen im Jahre 1979[8]

3.5.1.1 Ertragslage

Für die Unternehmen war 1979 ein Jahr guter Erträge, wie den ersten Ergebnissen der Statistik der Deutschen Bundesbank über Unternehmensbilanzen zu entnehmen ist. Der *Jahresüberschuß,* vor Steuern gerechnet, hat in den hier einbezogenen Unternehmensbereichen 1979 um etwa 9% zugenommen; er ist damit im vergangenen Jahr spürbar mehr gestiegen als 1978. Nach Steuern übertraf er 1979 das Vorjahresniveau um 7½%. Die *Umsätze* der Unternehmen (ohne Mehrwertsteuer) sind im vergangenen Jahr noch stärker gewachsen als der Jahresüberschuß; sie gingen 1979 um 10½% über das Vorjahresergebnis hinaus, nach 3½% im Jahre 1978. Dabei ist aber zu berücksichtigen, daß 1978 der Jahresumsatz durch in das Jahr 1977 vorgezogene Abrechnungen von Lieferungen und Leistungen im Zusammenhang mit der Mehrwertsteuererhöhung von Anfang 1978 gedrückt gewesen war. Relativ kräftig hat 1979 der *Rohertrag* der Unternehmen zugenommen; er übertraf seinen Vorjahresstand um 8½%, verglichen mit einem Zuwachs von 5½% im Jahr davor. Von den gesamten Umsatzerlösen verblieben den Unternehmen nach Abzug der Ausgaben für Vorprodukte (einschließlich der Lageraufstockung und der aktivierten Eigenleistungen) rd. 37½% als Rohertrag, aus dem die laufenden Aufwendungen zu bestreiten und der Jahresüberschuß zu erwirtschaften waren. Diese Quote lag 1979 etwas unter ihrem Vorjahresniveau (38%), das jedoch infolge der damals rückläufigen Einstandspreise bei vielen Vorprodukten und der erwähnten Vorverlagerung von Umsätzen relativ hoch ausgefallen war. Über den Stand von 1977 ging diese Quote 1979 noch um einen halben Prozentpunkt hinaus.

Dieses Ergebnis ist insofern bemerkenswert, als die Preise für Vorprodukte und Halbwaren, insbesondere für solche ausländischer Herkunft, im Jahre 1979 stark gestiegen sind. Den Unternehmen ist es also offenbar weitgehend gelungen, die Verteuerungen ihres Materialeinsatzes teils durch Produktivitätssteigerungen aufzufangen, teils an die Abnehmer weiterzugeben. Insofern unterscheiden sich die Ertragsverhältnisse des vergangenen Jahres beträchtlich von denen des Jahres 1974, als die Verteuerungen im Vorproduktbereich, die damals – nach dem ersten Ölpreisschock – sehr rasch in voller Höhe auf die Materialkosten durchschlugen, bei weitem nicht in gleichem Tempo und Umfang hatten weitergewälzt werden können. Wie die Tabelle auf Seite 92 zeigt, war der Umsatz aller Unternehmen 1974 um 10½ % gestiegen, der Rohertrag aber nur um 6½ %. Die Verbindung mit hohen sonstigen Kostensteigerungen, vor allem im Personalbereich, hatte dies zu einer starken Einengung der Ertragsmargen geführt. Im Vergleich hierzu befanden sich die Unternehmen 1979 in einer günstigeren Position, nicht nur, weil die Preise für Vorprodukte zunächst weniger stark gestiegen, sondern weil sich auch die »hausge-

Erfolgsrechnung der Unternehmen *)

Position	1977	1978	1979
	Mrd DM		
Umsatz	2 244,0	2 324,2	2 564,5
Erweiterter Rohertrag	916,6	970,0	1 054,5
Rohertrag	835,4	882,8	959
Sonstige Erträge	81,2	87,2	95,5
darunter:			
Zinserträge	9,8	9,7	11,5
Aufwand	861,8	912,0	992
darunter:			
Personalaufwand 1)	445,2	471,0	502
Abschreibungen 2)	69,1	73,7	79,5
Zinsaufwendungen	31,5	31,0	36
Steuern 3)	68,0	71,2	79
Jahresüberschuß 4)	54,9	58,1	62,5
nachrichtlich:			
Jahresüberschuß vor Steuern	122,9	129,3	141,5
	in % des Umsatzes		
Rohertrag	37,2	38,0	37,5
	in % des erweiterten Rohertrags		
Jahresüberschuß 4)	6,0	6,0	6
Jahresüberschuß vor Steuern	13,4	13,3	13,5
Personalaufwand 1)	48,6	48,6	47,5
Netto-Zinsaufwand	2,4	2,2	2,5

* Hochgerechnete Ergebnisse. 1979: Geschätzte Angaben, auf halbe und ganze Mrd DM bzw. Prozentpunkte gerundet. — **1** Löhne, Gehälter, soziale Abgaben und freiwillige soziale Aufwendungen. — **2** Auf Sachanlagen. — **3** Einschl. Körperschaftsteuer der Kapitalgesellschaften. — **4** Bilanzgewinn zuzüglich Veränderung der Rücklagen, abzüglich ausgewiesener Verluste.
Differenzen in den Summen durch Runden.

Erfolgsrechnungen der Unternehmen 1978/79 und 1973/74 im Vergleich *)

Position	1978	1979	Zum Vergleich: 1973	1974
	Veränderungen gegen Vorjahr in %			
Umsatz	+ 3,6	+10,5	+11,4	+10,3
Rohertrag	+ 5,7	+ 8,5	+10,7	+ 6,4
Rohertrag je Umsatzeinheit	+ 2,0	− 1,5	− 0,5	− 3,7
Aufwand	+ 5,8	+ 9	+12,7	+ 7,7
darunter:				
Personalaufwand 1)	+ 5,8	+ 6,5	+11,8	+ 8,7
Jahresüberschuß 2)	+ 5,8	+ 7,5	− 9,3	− 8,2
desgl. vor Steuern 3)	+ 5,2	+ 9	− 0,2	− 3,8
Nachrichtlich:				
Zahl der Beschäftigten 4)	+ 0,5	+ 1,2	+ 0,2	− 3,6
Einfuhrpreise	− 5,1	+12,9	+12,8	+28,5
darunter:				
Rohstoffe und Halbwaren	− 8,7	+28,8	+22,6	+63,2
Erzeugerpreise gewerblicher Produkte	+ 1,1	+ 4,8	+ 6,6	+13,4
darunter:				
Erzeugnisse des Grundstoff- und Produktionsgütergewerbes	− 0,5	+10,6	+ 8,8	+23,4

* Hochgerechnete Ergebnisse. 1979: Geschätzte Angaben, auf halbe und ganze Mrd DM bzw. Prozentpunkte gerundet. − **1** Löhne, Gehälter, soziale Abgaben und freiwillige soziale Aufwendungen. − **2** Bilanzgewinn zuzüglich Veränderung der Rücklagen, abzüglich ausgewiesener Verluste. − **3** Einschl. Körperschaftsteuer der Kapitalgesellschaften. − **4** Abhängig Beschäftigte im Produzierenden Gewerbe, Handel und Verkehr (ohne Bahn, Post).
Differenzen in den Summen durch Runden.

machten« Kostensteigerungen in erheblich engeren Grenzen hielten als nach der ersten Ölkrise. So hat sich insbesondere der *Personalaufwand* im Jahre 1979 gegenüber dem Vorjahr mit 6½% weit weniger als 1974 (9%) erhöht.

Relativ stark haben 1979 nach dieser ersten Hochrechnung die *Abschreibungen* auf Sachanlagen zugenommen, was wohl in erster Linie mit der kräftigen Ausweitung des Investitionsaufwands der Firmen zu erklären ist. Der *Steueraufwand* – er umfaßt die Kostensteuern (mit Ausnahme der Mehrwertsteuer) aller Unternehmen sowie u. a. die Körperschaftssteuer der Kapitalgesellschaften, nicht dagegen die Einkommensteuer der Inhaber von Einzelfirmen und Personengesellschaften – ist ebenfalls vergleichsweise stark gestiegen*).

Für die *Verzinsung ihrer Fremdmittel* mußten die Firmen 1979 16½% mehr aufwenden als im Jahr davor; dem standen jedoch, was häufig übersehen wird, auch erhebliche *Zinserträge* gegenüber, die 1979 um fast 20% höher ausfielen als 1978.

---

* Vgl. auch die methodischen Anmerkungen auf Seite 99f.

Diese außergewöhnlich starke Ausweitung der Zinsströme auf beiden Seiten der Erfolgsrechnungen hing einmal mit dem Anstieg des Zinsniveaus zusammen, daneben aber mit einer kräftigen Ausweitung sowohl der finanziellen Aktiva als auch der Fremdmittel der Unternehmen. Netto, d. h. bei Aufrechnung von Zinsaufwendungen und -erträgen, hat sich die Zinsbelastung der Unternehmen 1979 um rd. 15% erhöht. Sie entsprach 1979 rd. 2½% des um die sonstigen Erträge erweiterten Rohertrags. Im Vergleich zu anderen Aufwandsposten – allein die Personalaufwendungen beanspruchten 1979 fast die Hälfte des erweiterten Rohertrags – hatte der Nettozinsaufwand für die Gesamtheit aller Unternehmen damit nur relativ geringes Gewicht. Tatsächlich streuen hier die Verhältnisse bei den einzelnen Unternehmen sehr stark, je nachdem, wie ausgeprägt ihre Stellung als Netto-Schuldner ist.

3.5.1.2 Finanzierungsverhältnisse

Für die Finanzierung der Sach- und Geldvermögensbildung wendeten die Unternehmen 1979 nach dieser ersten Hochrechnung rd. 210 Mrd DM auf. Gegenüber dem Vorjahr hat sich damit das gesamte *Aufkommen an Finanzierungsmitteln* um etwa ein Drittel erhöht. Grundlage für diese starke Ausdehnung der Finanzierungsströme im Unternehmensbereich waren die im vorangegangenen Abschnitt bereits beschriebenen Ertragsverbesserungen. Sie schlugen in der Finanzierungsrechnung der Unternehmen mit einer deutlichen Stärkung der Innenfinanzierung zu Buch. Den Unternehmen standen 1979 rd. ein Fünftel mehr *Innenfinanzierungsmittel* zur Verfügung als im Jahr davor. Vor allem sind aus den höheren Gewinnen die Rücklagen in erheblichem Umfang dotiert worden. Auch haben Personengesellschaften und Einzelkaufleute, global betrachtet, ihr Eigenkapital kräftig verstärkt. Hohe Zugänge waren ferner bei den Rückstellungen zu verzeichnen, wobei, wie schon in den vorangegangenen Jahren, den Zuführungen zu den Rückstellungen für die betriebliche Altersversorgung besondere Bedeutung zukam. Die Abschreibungserlöse haben im Rahmen der Innenfinanzierung stets das größte Gewicht; 1979 entfielen auf sie fast drei Viertel der gesamten Innenfinanzierung. Ihre Entwicklung wird jedoch mehr von den Veränderungen des gesamten Kapitalstocks und in geringerem Maße von der aktuellen Ertragslage bestimmt. Sie haben 1979 deutlich unterproportional zu den übrigen Komponenten der Innenfinanzierung zugenommen. Von den gesamten Erträgen (Rohertrag und sonstige Erträge) verblieben 1979 nach der ersten Hochrechnung 10½% in Form von Innenfinanzierungsmitteln aller Art in den Unternehmen, verglichen mit 9½% im Vorjahr. Diese Relation hat damit wieder den Anschluß an die in den Jahren 1972/73 – also vor der ersten Ölkrise – zu verzeichnenden Werte gefunden, nachdem sie zwischenzeitlich zum Teil spürbar niedriger gewesen war.

Auch die *Außenfinanzierung* der Unternehmen wurde 1979 erheblich ausgeweitet. Mit über 100 Mrd DM haben sich die Firmen 1979 fast um die Hälfte mehr Mittel an den Kreditmärkten und durch Ausgabe von Kapitalanteilen beschafft als im Jahr davor. Allein ihre Verbindlichkeiten sind im vergangenen Jahr um 95 Mrd DM gestiegen (gegen 63 Mrd DM im Jahre 1978). Hierzu hat allerdings die Zunahme der Kreditverflechtung zwischen den Unternehmen maßgeblich beigetragen, die vermutlich nur zu einem relativ geringen Teil als ein Beitrag zur Investitionsfinanzierung angesehen werden kann; schätzungsweise dürfte etwa ein Drittel der gesamten zusätzlichen Außenfinanzierung auf diese interindustrielle Neuverschuldung zurückzuführen sein*. Bei den übrigen Zugängen an Verbindlichkeiten handelt es sich, wie aus anderen Quellen bekannt ist, zum weitaus überwiegenden Teil um Kreditaufnahmen bei inländischen Banken und nur in recht begrenztem Umfang um Mittelaufnahmen im Ausland, hauptsächlich in Form von Handelskrediten. Durch die Ausgabe von Kapitalanteilen haben sich die Unternehmen 1979 rd. 6½ Mrd DM beschafft. Gegenüber den Vorjahren (1978: 5½ Mrd DM; 1977: 6 Mrd DM; 1976: 5 Mrd DM) hat sich dieser Betrag nicht wesentlich erhöht. Ein wirklich zu Buch schlagender Erfolg der Körperschaftsteuerreform von Anfang 1977 ist in dieser Entwicklung bisher nicht zu erkennen, obwohl diese Reform den Zugang zur Aufnahme von Beteiligungskapital attraktiver gemacht hat. Auch die Statistik über neue Aktienemissionen bietet in diesem Punkt kein anderes Bild.

Das hohe Mittelaufkommen bei den Unternehmen diente vor allem zur Deckung des stark gestiegenen Bedarfs an *Investitionsfinanzierungen*. Für neue Sachanlagen wendeten die Unternehmen 1979 etwa ein Fünftel mehr auf als im Jahr davor. An dieser sehr kräftigen Ausweitung der Investitionstätigkeit waren, soweit sich dies anhand der bisher verfügbaren Jahresabschlüsse erkennen läßt, nahezu alle Unternehmensbereiche beteiligt. Sehr hoch waren ferner die Zugänge an Vorräten. Mit rd. 352 Mrd DM standen die Lager in den Jahresabschlüssen 1979 um rd. 42 Mrd DM höher zu Buch als ein Jahr zuvor. Die Lagerzugänge waren damit mehr als doppelt so hoch wie 1978. Die starke Zunahme der Bilanzansätze für die Vorratslager im vergangenen Jahr spiegelt zum Teil eine höhere reale Bevorratung wider; sowohl bei Vorprodukten als auch bei fertigen Erzeugnissen dürften dabei reale Lagerzugänge an Erdölderivaten und sonstigen Grundstoffen stark zu Buch geschlagen haben. Die Bestände an anderen Fertigprodukten sind 1979 real ebenfalls kräftig aufgestockt worden. Zum Teil haben sich im Zuge des Lagerumschlags aber auch die Wertansätze für die Vorräte der Unternehmen erhöht, nachdem vor allem die Preise für Mineralölprodukte und andere Grundstoffe im Laufe des vergangenen Jahres stark gestiegen sind.

Insgesamt betrugen die Aufwendungen der Unternehmen für Sachanlagen und Vorratsbildung 1979 rd 147 Mrd DM; gegenüber dem Vorjahr haben sie um rd. 37 %

---

* Zu dieser Größenordnung gelangt man, wenn man die gesamten aus den Jahresabschlüssen der Unternehmen abgeleiteten Zugänge an Verbindlichkeiten (die die Kreditverflechtung zwischen den Unternehmen enthalten) den in der gesamtwirtschaftlichen Finanzierungsrechnung nachgewiesenen Kreditaufnahmen der Unternehmen gegenüberstellt, die die innersektoralen Kreditströme nicht einschließen. Statistisch enthält diese Restrechnung zwar erhebliche Unsicherheiten; die Grundtendenz der Kreditverflechtung zwischen den Unternehmen dürfte sie aber zutreffend wiedergeben.

Mittelaufkommen und Mittelverwendung der Unternehmen *

Position	1977	1978	1979	1978	1979
	Mrd DM			Anteile in %	
Innenfinanzierung	82,8	91,3	109	57,0	52
Mittel aus Gewinnen	0,3	5,4	12,5	3,4	6
Kapitalerhöhung 1) bei Personengesellschaften und Einzelkaufleuten	0,9	− 0,1	3,5	− 0,0	1,5
Zuführung zu Rücklagen	− 0,6	5,5	9	3,4	4,5
Sonstige Mittel	82,5	85,9	96	53,7	46
Abschreibungen	69,1	73,7	79,5	46,0	38
Zuführung zu Rückstellungen	13,4	12,3	16,5	7,7	8
Außenfinanzierung	24,9	68,8	101,5	43,0	48
Kapitalerhöhung 2) bei Kapitalgesellschaften	6,1	5,7	6,5	3,6	3
Veränderung der Verbindlichkeiten	18,8	63,0	95	39,4	45
Mittelaufkommen insgesamt	107,7	160,1	210	100	100
Bruttoinvestitionen	91,9	107,1	147	66,9	70
Sachanlagenzugang (brutto)	78,3	86,5	105,5	54,0	50
Vorratsveränderung	13,5	20,6	42	12,9	20
Nachrichtlich:					
Innenfinanzierung in % der Bruttoinvestitionen	90,1	85,2	74	.	.
Sachanlagenzugang (netto)	9,2	12,8	26	8,0	12,5
Abschreibungen	69,1	73,7	79,5	46,0	38
Geldvermögensbildung	15,8	53,0	63	33,1	30
Veränderung der Kassenmittel 3)	3,5	7,3	2	4,6	1
Veränderung der Forderungen	6,0	39,9	52	24,9	24,5
Erwerb von Wertpapieren	1,9	1,5	3	0,9	1,5
Erwerb von Beteiligungen	4,4	4,2	6,5	2,7	3
Mittelverwendung insgesamt	107,7	160,1	210	100	100

* Hochgerechnete Ergebnisse. 1979: Geschätzte Angaben, auf halbe und ganze Mrd DM bzw. Prozentpunkte gerundet. — **1** Nichtentnommene Gewinne und Kapitaleinlagen. — **2** Mittelbeschaffung durch Ausgabe von Aktien und GmbH-Anteilen. — **3** Kasse, Bank- und Postscheckguthaben.
Differenzen in den Summen durch Runden.

zugenommen. Sie sind damit noch spürbar mehr gestiegen als das Aufkommen an Innenfinanzierungsmitteln, das sich in der gleichen Zeit, wie erwähnt, um 19% erhöht hat. Die gesamten Bruttoinvestitionen konnten 1979 nur zu 74% aus eigenerwirtschafteten Mitteln finanziert werden, verglichen mit 85% bzw. 90% in den beiden Jahren davor. Eine solche Verschiebung im Mittelaufkommen – mehr Fremdmittel und prozentual geringerer Beitrag der Innenfinanzierung – ist in Phasen starker Investitionstätigkeit normal. Im Jahre 1970 beispielsweise, als sich die Investitionen

Bilanz der Unternehmen *)

Position	1977	1978	1979	1978	1979
	Mrd DM			Zunahme gegen Vorjahr in %	
Vermögen					
Sachvermögen	786,2	821,5	892,5	4,5	8,5
Sachanlagen	496,3	510,9	540,5	2,9	6
Vorräte	289,9	310,5	352,5	7,1	13,5
Forderungsvermögen 1)	594,8	649,3	717	9,2	10,5
darunter:					
Kassenmittel 2)	59,3	66,6	68,5	12,3	3
Forderungen	415,2	455,2	508	9,6	11,5
kurzfristige	391,6	430,7	483	10,0	12
langfristige	23,6	24,5	24,5	4,0	0,5
Kapital					
Eigenmittel	319,4	331,8	353,5	3,9	6,5
Fremdmittel 3)	1 061,6	1 139,0	1 256	7,3	10,5
darunter:					
Verbindlichkeiten	777,3	838,6	932,5	7,9	11
kurzfristige	517,4	567,2	649	9,6	14,5
langfristige	259,9	271,4	283,5	4,4	4,5
Rückstellungen	170,6	183,7	202	7,7	10
Bilanzsumme	1 381,0	1 470,8	1 609,5	6,5	9,5
Nachrichtlich:					
Umsatz	2 244,0	2 324,2	2 564,5	3,6	10,5
desgl. in % der Bilanzsumme	162,5	158,0	159,5	.	.

* Hochgerechnete Ergebnisse. 1979: Geschätzte Angaben, auf halbe und ganze Mrd DM bzw. Prozentpunkte gerundet. — **1** Einschl. sonstiger Aktiva. — **2** Kasse, Bank- und Postscheckguthaben. — **3** Einschl. sonstiger Passiva.
Differenzen in den Summen durch Runden.

außerordentlich stark erhöht hatten, war die Innenfinanzierungsquote auf 66% gesunken*.

Für die *Geldvermögensbildung* haben die Unternehmen 1979 rd. 63 Mrd DM aufgewendet, 19% mehr als im Jahr davor. Kräftig verstärkt haben sich vor allem die Zugänge an Forderungen, wobei die schon erwähnte Ausweitung der Kreditverflechtung zwischen den Unternehmen eine wichtige Rolle spielte; viele Unternehmen konnten sich offenbar schon aus Konkurrenzgründen einer verstärkten Kreditgewährung an ihre Abnehmer nicht entziehen. Die übrigen Veränderungen in der Geldvermögensbildung lassen darauf schließen, daß die Liquiditätsdecke der Unternehmen, wie angesichts der starken Ausweitung der Sachanlagen und Vorräte nicht

---

* Ihren bisherigen Höchststand hatte die Innenfinanzierungsquote im Rezessionsjahr 1975 erreicht: damals hatten die Innenfinanzierungsmittel in den hier einbezogenen Unternehmensbereichen die Aufwendungen für neue Sachanlagen und Vorräte sogar um 11% übertroffen.

anders zu erwarten war, gegenüber den Vorjahren nun doch spürbar kürzer geworden ist. Dies muß jedoch im Lichte der starken Anreicherung der Unternehmensliquidität in den vorangegangenen Jahren gesehen werden und stellt insofern lediglich eine Normalisierung der Liquiditätsverhältnisse dar. Hierfür spricht schon, daß die Unternehmen, global betrachtet, auch 1979 ihre Kassenmittel weiter aufgestockt haben, wenngleich mit rd. 2 Mrd DM bedeutend weniger als 1978 (7½ Mrd DM). Verhältnismäßig umfangreich war im vergangenen Jahr ferner der Erwerb von Wertpapieren sowie von Beteiligungen.

3.5.1.3 Kapital- und Vermögensstruktur

In der Vermögensstruktur der Unternehmen haben sich 1979 – wie schon in den Vorjahren – die Gewichte trotz der erwähnten hohen Anlageinvestitionen weiter zu Lasten des Anlagenbestandes und zu Gunsten des Forderungsvermögens sowie neuerdings der Vorratsbestände verschoben. Nach dieser ersten Hochrechnung entsprachen die Sachanlagen 1979 nur noch etwa 30½% der Bilanzsumme gegen 32% im Jahr 1978. In den frühen siebziger Jahren hatten die Unternehmen durchschnittlich 35½% und in der zweiten Hälfte der sechziger Jahre sogar 38% ihres gesamten Vermögens in Sachanlagen investiert. Auch der Anteil der Eigenmittel an den gesamten Passiva hat sich im vergangenen Jahr weiter vermindert, obwohl sich, wie dargestellt, die Innenfinanzierung 1979 erheblich verstärkt hat. Kapital und Rücklagen der Unternehmen machten 1979 nur etwa 21½% der Bilanzsumme aus, gegen 22½% im Vorjahr. In der zweiten Hälfte der sechziger Jahre hatte der Eigenmittelanteil noch rd. 30% betragen. Gleichwohl lassen die Jahresabschlüsse für 1979 erkennen, daß sich die Struktur der Anlagenfinanzierung im vergangenen Jahr trotz der lebhaften Investitionstätigkeit nicht verschlechtert hat. Mit 70% blieb die Relation von Eigenmitteln zum Sachanlagenbestand auf dem Vorjahrsniveau. Wenn man die gesamten den Unternehmen langfristig zur Verfügung stehenden Mittel (Eigenmittel, Pensionsrückstellungen und langfristige Verbindlichkeiten) den auf längere Sicht in den Unternehmen gebundenen Anlagen (Sachanlagen und Beteiligungen) gegenüberstellt, wird deutlich, daß die Anlagenfinanzierung im ganzen in den letzten Jahren sogar eher besser fundiert worden ist. Die Bilanzansätze für die erwähnten langfristigen Mittel gingen 1979, wie im Jahr davor, um 30% über den Gesamtwert an Sachanlagen und Beteiligungen hinaus; Anfang der siebziger Jahre hatte die Überdeckung dagegen erst rd. 20% betragen. Die bessere Ausstattung der Unternehmen mit langfristigem Eigen- und Fremdkapital hat ohne Zweifel den Dispositionsspielraum der Unternehmen erweitert und ihre Widerstandskraft gegenüber konjunkturellen Schwankungen eher erhöht. Damit sind auch die finanziellen Voraussetzungen für Innovationen – das bedeutet in der Regel risikoreichere Investitionen – günstiger geworden; die in neuerer Zeit nach den Ergebnissen der Ifo-Investitionsumfragen erkennbare erhöhte Bereitschaft zu solchen Investitionen könnte nicht

Verhältniszahlen zur Kapital- und Vermögensstruktur der Unternehmen *)

Position	1965/69	1970/74	1975/79	1977	1978	1979
in % der Bilanzsumme 1)						
Sachanlagen 2)	38,0	35,5	32,6	33,0	31,8	30,5
Vorräte	22,3	21,5	22,9	23,0	23,0	24
Kurzfristige Forderungen 2)	26,1	30,7	31,0	30,3	31,3	32
Langfristig zur Verfügung stehendes Kapital 3)	.	°) 49,2	48,9	49,6	48,6	47
darunter: Eigenmittel 4)	30,0	25,0	22,7	22,9	22,3	21,5
Kurzfristige Verbindlichkeiten	37,5	42,4	41,9	41,0	42,1	44
in % der Sachanlagen 2)						
Eigenmittel 4)	79,1	70,3	69,7	69,5	70,0	70
Eigenmittel 4) und langfristige Verbindlichkeiten	131,0	127,4	131,8	131,9	133,3	132,5
in % der Sachanlagen 2) zuzüglich Beteiligungen						
Langfristig zur Verfügung stehendes Kapital 3)	.	°) 120,7	128,6	128,9	130,3	130
in % der kurzfristigen Verbindlichkeiten						
Liquide Mittel 5)	86,0	85,3	89,8	90,4	90,9	88,5

* Hochgerechnete Ergebnisse. 1979: Geschätzte Angaben, auf halbe bzw. ganze Prozentpunkte gerundet. — **1** Abzüglich Wertberichtigungen und Berichtigungsposten zum Eigenkapital. — **2** Abzüglich Wertberichtigungen. — **3** Eigenmittel, Pensionsrückstellungen, langfristige Verbindlichkeiten. — **4** Abzüglich Berichtigungsposten zum Eigenkapital. — **5** Kassenmittel, kurzfristige Forderungen und Wertpapiere. — ° 1971–1974.

zuletzt hier eine ihrer Stützen haben. Eine weitere Verbesserung der im internationalen Vergleich freilich immer noch recht schwachen Eigenkapitalbasis der deutschen Unternehmen erscheint jedoch angesichts der sehr umfangreichen und große Investitionsanstrengungen erfordernden Zukunftsaufgaben unerläßlich, wobei nicht nur an eine weiterhin angemessene Innenfinanzierung, sondern auch an die verstärkte Beschaffung von Risikokapital an den Kapitalmärkten zu denken wäre.

Parallel zu der Verbesserung der »horizontalen« Finanzierungsstruktur im langfristigen Bereich hat sich die schon seit mehreren Jahren erkennbare starke Expansion des kurzfristigen »finanziellen Überbaus« fortgesetzt. Sowohl die Verbindlichkeiten als auch die Forderungen mit kurzer Laufzeit sind 1979 deutlich stärker gestiegen als die Bilanzsumme der Unternehmen. Rund 44% des gesamten eingesetzten Kapitals entfielen nach den Jahresabschlüssen 1979 auf kurzfristige Verbindlichkeiten und 32% des gesamten bilanzierten Vermögens auf kurzfristige Forderungen, verglichen mit

42% bzw. 31½% in den Abschlüssen für 1978. Das starke Wachstum dieser Finanzierungspositionen hatte mehrere Ursachen. Zum einen schlug sich darin die Zunahme der allgemeinen Wirtschaftsaktivität im vergangenen Jahr nieder; vor allem hat der hohe, durch Preissteigerungen stark aufgeblähte Lageraufbau zusätzliche kurzfristige Finanzierungen ausgelöst, die in einer globalen, die wichtigsten Teile des Unternehmenssektors erfassenden Rechnung sowohl auf der Passivseite als auch auf der Aktivseite – soweit inländische Lieferanten an ihre Abnehmer im Inland Zahlungsziele eingeräumt haben – zu Buche schlugen. Auch in früheren Jahren verstärkter Wirtschaftsaktivität und erhöhter Lagerbildung hatte die Kreditverflechtung zwischen den Unternehmen in der Regel stark zugenommen. 1979 dürfte etwa reichlich ein Fünftel der gesamten Verpflichtungen auf Verbindlichkeiten gegenüber anderen Unternehmen im Inland entfallen sein. Zum anderen scheint der hohe Zuwachs an kurzfristigen Forderungen und Verbindlichkeiten der Unternehmen in einem strukturellen Trend zu liegen. So hat die fortschreitende Arbeitsteilung im Unternehmenssektor – u. a. werden zunehmend Aktivitäten zu anderen, auf sie spezialisierte Unternehmen ausgelagert (z. B. Projektleasing, Datenverarbeitung) – dazu geführt, daß zusätzliche finanzielle Beziehungen nicht nur zwischen den Unternehmen, sondern auch zwischen den beteiligten Firmen und ihren Banken entstanden sind. Zum Teil mag auch eine Rolle gespielt haben, daß im Exportgeschäft, speziell der Investitionsgüterhersteller, das Großanlagengeschäft mit üblicherweise längeren Zahlungsfristen zugenommen hat.

Mit der starken Ausweitung der kurzfristigen finanziellen Beziehungen war global betrachtet aber keineswegs eine Verbesserung, sondern, wie schon angedeutet, eher eine gewisse Einengung der Unternehmensliquidität – nach einer vorangegangenen starken Liquiditätsanreicherung – verbunden. Kassenmittel, kurzfristige Forderungen und Wertpapierbestände der Unternehmen entsprachen 1979 insgesamt rd. 88½% der kurzfristigen Verbindlichkeiten; gegenüber dem Vorjahr hat sich diese Quote um 2½ Prozentpunkte vermindert. Gleichwohl blieb die Liquiditätslage der Unternehmen im längerfristigen Vergleich günstig; bis etwa Mitte der siebziger Jahre hatten die genannten liquiden Aktiva die kurzfristigen Verbindlichkeiten nur zu jeweils 85 bis 86% gedeckt.

Zur Berechnungsmethode

Die vorstehenden Ergebnisse stammen aus einer ersten Auswertung der Jahresabschlüsse von Unternehmen aus dem Warenproduzierenden Gewerbe, dem Handel und dem Verkehrsbereich (ohne Bahn und Post) für das Geschäftsjahr 1979. Wie in den vergangenen Jahren wurden die Angaben aus den Bilanzen und Erfolgsrechnungen mit Hilfe der globalen Umsatzstatistiken des Statistischen Bundesamtes auf Gesamtergebnisse für einzelne Wirtschaftszweige hochgerechnet. (Zum Verfahren der Hochrechnung vgl. »Jahresabschlüsse der Unternehmen in der Bundesrepublik Deutschland 1965 bis 1976«, Sonderdruck der Deutschen Bundesbank, Nr. 5, Juli 1978.) Wegen der noch relativ schmalen Ausgangsbasis – zur Zeit liegen für 1979 22 000 Bilanzen und Erfolgsrechnungen vor, was gut einem Viertel des für 1979 zu erwartenden Bilanzmaterials entspricht – ist damit zu rechnen, daß diese ersten vorläufigen Angaben durch die spätere Endauswertung noch korrigiert werden. Erfahrungsgemäß geben diese ersten Auswertungsergebnisse aber die Grundtendenzen der Ertragsentwicklung und der Finanzierungsverhältnisse schon zutreffend wieder. Allerdings ist dabei in Rechnung zu stellen, daß in den bis jetzt für 1979 verfügbaren Abschlußunterlagen die Kapitalgesellschaften im Verhältnis zu den Unternehmen anderer Rechtsformen stärker repräsentiert sind als in dem insgesamt für 1979 zu erwartenden Bilanzmaterial. Die hierdurch entstehende Verzerrung in den ersten Hochrechnungsergebnissen hält sich zwar bei den meisten Positionen der Bilanz und der Erfolgsrechnung in relativ engen Grenzen. Etwas stärker werden davon aber die Angaben über den Jahresüberschuß und den Steueraufwand tangiert, denn im Gegensatz zu den Personengesellschaften und Einzelkaufleuten weisen Kapitalgesellschaften den Jahresüberschuß stets nach Einkommensteuern (Körperschaftsteuer) aus. Auch ist der Aufwand für die Unternehmensführung bei den Kapitalgesellschaften im Personalaufwand enthalten, während er bei den übrigen Unternehmen als »Unternehmerlohn« in den Jahresüberschuß eingeht. Diesen Besonderheiten ist dadurch so weit wie möglich Rechnung getragen worden, daß die Ergebnisse der Endauswertung für 1978 mit Hilfe der aus den jeweils ersten Hochrechnungen für 1978 und 1979 gewonnenen Zuwachsraten fortgeschrieben wurden.

Bilanz und Erfolgsrechnung der Unternehmen nach Wirtschaftsbereichen *)

Mrd DM

Position	Alle Unternehmen 1977	Alle Unternehmen 1978	darunter: Verarbeitendes Gewerbe 1977	Verarbeitendes Gewerbe 1978	Baugewerbe 1977	Baugewerbe 1978	Großhandel 1) 1977	Großhandel 1) 1978	Einzelhandel 1977	Einzelhandel 1978
I. Bilanz										
Vermögen										
Sachvermögen										
Sachanlagen	496,3	510,9	207,7	211,8	20,0	20,2	33,4	35,1	34,8	35,2
darunter										
Grundstücke und Gebäude	186,6	189,1	97,1	97,8	9,4	8,6	21,6	22,4	24,6	24,6
Vorräte	289,9	310,5	173,7	180,1	5,8	7,1	56,5	62,8	43,3	49,6
Roh-, Hilfs- und Betriebsstoffe	62,0	65,8	51,4	53,1	2,1	2,1	2,0	2,1	1,0	1,2
unfertige Erzeugnisse	50,2	51,9	47,9	48,6	1,4	2,4	0,7	0,8	0,3	0,2
fertige Erzeugnisse, Waren	177,7	192,8	74,4	78,4	2,4	2,5	53,8	59,9	42,0	48,2
Zusammen	786,2	821,5	381,4	391,9	25,8	27,3	89,8	98,0	78,1	84,8
Forderungsvermögen										
Kassenmittel 2)	59,3	66,6	32,0	35,2	5,6	6,4	9,8	10,8	5,3	6,4
Forderungen	415,2	455,2	202,1	218,1	61,8	73,1	82,7	89,8	25,0	26,2
kurzfristige	391,6	430,7	190,1	206,2	60,4	71,7	79,8	86,7	23,5	24,4
darunter										
aus Lieferungen und Leistungen	239,7	248,3	117,5	122,8	21,9	18,4	61,4	66,4	17,8	17,9
langfristige	23,6	24,5	12,0	11,9	1,3	1,4	2,9	3,1	1,5	1,8
Wertpapiere	16,6	18,1	12,9	14,5	0,9	1,1	0,7	0,7	0,2	0,2
Beteiligungen	69,6	73,8	46,5	49,2	0,9	1,0	5,6	5,9	2,0	2,3
Zusammen	560,7	613,8	293,5	317,0	69,2	81,5	99,0	107,1	32,5	35,1
Sonstige Aktiva	34,0	35,5	15,3	16,0	4,2	3,9	6,7	7,2	4,2	4,4
darunter										
Berichtigungsposten zum Eigenkapital	30,2	31,5	13,9	14,6	3,7	3,3	6,0	6,5	3,7	3,9
Bilanzsumme	1 381,0	1 470,8	690,3	725,0	99,2	112,6	195,5	212,3	114,7	124,3
Kapital										
Eigenmittel										
Kapital	220,8	226,4	122,4	125,7	9,6	8,8	31,2	33,1	21,9	22,2
Rücklagen 3)	98,6	105,4	66,5	70,7	1,9	2,0	7,0	7,7	4,4	4,8
Zusammen	319,4	331,8	188,9	196,5	11,5	10,8	38,2	40,8	26,4	27,0
Fremdmittel										
Verbindlichkeiten	777,3	838,6	371,5	389,5	78,8	92,4	142,5	155,5	79,9	88,3
kurzfristige	517,4	567,2	243,8	260,1	65,1	78,3	115,2	125,1	53,7	60,1
darunter										
aus Lieferungen und Leistungen	202,1	215,3	83,0	87,6	14,8	15,1	58,5	63,0	29,9	32,9
langfristige	259,9	271,4	127,7	129,4	13,7	14,0	27,3	30,4	26,2	28,2
Rückstellungen	170,6	183,7	109,2	117,9	6,9	7,5	10,0	10,9	6,2	6,8
Zusammen	947,9	1 022,3	480,6	507,4	85,7	99,9	152,5	166,4	86,1	95,1
Sonstige Passiva	113,7	116,6	20,8	21,1	2,0	1,9	4,8	5,1	2,2	2,3
darunter										
Wertberichtigungen	89,3	91,2	6,7	6,2	1,1	1,0	2,9	3,1	0,9	1,0
darunter auf Sachanlagen	80,1	81,9	2,3	1,7	0,1	0,1	0,3	0,3	0,1	0,1
Bilanzsumme	1 381,0	1 470,8	690,3	725,0	99,2	112,6	195,5	212,3	114,7	124,3
Veränderung gegen Vorjahr in %	+ 3,8	+ 6,5	+ 3,7	+ 5,0	− 9,1	+13,5	+ 6,7	+ 8,6	+ 6,8	+ 8,4
II. Erfolgsrechnung										
Aufwand										
Personalaufwand 4)	445,2	471,0	280,3	294,6	45,8	47,8	36,2	39,6	38,0	41,2
Abschreibungen 5)	69,1	73,7	38,1	39,9	4,8	5,1	5,0	5,4	4,6	4,8
Steuern 6)	68,0	71,2	49,2	51,2	1,7	1,7	6,5	6,9	3,2	3,2
Sonstige Aufwendungen	279,5	296,0	154,3	161,4	17,2	17,5	41,8	45,5	32,0	34,5
darunter										
Zinsaufwendungen	31,5	31,0	15,8	15,3	1,8	1,7	5,4	5,5	3,5	3,6
Zusammen	861,8	912,0	522,0	547,1	69,5	72,1	89,4	97,5	77,7	83,7
Jahresüberschuß 7)	54,9	58,1	26,3	28,8	4,1	4,1	10,3	10,8	9,5	9,4
Nachrichtlich:										
Jahresüberschuß vor Steuern	122,9	129,3	75,5	80,0	5,8	5,8	16,8	17,7	12,6	12,6
Erweiterter Rohertrag										
Rohertrag	835,4	882,8	504,8	530,5	69,9	72,2	86,1	93,5	80,0	85,7
Sonstige Erträge	81,2	87,2	43,4	45,4	3,7	4,0	13,6	14,8	7,1	7,5
darunter										
Zinserträge	9,8	9,7	6,0	5,9	0,3	0,3	1,7	1,8	0,7	0,5
Zusammen	916,6	970,0	548,2	575,9	73,6	76,2	99,7	108,3	87,1	93,1
Nachrichtlich:										
Umsatz	2 244,0	2 324,2	1 071,5	1 106,8	136,3	114,8	558,5	593,7	297,0	313,1
Veränderung gegen Vorjahr in %	+ 6,2	+ 3,6	+ 5,6	+ 3,3	+18,1	−15,8	+ 5,0	+ 6,3	+ 7,3	+ 5,4

* Hochgerechnete Ergebnisse. – **1** Einschl. Handelsvermittlung. – **2** Kasse, Bank- und Postscheckguthaben. – **3** Einschl. Gewinnvortrag. – **4** Löhne, Gehälter, soziale Abgaben und freiwillige soziale Aufwendungen. – **5** Auf Sachanlagen. – **6** Einschl. Körperschaftsteuer der Kapitalgesellschaften. – **7** Bilanzgewinn zuzüglich Veränderung der Rücklagen, abzüglich ausgewiesener Verluste.
Differenzen in den Summen durch Runden.

Bilanz und Erfolgsrechnung der Unternehmen im Verarbeitenden Gewerbe *)

Mrd DM

Position	Verarbeitendes Gewerbe 1977	1978	darunter: Chemische Industrie 1977	1978	Gewinnung und Verarbeitung von Steinen und Erden 1977	1978	Eisen- und Stahlerzeugung 1) 1977	1978	NE-Metallerzeugung 1977	1978	Stahl- und Leichtmetallbau 1977	1978
I. Bilanz												
Vermögen												
Sachvermögen												
Sachanlagen	207,7	211,8	27,8	28,1	9,0	9,2	22,1	20,9	3,5	3,5	4,0	4,2
darunter												
Grundstücke und Gebäude	97,1	97,8	10,8	10,9	4,2	4,2	7,3	7,0	1,4	1,5	2,4	2,5
Vorräte	173,7	180,1	15,1	15,4	2,7	2,8	10,8	10,5	3,7	3,7	4,3	5,3
Roh-, Hilfs- und Betriebsstoffe	51,4	53,1	4,6	4,7	1,0	1,0	4,1	3,9	1,2	1,2	1,3	1,5
unfertige Erzeugnisse	47,9	48,6	1,4	1,4	0,3	0,3	3,4	3,1	1,3	1,2	1,8	2,4
fertige Erzeugnisse, Waren	74,4	78,4	9,1	9,3	1,4	1,4	3,3	3,5	1,2	1,3	1,3	1,5
Zusammen	381,4	391,9	43,0	43,5	11,7	12,0	32,9	31,4	7,2	7,2	8,3	9,5
Forderungsvermögen												
Kassenmittel 5)	32,0	35,2	3,2	3,3	0,9	1,1	1,3	1,3	0,5	0,5	1,0	1,0
Forderungen	202,1	218,1	18,4	19,6	5,0	5,5	13,4	14,5	3,1	3,5	9,4	9,9
kurzfristige	190,1	206,2	17,6	18,7	4,6	5,0	12,2	13,4	3,0	3,3	9,1	9,6
darunter												
aus Lieferungen und Leistungen	117,5	122,8	12,3	12,9	2,7	2,8	5,7	5,9	1,9	2,0	4,7	4,7
langfristige	12,0	11,9	0,9	0,9	0,5	0,5	1,2	1,1	0,1	0,1	0,3	0,3
Wertpapiere	12,9	14,5	0,8	1,0	0,1	0,1	0,1	0,1	0,4	0,4	0,3	0,3
Beteiligungen	46,5	49,2	13,6	14,2	1,1	1,2	6,3	6,5	1,3	1,3	0,4	0,5
Zusammen	293,5	317,0	36,0	38,0	7,1	7,8	21,1	22,5	5,3	5,8	11,2	11,7
Sonstige Aktiva	15,3	16,0	0,8	0,7	0,9	0,8	1,1	1,5	0,2	0,2	0,7	0,7
darunter												
Berichtigungsposten zum Eigenkapital	13,9	14,6	0,7	0,7	0,7	0,7	1,1	1,4	0,2	0,1	0,6	0,7
Bilanzsumme	690,3	725,0	79,8	82,3	19,7	20,7	55,2	55,3	12,7	13,1	20,2	22,0
Kapital												
Eigenmittel												
Kapital	122,4	125,7	16,2	16,5	4,2	4,3	9,2	9,1	2,1	2,2	2,4	2,6
Rücklagen 6)	66,5	70,7	15,3	15,9	1,1	1,2	7,3	7,2	1,2	1,3	0,8	0,9
Zusammen	188,9	196,5	31,4	32,4	5,3	5,5	16,6	16,3	3,3	3,4	3,2	3,5
Fremdmittel												
Verbindlichkeiten	371,5	389,5	30,6	31,3	11,0	11,6	28,3	28,9	7,7	7,8	14,6	15,9
kurzfristige	243,8	260,1	16,6	17,3	5,9	6,3	13,6	14,6	4,8	4,9	11,5	12,5
darunter												
aus Lieferungen und Leistungen	83,0	87,6	5,4	5,8	2,4	2,5	4,9	4,9	1,8	1,7	2,9	3,1
langfristige	127,7	129,4	14,0	13,9	5,1	5,3	14,7	14,3	2,9	2,9	3,1	3,4
Rückstellungen	109,2	117,9	14,0	15,1	2,8	3,1	9,2	9,2	1,5	1,7	2,0	2,3
Zusammen	480,6	507,4	44,6	46,3	13,9	14,7	37,5	38,1	9,2	9,5	16,6	18,2
Sonstige Passiva	20,8	21,1	3,8	3,5	0,5	0,5	1,2	0,9	0,2	0,2	0,4	0,4
darunter												
Wertberichtigungen	6,7	6,2	0,4	0,3	0,2	0,2	0,5	0,4	0,1	0,1	0,2	0,2
darunter auf Sachanlagen	2,3	1,7	0,1	0,1	0,1	0,1	0,3	0,2	0,0	0,0	0,0	0,0
Bilanzsumme	690,3	725,0	79,8	82,3	19,7	20,7	55,2	55,3	12,7	13,1	20,2	22,0
Veränderung gegen Vorjahr in %	+ 3,7	+ 5,0	+ 5,0	+ 3,1	− 2,3	+ 5,2	− 0,9	+ 0,3	− 2,1	+ 2,9	+ 0,5	+ 8,9
II. Erfolgsrechnung												
Aufwand												
Personalaufwand 7)	280,3	294,6	25,4	26,8	6,8	7,3	18,3	18,6	3,1	3,3	9,2	9,3
Abschreibungen 8)	38,1	39,9	5,3	5,5	1,9	2,0	3,1	3,0	0,5	0,5	0,6	0,7
Steuern 9)	49,2	51,2	3,3	3,4	0,6	0,7	1,3	1,2	0,3	0,3	0,4	0,4
Sonstige Aufwendungen	154,3	161,4	19,4	20,0	6,0	6,3	8,6	9,7	1,9	2,0	3,8	3,7
darunter												
Zinsaufwendungen	15,8	15,3	1,6	1,5	0,5	0,5	1,6	1,5	0,3	0,3	0,4	0,4
Zusammen	522,0	547,1	53,4	55,6	15,3	16,2	31,3	32,5	5,8	6,2	13,9	14,1
Jahresüberschuß 10)	26,3	28,8	2,5	2,9	1,0	1,4	0,6	0,8	0,3	0,2	0,6	0,7
Nachrichtlich:												
Jahresüberschuß vor Steuern	75,5	80,0	5,8	6,3	1,6	2,0	2,0	2,0	0,6	0,5	1,0	1,0
Erweiterter Rohertrag												
Rohertrag	504,8	530,5	51,1	53,7	14,9	16,2	26,5	28,6	5,3	5,5	13,6	13,6
Sonstige Erträge	43,4	45,4	4,9	4,8	1,4	1,4	5,4	4,8	0,7	0,9	1,0	1,1
darunter												
Zinserträge	6,0	5,9	0,4	0,4	0,1	0,1	0,5	0,4	0,1	0,1	0,1	0,1
Zusammen	548,2	575,9	56,0	58,5	16,3	17,6	31,9	33,3	6,1	6,4	14,5	14,7
Nachrichtlich:												
Umsatz	1 071,5	1 106,8	103,2	106,5	27,1	29,3	64,9	65,7	18,7	19,2	28,2	27,3
Veränderung gegen Vorjahr in %	+ 5,6	+ 3,3	+ 4,4	+ 3,2	+ 0,9	+ 8,4	− 4,1	+ 1,3	+ 1,0	+ 2,3	+10,0	− 3,1

* Hochgerechnete Ergebnisse. — **1** Einschl. Stahlverformung. — **2** Einschl. Schlosserei, Schweißerei, Schleiferei und Schmiederei. — **3** Einschl. Polsterei und Dekorateurgewerbe. — **4** Ohne Tabakverarbeitung. — **5** Kasse, Bank- und Postscheckguthaben. — **6** Einschl. Gewinnvortrag. — **7** Löhne, Gehälter, soziale Abgaben und freiwillige soziale Aufwendungen. — **8** Auf Sachanlagen. — **9** Einschl. Körperschaftsteuer der Kapitalgesellschaften. —

Maschinen-bau		Straßen-fahrzeugbau		Elektro-technik		Herstellung von Eisen-, Blech- und Metallwaren 2)		Holz-verarbeitung		Textil-gewerbe 3)		Bekleidungs-gewerbe		Nahrungs- und Genußmittel-gewerbe 4)	
1977	1978	1977	1978	1977	1978	1977	1978	1977	1978	1977	1978	1977	1978	1977	1978
17,5	17,6	13,7	15,1	16,2	16,5	8,5	8,8	6,8	7,2	6,0	5,9	2,1	2,0	29,9	31,2
9,5	9,3	7,3	7,7	7,9	7,8	4,5	4,6	4,4	4,5	3,1	3,1	1,5	1,4	15,4	15,8
29,1	30,1	11,1	12,3	20,7	21,5	7,5	7,8	5,1	5,7	7,0	7,1	4,6	4,7	19,9	21,3
6,2	6,3	3,6	3,9	5,1	5,1	2,4	2,4	1,8	2,0	1,8	1,9	1,3	1,3	5,7	6,2
16,1	15,6	3,3	3,7	7,1	7,3	1,8	1,9	1,1	1,3	1,7	1,7	0,7	0,6	1,4	1,6
6,8	8,3	4,2	4,7	8,6	9,1	3,3	3,4	2,3	2,5	3,5	3,5	2,6	2,7	12,7	13,6
46,6	47,7	24,8	27,4	37,0	38,1	15,9	16,6	12,0	13,0	13,1	13,0	6,7	6,7	49,8	52,5
4,5	4,8	6,9	7,9	3,5	3,4	1,1	1,1	0,7	0,7	0,5	0,6	0,4	0,5	3,0	3,4
32,5	34,5	12,2	13,5	35,6	39,2	6,7	7,5	6,3	7,0	5,4	5,5	2,8	3,0	17,1	18,4
31,6	33,7	11,7	13,0	33,6	37,3	6,3	7,1	6,1	6,8	5,2	5,2	2,6	2,8	14,9	16,2
21,1	21,5	6,3	6,9	16,1	17,2	5,0	5,3	4,7	4,8	3,8	4,0	2,0	2,1	10,4	10,8
0,9	0,8	0,5	0,5	2,0	1,9	0,4	0,5	0,2	0,2	0,2	0,3	0,2	0,2	2,2	2,3
1,3	1,5	1,4	2,2	6,1	6,3	0,1	0,1	0,1	0,1	0,1	0,1	0,0	0,0	0,4	0,5
4,9	5,3	2,1	2,3	6,5	7,0	0,4	0,5	0,2	0,2	0,6	0,6	0,2	0,1	2,5	2,9
43,1	46,0	22,6	25,9	51,7	55,9	8,3	9,2	7,2	8,0	6,6	6,8	3,4	3,6	23,0	25,2
1,7	1,5	0,5	0,6	1,0	1,3	0,7	0,8	0,7	0,8	0,9	0,9	0,4	0,3	2,2	2,2
1,5	1,3	0,5	0,5	0,9	1,2	0,6	0,7	0,6	0,7	0,8	0,8	0,3	0,3	1,9	1,9
91,4	95,2	47,9	53,9	89,7	95,3	24,9	26,7	19,9	21,7	20,5	20,7	10,5	10,6	75,0	79,8
13,7	14,0	8,0	8,7	12,3	12,2	5,4	5,6	3,6	3,7	4,0	4,0	1,8	1,7	14,4	15,1
6,8	7,4	5,9	7,1	10,0	10,8	1,6	1,6	0,4	0,4	1,3	1,4	0,4	0,4	6,0	6,3
20,5	21,4	13,9	15,8	22,3	23,0	7,0	7,2	4,0	4,1	5,2	5,3	2,1	2,1	20,3	21,4
52,5	54,6	19,6	21,2	45,1	48,8	14,2	15,5	14,0	15,6	12,8	12,7	7,3	7,5	45,0	48,2
40,7	42,6	13,5	15,2	32,8	36,8	8,2	9,2	8,6	9,8	8,2	8,2	4,9	5,2	30,0	32,4
9,5	9,7	6,0	6,8	5,8	6,1	3,6	3,8	3,8	4,2	4,2	4,1	2,3	2,4	15,8	17,5
11,9	12,0	6,1	6,1	12,3	12,0	6,0	6,3	5,4	5,8	4,6	4,5	2,4	2,3	15,0	15,9
15,3	16,4	12,3	14,3	19,8	21,1	2,9	3,2	1,4	1,5	1,9	2,0	0,8	0,8	8,0	8,4
67,8	71,0	31,9	35,5	64,9	69,9	17,1	18,7	15,4	17,1	14,7	14,7	8,1	8,3	52,9	56,7
3,1	2,8	2,0	2,6	2,5	2,4	0,8	0,8	0,5	0,5	0,6	0,6	0,3	0,3	1,7	1,8
1,1	1,1	0,4	0,4	0,7	0,7	0,3	0,3	0,3	0,3	0,2	0,2	0,1	0,1	0,7	0,7
0,3	0,3	0,0	0,0	0,2	0,2	0,1	0,1	0,0	0,0	0,1	0,0	0,0	0,0	0,2	0,2
91,4	95,2	47,9	53,9	89,7	95,3	24,9	26,7	19,9	21,7	20,5	20,7	10,5	10,6	75,0	79,8
− 0,5	+ 4,2	+10,7	+12,5	+10,4	+ 6,3	+ 6,6	+ 7,2	+ 2,6	+ 9,0	+ 1,8	+ 0,7	+ 6,6	+ 1,4	+ 5,7	+ 6,5
37,8	38,9	26,6	29,5	38,9	41,1	14,6	15,4	11,1	12,0	9,9	10,1	6,1	6,3	20,8	21,6
3,1	3,2	3,4	3,7	3,4	3,7	1,5	1,6	1,1	1,1	1,2	1,2	0,3	0,3	5,4	5,6
2,6	2,7	5,1	5,4	2,9	2,9	0,9	0,9	0,5	0,5	0,5	0,6	0,3	0,3	6,0	6,0
17,8	17,9	9,2	10,7	18,4	18,7	6,1	6,4	5,7	6,0	4,7	4,8	2,9	3,0	20,7	21,4
1,9	1,8	0,8	0,8	1,8	1,8	0,6	0,6	0,6	0,6	0,6	0,6	0,3	0,3	1,9	1,8
61,4	62,7	44,3	49,3	63,7	66,4	23,1	24,3	18,4	19,6	16,3	16,7	9,7	9,9	53,0	54,6
3,0	3,5	3,2	3,4	2,9	2,4	2,2	2,0	1,6	1,4	0,7	0,8	0,8	0,8	2,5	2,9
5,6	6,1	8,3	8,8	5,8	5,3	3,0	2,9	2,1	1,9	1,2	1,4	1,1	1,1	8,5	8,9
59,7	60,7	44,4	49,4	60,6	62,6	24,3	25,1	19,1	20,1	15,6	16,1	9,9	10,1	51,2	53,3
4,6	5,4	3,1	3,3	6,0	6,2	1,0	1,2	0,9	0,9	1,4	1,4	0,6	0,6	4,2	4,2
1,0	1,0	0,7	0,8	1,5	1,6	0,1	0,1	0,1	0,1	0,1	0,1	0,1	0,1	0,4	0,4
64,3	66,2	47,5	52,7	66,6	68,8	25,3	26,3	20,0	21,0	17,0	17,5	10,5	10,7	55,5	57,5
109,9	113,0	98,9	107,4	110,0	113,5	44,3	45,3	37,9	38,6	35,3	35,7	22,3	23,1	152,9	157,8
+ 5,3	+ 2,9	+11,4	+ 8,6	+ 6,9	+ 3,1	+10,2	+ 2,3	+13,7	+ 2,0	+ 3,6	+ 1,2	+ 6,3	+ 3,5	+ 6,5	+ 3,2

10 Bilanzgewinn zuzüglich Veränderung der Rücklagen, abzüglich ausgewiesener Verluste.
Differenzen in den Summen durch Runden.

Ausgewählte Verhältniszahlen der Unternehmen nach Wirtschaftsbereichen *)

Position	Alle Unternehmen		Verarbeitendes Gewerbe		darunter: Chemische Industrie		Gewinnung und Verarbeitung von Steinen und Erden		Eisen- und Stahlerzeugung 1)		NE-Metallerzeugung	
	1977	1978	1977	1978	1977	1978	1977	1978	1977	1978	1977	1978
% des Umsatzes												
Vorräte	12,9	13,4	16,2	16,3	14,7	14,5	9,9	9,5	16,7	16,0	19,8	19,3
Kurzfristige Forderungen	17,5	18,5	17,7	18,6	17,0	17,6	16,9	17,1	18,8	20,4	16,0	17,4
Personalaufwand	19,8	20,3	26,2	26,6	24,6	25,1	24,9	24,7	28,2	28,4	16,4	17,2
Zinsaufwendungen (netto) 2)	1,0	0,9	0,9	0,8	1,1	1,0	1,6	1,3	1,7	1,7	0,9	0,8
Rohertrag	37,2	38,0	47,1	47,9	49,5	50,4	55,0	55,3	40,9	43,5	28,4	28,5
Eigenerwirtschaftete Mittel 3)	6,1	6,2	6,8	7,0	9,0	8,8	10,7	12,5	5,0	5,8	4,5	4,7
Jahresüberschuß	2,4	2,5	2,5	2,6	2,5	2,7	3,6	4,6	1,0	1,2	1,4	1,2
Jahresüberschuß vor Steuern	5,5	5,6	7,0	7,2	5,7	5,9	5,9	7,0	3,0	3,1	3,0	2,7
% der Sachanlagen 4)												
Eigenmittel 5)	69,5	70,0	85,2	86,6	110,7	113,5	51,1	51,8	71,3	72,1	87,9	94,8
Eigenmittel 5) und langfristige Verbindlichkeiten	131,9	133,3	147,3	148,2	161,0	163,2	108,1	109,2	139,1	141,4	170,4	177,5
% der kurzfristigen Verbindlichkeiten												
Liquide Mittel 6)	90,4	90,9	96,4	98,4	129,6	132,6	92,9	98,0	100,7	101,7	80,7	87,1
Liquide Mittel 6) und Vorräte	146,4	145,6	167,7	167,6	220,5	221,7	138,3	141,9	180,6	173,7	157,9	162,3
% der Verbindlichkeiten abzüglich Kassenmittel												
Eigenerwirtschaftete Mittel 3)	19,0	18,8	21,4	21,9	33,9	33,6	28,4	34,7	12,0	13,9	11,7	12,5

Position	Stahl- und Leichtmetallbau		Maschinenbau		Straßenfahrzeugbau		Elektrotechnik		Herstellung von Eisen-, Blech- und Metallwaren 7)		Holzverarbeitung	
% des Umsatzes												
Vorräte	15,4	19,6	26,5	26,7	11,2	11,4	18,8	19,0	16,9	17,2	13,6	14,8
Kurzfristige Forderungen	32,2	35,0	28,8	29,8	11,9	12,1	30,5	32,8	14,2	15,6	16,0	17,5
Personalaufwand	32,6	34,0	34,4	34,4	26,9	27,4	35,3	36,2	33,1	34,0	29,4	31,2
Zinsaufwendungen (netto) 2)	1,0	1,0	0,8	0,6	0,0	0,0	0,3	0,2	1,2	1,1	1,4	1,4
Rohertrag	48,2	49,9	54,4	53,7	44,9	46,0	55,0	55,2	54,9	55,4	50,4	52,1
Eigenerwirtschaftete Mittel 3)	5,1	5,8	6,7	6,9	8,4	8,4	6,9	6,6	9,2	8,6	7,6	6,8
Jahresüberschuß	2,1	2,4	2,7	3,1	3,3	3,2	2,6	2,1	4,9	4,4	4,2	3,6
Jahresüberschuß vor Steuern	3,4	3,8	5,1	5,4	8,4	8,2	5,3	4,7	6,8	6,3	5,5	4,9
% der Sachanlagen 4)												
Eigenmittel 5)	64,9	66,5	110,7	116,3	98,3	101,0	133,2	133,4	76,4	74,1	50,0	47,4
Eigenmittel 5) und langfristige Verbindlichkeiten	143,7	147,1	180,6	186,0	142,8	141,1	210,2	206,7	147,5	145,6	129,2	127,7
% der kurzfristigen Verbindlichkeiten												
Liquide Mittel 6)	91,1	86,9	92,0	93,8	148,1	152,1	131,4	127,5	90,9	90,0	79,3	76,3
Liquide Mittel 6) und Vorräte	128,9	129,5	163,5	164,6	230,3	233,0	194,6	186,0	181,7	174,7	139,3	134,7
% der Verbindlichkeiten abzüglich Kassenmittel												
Eigenerwirtschaftete Mittel 3)	10,6	10,5	15,3	15,7	65,8	67,7	18,2	16,4	31,0	27,2	21,6	17,6

Position	Textilgewerbe 8)		Bekleidungsgewerbe		Nahrungs- und Genußmittelgewerbe 9)		Baugewerbe		Großhandel 10)		Einzelhandel	
% des Umsatzes												
Vorräte	19,9	19,9	20,5	20,2	13,0	13,5	4,3	6,2	10,1	10,6	14,6	15,9
Kurzfristige Forderungen	14,7	14,7	11,9	12,0	9,7	10,2	44,4	62,5	14,3	14,6	7,9	7,8
Personalaufwand	28,0	28,4	27,6	27,1	13,6	13,7	33,6	41,7	6,5	6,7	12,8	13,2
Zinsaufwendungen (netto) 2)	1,5	1,4	1,3	1,2	1,0	0,9	1,1	1,2	0,7	0,6	1,0	1,0
Rohertrag	44,3	45,0	44,4	43,8	33,5	33,8	51,3	62,9	15,4	15,7	26,9	27,4
Eigenerwirtschaftete Mittel 3)	5,9	6,1	5,6	4,8	5,7	5,7	6,6	8,6	2,8	2,9	4,9	4,7
Jahresüberschuß	2,0	2,3	3,7	3,5	1,6	1,8	3,0	3,6	1,8	1,8	3,2	3,0
Jahresüberschuß vor Steuern	3,5	3,9	5,0	4,7	5,6	5,6	4,3	5,1	3,0	3,0	4,2	4,0
% der Sachanlagen 4)												
Eigenmittel 5)	73,7	77,9	87,2	85,7	61,8	62,9	39,3	37,1	97,1	98,6	65,4	65,9
Eigenmittel 5) und langfristige Verbindlichkeiten	150,6	154,8	199,7	200,9	112,1	114,1	107,9	106,9	179,6	185,8	140,8	146,1
% der kurzfristigen Verbindlichkeiten												
Liquide Mittel 6)	70,2	72,1	62,5	62,8	60,9	61,9	102,9	101,1	78,5	78,5	53,9	51,7
Liquide Mittel 6) und Vorräte	155,6	158,3	155,5	152,6	127,2	127,7	111,9	110,1	127,5	128,7	134,5	134,3
% der Verbindlichkeiten abzüglich Kassenmittel												
Eigenerwirtschaftete Mittel 3)	16,9	17,8	18,0	15,7	20,7	19,9	12,4	11,4	11,9	11,8	19,4	18,1

* Hochgerechnete Ergebnisse. — 1 Einschl. Stahlverformung. — 2 Saldo aus Zinsaufwendungen und Zinserträgen. — 3 Jahresüberschuß zuzüglich der Abschreibungen auf Sachanlagen und der Veränderung der Rückstellungen. — 4 Abzüglich Wertberichtigungen. — 5 Abzüglich Berichtigungsposten zum Eigenkapital. — 6 Kassenmittel, kurzfristige Forderungen und Wertpapiere. — 7 Einschl. Schlosserei, Schweißerei, Schleiferei und Schmiederei. — 8 Einschl. Polsterei und Dekorateurgewerbe. — 9 Ohne Tabakverarbeitung. — 10 Einschl. Handelsvermittlung.

Kennzahlen zu den wichtigsten deutschen Industrieaktiengesellschaften *

Gesellschaft		Grund-kapital	Umsatz	Cash flow netto	gesch. Netto-ergebnis*	Jahres-über-schuß	Werte pro Aktie in DM (bereinigt)			Kurs/Gewinn-verhältnis	
							Cash flow netto	gesch. Netto-ergebnis*	Divi-dende + St. G.	Höchst	Tiefst
		— in Mill. DM —									
Ackermann-Göggingen	1977	28,0	147,3	13,0	7,5	7,0	23	13,5	8,5+4,78	12	7,5
AG	1978	28,0	133,5	10,2	5,1	5,0	18	9	8,5+4,78	23	17,5
	1979	28,0	142,6	9,5	5,6	5,5	17	10	8,5+4,78	18,5	14
AEG-Telefunken AG	1977	929,8	12 307	539,6	87,6	7,7	84	3,7	0	28	21,5
	1978	929,8	12 024	56,0	Verlust	− 346,6	18	Verlust	0	−	−
	1979	619,9	11 929	Verlust	Verlust	− 891,3	Verlust	Verlust	0	−	−
AGROB AG	1977	17,7	132,0	11,3	1,1	1,0	64	6	5+2,81	56	47,5
(Stammaktien)	1978	17,7	188,3	1,3	Verlust	0	7	Verlust	0	−	−
	1979	17,7	287,6	1,4	Verlust	− 3,8	8	Verlust	0	−	−
Andreae-Noris Zahn AG	1977	26,0	1 688	14,0	6,0	3,6	25	10,5	7,3+4,10	22,5	17,5
	1978	26,0	1 776	18,6	10,2	7,3	33	18	7,3+4,10	16	12,5
	1979	30,3	1 837	14,2	4,9	4,4	23,5	8	8+4,50	33,5	23,5
Badenwerk AG	1977	300,0	1 243	196,4	48,3	33,9	32,5	8	6+3,38	17,5	13,5
	1978	300,0	1 355	239,5	70,2	37,4	36,5	10,5	6+3,38	13,5	11,5
	1979	300,0	1 450	223,7	61,3	41,8	37,5	10	6+3,38	14	12
BASF AG	1977	1 914	21 150	1 933	478	413	50	12	6+3,38	14,5	11,5
	1978	1 939	21 513	1 967	478	431	50,5	12	6+3,38	12	10,5
	1979	1 971	25 896	2 825	991	636	71,5	24,5	8+4,50	6	5
Bayer AG	1977	2 130	21 392	2 291	512	340	54	11,5	6+3,38	13	11,5
	1978	2 130	22 836	2 369	640	467	56,5	13,5	6+3,38	11	9,5
	1979	2 130	26 003	2 667	765	436	62,5	18	7+3,94	8	7
Bayerische Motoren	1977	396,0	5 223,2	508,6	162,2	127,7	56	18	7,2+4,00	12	9
Werke AG	1978	500,0	6 184,5	552,8	227,8	152,4	57,5	23,5	8,4+4,70	10	7,5
	1979	500,0	6 833	647,7	251,8	177,1	65	25	10+5,63	9,5	6,5
Beiersdorf AG	1977	144,0	845,7	81,7	37,8	30,8	28,5	13	6,5+3,66	22	18,5
	1978	144,0	875,8	84,7	33,5	29,9	29,5	11,5	6,5+3,66	24,5	21,5
	1979	144,0	953,8	94,7	38,1	25,7	33	13	6,5+3,66	20	17,5
Berliner Kindl	1977	20,9	107,7	10,3	1,7	1,5	24,5	4	3,5+1,97	44	36,5
Brauerei AG	1978	20,9	97,8	10,5	1,4	− 3,7	25	3	0	68	52
	1979	20,9	97,2	10,3	1,8	1,3	24,5	4,2	3+1,69	40	24
Berliner Kraft- und	1977¹⁾	448,0	1 187,0	293,9	93,7	44,8	33	10,5	5+2,81	11,5	7,5
Licht (BEWAG)-AG	1978¹⁾	448,0	1 269,4	329,7	92,2	44,8	37	10,5	5+2,81	11,5	10,5
	1979¹⁾	448,0	1 379,8	310,6	97,1	49,3	34,5	11	5,5+3,09	10,5	9
Bilfinger + Berger	1977	30,0	1 143	93,4	30,9	13,0	137	45,5	7,9+4,50	8	3
	1978	40,0	1 080	84,6	24,1	15,6	106	30	9+5,06	13	9,5
	1979	40,0	1 299	79,4	22,1	18,6	99	27,5	10+5,63	12	8
Binding-Brauerei AG	1977	35,1	292,2	45,0	7,9	4,9	64	11	7+3,94	18,5	14
	1978	35,1	301,6	38,5	6,4	4,9	55	9	7+3,94	28	20,5
	1979	35,1	316,9	41,3	6,6	5,3	59	9,5	7,5+4,22	23	18

* entnommen aus: »Wegweiser durch deutsche Aktiengesellschaften« 1980; Hsg.: Bayerische Hypotheken- und Wechselbank; München, Darmstadt 1980; S. 9ff. Erläuterungen zur Kennzahlenberechnung finden sich auf Seite 112.
** ohne Steuerguthaben
*** Bilanzstichtag 30. 6.

Gesellschaft	Grund-kapital	Umsatz	Cash flow netto	gesch. Netto-ergebnis*)	Jahres-über-schuß	Werte pro Aktie in DM (bereinigt)			Kurs/Gewinn-verhältnis	
						Cash flow netto	gesch. Netto-ergebnis*)	Divi-dende + St. G.	Höchst	Tiefst
		— in Mill. DM —								
Brau-AG Nürnberg	1977	15,8	109,9	9,7	1,6	1,4	31	5	5+2,81	46,5	34
	1978	15,8	102,9	8,3	1,3	1,1	26	4	4+2,25	57	51
	1979	15,8	103,4	8,9	1,4	1,2	28,5	4,3	4+2,25	53	43
Braun AG (Vorzugsaktien)	1977 1)	30,0	576,4	55,6	21,7	10,1	21,7	21,5	9+5,06	11,5	8,5
	1978 1)	30,0	538,5	37,1	16,6	12,6	16,6	16,5	9+5,06	14	13,5
	1979 1)	30,0	562,3	47,1	17,4	14,2	17,7	17,5	7,5+4,22	14,5	13
Brown, Boveri & Cie. AG	1977	144,0	3 828	243,9	82,3	51,8	81,5	27,5	7,8+4,40	10,5	7,5
	1978	144,0	3 784	256,9	80,4	41,8	84,5	26,6	8+4,50	11,5	10
	1979	144,0	3 968	240,6	70,2	46,3	79	23	8+4,50	13	10
Cassella AG	1977	34,1	330,6	30,3	4,8	4,1	89	14	11+6,19	31,5	27
	1978	34,1	338,2	29,2	5,9	3,9	86	17	11+6,19	25,5	19
	1979	34,1	366,4	34,8	9,8	6,8	102	29	14+7,88	14,5	11
Chemie-Verwaltungs-AG	1977	175,0				17,1			9,5+5,20	32	24
	1978	186,7	Holding			8,2	Holding		4,5+2,50	65	45
	1979	186,7				24,8			13+7,31	22,5	18,5
Continental Gummi-Werke AG	1977	270,0	1 858	71,8	15,1	20,4	13,5	2,8	0	28,5	22
	1978	270,0	1 915	51,5	Verlust	4,0	9,5	Verlust	0	–	–
	1979 2)	270,0	2 623,4	128,8	18,3	23,1	24	3,4	0	21	12
Daimler-Benz AG	1977 3)	1 359,0	23 292	2 200	1 144	587	82	42,5	8,5+4,80	8	7
	1978	1 359,0	24 236	2 291	1 188	593	84	44	9+5,06	8	6,5
	1979	1 359,0	27 367	2 622	1 350	638	97	50	10+5,63	6,5	5
DEGUSSA	1977 1)	200,0	3 936	187,7	69,9	35,0	43	16	7,8+4,40	15,5	13
	1978 1)	212,0	4 496	201,6	66,6	50,4	45,5	15	7,8+4,40	17	14,5
	1979 1)	212,0	5 408	207,9	81,9	45,8	45	20,5 4)	7,8+4,40	11,5	10
Deutsche Babcock AG (Stammaktien)	1977	200,0	2 981	161,2	86,3	25,9	40,5	21,5	7,3+4,10	12	9
	1978	250,0	3 357	172,6	98,7	35,5	36,5	21	7,7+4,30	15	11
	1979	250,0	4 031	166,2	88,5	40,9	33	17,5	8+4,50	15	12
Deutsche Lufthansa AG (Stammaktien)	1977	600,0	4 593	490,5	76,5	39,7	39	6	2,9+1,60	19	14
	1978	600,0	4 992	416,3	66,3	43,3	33	5,2	3,3+1,90	21	16,5
	1979	900,0	5 643	448,8	79,0	82,2	29,5	5,2	4,4+2,50	21,5	13,5
Deutsche Spezialglas AG	1977	16,0	101,3	10,5	3,2	3,0	33	10	6+3,38	18,5	17
	1978	16,0	101,6	9,5	3,0	2,0	29,5	9,5	5+2,81	20,5	17,5
	1979 5)	16,0	102,3	11,2	3,2	2,5	35	10,0	6+3,38	17,5	13
Didier-Werke	1977	74,4	773,5	38,9	15,3	13,6	25	10	4,8+2,70	12	10
	1978	82,1	700,0	38,8	17,6	14,3	24,5	11	4,9+2,80	12,5	9,5
	1979	82,1	640,0	50,7	19,8	14,9	31	12	6+3,38	11,5	9
Dierig Holding AG	1977	40,0	390,8	7,1	Verlust	– 4,3	10	Verlust	0	–	–
	1978	40,0	382,0	Verlust	Verlust	– 2,7	Verlust	Verlust	2+1,13	–	–
	1979	40,0	406,1	Verlust	Verlust	– 6,6	Verlust	Verlust	0	–	–
DLW AG	1977	55,0	504,8	41,8	17,6	14,2	38	16	7,5+4,22	15	12
	1978	58,5	617,8	53,3	21,9	17,0	46	19	8+4,50	14,5	12
	1979	58,5	673,7	61,8	23,7	15,5	53	20,5	9+5,06	13	10
Dortmunder Actien-Brauerei	1977	31,1	344,1	28,1	2,9	1,9	45	4	3+1,69	40	30,5
	1978	31,1	334,4	22,3	0	– 39,6	36	0	0	–	–
	1979	33,0	351,7	21,8	Verlust	12,7	32,5	Verlust	0		

*) ohne Steuerguthaben
1) Bilanzstichtag 30.9.
2) ab 1979 Weltabschluß
3) ab 1977 Weltabschluß
4) Weltkonzern
5) ab 1979 ohne Didier Engineering

Gesellschaft		Grund-kapital	Umsatz	Cash flow netto	gesch. Netto-ergebnis*	Jahres-über-schuß	Werte pro Aktie in DM (bereinigt)			Kurs/Gewinn-verhältnis	
							Cash flow netto	gesch. Netto-ergebnis*	Divi-dende + St. G.	Höchst	Tiefst
			— in Mill. DM —								
Dortmunder Union-Schultheis Brauerei AG	1977 1978 1979	151,0 151,0 151,0	1 087,9 1 114,5 1 102,2	101,4 115,3 124,7	14,3 15,5 21,7	16,4 14,6 18,3	33,5 38 40,5	4 4,5 6,5	4+2,25 4+2,25 4+2,25	68,5 55,5 33	58,5 41 25
Dyckerhoff Zement-werke AG (Stammaktien)	1977 1978 1979	92,5 92,5 92,5	692,2 732,7 776,2	70,7 82,8 87,8	11,6 18,0 19,3	7,3 9,3 9,2	38,5 44,5 47,5	6,5 9,5 10,5	3+1,69 4+2,25 5+2,81	24,5 21,5 18	17,5 14,5 13
Elbschloss-Brauerei	1977 1978 1979	8,0 8,0 8,0	66,1 63,1 64,4	6,1 7,2 5,7	0,9 0,9 0,7	0,9 0,9 0,9	38 45 35,5	21,5 12,5 22	5,5+3,09 5,5+3,09 5,5+3,09	16 31 16	11 25 13,5
Energieversorgung Ostbayern AG	1977 1978 1) 1979 1)	133,0 133,0 133,0	580,7 847,9 904,2	100,4 154,6 150,6	23,9 42,4 40,4	16,9 27,0 27,0	32,5 50 49	8 14 13	3,75+2,11 5+2,81 5+2,81	14 15 17	12,5 10 14,5
Erste Kulmbacher Actien-Exportbier-Brauerei	1977 1978 1979	5,7 5,7 5,7	66,8 65,2 68,4	5,6 6,2 6,4	0,6 1,0 1,0	0,9 0,9 0,9	49,5 50 56	5,5 8,5 9	7,5+4,22 8+4,50 8+4,50	54 32,5 29,5	48 28,5 25,5
Felten & Guilleaume Carlswerk AG	1977 1978 1979	112,0 112,0 112,0	609,5 649,3 731,7	40,7 58,5 50,9	6,1 11,9 15,7	−12,9 14,1 42,8	36,5 52 45,5	5,5 10,5 14	0 0 5+2,81	26,5 18,5 16	18 12,5 11,5
Flachglas	1977 1978 1979	135,5 135,5 135,5	734,5 765,3 839,1	97,6 120,2 163,2	39,5 43,0 51,7	35,6 28,2 44,4	36 44,5 60	14,5 16 19	8+4,50 8+4,50 9+5,06	16 18,5 14,5	10,5 14 10,5
Gerresheimer Glas AG	1977 1978 1979	90,8 90,8 90,8	804,2 796,1 769,5	43,4 24,6 41,2	Verlust Verlust Verlust	−12,3 −28,9 − 5,2	24 13,5 22,5	Verlust Verlust Verlust	0 0 0	— — —	— — —
Girmes-Werke AG	1977 1978 1979	40,0 40,0 40,0	459,2 485,8 515,6	30,2 39,9 31,8	13,6 18,5 9,1	10,3 13,6 8,4	38 50 40	17 23,5 11,5	10,5+5,91 12+6,75 8+4,50	20,5 16,5 33,5	17,5 14 22,5
Th. Goldschmidt AG	1977 1978 1979 2)	58,0 58,0 58,0	573,5 589,3 555,8	24,1 36,3 31,3	4,9 9,9 10,8	4,2 8,0 6,4	16,5 31,5 27	4 8,5 9,5	4+2,25 4+2,25 4+2,25	42,5 19,5 16	32,5 15 11,5
Gutehoffnungshütte Aktienverein (Stammaktien)	1977 3) 1978 3) 1979 3)	404,3 404,3 486,0	9 363 9 479 10 238	458,6 432,5 451,6	165,2 154,6 169,8	113,3 112,4 121,0	55,5 47 46,5	18,5 15 15	5,6+3,10 5,7+3,20 5,9+3,30	12 15 15	8,5 11,5 12
Hamborner Bergbau AG	1977 1978 1979	38,0 38,0 38,0	0 0 0	. . .	. . .	3,8 4,0 3,8	. . .	. . .	5+2,81 5+2,81 5+2,81	. . .	. . .
Hamburgische Electricitätswerke AG	1977 1978 1979	453,5 455,5 457,5	1 489,3 1 553,4 1 629,1	370,2 340,1 316,3	108,7 89,6 81,0	82,9 60,4 57,7	41 37,5 34,5	12 10 9	6,5+3,66 6+3,38 6+3,38	14,5 18,5 17,5	9 14 14
Harpener AG	1977 4) 1978 5) 1979 5)	127,6 127,6 127,6	260,0 193,6 216,3	24,4 20,3 27,0	14,2 14,9 19,5	15,9 16,0 21,2	9,5 8,0 10,5	5,5 6 7,5	6+3,38 6+3,38 7,5+4,22	21,5 30 23	13,5 18,5 18,5
Hartmann & Braun AG (Stammaktien)	1977 1978 1979	24,0 24,0 24,0	463,4 461,6 482,1	21,4 8,0 Verlust	1,1 Verlust Verlust	−10,3 −10,4 −33,4	87 31 Verlust	4,5 Verlust Verlust	0 0 0	81 — —	70,5 — —
Heidelberger Zement AG	1977 1978 1979	108,0 108,0 120,0	581,9 632,5 744,7	103,4 120,9 114,5	30,3 39,7 44,1	18,6 29,2 34,3	43 49,5 47,5	12,5 15,5 18	5+2,81 6+3,38 6,5+3,66	19,5 20,5 18,5	16 14,5 15,5

*) ohne Steuerguthaben   1) Bilanzstichtag 30.9.   2) ohne HAGENUK
3) Bilanzstichtag 30.6.   4) Teilkonzernabschluß   5) Einzelabschluß

Gesellschaft		Grund-kapital	Umsatz	Cash flow netto	gesch. Netto-ergebnis*	Jahres-über-schuß	Werte pro Aktie in DM (bereinigt)			Kurs/Gewinn-verhältnis	
							Cash flow netto	gesch. Netto-ergebnis*	Divi-dende + St. G.	Höchst	Tiefst
		— in Mill. DM —									
Henninger-Bräu AG	1977	44,0	250,8	28,6	2,9	2,6	32,5	3,2	3+1,69	67	51
	1978	44,0	250,5	26,8	Verlust	0,1	30,5	Verlust	0	—	—
	1979	44,0	250,1	25,9	Verlust	— 3,9	29,5	Verlust	0	—	—
Hochtief AG	1977	70,0	1 619,5	183,3	67,2	36,5	139,5	51	6,2+3,50	7,5	4,5
	1978	70,0	1 559,9	187,9	88,0	57,0	134	63	9+5,06	7	5,5
	1979	70,0	2 821,1	250,5	90,2	32,3	179	64,5	11+6,19	6,5	5
Hoechst AG	1977	1 795	23 298	1 882	462	304	49,5	10,5	5,9+3,30	14,5	12
	1978	1 798	24 191	2 066	602	417	54,5	14,5	5,9+3,30	10	8,5
	1979	1 853	27 080	2 559	946	650	65,5	22,5	6,9+3,90	6	5,5
Hoesch AG **	1977	500,0	10 139	48	Verlust	— 413	2	Verlust	0	—	—
	1978	500,0	10 955	411	Verlust	— 289	16,5	Verlust	0	—	—
	1979	500,0	13 040	608	Verlust	— 180	24,5	Verlust	0	—	—
Holsten-Brauerei	1977 [1]	29,5	323,2	25,3	1,9	3,8	43	3	7+3,94	96,5	73,5
	1978 [1]	30	313,6	29,8	8,0	3,3	50,5	13,5	6+3,38	21,5	18
	1979 [1]	30	302,8	31,3	8,4	4,6	53	14	8+4,50	18	13,5
Philipp Holzmann AG	1977	60,0	2 561	121,5	42,8	18,1	101,5	36	7+3,94	12	8
	1978	60,0	2 525	130,0	56,0	21,1	109	47	8+4,50	11	9
	1979	60,0	2 436	196,5	88,0	49,7	163	72,5	9+5,06	7	5
Horten AG	1977	250,0	3 306	103,0	16,3	17,0	20,5	3,3	3+1,69	46	35
	1978	250,0	3 278	97,5	19,9	15,0	19,5	4	3+1,69	45	29,5
	1979	250,0	3 330	96,5	21,3	20,0	19,5	4,3	4+2,25	38,5	27
Hutschenreuther AG	1977	14,2	221,8	15,2	4,5	3,2	53,5	16	8+4,50	15,5	10
	1978	14,2	242,4	19,3	6,3	3,4	67,5	22	8+4,50	13	9,5
	1979	14,2	254,8	16,7	5,3	2,2	59	18,5	8+4,50	15	13,5
Industrie-Werke Karlsruhe-Augsburg AG	1977	95,5	568,7	22,7	2,9	5,3	15	3,3	0	34,5	29,5
	1978	95,5	552,9	Verlust	Verlust	— 43,3	Verlust	Verlust	0	—	—
	1979 [2]	95,5	504,2	Verlust	Verlust	— 9,3	Verlust	Verlust	0	—	—
Isar-Amperwerke AG	1977	185,0	794,3	205,1	57,7	44,5	55,5	15,5	6,5+3,66	13,5	10,5
	1978	185,0	829,7	226,6	63,1	47,5	61	17	7+3,94	14	12
	1979	185,0	899,7	260,0	81,8	61,2	70,5	22	7,5+4,22	12,5	10
Kali-Chemie AG	1977	55,0	401,8	43,9	21,4	19,7	26	12,5	6,5+3,66	12	10
	1978	55,0	404,2	51,4	24,8	22,2	30	14,5	8+4,50	14	9,5
	1979	85,0	439,7	55,2	28,9	26,7	32,5	17	10+5,63	13,5	10,5
Karstadt AG	1977	360,0	7 741	394,3	118,7	70,9	55	16,5	7,5+4,22	23,5	19,5
	1978	360,0	8 080	381,1	55,6	66,2	53	7,7	7,5+4,22	46	38
	1979	360,0	8 424	386,6	57,4	43,6	53,5	8	6+3,38	43	31
Kaufhof AG	1977	300,0	6 500	206,4	49,9	50,7	34,5	8,5	6+3,38	30	24
	1978	300,0	6 723	231,6	71,0	54,5	38,5	12	8+4,50	21,5	16,5
	1979	300,0	7 241	209,8	51,8	39,3	35	8,5	6+3,38	30	21,5
„Keramag" Keramische Werke AG	1977	18,0	97,4	10,2	3,6	2,2	28,5	10	6+3,38	26	15
	1978	18,0	104,9	10,2	3,5	2,2	28,5	10	6+3,38	27	20
	1979	18,0	106,5	7,6	2,3	1,1	21	6,5	3+1,69	39	25
Klein, Schanzlin & Becker AG (Stammaktien)	1977	68,4	735,6	44,2	14,8	12,0	32,5	11	6,25+3,52	19,5	13,5
	1978	69,5	757,1	35,8	6,9	5,9	26	5	3+1,69	41	34
	1979	69,6	757,9	30,7	2,6	1,6	22	1,9	0	97	68

*) ohne Steuerguthaben
**) Die absoluten Zahlenangaben betreffen den ESTEL-Konzern (in Mio hfl), die Werte je Aktie und das Kurs/Gewinn-Verhältnis dagegen Hoesch
1) Bilanzstichtag 30.9.   2) nicht vergleichbar wegen Abgabe wesentlicher Betriebsbereiche

Gesellschaft		Grund-kapital	Umsatz	Cash flow netto	gesch. Netto-ergebnis*	Jahres-über-schuß	Werte pro Aktie in DM (bereinigt)			Kurs/Gewinn-verhältnis	
				– in Mill. DM –			Cash flow netto	gesch. Netto-ergebnis*	Divi-dende + St. G.	Höchst	Tiefst
Klöckner-Humboldt-	1977	220,8	3 558	223,2	89,8	47,3	48,5	19,5	5,8+3,30	8,5	7
Deutz AG	1978	220,8	3 370	214,8	74,2	47,6	46,5	16	6,7+3,80	12	10
	1979	265	3 733	233,8	80,8	49,5	44,5	15,5	7+3,94	14	10,5
Klöckner-Werke AG	1977[1]	447,0	3 237	Verlust	Verlust – 106,0		Verlust	Verlust	0	–	–
	1978[1]	447,0	3 654	Verlust	Verlust – 74,9		Verlust	Verlust	0	–	–
	1979[1]	447,0	4 403	104,0	Verlust – 25,6		23	Verlust	0	–	–
Kolb & Schüle AG	1977	8,0	82,6	5,3	1,4	1,1	33,5	8,5	6+3,38	23	18
	1978	8,0	78,9	5,9	1,3	0,8	37	8	5+2,81	27	22,5
	1979	8,0	87,1	5,6	1,2	1,0	35,5	7,5	6,5+3,66	25	21,5
Kraftübertragungswerke	1977	75,0	101,2	27,7	15,0	14,5	18,5	10	6,5+3,66	16,5	13,5
Rheinfelden	1978	75,0	107,0	29,5	16,3	14,7	19,5	11	6,5+3,66	18	14,5
	1979	75,0	114,4	33,9	18,5	17,9	22,5	12,5	7,5+4,22	19	13,5
KWS Kleinwanzlebener	1977[2]	30,0	184,0	23,9	15,1	11,0	37	23	7,7+4,30	18,5	15
Saatzucht AG	1978[2]	30,0	159,6	13,8	10,9	9,4	21	16,5	7,2+4,05	26,5	23,5
	1979[2]	33,0	139,7	5,4	Verlust	2,0	8	Verlust	4+2,25	–	–
Lahmeyer AG	1977	50,0	106,5	23,1	14,3	10,5	19	12	10+5,63	20	14
	1978	50,0	162,1	36,4	20,9	12,5	30,5	17,5	10+5,63	18,5	13,5
	1979	50,0	185,0	31,5	21,9	14,9	26,5	18,5	10+5,63	17	14
Lech-Elektrizitätswerke	1977[2]	88,6	528,1	94,1	29,0	25,2	53	16,5	7,5+4,22	14,5	12
AG	1978[2]	88,6	598,0	97,1	35,9	22,7	55	20,5	7,5+4,22	13	11
	1979[2]	88,6	640,2	104,9	35,1	23,1	59	20	7,5+4,22	14	11,5
Linde AG	1977	140,0	1 668	144,5	58,3	33,6	45	17,5	8+4,50	13	10,5
	1978	140,0	1 825	163,5	63,7	37,0	51,5	19	9,5+5,34	14	11
	1979	140,0	2 018	176,7	69,6	38,5	55,5	21	9+5,06	13	11
Löwenbräu AG	1977	14,6	196,2	19,0	2,3	1,3	130	16	16+9	117	93
	1978	14,6	199,4	22,6	3,7	2,2	155	25,5	16+9	67	54
	1979	14,6	202,3	22,9	3,7	3,3	157	25,5	16+9	61	53
Mannesmann AG	1977	941,0	11 714	759	300	239,8	39	14,5	5,5+3,09	13	10
	1978	948,7	12 670	861	321	256,1	44,5	16	5,5+3,09	11,5	9
	1978	956,4	12 500	814	270	155,5	42	13,5	5,5+3,09	13,5	9
M.A.N. Maschinenfabrik	1977[2]	285,0	4 136	232,7	91,6	60,1	39,5	15,5	5,8+3,30	12,5	8,5
Augsburg-Nürnberg AG	1978[2]	285,0	4 468	215,6	91,3	67,3	35	15	6,7+3,80	15,5	11
(Stammaktien)	1979[2]	358,0	4 528	210,9	90,5	50,1	29,5	12,5	7+3,94	16	12
Metallgesellschaft AG	1977[1]	210,0	6 930	225,5	59,0	41,3	49,5	12,5	4,7+2,60	18,5	15
	1978[1]	210,0	7 117	178,4	21,0	24,3	39,5	4	3,8+2,10	60	44
	1979[1]	210,0	7 891	242,8	40,9	19,9	54	8,5	3,8+2,10	30,5	24
Neckarwerke	1977	125,3	631,7	114,0	33,4	34,9	45,5	13,5	7+3,94	14,5	11,5
Elektrizitäts-	1978	125,3	676,4	129,2	37,8	32,7	51,5	15	7+3,94	15,5	13
versorgungs-AG	1979	125,3	724,9	131,3	29,0	20,6	52,5	11,5	7+3,94	21	16,5
Neckermann Versand AG	1977	137,4	2 950	– 61,6	Verlust – 125,1		Verlust	Verlust	0	–	–
	1978	137,4	2 679	– 13,5	Verlust – 44,6		Verlust	Verlust	0	–	–
	1979	137,4	2 682	– 6,3	Verlust – 26,0		Verlust	Verlust	0	–	–
Nordcement AG	1977	32,0	106,1	15,2	1,9	2,0	24	3	3+1,69	40,5	30,5
	1978	32,0	111,5	15,3	3,0	2,7	24	4,5	4+2,25	42	26
	1979	32,0	124,1	14,5	3,4	3,3	23	5,5	5+2,81	36,5	21,5

*) ohne Steuerguthaben
1) Bilanzstichtag 30.9.
2) Bilanzstichtag 30.6.

Gesellschaft		Grund-kapital	Umsatz	Cash flow netto	gesch. Netto-ergebnis*	Jahres-über-schuß	Cash flow netto	gesch. Netto-ergebnis*	Divi-dende + St. G.	Höchst	Tiefst
				— in Mill. DM —			Werte pro Aktie in DM (bereinigt)			Kurs/Gewinn-verhältnis	
Nordwestdeutsche Kraftwerke AG (Stammaktien)	1977[1] 1978[1] 1979[1]	420,0 420,0 420,0	1 425 1 544 1 713	267,8 279,9 312,8	61,3 68,9 88,9	58,8 58,8 89,8	31 32 35,5	7 7,5 10	6,7+3,80 6,7+3,80 6,7+3,80	29,5 26,5 19	25,5 23 16
O & K Orenstein & Koppel AG	1977 1978 1979	72,0 72,0 72,0	1 011 1 130 1 179	52,8 56,0 45,6	18,5 19,4 3,0	11,3 11,9 5,7	78,5 78 63,5	27 27 4,2	10,8+6,10 11+6,20 8+4,50	12,5 15 95	7 11,5 77
Otavi Minen AG	1977 1978 1979	12,0 12,0 12,0	43,0 48,9 61,8	3,6 2,4 3,3	0,9 0,9 1,5	0,2 0,9 1,0	15 10 14	3,5 4 6	0 0 3+1,69	22,5 29 19	12 14,5 14,5
Pegulan-Werke AG (Stammaktien)	1977[1] 1978[1] 1979[1]	35,0 35,0 42,0	360,6 380,8 394,2	15,0 21,9 24,3	6,3 10,9 14,1	1,3 5,0 9,6	21 30,5 31	9 15 18	0 6,8+3,80 7,9+4,40	13,5 14 13	7,5 7,5 9,5
G. M. Pfaff AG	1977 1978 1979	40,0 42,0 42,0	471,5 470,7 508,8	31,0 30,9 31,1	14,0 13,0 12,7	8,1 9,0 8,1	41 36,5 36,5	17,5 17 16	6,3+3,60 6,5+3,66 6,5+3,66	10 10 9,5	5,5 8,5 8,5
Phoenix AG	1977 1978 1979	50,0 50,0 50,0	516,6 474,6 530,0	5,6 Verlust 14,4	Verlust Verlust Verlust	0,1 −29,9 3,3	5,5 Verlust 14,5	Verlust Verlust Verlust	0 0 0	— — —	— — —
Phywe AG	1977 1978 1979	9,4 9,4 9,4	80,9 87,8 82,8	5,7 6,0 4,5	2,9 2,5 2,3	1,7 2,3 2,5	61 64,5 48,5	31 27 24,5	6+3,38 6+3,38 6+3,38	7,5 11 13	5 7 8
PREUSSAG AG	1977 1978 1979	315,0 315,0 315,0	2 619 2 684 3 179	158,1 204,4 322,9	Verlust 13,0 99,1	26,1 24,9 52,1	50 65 102,5	Verlust 4 28,5	0 0 7+3,94	— 37 6	— 27 5
PWA Papierwerke Waldhof-Aschaffenburg AG	1977 1978 1979[2]	200,0 200,0 200,0	1 535,3 1 526,5 1 896	28,8 49,8 115,9	Verlust Verlust 31,3	−12,8 −44,0 10,1	11 15,5 33	Verlust Verlust 12	0 0 2,5+1,41	— — 8	— — 6
Reichelbräu AG	1977 1978 1979	4,7 4,9 4,9	53,8 57,4 60,5	5,1 5,8 5,9	1,2 1,2 1,0	0,9 0,9 0,9	52 57,5 58	12 11,5 9	8,8+5,00 7,8+4,50 7,8+4,40	26 23 31,5	18,5 19,5 27,5
Rheinelektra	1977[3] 1978[3] 1979[3]	37,8 50,4 50,4	303,0 323,8 338,1	26,9 31,0 35,1	12,9 16,8 19,5	7,2 10,2 10,8	26,5 31 35	13 16,5 19,5	7,5+4,20 10+5,63 10+5,63	19,5 24 19	10 15 15
Rheinisch-Westfälisches Elektrizitätswerk AG RWE (Stammaktien)	1977[3] 1978[3] 1979[3]	1 500,0 1 800,0 1 800,0	11 871 12 778 12 778	2 479 2 506 3 286	520 551 835	410,5 399,0 570,5	75 74,5 91,5	15,5 16,5 21	7,3+4,10 7,5+4,20 8+4,50	12 12,5 9	9,5 10,5 7,5
Riedel-de Haën AG	1977 1978 1979	14,0 14,0 14,0	157,4 169,1 187,5	10,5 11,0 13,5	1,9 2,4 3,4	1,3 1,3 1,4	75 78,5 96	13,5 17 24	9+5,06 9+5,06 10+5,63	18 17,5 12	16 12,5 9
Riedinger Jersey AG	1977 1978 1979	12,0 12,0 12,0	83,9 70,6 69,1	1,4 Verlust Verlust	Verlust Verlust Verlust	0,5 −2,0 0	5,5 Verlust Verlust	Verlust Verlust Verlust	2+1,13 0 0	— — —	— — —
Rosenthal AG	1977 1978 1979	20,5 20,5 30,0	375,9 383,4 403,4	33,9 35,1 36,4	9,9 11,1 13,3	5,4 6,0 7,1	67,5 73 62	18,5 21,5 21,5	6,7+3,80 8,4+4,70 8+4,50	11,5 12,5 12,5	6,5 9 8,5

*) ohne Steuerguthaben
1) Bilanzstichtag 30.9.
2) einschließlich Borregaard Österreich
3) Bilanzstichtag 30.6.

Gesellschaft	Grund-kapital	Umsatz	Cash flow netto	gesch. Netto-ergebnis*	Jahres-über-schuß	Werte pro Aktie in DM (bereinigt) Cash flow netto	Werte pro Aktie in DM (bereinigt) gesch. Netto-ergebnis*	Werte pro Aktie in DM (bereinigt) Divi-dende + St. G.	Kurs/Gewinn-verhältnis Höchst	Kurs/Gewinn-verhältnis Tiefst
		— in Mill. DM —								
Rütgerswerke AG	1977	77,0	1 593	112,2	36,4	19,7	70,5	23	6,8+3,80	11,5	9
	1978	77,0	1 567	119,0	38,6	20,0	75	24	6,8+3,80	11,5	10
	1979	86,0	2 035	146,4	49,1	31,8	85	28,5	8+4,50	9	7
Salamander AG	1977	60,0	615,1	27,4	12,9	12,4	23	10,5	6+3,38	14,5	10,5
	1978	60,0	609,2	28,3	12,1	11,0	23,5	10	6+3,38	19,5	14,5
	1979	60,0	656,6	35,0	17,5	15,7	29	14,5	7+3,94	13	10
Schering AG	1977	247,9	2 133	273,3	91,0	66,3	55	18	9+5,06	16	13
	1978	251,5	2 226	288,8	101,6	87,9	57,5	20	9+5,06	14,5	11,5
	1979	251,5	2 703	285,7	84,3	57,9	57	16,5	9+5,06	16	12,5
Schiess AG	1977	18,0	162,2	10,4	3,8	1,8	29	10,5	4+2,25	10,5	6
	1978	18,0	181,1	9	3	1,9	25	8,5	4+2,25	15	11
	1979	18,0	159,5	8	3	2,4	22,5	8,5	4,5+2,53	16,5	13
Schubert & Salzer AG	1977[1]	18,0	242,2	22,7	3,9	1,4	63	11	4+2,25	11	8
	1978[1]	18,0	198,7	7,5	Verlust	1,1	21	Verlust	3+1,69	—	—
	1979[1]	18,0	252,6	11,3	1,3	1,4	31	3,5	4+2,25	35	28
Siemens AG	1977[1]	1 608	25 198	2 318	1 058	650	69	30	7,5+4,20	9,5	7,5
	1978[1]	1 644	29 009	2 992	1 231	721	87,5	34	7,5+4,20	8,5	7,5
	1979[1]	1 768	28 022	3 324	1 318	682	90,5	35,5	7,7+4,30	7,5	6,5
Stern-Brauerei Carl Funke AG	1977[1]	19,7	193,2	17,5	2,0	1,5	44,5	5	4,5+2,53	41	35
	1978[1]	19,7	189,0	17,9	1,6	1,1	45,5	4,4	3+1,69	50	39,5
	1979[1]	19,7	193,1	18,2	1,0	0,7	47	3,2	3+1,69	59,5	42
Stollwerck AG	1977	22,0	279,6	8,3	3,6	6,4	18,5	8	5+2,81	18	15
	1978	22,0	349,6	11,8	4,8	7,0	26	10	5+2,81	18,5	13,5
	1979	22,0	402,9	16,9	6,4	7,7	37,5	13,5	5+2,81	13	10,5
Süddeutsche Zucker AG	1977	78,0	1 072,0	82,1	22,1	14,0	52,5	14	8,5+4,78	20	17
	1978[2]	78,0	753,3	65,9	14,5	11,0	42	9,5	5,75+3,23	19,5	17
	1979[3]	78,0	1 137,0	96,7	30,2	22,8	62	19,5	9,5+5,34	13	12,5
THYSSEN AG vorm. August Thyssen-Hütte	1977[1]	1 299	19 714	1 064	143,4	144,7	41,5	6	5,5+3,09	21,5	18
	1978[1][5]	1 299	23 459	786	Verlust	100	29,5	Verlust	4+2,25	—	—
	1979[1][5]	1 299	25 358	1 330	221	167	50,5	8,5	4+2,25	14	9
VARTA AG	1977	98,9	776,2	56	42	23,8	28,5	21	5,5+3,09	9,5	8
	1978	98,9	777,2	54	35	22,0	27,5	17,5	6+3,38	11	9,5
	1979	98,9	866,2	54	36,6	24,5	27,5	18,5	6+3,38	10	8,5
VEBA AG	1977	1 404,0	27 389	1 391	200	137,7	46	3,5	3+1,69	36,5	29
	1978[4]	1 404,0	31 177	2 187	411	266,8	76	10,5	5,8+3,40	12,5	9,5
	1979	1 685,0	36 606	3 060	1 031	553,5	91	25,5	7,5+4,22	6	4,5
Vereinigte Deutsche Nickel-Werke AG	1977	12,9	168,5	2,6	Verlust	− 2,5	20,5	Verlust	0	—	—
	1978	12,9	156,2	0,7	Verlust	− 4,8	5,5	Verlust	0	—	—
	1979	12,9	183,9	10,9	1,6	3,7	84	12,5	0	10	8
Vereinigte Elektrizitätswerke Westfalen AG	1977	600,0	2 776	496,4	125,5	88,9	41,5	10,5	6,5+3,66	16	13,5
	1978	600,0	3 108	533,8	152,5	109,5	44,5	12,5	7+3,94	13,5	12
	1979	600,0	3 345	538,4	116,5	66,0	45	9,5	5,5+3,09	17,5	12
Volkswagenwerk AG	1977	900,0	24 152	2 714	1 419	135,5	56	7,2+4,00	3,5	2,1
	1978	1 200,0	26 724	3 034	1 346	574	137	60	8,6+4,80	4,5	2,5
	1979[6]	1 200,0	30 707	3 207	1 382	667	134	58	10+5,63	4,4	3,0

*) ohne Steuerguthaben
1) Bilanzstichtag 30.9.
2) Rumpfgeschäftsjahr vom 1.7.77 - 28.2.78; Kurs/Gewinn-Verhältnis auf Basis hochgerechneter Werte
3) Bilanzstichtag 28.2.
4) wegen Änderung des Konsolidierungskreises und der Konsolidierungsmethode mit den Vorjahren nicht vergleichbar
5) Weltabschluß
6) wegen Änderung des Konsolidierungskreises mit Vorjahr nicht vergleichbar

Gesellschaft		Grund-kapital	Umsatz	Cash flow netto	gesch. Netto-ergebnis*	Jahres-über-schuß	Werte pro Aktie in DM (bereinigt)			Kurs/Gewinn-verhältnis	
							Cash flow netto	gesch. Netto-ergebnis*	Divi-dende + St. G.	Höchst	Tiefst
			— in Mill. DM —								
Waggonfabrik	1977[1)]	17,8	223,9	9,4	3,0	2,0	26,5	8,5	5+2,81	13	10
Uerdingen AG	1978[1)]	17,8	217,2	10,2	4,1	3,6	28,5	11,5	5+2,81	13,5	8,5
	1979[1)]	17,8	194,3	8,5	1,9	1,5	24	5,5	5+2,81	29,5	18,5
Wicküler-Küpper-	1977[1)]	17,0	285,6	31,8	6,6	5,4	187	39	13+7,31	21,5	20,5
Brauerei KGaA	1978[1)]	17,0	304,2	33,5	7,0	5,6	196	40	13+7,31	22,5	19,5
	1979[1)]	17,0	307,8	28,1	5,7	5,2	163,5	32	13+7,31	26	22
Württembergische	1977	39	457,4	29,6	7,8	6,9	38	9,5	6,7+3,80	19	15
Metallwarenfabrik	1978	39,5	474,6	29,1	10,1	6,8	37	12	7,5+4,30	17	13,5
(Stammaktien)	1979	39,5	520,2	34,9	12;1	7,2	42	14,5	7,5+4,30	13,5	9,5

*) ohne Steuerguthaben
1) Bilanzstichtag 30.9.

Erläuterungen

Cash flow:
Selbsterwirtschaftete Mittel ohne Steuern (Jahresüberschuß + Abschreibungen + Erhöhung der langfr. Rückstellungen + ao. Aufwendungen – ao. Erträge)

Geschätztes Nettoergebnis:
Gewinnschätzungen nach dem Vorschlag der Deutschen Vereinigung für Finanzanalyse und Anlageberatung (DVFA)

Werte pro Aktie:
Soweit im Betrachtungszeitraum Kapitalveränderungen stattgefunden haben, wurden die Werte pro Aktie entsprechend umgerechnet, so daß sie vergleichbar sind

4. Systematische Aufbereitung der Jahresabschlußdaten als Ausgangspunkt der Bilanzanalyse

4.1 Bedeutung und Aufriß der Jahresabschluß-Aufbereitung

Die systematische Aufbereitung der Jahresabschlußdaten ist eine unerläßliche Arbeitsphase im Rahmen einer methodisch sinnvollen Bilanzanalyse. Es gilt die Positionen der Bilanz und der GuV-Rechnung in bilanzanalytisch ausgerichtete Ausgangsgrößen umzugliedern. Erst danach können diese Ausgangsgrößen betriebswirtschaftlich und bilanzanalytisch sinnvoll zueinander in Beziehungen gesetzt werden, so daß eine betriebswirtschaftliche Beurteilung der Unternehmung einschließlich der finanz- und ertragswirtschaftlichen Entwicklung möglich wird.

Zur Aufbereitung der Jahresabschlußdaten benötigt der Bilanzanalytiker zunächst einmal die Beträge zu den Positionen des Jahresabschlusses, wie sie in Kap. 2 dargelegt wurden. Bei Jahresabschlüssen, die nicht nach dem aktienrechtlichen Schema gegliedert sind, empfiehlt sich eine vorhergehende Neugliederung des vorliegenden Zahlenwerks im Sinne des aktienrechtlichen Schemas. Wenn das nicht oder nur annäherungsweise möglich ist, so kann der Leser mit Hilfe der Benennungen in den folgenden Tabellen die notwendige Neugliederung des Zahlenwerks vornehmen. Der Bilanzanalytiker wird dann zu entscheiden haben, in welcher Weise er die vorhandenen Zahlen den verschiedenen Ausgangsgrößen zuordnet.

Verschiedene Hilfsmittel vermögen die Arbeit des Bilanzanalytikers zu erleichtern, so vor allem sinnvoll gegliederte Tabellen, wie sie z. B. in diesem Buch vorgeschlagen werden. Zu den Hilfsmitteln sollte auch ein Rechner gehören, der den Rechengang und das Ergebnis ausdruckt. Die Kontrolle der Berechnungen wird dadurch sehr erleichtert.

Dem Leser sei nicht vorenthalten, daß die Analyse von Jahresabschlüssen durchaus arbeits- und zeitaufwendig ist. Abkürzungswege sind hier meistens schlechte Wege. Gerade die Aufbereitung der Jahresabschlußdaten sollte mit großer Sorgfalt erfolgen, weil naturgemäß Fehler hier die Ergebnisse der Bilanzanalyse beträchtlich verfälschen.

In den folgenden Tabellen dieses Kapitels werden bilanzanalytisch ausgerichtete Größen benannt, berechnet, erläutert und jeweils mit einer Bilanzanalyse-Ziffer versehen. Unter den Ziffern (600) bis (630) werden die Positionen der Aktiv- und Passivseite der Bilanz neu gegliedert, wozu unter den Ziffern (631) bis (649) die Ermittlung der Beständedifferenzen unter Einbeziehung der Vorjahresdaten hinzukommen. Unter den Ziffern (650) bis (668) werden sodann die Positionen der GuV-Rechnung aufbereitet.

Am Ende des Buches findet der Leser ein Arbeits-Register, das die Bilanzanalyse-Ziffern und die Kennzahlen aus den folgenden Kapiteln enthält, jeweils versehen mit der Fundstelle im Buch. Dieses Arbeits-Register soll der schnellen Orientierung und der Arbeitserleichterung bei der praktischen Anwendung dienen.

4.2 Strukturierung der Bilanzdaten

Dem Leser, der sich noch einmal über Sinn und Wesen einzelner Positionen der Bilanz informieren möchte, wird empfohlen, unter den hier eingefügten Ziffern in Kapitel 2 nachzulesen.

Tabelle 4.1: Strukturierung der Bilanzdaten

Kenn-zahl	Benennungen	Berechnung		Erläuterungen
600	Materielle Sachanlagen	Grundstücke mit Geschäfts-, Fabrik- u. a. Bauten + Grundstücke mit Wohnbauten + Grundstücke ohne Bauten + Bauten auf fremden Grundstücken + Maschinen und maschinelle Anlagen + Betriebs- und Geschäftsausstattung + Anlagen im Bau und Anzahlungen auf Anlagen + Sonstiges Anlagevermögen ./. Wertberichtigungen zu Sachanlagen	(002) (003) (004) (005) (006) (007) (008) (010) (105)	Der Abzug der Wertberichtigungen auf Sachanlagen beruht auf der begründeten Annahme, daß die Wertberichtigungen nahezu ausschließlich die materiellen Sachanlagen betreffen.
		= Materielle Sachanlagen	(600)	
601	Immaterielle Sachanlagen	(601) = Konzessionen und gewerbliche Schutzrechte, Lizenzen (009)		Hier liegt eine Übereinstimmung mit der entsprechenden Bilanzposition vor.
602	Sachanlagen	Materielle Sachanlagen + Immaterielle Sachanlagen	(600) (601)	Die Sachanlagen schließen nicht die Finanzanlagen ein.
		= Sachanlagen	(602)	
603	Finanzanlagen	Beteiligungen + Wertpapiere des Anlagevermögens + Ausleihungen mit minimaler Laufzeit 4 Jahre + Sonstige Finanzanlagen ./. Wertberichtigungen zu Finanzanlagen	(011) (012) (013) (014) (106)	Selbstverständlich können die Wertberichtigungen auf Finanzanlagen nur dann abgezogen werden, wenn sie auf der Passivseite der Bilanz ausgewiesen sind.
		= Finanzanlagen	(603)	
604	Anlagevermögen	Sachanlagen + Finanzanlagen	(602) (603)	Auf das Wesen des Anlagevermögens wurde im Zusammenhang mit der Erörterung der Aktivposten der Bilanz bereits eingegangen.
		= Anlagevermögen	(604)	

Fortsetzung nächste Seite

Kenn-zahl	Benennungen	Berechnung	Erläuterungen
605	Vorräte	Roh-, Hilfs- und Betriebsstoffe (015) + Unfertige Erzeugnisse (016) + Fertige Erzeugnisse, Waren (017) + Sonstige Vorräte (018) + geleistete Anzahlungen (020) = Vorräte (605)	Die erhaltenen Anzahlungen auf Vorräte (019) sind hier nicht berücksichtigt. Dadurch vergrößert sich die Bilanzsumme um den Betrag der erhaltenen Anzahlungen. Auf der Passivseite der Bilanz wird dieser Tatsache Rechnung getragen indem der o. g. Betrag der Position (118) hinzugefügt wird zu einem Gesamtbetrag der erhaltenen Anzahlungen (vgl. hierzu Position [617]).
606	Liquide Mittel I (Geldmittel)	Schecks (025) + Kasse, Bundesbank, Postscheck (026) + Guthaben bei Kreditinstituten (027) = Liquide Mittel I (Geldmittel) (606)	Ganz allgemein versteht man unter Liquidität die Fähigkeit einer Unternehmung, den Zahlungsverpflichtungen fälligkeitsgerecht nachzukommen. Zur Begleichung von fälligen Zahlungs verpflichtungen stehen die Liquiden Mittel I in erster Linie zur Verfügung.
607	Liquide Mittel II (Zahlungsmittel)	Liquide Mittel I (606) + Wechsel (023) + Wertpapiere des Umlaufvermögens (028) = Liquide Mittel II (607)	Den Liquiden Mittel I werden die Besitzwechsel hinzugezählt, die bei guter Qualität entweder bei einer Bank diskontiert oder an Gläubiger weitergegeben werden können. Die Wertpapiere des Umlaufvermögens sind durchweg schnell veräußerliche Wertpapiere, die rasch in Geld umgewandelt werden können.
608	Monetäres Umlaufvermögen	Liquide Mittel II (607) + Forderungen aus Lieferungen und Leistungen (021) + Eigene Aktien (029) = Monetäres Umlaufvermögen (608)	Zu den Liquiden Mitteln II werden die Forderungen aus Lieferungen und Leistungen hinzugezählt, die kurzfristig zur Zahlung durch die Kunden anstehen. Die eigenen Aktien werden deshalb in das Monetäre

		Umlaufvermögen aufgenommen, weil sie notfalls verkauft werden können. Letzteres ist allerdings nur dann relativ rasch möglich, wenn es sich um börsenfähige Aktien handelt. Von den »Forderungen aus Lieferungen und Leistungen« wurden hier die »Pauschalwertberichtigungen zu Forderungen« nicht abgesetzt, weil diese Pauschalwertberichtigungen geschätzte Wertminderungen darstellen, die jedoch noch nicht eingetreten sind. Es hat sich auch oft schon herausgestellt, daß die »Pauschalwertberichtigungen zu Forderungen« zu hoch bemessen wurden; außerdem weisen viele Bilanzen diese Position überhaupt nicht auf. Aus den dargelegten Gründen wird daher auf diesen Abzug verzichtet. Die »Pauschalwertberichtigungen zu Forderungen« werden hier in Abzug gebracht, weil das kurzfristige Umwandeln von Forderungen in Geld verlangt, daß diese Forderungen auch beliehen oder verkauft werden können. Das läßt sich nur realisieren, wenn die Bonität des Schuldners ausgezeichnet ist.	
609	Kurzfristig monetisierbares Umlaufvermögen	Forderungen aus Lieferungen und Leistungen (021) + Wechsel (023) + Wertpapiere des Umlaufvermögens (028) + Eigene Aktien (029) ./. Pauschalwertberichtigungen zu Forderungen (107) = Kurzfristig monetisierbares Umlaufvermögen (609)	
610	Übriges Umlaufvermögen	Anteile an einer Gesellschaft (030) + Aktive Rechnungsabgrenzungsposten (036) + Forderungen an verbundene Unternehmen (031) + Forderungen aus Krediten (032) + Sonstige Forderungen (033) + Sonstige Vermögensgegenstände (034) ./. Sonstige Wertberichtigungen auf Umlaufvermögen (108) = Übriges Umlaufvermögen (610)	Das »Übrige Umlaufvermögen« umfaßt die Werte, die nicht zum betriebszweckbezogenen Umsatzprozeß nötig sind.

Fortsetzung nächste Seite

Kenn-zahl	Benennungen	Berechnung		Erläuterungen
611	Umlaufvermögen	Vorräte + Liquide Mittel + Kurzfristig monetisierbares Umlaufvermögen + Übriges Umlaufvermögen = Umlaufvermögen	(605) (606) (609) (610) (611)	Es handelt sich hier um das gesamte Umlaufvermögen gemäß Aktivseite der Bilanz, allerdings anders gegliedert als in der Bilanz.
612	Vermögen	Anlagevermögen + Umlaufvermögen = Vermögen	(604) (611) (612)	Gesamtvermögen der Unternehmung gemäß der Aktivseite der Bilanz.

613	Eigenkapital	Grundkapital
		+ Offene Rücklagen
		  Gesetzliche Rücklagen
		  Rücklagen für eigene Aktien
		  Andere Rücklagen, freie
		+ 50% Sonderposten mit Rücklagenanteil,
		  d. h. 50% von
		./. Anteil der Lastenausgleichsvermögensabgabe
		  an anderen freien Rücklagen: Teil von
		./. Ausstehende Kapitaleinlagen
		./. Bilanzverlust
		./. Disagio, aktiviert
		
		= Eigenkapital
			(100)
			
			(101)
			(102)
			(103)
			
			(104)
			
			(103)
			(001)
			(037)
			(035)
			
			(613)
				Die „Sonderposten mit Rücklagenanteil« (104) wurden bereits erläutert. Der 50%-Anteil resultiert aus der noch anstehenden Besteuerung bei Auflösung dieser Sonderposten.
				Was den Abzug des Anteils der Lastenausgleichsvermögensabgabe angeht, so war es bis 1979 möglich, entsprechende Beträge in die freie Rücklage einzustellen; diese Beträge müssen wieder herausgerechnet werden. Bezüglich der Bilanzen nach 1979 kann diese Position entfallen.

614	Eigenkapital incl. eigenkapitalähnliche Beträge	Eigenkapital + Pensionsrückstellungen = Eigenkapital incl. eigenkapitalähnliche Beträge	(613) (109) (614)	In betriebswirtschaftlicher Sicht haben die Pensionsrückstellungen weitgehend den Charakter von Rücklagen, weil sie nur zu einem geringen Teil im folgenden Geschäftsjahr aufgelöst werden müssen, außerdem normalerweise auch wieder eine Zuweisung erfolgt. Es handelt sich also gewissermaßen um einen Fond, der über

Nr.	Bezeichnung	Berechnung		Erläuterung
615	Langfristige Verbindlichkeiten	Anleihen + Verbindlichkeiten gegenüber Kreditinst. + Sonstige langfristige Verbindlichkeiten ./. Vor Ablauf von 4 Jahren fälliger Teil + Verbindlichkeiten gegenüber verbundenen Unternehmen = langfristige Verbindlichkeiten (langfristiges Fremdkapital)	(111) (112) (113) (114) (119) (615)	längere Zeit erhalten bleibt und daher wie die Rücklagen auch im weiteren Sinne zum Eigenkapital gehört. Diese langfristigen Verbindlichkeiten stellen selbstverständlich kein Eigenkapital dar, kommen jedoch in ihrer betriebswirtschaftlichen Wirkung diesem nahe.
616	Mittelfristige Verbindlichkeiten	Vor Ablauf von 4 Jahren fälliger Teil der langfristigen Verbindlichkeiten + Anteil der Lastenausgleichsvermögensabgabe an anderen freien Rücklagen-Teil von + 50% Sonderposten mit Rücklagenanteil, d. h. 50% von = Mittelfristige Verbindlichkeiten	(114) (103) (104) (616)	Der hauptsächliche Unterschied zu den langfristigen Verbindlichkeiten besteht darin, daß die mittelfristigen Verbindlichkeiten vor Ablauf von 4 Jahren fällig sind. Auf die Erläuterungen zu (103) darf noch einmal hingewiesen werden.
617	Kurzfristige Verbindlichkeiten	Andere Rückstellungen + Verbindlichkeiten aus Lieferungen und Leistungen + Verbindlichkeiten aus der Annahme gezogener Wechsel + Verbindlichkeiten gegenüber Kreditinstituten + Erhaltene Anzahlungen + Sonstige Verbindlichkeiten + Rechnungsabgrenzungsposten = Kurzfristige Verbindlichkeiten (evtl. Ergänzung durch den Bilanzgewinn; bitte Erläuterungen beachten!)	(110) (115) (116) (117) (019) + (118) (120) (121) (617)	Bezüglich der »erhaltenen Anzahlungen« ist darauf hinzuweisen, daß erhaltene Anzahlungen auf Vorräte (019) im Rahmen der Bilanzaufbereitung zur Kennzahl (118) als positiver Wert hinzugefügt werden. Der *Bilanzgewinn* (122) kann gegebenenfalls den kurzfristigen Verbindlichkeiten zugerechnet werden, wenn er in voller Höhe für die Ausschüttung vorgesehen ist. In diesem Fall darf er bei Berechnung der Kennzahl (619) nicht nochmals hinzuaddiert werden.

Fortsetzung nächste Seite

Kenn-zahl	Benennungen	Berechnung	Erläuterungen
618	Fremdkapital	langfristige Verbindlichkeiten (615) + mittelfristige Verbindlichkeiten (616) + kurzfristige Verbindlichkeiten (617) = Fremdkapital (618)	Das Fremdkapital ist hier geordnet nach den Fristigkeiten.
619	Kapital	Eigenkapital (614) (incl. eigenkapitalähnliche Beträge) (618) + Fremdkapital (122) + Bilanzgewinn = Kapital (619)	Daß der Bilanzgewinn als Kapitalbestandteil anzusehen ist, wird in der doppelten Buchführung besonders deutlich, wo außerhalb der aktienrechtlichen Gliederung normalerweise der Gewinn auf die Habenseite des Eigenkapitalkontos gebucht wird. Da nach der aktienrechtlichen Gliederung und nach den entsprechenden Vorschriften das Grundkapital konstant zu halten ist, muß der Bilanzgewinn auf der Passivseite separat ausgewiesen werden; hier wird er in das Kapital wieder einbezogen. Die »Wertberichtigungen« gehören nicht zum Kapital und sind in diesem Wert (619) nicht enthalten.
620	Betriebsnotwendiges Vermögen	Vermögen (612) ./. Finanzanlagen (603) ./. Wertpapiere des Umlaufvermögens (028) ./. Eigene Aktien (029) ./. Anteile an einer Gesellschaft (030) ./. Forderungen aus Krediten (032) ./. Sonstige Forderungen (033) ./. Sonstige Vermögensgegenstände (034) = Betriebsnotwendiges Vermögen (620)* * siehe: Coenenberg, Adolf G.: Jahresabschluß und Jahresabschlußanalyse, München 1979, S. 454	Das »Betriebsnotwendige Vermögen« ist dadurch gekennzeichnet, daß es zur Erreichung der gesetzten Betriebszwecke unerläßlich vorhanden sein muß. Alle nicht betriebszweckbezogenen Vermögenspositionen müssen daher eliminiert werden.

621	Zunahme materieller Sachanlagen	ZG (002) + ZG (003) + ZG (004) + ZG (005) + ZG (006) + ZG (007) + ZG (008) + ZG (010) + ZS (002) + ZS (003) + ZS (004) + ZS (005) + ZS (006) + ZS (007) + ZS (008) + ZS (010) + alle positiven Umbuchungen von: UB (002), UB (003), UB (004), UB (005), UB (006), UB (007), UB (008), UB (010)	ZG = Zugänge ZS = Zuschreibungen UB = Umbuchungen Die »Zunahme materieller Sachanlagen« läßt sich aus der tabellarischen Darstellung des Anlagevermögens ermitteln, wie sie aktienrechtlich vorgeschrieben ist. Auf die Definition der Begriffe »Zugang«, »Zuschreibung« usw. wurde im Zusammenhang mit der Behandlung des Anlagevermögens bereits hingewiesen.
622	Zunahme immaterieller Sachanlagen	ZG (009) + ZS (009) + positive Umbuchungen von: UB (009)	
623	Zunahme Sachanlagen	(621) + (622)	
624	Zunahme Finanzanlagen	ZG (011) + ZG (012) + ZG (013) + ZG (014) + ZS (011) + ZS (012) + ZS (013) + ZS (014) + alle positiven Umbuchungen von: UB (011), UB (012), UB (013), UB (014)	
625	Zunahme Anlagevermögen	(623) + (624)	
626	Abnahme materieller Sachanlagen	= AG (002) + AG (003) + AG (004) + AG (005) + AG (006) + AG (007) + AG (008) + AG (010) + AB (002) + AB (003) + AB (004) + AB (005) + AB (006) + AB (007) + AB (008) + AB (010) + alle Absolutbeträge der negativen Umbuchungen von: UB (002), UB (003), UB (004), UB (005), UB (006), UB (007), UB (008), UB (010)	AG = Abgänge AB = Abschreibungen UB = Umbuchungen Bei den Umbuchungen ist der Absolutbetrag einer negativen Umbuchungszahl positiv, so ist z. B. der Absolutbetrag ./. DM 1.000,– = + DM 1.000,–. Wertberichtigungen werden – sofern vorhanden – unter (628) berücksichtigt.
627	Abnahme immaterieller Sachanlagen	AG (009) + (AB (009) + Absolutbetrag der negativen Umbuchung von UB (009)	Auch hier fehlen die Wertberichtigungen.

Fortsetzung nächste Seite

Kenn-zahl	Benennungen	Berechnung	Erläuterungen
628	Abnahme Sachanlagen	(626) + (627) + Wertberichtigungen auf Sachanlagen (105)	
629	Abnahme Finanzanlagen	AG (011) + AG (012) + AG (013) + AG (014) + AB (011) + AB (012) + AB (013) + AB (014) + alle Absolutbeträge der negativen Umbuchungen von: UB (011), UB (012), UB (013), UB (014) + Wertberichtigung auf Finanzanlagen (106)	
630	Abnahme Anlagevermögen	(628) + (629)	

4.3 Strukturbilanz und Beständedifferenzbilanz

4.3.1 Strukturbilanz

Die bis jetzt ermittelten Daten lassen sich in einer Strukturbilanz einander gegenüberstellen. Die summenmäßige Gleichheit von Aktiv- und Passivseite der Bilanz muß trotz der erfolgten Umformung wieder vorhanden sein.

Eine derartige Strukturbilanz hat ein gewisses Schema, das in Tabelle 4.2 auf Seite 124 dargestellt wird. Nach diesem Muster wird auch die Strukturbilanz im Rahmen der praktischen Bilanzanalyse, wie sie in Kap. 9 durchgeführt werden wird, aufgebaut sein.

Die Strukturbilanz ist die Voraussetzung für die Erstellung einer Beständedifferenzbilanz. Letztere wird in Absatz 4.3.2 näher dargestellt.

4.3.2 Beständedifferenzbilanz

Eine Beständedifferenzbilanz wird aus den Strukturbilanzen zweier aufeinanderfolgender Geschäftsjahre aufgestellt. Hierbei wird die Bestandsdifferenz einer Strukturbilanz-Position dadurch ermittelt, daß man den Bestand dieser Position am Bilanzstichtag (n) um den Bestand am vorhergehenden Bilanzstichtag (m) vermindert. Daraus folgt, daß Bestandsdifferenzen positiv oder negativ sein können, je nachdem, ob die Bestände zu- oder abgenommen haben. Die Bestandsdifferenz läßt sich außerdem ermitteln als Differenz zwischen Zunahmen und Abnahmen einer Strukturbilanzposition, sofern Zunahmen und Abnahmen bekannt sind, wie das z. B. beim Anlagevermögen der Fall ist.

Die Beständedifferenzen werden zweckmäßigerweise in einer sog. »Beständedifferenzbilanz« berechnet und einander gegenübergestellt (vgl. Tab. 4.3). In der auf Seite 125 folgenden Abbildung einer Beständedifferenzbilanz werden auch die Bilanzanalyse-Ziffern (631) bis (649) eingeführt und definiert.

Tabelle 4.2: Aufbau einer Strukturbilanz

Aktiva		Strukturbilanz		Passiva
Kenn-zahl	Benennung	Kenn-zahl	Benennung	
(600) (601)	Materielle Sachanlagen Immaterielle Sachanlagen	(613) (109)	Eigenkapital (ohne Verl.) Eigenkapitalähnliche Beträge (Pensionsrückst.)	
(602)	Sachanlagen	(614)	Eigenkapital incl. eigenkapitalähnliche Betr.	
(603)	Finanzanlagen			
(604)	Anlagevermögen	(615) (616) (617)	Langfristige Verbindlichkeiten Mittelfristige Verbindlichkeiten Kurzfristige Verbindlichkeiten	
(605) (606) (609)	Vorräte Liquide Mittel I Kurzfristig monetisierbare Umlaufvermögen	(618)	Fremdkapital	
(610)	Übrige Umlaufvermögen	(122)	Bilanzgewinn	
(611)	Umlaufvermögen	(619)	Kapital (ohne Verlust)	
(612)	Vermögen			
(037)	Bilanzverlust			
(038)	Bilanzsumme	(123)	Bilanzsumme	

Anmerkungen: Da für die spätere Beständedifferenzbilanz und die Bewegungsbilanz die Positionen »Bilanzverlust« und »Bilanzgewinn« benötigt werden, wird der Bilanzverlust für diese Zwecke nicht vom Eigenkapital abgezogen. Die Kennzahlen (613) und (614) sind damit um den Bilanzverlust erhöht. Entsprechendes gilt für die Kennzahl des Kapitals (619).

Tabelle 4.3: Aufbau einer Beständedifferenzbilanz

Aktiva			Beständedifferenzbilanz			Passiva
Kenn-zahl	Benennung	Berechnung	Kenn-zahl	Benennung	Berechnung	
(631)	Materielle Sachanlagen	(600) n – (600) m	(643)	Eigenkapital (ohne Verl.)	(613) n – (613) m	
(632)	Immaterielle Sachanlagen	(601) n – (601) m	(–)	Eigenkapitalähnliche Beträge (Pensionsrückst.)	—	
(633)	Sachanlagen	(602) n – (602) m				
(634)	Finanzanlagen	(603) n – (603) m	(644)	Eigenkapital incl. eigenkapitalähnliche Betr.	(614) n – (614) m	
(635)	Anlagevermögen	(604) n – (604) m				
(636)	Vorräte	(605) n – (605) m	(645)	Langfristige Verbindlichkeiten	(615) n – (615) m	
(637)	Liquide Mittel l	(606) n – (606) m	(646)	Mittelfristige Verbindlichkeiten	(616) n – (616) m	
(638)	Kurzfristig monetisierbare Umlaufvermögen	(608) n – (608) m	(647)	Kurzfristige Verbindlichkeiten	(617) n – (617) m	
(639	Übriges Umlaufvermögen	(610) n – (610) m	(648)	Fremdkapital	(618) n – (618) m	
(640)	Umlaufvermögen	(611) n – (611) m	(649)	Bilanzgewinn	(122) n – (122) m	
(642)	Vermögen	(612) n – (612) m	(642)	Kapital (ohne Verlust)	(619) n – (619) m	
(641)	Bilanzverlust	(037) n – (037) m				
	Bilanzsumme			Bilanzsumme		

(xxx) n = Wert der Bilanzposition am Bilanzstichtag n
(xxx) m = Wert der Bilanzposition am Bilanzstichtag m

Der Leser möchte bitte beachten, daß die Kennzahlen (631) bis (649) die *Beständedifferenzen* der benannten Positionen darstellen.

Zur Berücksichtigung von Gewinn/Verlust im Rahmen der Beständedifferenzbilanz müssen noch einige Erläuterungen hinzugefügt werden:

Wenn an den Bilanzstichtagen n und m jeweils ein Bilanzverlust ausgewiesen wird, so ist die Position (649) Bilanzgewinn unzulässig. Analog gilt dies für die Position (641), wenn jweils ein Bilanzgewinn ausgewiesen wird.

Für den Fall, daß sowohl Bilanzgewinn und Bilanzverlust zu den beiden Bilanzstichtagen ausgewiesen werden, sind *beide* Positionen (649) und (641) zulässig. Dazu zwei Beispiele:

Beispiel	Bilanzstichtag	Bilanzgewinn (122)	Bilanzverlust (037)
I	n	100.000,–	–
	m	–	200.000,–
II	n	–	300.000,–
	m	50.000,–	–

Beispiel I: Bestandsdifferenz: Bilanzverlust (641) =
(037)n – (037)m = 0 – 200.000 = – 200.000
Bestandsdifferenz: Bilanzgewinn (649) =
(122)n – (122)m = 100.000 – 0 = + 100.000

Beispiel II: Bestandsdifferenz: Bilanzverlust (641) =
(037)n – (037)m = 300.000 – 0 = + 300.000
Bestandsdifferenz: Bilanzgewinn (649) =
(122)n – (122)m = 0 – 50.000 = – 50.000

Durch den Ausweis der beiden Differenzen wird aufgezeigt, daß im Beispiel II eigentlich ein »Bruttoverlust« von DM 350.000,– eingetreten ist, d. h. der Gewinn sank im Vergleich zum vorhergehenden Bilanzstichtag auf Null und zusätzlich wurde noch ein Verlust erwirtschaftet.

4.4 Strukturierung der Gewinn- und Verlustrechnungs-Daten

In den nächsten Tabellen werden die Ausgangsgrößen vorgestellt, die aus der notwendigen Umgliederung der GuV.-Rechnung hervorgehen.

Auch hier darf dem Leser empfohlen werden, im Bedarfsfall noch einmal die Erläuterungen zu den verschiedenen GuV.-Positionen in Kap. 2 durchzulesen.

Tabelle 4.4: Strukturierung der GuV-R.-Daten

Kenn-zahl	Benennungen	Berechnung		Erläuterungen
650	Gesamtleistung (Betriebsertrag)	Umsatzerlöse + Bestandserhöhungen an Fertig- und Unfertigerzeugnissen bzw. ./. Bestandsminderung an Fertig- und Unfertigerzeugnissen + Andere aktivierte Eigenleistungen ./. Erlösschmälerungen = Gesamtleistung	(300) (301) (201) (302) (200) (650)	Betriebswirtschaftlich versteht man unter der Gesamtleistung die Summe der betriebszweckbezogenen und in Geldeinheiten bewerteten erstellten Güter und Dienstleistungen; der Leistungsbegriff ist gewissermaßen das Gegenteil zum Kostenbegriff. Unter Kosten versteht man betriebswirtschaftlich den betriebszweckbezogenen Werteverzehr bewertet in Geldeinheiten zur Erstellung und Verwertung betrieblicher Leistungen. Unter »Erträgen« versteht man betriebswirtschaftlich den Wertezuwachs durch erstellte Güter und Dienstleistungen bewertet in Geldeinheiten innerhalb einer bestimmten Rechnungsperiode. Unter »Aufwendungen« versteht man betriebswirtschaftlich den Werteverzehr für Güter und Dienstleistungen bewertet in Geldeinheiten innerhalb einer bestimmten Rechnungsperiode. Vor dem Hintergrund dieser Begriffsdefinitionen wird auch deutlich, daß die Bestandserhöhungen Ertragsvermehrungen darstellen, die Bestandsminderungen dagegen Ertragsverminderungen sind. Es wird auch deutlich, daß aktivierte Eigenleistungen, wie z. B. selbsterstellte Maschinen, als Ertragsvermehrungen anzusehen sind.
651	Rohertrag/Rohaufwand	Gesamtleistung ./. Aufwendungen für Roh-, Hilfs- und Betriebsstoffe sowie bezogene Waren = Rohertrag/Rohaufwand	(650) (202) (651)	Der Rohertrag, wie er hier ausgewiesen wird, entspricht in etwa dem, was man auch unter »Wertschöpfung« kennt. Der Begriff »Rohaufwand« ist in diesem Zusammenhang dann zu gebrauchen, wenn der rechnerische Wert negativ wird.

Fortsetzung nächste Seite

Kenn-zahl	Benennungen	Berechnung		Erläuterungen
652	Personalkosten	Löhne und Gehälter + Soziale Abgaben + Aufwend. f. Altersversorgung u. Unterstützung = Personalkosten	(203) (204) (205) (652)	In diesem Zusammenhang wird auf die Erläuterungen zur Position (205) hingewiesen.
653	Ordentlicher Aufwand (ohne Material)	Personalkosten + Abschreibungen und Wertberichtigungen auf Sachanlagen + Sonstige Steuern + Sonstige Aufwendungen = Ordentlicher Aufwand (ohne Material)	(652) (206) (212) (216) (653)	
654	Betriebsaufwand	Ordentlicher Aufwand + Aufwendungen für Roh-, Hilfs- und Betriebsstoffe sowie bezogene Waren = Betriebsaufwand	(653) (202) (654)	Der Betriebsaufwand ist für die spätere Berechnung von Wirtschaftlichkeitskennzahlen besonders wichtig.
655	Betriebsergebnis vor Steuern	Rohertrag ./. ordentlicher Aufwand (ohne Materialaufwand) = Betriebsergebnis vor Steuern	(651) (653) (655)	»Vor Steuern« bedeutet: vor Abzug der Steuern vom Einkommen, Ertrag und Vermögen (EEV-Steuern)
656	Außerordentlicher Ertrag	Erträge aus Anlageabgängen + Erträge aus Herabsetzung Pauschalwertberichtigungen zu Forderungen + Erträge aus der Auflösung von Rückstellungen + Erträge aus der Auflösung von Sonderposten mit Rücklageanteil + Sonstige außerordentliche Erträge = Außerordentlicher Ertrag	(307) (308) (309) (310) (312) (656)	Bei den außerordentlichen Erträgen ist die direkte Verursachung durch den betrieblichen Umsatzprozeß nicht gegeben; es liegen gewissermaßen außerordentliche Ertragsfälle vor, die in einer mittelbaren Beziehung zum eigentlichen Betriebszweck stehen.

657	Außerordentlicher Aufwand	Verluste aus Wertminderung oder Abgang von Umlaufvermögen und Einstellung in Pauschalwertberichtigungen zu Forderungen	(208)	Im oben dargelegten Sinne handelt es sich hier um mittelbar bedingte außerordentliche Aufwandsfälle.
		+ Verluste aus dem Abgang von Anlagevermögen	(209)	
		+ Einstellung in Sonderposten mit Rücklageanteil	(215)	
		= Außerordentlicher Aufwand	(657)	
658	Außerordentliches Ergebnis vor Steuern	Außerordentlicher Ertrag	(656)	Dieses Ergebnis entstand demzufolge in einer mittelbaren Beziehung zum betriebszweckbezogenen Umsatzprozeß der Unternehmung.
		./. Außerordentlicher Aufwand	(657)	
		= Außerordentliches Ergebnis vor Steuern	(658)	
659	Betriebsfremder Ertrag	Erträge aus Gewinngemeinschaften u. a.	(303)	Der betriebsfremde Ertrag beruht auf Ertragsfällen, die weder mittelbar noch unmittelbar in einer Beziehung zum Betriebszweck stehen.
		+ Erträge aus Beteiligungen	(304)	
		+ Erträge aus anderen Finanzanlagen	(305)	
		+ Sonstige Zinsen u. ä. Erträge	(306)	
		+ Sonstige ordentliche Erträge ./. außerordentliche Erträge (311) ./. (312)	(313)	
		+ Erträge aus Verlustübernahme		
		= Betriebsfremder Ertrag	(659)	
660	Betriebsfremder Aufwand	Abschreibungen und Wertberichtigungen	(207)	Der betriebsfremde Aufwand beruht auf Aufwandsvorgängen, die weder mittelbar noch unmittelbar in einer Beziehung zum Betriebszweck stehen.
		+ Zinsen u. ä. Aufwendungen	(210)	
		+ Lastenausgleichsvermögensabgabe	(213)	Die Position (207) bezieht sich auf die Finanzanlagen.
		+ Aufwendungen aus Verlustübernahme	(214)	
		+ Abgeführte Gewinne	(217)	
		= Betriebsfremder Aufwand	(660)	
661	Betriebsfremdes Ergebnis (Finanzergebnis) vor Steuern	Betriebsfremder Ertrag	(659)	Wenn auch das betriebsfremde Ergebnis gewissermaßen abseits vom Betriebszweck entstanden ist, so kann doch aus Bilanzen häufig entnommen werden, daß das betriebsfremde Ergebnis für das Ge-
		./. Betriebsfremder Aufwand	(660)	
		= Betriebsfremdes Ergebnis (Finanzergebnis) vor Steuern	(661)	

Fortsetzung nächste Seite

Kenn-zahl	Benennungen	Berechnung	Erläuterungen
			samtergebnis keine unbeträchtliche Rolle spielt. Besonders in Zeiten mit einem hohen Zinsniveau neigen manche Unternehmungen dazu, Vermögensbestandteile hochverzinslich anzulegen und sie dadurch dem betriebszweckbezogenen Umsatzprozeß zu entziehen.
662	Gesamtergebnis vor Steuern	Betriebsergebnis vor Steuern (655) + Finanzergebnis vor Steuern (661) + Außerordentliches Ergebnis vor Steuern (658) Gesamtergebnis vor Steuern (662)	Die drei unterschiedlichen Ergebnisse werden hier zu einem Gesamtergebnis (vor Steuern) zusammengefaßt.
663	Jahresüberschuß/ Jahresfehlbetrag (Gesamtergebnis nach Steuern)	Gesamtergebnis vor Steuern (662) ./. Steuern vom Einkommen, Ertrag und Vermögen (211) = Jahresüberschuß/Jahresfehlbetrag (Gesamtergebnis nach Steuern) (663)	Diese Position ist im aktienrechtlichen Schema für die GuV.-Rechnung enthalten. Ihrem Charakter nach ist sie aber eine aus der Gegenüberstellung von Aufwendungen und Erträgen gewonnene Auswertegröße, weshalb sie an dieser Stelle die Ziffer (663) erhält.

Kenn-zahl	Benennung	Berechnung und Erläuterungen
664	Steueranteile–Zuordnungsfaktor S	Über die Zuordnung eines Steueranteils auf das Betriebs-, das Finanz- und das außerordentliche Ergebnis vor Steuern herrschen in der Literatur unterschiedliche Auffassungen. Nach Meinung von Gräfer ist die Aufteilung wie folgt vorzunehmen: »Aufgrund der Berechnungsarten dieser Steuern, erscheint es bilanzanalytisch gerechtfertigt, sie dem Betriebserfolg, dem betriebsfremden Ergebnis und dem außerordentlichen Ergebnis proportional zu ihrer jeweiligen Höhe anzulasten«.* Bei dieser Steueraufteilung werden nur die positiven Ergebnisse proportional berücksichtigt. An einem einfachen Rechenbeispiel soll die Steueraufteilung gezeigt werden. *Beispiel zur Verrechnung der EEV-Steuern*** $$\text{Steuerzuordnungsfaktor (664)} = S = \frac{\text{EEV-Steuern (211)}}{\text{Positive Bestandteile des Gesamterg. vor Steuern}}$$ (Steuer pro DM 1,– des Gesamtergebnisses) Betriebsergebnis vor Steuern = 6.000,– Finanzergebnis vor Steuern = 3.500,– Außerordentl. Ergebnis vor Steuern = 500,– Gesamtergebnis vor Steuern = 10.000,– EVV-Steuern = 5.000,– $S = \frac{5.000}{10.000} = 0{,}5$ DM Steuer pro DM 1,– des Gesamtergebnisses *Steueranteile* Ordentliches Betriebsergebnis: 6.000 × 0,5 = DM 3.000,– Finanzergebnis: 3.500 × 0,5 = DM 1.750,– Außerordentliches Ergebnis: 500 × 0,5 = DM 250,– Diese Zurechnung der Steuern enthält sicherlich Ungenauigkeiten, zumal der Posten EEV-Steuern auch Steuernachzahlungen der Vorperiode enthalten kann, aber es ist bei den vorhandenen Informationen keine genauere Zuteilung möglich.

Fortsetzung nächste Seite

* Gräfer, Horst: Einführung in die Bilanzanalyse, Herne/Berlin
** EEV-Steuern = Steuern vom Einkommen, vom Ertrag und vom Vermögen

Kenn-zahl	Benennungen	Berechnung	Erläuterungen
665	Betriebsergebnis nach Steuern	Betriebsergebnis nach Steuern = Betriebserg. vor Steuern × (1 − S) (655) × [1 − (664)] (665)	
666	Finanzergebnis nach Steuern	Finanzergebnis n. Steuern = Finanzergebnis vor Steuern × (1 − S) (661) × [1 − (664)] (666)	
667	Außerordentliches Ergebnis nach Steuern	Außerordentl. Ergebnis nach Steuern = Außerordentl. Ergebn. v. Steuern × (1 − S) (658) × [1 − (664)] (667)	
668	Gesamtergebnis nach Steuern	Gesamtergebnis nach Steuern = Gesamtergebnis v. Steuern × (1 − S) (662) × [1 − (664)] (668)	Dieser Wert muß mit dem der Kennzahl (663) übereinstimmen, wenn die drei Einzelergebnisse positiv sind.

5. Arbeitstechniken zur Strukturanalyse der Bilanz unter Verwendung der Gewinn- und Verlustrechnung

Nach der Umgliederung der Positionen und Beträge gemäß Kap. 4 können jetzt im Sinne der Auswertung statistische Kennzahlen gebildet werden (vgl. auch Aufriß des Nummernsystems in Kap. 3). Dabei werden unterschieden:

- Kennzahlen zur Vermögensstruktur: (700)–(729)
- Kennzahlen zur Kapitalstruktur: (730)–(759)
- Kennzahlen zur Wechselbeziehung
  zwischen Kapital und Vermögen: (760)–(799)

In den folgenden Tabellen dieses Kapitels werden die Kennzahlen zur Vermögensstruktur und zur Kapitalstruktur behandelt. Anschließend in Kap. 6 die Kennzahlen zur Wechselbeziehung zwischen Kapital und Vermögen.

5.1 Kennzahlen zur Vermögensstruktur

Diese Kennzahlen sollen die Relationen offenlegen, die auf der Aktivseite der Bilanz, also innerhalb des Vermögens, vorhanden sind. Es werden jeweils wieder aufgeführt: Kennzahl, Benennung, Berechnung und Erläuterungen. Dabei müssen aus Raumgründen die Erläuterungen kurz gehalten werden. Bei Vorliegen spezieller Informationen kann es sein, daß zusätzliche oder veränderte Aussagen möglich werden. Es darf dem Leser überlassen werden, in solchen Fällen seinen Bedürfnissen und Interessen gemäße Ergänzungen und Abänderungen vorzunehmen.

In Einzelfällen werden Positionen der GuV.-Rechnung in die Kennzahlenbildung mit einbezogen, obwohl es in diesem Abschnitt primär um die Vermögensstruktur geht. Der Grund ist darin zu suchen, daß einige Kennzahlen gewissermaßen »auf der Mittellinie« stehen und irgendwo eingeordnet werden müssen. (Tab. 5.1 Seiten 134–137)

5.2 Kennzahlen zur Kapitalstruktur

Die Kennzahlen zur Kapitalstruktur sollen die anteilsmäßige Zusammensetzung auf der Passivseite der Bilanz, also innerhalb des Kapitals, darlegen. Auch hier werden einzelne Positionen der GuV.-Rechnung mit herangezogen. (Tab. 5.2 Seiten 138/139)

Tabelle 5.1: Kennzahlen zur Vermögensstruktur

Kennz.	Benennungen	Berechnung	Erläuterungen
700	Anteil des Anlagevermögens am Vermögen (Anlageintensität I)	$\dfrac{\text{Anlagevermögen}}{\text{Vermögen}} \times 100$ $\dfrac{(604)}{(612)} \times 100$	Die Anlageintensität I ist weitgehend branchenspezifisch. Beträchtliche Abweichungen vom Branchendurchschnitt können nur im Zusammenhang mit anderen Kennzahlen sinnvoll gedeutet werden. Ist sie z. B. außergewöhnlich niedrig, so können bei guter Ertragslage Unterbewertungen (stille Reserven) vorhanden sein.
701	Anteil der Sachanlagen am Vermögen (Anlageintensität II)	$\dfrac{\text{Sachanlagen}}{\text{Vermögen}} \times 100$ $\dfrac{(602)}{(612)} \times 100$	Da die Finanzanlagen hier nicht berücksichtigt werden, lassen sich erste Schlüsse in Richtung Mechanisierungs- und Automatisierungsgrad und Fixkostenbelastung ziehen. Bei ungewöhnlich hohem Prozentsatz können die relativ hohen fixen Kosten mäßige Flexibilität und Krisenanfälligkeit signalisieren.
702	Anteil des Umlaufvermögens am Vermögen (Arbeitsintensität)	$\dfrac{\text{Umlaufvermögen}}{\text{Vermögen}} \times 100$ $\dfrac{(611)}{(612)} \times 100$	Die Erläuterungen zu (700) gelten sinngemäß.
703	Verhältnis Sachanlagen zu Umlaufvermögen	$\dfrac{\text{Sachanlagen}}{\text{Umlaufvermögen}} \times 100$ $\dfrac{(602)}{(611)} \times 100$	Im Vergleich zur branchenspezifischen Relation kann ein ungewöhnlich hoher Anteil u. U. Bedenken wecken. Weil das Umlaufvermögen, das direkt dem Umsatzprozeß dient, durch die Sachanlagen bestimmt ist, kann ein zu hoher Prozentsatz Schwächen im Umsatzprozeß andeuten. Die fixen Kosten sind dann hoch.
704	Nettoinvestition	Zunahme an Sachanlagen Abnahme an Sachanlagen (623) − (628)	Dieser Wert stellt das reale Wachstum der betrieblichen Sachanlagen dar. Um diesen Betrag hat sich das Sachanlagevermögen erhöht.
705	Grad der Betriebserweiterung	$\dfrac{\text{Nettoinvestition}}{\text{Sachanlagen am Anfang}} \times 100$ $\dfrac{(704)}{(602)-(623)+(628)} \times 100$	Wenn auch die Kennzahl abhängig von der Abschreibungspolitik ist, so sind Schlüsse in Richtung Erweiterungsmöglichkeit und -willigkeit angemessen. In der Grundstoffindustrie etwa um 20%, in der verarbeitenden Industrie schwanken die Werte um 35%.

Nr.	Bezeichnung	Formel	Erläuterung
706	Grad der Innovationsbereitschaft	$\dfrac{\text{Zun. imm. Sachanl.} - \text{Abn. imm. Sachanl.}}{\text{Imm. Sachanlagen am Anfang}} \times 100$ $\dfrac{(622) - (627)}{(601) - (622) + (627)} \times 100$	Da die immateriellen Sachanlagen vor allem aus Beträgen für Lizenzen, Patente, EDV-Programme u. ä. zusammengesetzt sind, kann bei schlechter Ertragslage ein außergewöhnlich niedriger Prozentsatz ein Vernachlässigen der Innovation signalisieren. Bei guter Ertragslage kann in diesem Fall auf geringe Angewiesenheit auf »Ideen von außen« geschlossen werden. –
707	Grad der Umsatzbereitschaft	$\dfrac{\text{Vorräte}}{\text{Liquide Mittel II}} \times 100$ $\dfrac{(605)}{(607)} \times 100$	Wenn der Prozentsatz relativ gering ist, dann sind die Vorräte weitgehend verkauft und in Geld umgesetzt, aber noch nicht wieder aufgefüllt worden. Die Umsatzbereitschaft ist gering. Im umgekehrten Fall liegen relativ hohe Bestände für den Verkauf bzw. für die Produktion auf Lager.
708	Anteil Lagerbestände am Umlaufvermögen	$\dfrac{\text{Vorräte}}{\text{Umlaufvermögen}} \times 100$ $\dfrac{(605)}{(611)} \times 100$	Ein ungewöhnlich hoher Prozentsatz im Vergleich zu anderen Vergleichszahlen aus der Branche kann in Richtung Absatzschwierigkeiten oder starker Bevorratung interpretiert werden (z. B. wegen Ölpreissteigerungen). Zur genaueren Beurteilung benötigt man noch andere Kennzahlen, insbes. (720), (719) und (718).
709	Anteil des kurzfristig monetisierbaren Umlaufvermögens am Umlaufvermögen	$\dfrac{\text{Kurzfristig mon. Umlaufverm.}}{\text{Umlaufvermögen}} \times 100$ $\dfrac{(609)}{(611)} \times 100$	Die Frage, welcher Anteil des Umlaufvermögens kurzfristig in Zahlungsmittel umgewandelt werden kann, steht hinter dieser Kennzahl. Ist der Anteil außergewöhnlich gering, so könnten sich in absehbarer Zeit Engpässe bei der Liquidität ergeben. – Bei relativ hohem Anteil könnten größere Rückzahlungen bevorstehen. Ursachen sind zu ergründen!
710	Anteil der Liquiden Mittel II am Umlaufvermögen	$\dfrac{\text{Liquide Mittel II}}{\text{Umlaufvermögen}} \times 100$ $\dfrac{(607)}{(611)} \times 100$	Die unter (709) dargestellten Gesichtspunkte gelten hier in verstärktem Maße. Zu beachten ist, daß diese Kennzahl noch keine Aussage über die Liquidität trifft, weil die Verbindlichkeiten überhaupt nicht berücksichtigt werden. (709) und (710) geben mehr allgemeine Hinweise.
711	Anteil der Kundenforderungen am Umlaufvermögen	$\dfrac{\text{Forderungen Lief. u. Leistg.}}{\text{Umlaufvermögen}} \times 100$ $\dfrac{(021)}{(611)} \times 100$	Ein ungewöhnlich hoher Anteil signalisiert u. U. eine schwierige Stellung am Markt, weil Kunden die Lieferanten am schnellsten bezahlen, auf die sie sich angewiesen fühlen. Ob lange Verkaufsziele die Hauptgründe sind, kann durch andere Kennzahlen erkannt werden (z. B. [801]).

Fortsetzung nächste Seite

Kennz.	Benennungen	Berechnung	Erläuterungen
712	Umsatzbezogene Anlageintensität	$\dfrac{\text{Sachanlagen}}{\text{Umsatzerlöse}} \times 100$ $\dfrac{(602)}{(300)} \times 100$	Hier wird eine Position der GuV.-Rechnung mit einer Bilanzposition in einer Kennzahl vereinigt. Es kann die Frage beantwortet werden: Mit wieviel DM Sachanlagen werden DM 100,– Umsatzerlöse erzielt. Die Kennzahl kann in Verbindung mit anderen interessante Aussagen ergeben.
713	Umsatzbezogene Umlaufvermögensintensität	$\dfrac{\text{Umlaufvermögen}}{\text{Umsatzerlöse}} \times 100$ $\dfrac{(611)}{(300)} \times 100$	Die Erläuterungen zu (712) gelten entsprechend. Ein außergewöhnlich niedriger Anteil nach (713) verstärkt die Gesichtspunkte, die zu (703) gebracht wurden.
714	Umsatzbezogene Vorratsintensität I	$\dfrac{\text{Vorräte}}{\text{Umsatzerlöse}} \times 100$ $\dfrac{(605)}{(300)} \times 100$	Diese allgemeine Relation bringt zum Ausdruck, wieviel DM Vorräte für DM 100,– Umsatzerlöse gehalten werden.
715	Umsatzbezogene Vorratsintensität II	$\dfrac{\text{Roh-, Hilfs- u. Betr.stoffe}}{\text{Umsatzerlöse}} \times 100$ $\dfrac{(015)}{(300)} \times 100$	Ist der Anteil relativ hoch im Vergleich zu den Branchenvergleichszahlen, so kann das an der Materialwirtschaft einschließlich dem Einkauf der Unternehmung liegen. Die Optimierung der Lagerhaltung mit Hilfe von Methoden des Operations Research wird wahrscheinlich nicht verfolgt.
716	Umsatzbezogene Vorratsintensität III	$\dfrac{\text{Unfertige Erzeugnisse}}{\text{Umsatzerlöse}} \times 100$ $\dfrac{(016)}{(300)} \times 100$	Ein übernormaler Anteil läßt vorsichtige Schlüsse auf die industrielle Ablauforganisation zu, wenn die Produktpalette im Vergleich zu anderen Unternehmen nicht zu unterschiedlich ist. Im wesentlichen geht es hier um die Zwischenlager, die möglichst klein gehalten werden sollten.
717	Umsatzbezogene Vorratsintensität IV	$\dfrac{\text{Fertige Erzeugn., Waren}}{\text{Umsatzerlöse}} \times 100$ $\dfrac{(017)}{(300)} \times 100$	Ein vergleichsweise hoher Prozentsatz wird meistens durch Absatzschwierigkeiten verursacht. Über mehrere Geschäftsjahre hinweg festgestellt, muß das als Alarmzeichen gelten. Auswirkungen auf andere Kennzahlen werden zu erkennen sein.

718	Anteil Rohmaterialla- ger am Gesamtlager- bestand	$\dfrac{\text{Roh-, Hilfs- u. Betr.stoffe} + \text{Geleistete Anzahlg. (auf Vorräte)}}{\text{Vorräte}} \times 100$ $$\dfrac{[(015) + (020)] \times 100}{(605)}$$	(718) bis (720) befassen sich mit der Struktur der Lagerbe- stände. Die Relation (718) ist zusammen mit (715) zu sehen (siehe Darlegungen dort).
719	Anteil Zwischenlager am Gesamtlagerbe- stand	$\dfrac{\text{Unfertige Erzeugnisse}}{\text{Vorräte}} \times 100$ $$\dfrac{(016)}{(605)} \times 100$$	Diese Kennzahl sollte im Zusammenhang mit (716) gese- hen werden. Vor allem die Zwischenlagerung kann hier- durch beurteilt werden. Fehlt der Einsatz moderner Pla- nungsmethoden in der Fertigung, so können sich Engpäs- se ergeben, vor denen sich die Zwischenprodukte stauen.
720	Anteil Verkaufslager am Gesamtlagerbe- stand	$\dfrac{\text{Fertige Erzeugn., Waren}}{\text{Vorräte}} \times 100$ $$\dfrac{(017)}{(605)} \times 100$$	Diese Kennzahl sollte im Zusammenhang mit (717) gese- hen werden.
721	Grad der Substanzer- haltung	$\dfrac{\text{Abschreibungen auf Sachanl.}}{\text{Zugänge zu Sachanlagen}} \times 100$ $$\dfrac{(206)}{\text{ZG}(002) + \text{ZG}(003) + \text{ZG}(004) + \text{ZG}(005) + \text{ZG}(006) + \text{ZG}(007) + \text{ZG}(008)} \times 100$$	Wenn unterstellt wird, daß die kalkulatorischen Abschrei- bungen etwa den bilanziellen Abschreibungen entspre- chen und mit den Umsatzerlösen hereingeflossen sind, weist der Prozentsatz auch den Anteil der eigenfinanzier- ten Zugänge aus. Ist der Prozentsatz kleiner als 100%, so sind u. U. nicht genügend Abschreibungserlöse hereinge- flossen, so daß auch die Ersatzinvestitionen durch Kredite finanziert werden mußten. – Liegt der Prozentsatz über 100%, so sind u. U. die Abschreibungserlöse nicht voll für Neuinvestitionen verwendet worden.

Die Kennzahlen (722) bis (729) werden für zusätzliche Kennzahlen zur Vermögensstruktur freigehalten, die vielleicht der Leser aus seinen Bedürfnissen und Interessen heraus einführen möchte.

Tabelle 5.2: Kennzahlen zur Kapitalstruktur

Kennz.	Benennungen	Berechnung	Erläuterungen
730	Anteil des Eigenkapitals und der eigenkapitalähnl. Mittel am Kapital	$\dfrac{\text{EK + eigenkapitalähnl. Mittel}}{\text{Kapital}} \times 100$ $\dfrac{(614)}{(619)} \times 100$	Alle Mittel, die Eigenkapitalcharakter haben, werden hier dem Gesamtkapital gegenübergestellt. Die Beträge im Zähler gehen meistens weit über das Grundkapital hinaus. Der durchschnittliche Anteil in der Wirtschaft der Bundesrepublik Deutschland liegt relativ niedrig im Vergleich mit anderen Ländern.
731	Verschuldungskoeffizient	$\dfrac{\text{Fremdkapital + Bilanzgewinn}}{\text{Eigenkapital}}$ $\dfrac{(618) + (122)}{(613)}$	Bei der Bildung dieses Koeffizienten wird der Bilanzgewinn zum Fremdkapital hinzugeschlagen, weil der Bilanzgewinn an die Aktionäre ausgeschüttet wird.
732	Bankabhängigkeit	$\dfrac{\text{Verbindlichk. gegen. Kreditinstituten}}{\text{Eigenkapital}}$ $\dfrac{(112) + (117)}{(613)}$	Dieser Koeffizient bringt die Angewiesenheit der Unternehmung auf die Banken zum Ausdruck. Unter den Aspekten »Einflußnahme« und »Kreditsicherung« sicherlich eine interessante Größe.
733	Bilanzkurs	$\dfrac{\text{Eigenkapital}}{\text{Grundkapital}} \times 100$ $\dfrac{(613)}{(100)} \times 100$	Bei DM 50,--Aktien muß das Ergebnis halbiert werden. Im Vergleich zum jeweiligen Börsenkurs läßt sich erkennen, inwieweit der Börsenkurs die seit der Gründung der Unternehmung angesammelten Gewinne (Rücklagen) berücksichtigt.
734	Fremdkapitalanteil (Anspannungskoeffizient)	$\dfrac{\text{Fremdkapital}}{\text{Kapital}} \times 100$ $\dfrac{(618)}{(619)} \times 100$	Diese Relation ergänzt die nach (730)
735	Bilanzgewinnanteil	$\dfrac{\text{Bilanzgewinn}}{\text{Kapital}} \times 100$ $\dfrac{(122)}{(619)} \times 100$	Es handelt sich um eine allgemeine Rentabilitätskennzahl; differenziertere Rentabilitätskennzahlen werden in Kap. 8 behandelt. Gleichzeitig ist es eine Struktur-Kennzahl, da sich die Ergebnisse von (730), (734) und (735) zu 100% ergänzen.

Nr.	Bezeichnung	Formel	Erläuterung
736	Überschußfinanzierung	$\dfrac{\text{Rücklagen}}{\text{Grundkapital}} \times 100$ $\dfrac{(101)+(102)+(103)+(104)}{(100)} \times 100$	Bringt zum Ausdruck, in welchem Umfang frühere Gewinne angesammelt worden sind, ins Verhältnis gesetzt zum Grundkapital. Beachtliche Rücklagen zeigen, daß die Gewinne in der Vergangenheit hoch genug waren. Sie werfen auch die Frage auf, welche Pläne bestehen, sie zu verwenden.
737	Verhältnis der Fremdkapital-Bestandteile	$\dfrac{\text{Langfr.} + \text{mittelfristige Verbk.}}{\text{Kurzfristige Verbindlichkeiten}}$ $\dfrac{(615)+(616)}{(617)}$	Dieser Koeffizient zeigt das Verhältnis der Bestandteile des Fremdkapitals untereinander an. Er besagt, wieviel DM langfristiges und mittelfristiges Kapital auf 1 DM kurzfristiges Kapital entfallen.
738	Strukturkoeffizient der Lieferantenkredite	$\dfrac{\text{Verbindlichk. aus Wechselannahme}}{\text{Verbindlichk. aus Lief./Leistg.}}$ $\dfrac{(116)}{(115)}$	Auf 1 DM kommen wieviel Wechselverbindlichkeiten? Dieser Koeffizient gibt Aufschlüsse über den Anteil des Arbeitens mit Wechseln innerhalb der Lieferantenfinanzierung.
739	Durchschnittlicher Fremdkapitalzins	$\dfrac{\text{Zinsen u. ähnl. Aufwendungen}}{\text{Zinspflichtiges Fremdkapital}}$ $\dfrac{(210)}{(\text{ZFK})} \times 100$	Das Zinspflichtige Fremdkapital (ZFK) ist wie folgt zu berechnen: Langfristige Verbindlichkeiten (615) + vor Ablauf von 4 Jahren fälliger Teil der langfr. Verbindl. (114) + Verbindlichkeiten aus Annahme gezogener Wechsel (116) + Verbindlichkeiten gegenüber Kreditinstituten (117) + Sonstige Verbindlichkeiten (120) = Zinspflichtiges Fremdkapital (ZFK) Zinssatz bringt die Qualität der Kreditbeschaffung zum Ausdruck.

Die Kennzahlen (740) bis (759) werden für zusätzliche Kennzahlen zur Kapitalstruktur freigehalten, die vielleicht der Leser aus seinen Bedürfnissen und Interessen heraus einführen möchte.

6. Offenlegung der Wechselbeziehungen zwischen Kapital und Vermögen

Die Analyse der Wechselbeziehungen zwischen Kapital und Vermögen erfolgt durch Bildung von sog. statischen Kennzahlen, d. h. es werden Bestände von Kapital und Vermögen, die aus der Einzelbilanz übernommen worden sind, einander vergleichend gegenübergestellt. Diese statischen Deckungsrelationen untersuchen also die Beziehungen zwischen Kapital und Vermögen zu einem bestimmten Zeitpunkt, nämlich zum Bilanzstichtag. Sie werden auch als horizontale Regeln bezeichnet, da in der Bilanz in horizontaler Richtung Vergleiche vorgenommen werden.

Im einzelnen werden Bilanzpositionen des Vermögens zu Bilanzpositionen des Kapitals in Beziehung gesetzt und dadurch Beziehungszahlen bzw. absolute Zahlen gebildet.

Diese Kennzahlen werden hauptsächlich definiert, um die folgenden Sachverhalte zu analysieren:

a) Kurzfristige Liquiditätslage
b) Zusammenhang zwischen Investition und Finanzierung (langfristige Liquiditätslage)

Unter Liquidität ist in diesem Zusammenhang die Fähigkeit eines Betriebes zu sehen, seinen Zahlungsverpflichtungen jederzeit nachkommen zu können. Diese Fähigkeit hängt vom Grad der Abstimmung zwischen den im Unternehmen vorhandenen Zahlungsmitteln (liquide Mittel) und den Zahlungsverpflichtungen des Unternehmens ab. Die Analyse der Wechselbeziehungen zwischen Kapital und Vermögen aufgrund von *Bestandsgrößen* der Bilanz basiert auf dem Versuch, aus den aktuellen Beständen an Aktiva und Passiva auf die Höhe und den zeitlichen Anfall aller künftigen Einnahmen und Ausgaben zu schließen.[9]

Dabei wird folgende Interpretation zugrundegelegt:

Aktiva = Erwartungen künftiger Einnahmen; je langfristiger eine Vermögensposition gebunden ist, um so später ergibt sich die entsprechende Einnahme.

Passiva = Erwartung künftiger Ausgaben; je langfristiger das Kapital zur Verfügung steht, um so später wird die Ausgabe fällig.

Daraus folgt der Grundsatz der Fristenkongruenz, demgemäß aufgenommenes Fremdkapital hinsichtlich seiner Fälligkeit übereinstimmen muß mit dem Remonetisierungsprozeß der mit ihm beschafften Vermögensgegenstände.

Beispiel:
Kauf einer Produktionsanlage mit dem Anschaffungswert W und 10 Jahren Nutzungsdauer.

Der Remonetisierungsprozeß erfolgt dadurch, daß das Unternehmen pro Jahr der Nutzung $\frac{W}{10}$ durch die in die Verkaufspreise einkalkulierten Abschreibungen zurückerhält. Der Wert der Produktionsanlage nimmt im gleichen Maße ab.

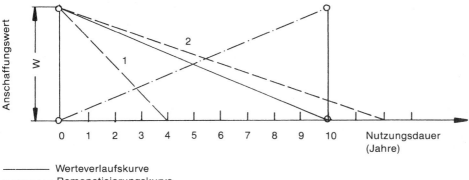

—————— Werteverlaufskurve
— · — · — Remonetisierungskurve
- - - - - - Mögliche Tilgungsverläufe (Rückzahlungsprozesse) von Fremdkapital, mit dem die Anlage beschafft wurde.

Nach 10 Jahren ist der Anschaffungswert geldmäßig wieder vorhanden.

1 und 2 stellen mögliche Rückzahlungsprozesse von Fremdkapital dar, mit dem die Anlage beschafft wurde. 1 ist ungünstig für das Unternehmen, weil die zurückgeflossenen Geldmittel im Remonetisierungsprozeß ungleich dem in 4 Jahren zurückzuzahlenden Fremdkapital sind, während 2 sehr günstig ist. Im Fall 1 muß das Unternehmen anderweitig Mittel beschaffen, um das Fremdkapital zurückzubezahlen. Dies ist im Fall 2 nicht nötig.

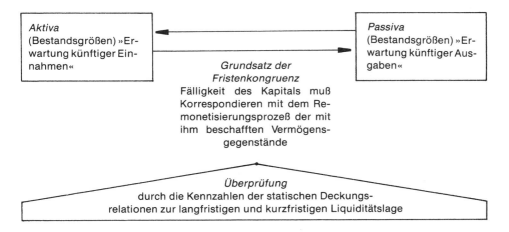

Im Fall 2 liegt Fristenkongruenz zwischen Vermögen (= Wert der Produktionsanlage) und Fremdkapital vor.

Generell überprüfen die statischen Deckungsrelationen als bestandsorientierte Methoden die kurzfristige und langfristige Einhaltung des Grundsatzes der Fristenkongruenz!

Für die in der nachfolgenden Tabelle 6.1 dargestellten Wertrelationen der deutschen Wirtschaft wurden die empirischen Untersuchungen von Vogler/Mattes herangezogen.[10]

Es sei jedoch darauf hingewiesen, daß diese Zahlen keinerlei bindende Aussagekraft für die Zukunft haben, da sich absolute Maßstäbe für die notwendige Größe dieser Kennzahlen nicht bilden lassen. In der Praxis werden Normen verwendet, welche sich an Branchendurchschnittswerten orientieren.

In Abschnitt 3.5 finden sich weitere Hinweise auf Vergleichszahlen in der deutschen Wirtschaft.

Tabelle 6.1: Statische Kennzahlen

Kennz.	Benennungen	Berechnung	Erläuterungen
760	Anlagedeckungsgrad I	$\dfrac{\text{Eigenkapital}^{1)}}{\text{Anlagevermögen}} \times 100$ $\dfrac{(614)}{(604)} \times 100$	Die »goldene Bilanzregel« in nicht modifizierter Form besagt, daß das Anlagevermögen nach dem Grundsatz der Fristenkongruenz durch Eigenkapital finanziert sein soll: Nicht modifizierte »goldene Bilanzregel«: 1/1 = 100% Langfristiger Wert über alle Branchen: 0,6/1 = 60% Branchenspezifische Unterschiede: (0,5 … 1,1)/1 = 50% bis 110%
761	Anlagedeckungsgrad II	$\dfrac{\text{Eigenkap.*}) + \text{langfr. Verbindl.}}{\text{Anlagevermögen}} \times 100$ $\dfrac{(614) + (615)}{(604)} \times 100$	Die modifizierte »goldene Bilanzregel« fordert die Finanzierung des Anlagevermögens durch langfristiges Kapital: Modifizierte »goldene Bilanzregel«: 1/1 = 100% Langfristiger Wert über alle Branchen: 1/1 = 100% Branchenspezifische Unterschiede: (1 … 1,7)/1 = 100% bis 170%
762	Relation Rücklagen zu Finanzanlagen	$\dfrac{\text{Rücklagen}}{\text{Finanzanlagen}} \times 100$ $\dfrac{(101) + (102) + (103) + (104)}{(603)} \times 100$	Bei hohen Kapitalmarktzinsen gibt es eine Tendenz, Überschüsse als Teil der Rücklagen nicht in Sach-, sondern in Finanzanlagen zu investieren. Hierüber kann diese Kennzahl Aufschluß geben, besonders im betrieblichen Zeitvergleich.
763	Deckungsgrad I des nicht monetären Vermögens (Sachvermögen)	$\dfrac{\text{Eigenkapital}^{1)}}{\text{Sachanlageverm.} + \text{Vorräte}} \times 100$ $\dfrac{(614)}{(602) + (605)} \times 100$	Erweiterte nicht modifizierte »goldene Bilanzregel«: 1/1 = 100% Langfristiger Wert über alle Branchen: 2,2/1 = 220% Branchenspezifische Unterschiede: (1,5 … 2,3)/1 = 150% bis 230%
764	Deckungsgrad II des nicht monetären Vermögens (Sachvermögen)	$\dfrac{\text{Eigenkap.}^{1)} + \text{langfr. Verbindl.}}{\text{Sachanlagen} + \text{Vorräte}} \times 100$ $\dfrac{(614) + (615)}{(602) + (605)} \times 100$	Erweiterte modifizierte »goldene Bilanzregel«: 1/1 = 100% Langfristiger Wert über alle Branchen: 0,7/1 = 70% Branchenspezifische Unterschiede: (0,7 … 0,9)/1 = 70% bis 90%

* incl. eigenkapitalähnliche Beträge

Fortsetzung nächste Seite

Kennz.	Benennungen	Berechnung	Erläuterungen
765	Liquidität 1. Grades »Quick ratio«	$\dfrac{\text{Liquide Mittel I}}{\text{kurzfr. + mittelfr. Verbindl.}} \times 100$ $\dfrac{(606)}{(617) + (616)} \times 100$	Bei diesen Analysen werden nicht die laufenden Zahlungsverpflichtungen wie Gebühren, Mieten, Löhne, Zinsen etc. berücksichtigt. Weiter ist zu beachten, daß die Aussagefähigkeit dieser Kennzahlen mit der abnehmenden Fristigkeit der einbezogenen Vermögens- und Kapitalposten abnimmt, da oft eine beträchtliche Zeit (max. 8 Monate vgl. § 175 (1) AktG) zwischen Bilanzstichtag und Bilanzveröffentlichung liegt. Die mit den Liquiditätskennzahlen dargestellte Situation gehört dann schon längst der Vergangenheit an. Regel in der angloamerikanischen Praxis: Quick ratio $\geq 100\%$
766	Liquidität 2. Grades	$\dfrac{\text{Monetäres Umlaufvermögen}}{\text{kurzfr. + mittelfr. Verbindl.}} \times 100$ $\dfrac{(608)}{(617) + (616)} \times 100$	
767	Liquidität 3. Grades	$\dfrac{\text{Monetäres Umlaufvermögen + Roh-, Hilfs- u. Betriebsstoffvorräte}}{\text{kurzfr. + mittelfr. Verbindl.}} \times 100$ $\dfrac{(608) + (015)}{(617) + (616)} \times 100$	
768	Relation zwischen nominalen Vermögenswerten und nominal rückzahlbarem Fremdkapital	$\dfrac{\text{Finanzanlagevermögen + Umlaufvermögen − Vorräte nominal (geldmäßig)}}{\text{rückzahlbares Fremdkapital}}$ $\dfrac{(603) + (611) - (605)}{\text{NRF}}$	Nominal rückzahlbares Fremdkapital (NRF): NRF = langfristige Verbindlichkeiten (615) + vor Ablauf von 4 Jahren fälliger Teil (114) + kurzfristige Verbindlichkeiten (617) − andere Rückstellungen (110) − erhaltene Anzahlungen (019) + (118) − Rechnungsabgrenzungsposten (121) Diese Kennzahl geht von dem Prinzip der Wertgleichheit aus. Dies besagt, daß die geldmäßig zurückzuzahlenden Fremdkapitalien den im Vermögen des Betriebes befindlichen Nominalgütern, d. h. den Geldmitteln und potentiellen Ansprüchen auf diese, entsprechen sollen: Geldbesitz + geldähnliche Werte = Geldschuld Prinzip der Wertgleichheit: 1/1 Langfristiger Wert über alle Branchen: 0,5/1 Branchenspezifische Unterschiede: (0,4 ... 0,8)/1 Wie hier ersichtlich ist, weisen die Bilanzen deutscher

Nr.	Kennzahl	Berechnung	Erläuterung
		Unternehmungen eine vom Prinzip der Wertgleichheit abweichende Struktur auf. Dies zeigt eine weitverbreitete Überschuldung auf.	
769	Netto-Geldvermögen	Monetäres Umlaufvermögen − eigene Aktien + sonstige Vermögensgegenstände − kurzfristige Verbindlichkeiten + erhaltene Anzahlungen + pass. Rechnungsabgrenzungsposten − Wertberichtigungen auf Forderungen (608) − (029) + (034) − (617) + (019) + (118) + (121) − (107)	Das Netto-Geldvermögen stellt den um die kurzfristigen Schulden geschmälerten Bestand des monetären Umlaufvermögens dar (monetäres Reinvermögen). Die Position »Wertberichtigungen auf Forderungen« kann gemäß den aktienrechtlichen Bestimmungen nicht gesondert ausgewiesen sein. Sie entfällt dann bei der Berechnung, d. h. sie wird − wegen ihrer in der Regel ohnehin geringen Höhe − vernachlässigt. Das Netto-Umlaufvermögen (Working Capital) ist − im Vergleich zum Netto Geldvermögen − eine relativ grob ermittelte Zahl des monetären Reinvermögens.
770	Netto-Umlaufvermögen (Working Capital)	Umlaufvermögen − kurzfristige Verbindlichkeiten (611) − (617)	Aus den Kennzahlen 769−771 wird der Schluß gezogen, daß die zukünftige Liquiditätslage um so sicherer ist, je höher das Working Capital ist. Diese Kennzahlen unterstellen, daß die Liquidität um so besser sei, je langfristiger die Zahlungsverpflichtungen sind und je kurzfristiger die »Verflüssigungs«-Möglichkeiten. Es gibt hier jedoch die gleichen Probleme wie bei den Liquiditätsgraden. Regel in der angloamerikanischen Praxis: Current ratio ≥ 2. Bei Ermittlung des Working Capital ergaben sich für deutsche Verhältnisse folgende Werte: Langfristiger Wert über alle Branchen: 1,5/1 Branchenspezifische Unterschiede: (1,1 … 1,7)/1 Deutsche Regel: 2/1
771	Working Capital ratio »Current ratio«	$\dfrac{\text{Umlaufvermögen}}{\text{kurzfristige Verbindlichkeiten}}$ $\dfrac{(611)}{(617)}$	
772	Investiertes Kapital (Capital employed)	Anlagevermögen + Nettoumlaufvermögen (604) + (770)	Das »Capital employed« ist das Kapital, das entweder in Vermögensgegenständen, die langfristig im Unternehmen verbleiben sollen, oder aber in Vermögensgegenständen, die zur Aufrechterhaltung der Betriebsbereitschaft erforderlich sind, dauerhaft gebunden ist.
773	Effektivverschuldung	= Kurzfristige Verbindlichkeiten − (Monetäres Umlaufvermögen − Pauschalwertberichtigungen zu Forderungen) = (617) − [(608) − (107)]	Effektivverschuldung ist die Verschuldung, die man nicht bezahlen könnte, weil keine Geldmittel bzw. kurzfristig monetisierbare Vermögensgegenstände vorhanden sind. Bei der Berechnung der Effektivverschuldung sind Wertberichtigungsposten zu berücksichtigen.

Fortsetzung nächste Seite

Kennz.	Benennungen	Berechnung	Erläuterungen
774	Effektivverschuldung II	Kurzfristige Verbindlichkeiten + mittelfristige Verbindlichkeiten − (Monetäres Umlaufvermögen − Pauschalwertberichtigungen zu Forderungen) (616) + (617) − [(608) − (107)]	Vgl. bei (773).
775	*Partielle Liquiditätskennzahlen:* Einzelne, sachlich zusammengehörige Vermögens- und Kapitalpositionen werden zueinander in Beziehung gesetzt. Verwendung ist nur im Zusammenhang mit anderen Liquiditätskennzahlen empfehlenswert, da sonst Gefahr von Fehlschlüssen	Kurzfristige Verbindlichkeiten Forderungen − Pauschalwertber. zu Forderungen $\frac{(617)}{(021) + (033) - (107)}$	*Prinzhorn'scher Gleichheitsgrundsatz:* »Genommener Kredit« (Verbindlichkeiten) soll gleich »gegebenem Kredit« (Forderungen) sein. Langfristiger Wert über alle Branchen: 2,2/1 Branchenspezifische Unterschiede: (1,2 …. 3,3)/1
776		$\frac{\text{Warenforderungen}}{\text{Warenverbindlichkeiten}}$ $\frac{(021)}{(115)}$	Warenforderungen: = Forderungen aus Lieferungen und Leistungen Warenverbindlichkeiten: Verbindlichkeiten aus Lieferungen und Leistungen Die Zahlen liefern keine exakte Aussage zur Liquidität Beispiel: Kurzfristige Verbindlichkeiten: = 100.000 Forderungen abzügl. Pauschalwertberichtigungen: = 50.000 Kassenbestände: 500.000 → hohe Liquidität Aussage jedoch über Abstimmungsgrad der Zahlungsziele (zeitliche Differenz zwischen Lieferungen und dazugehöriger Bezahlung) bezüglich Lieferanten und betrachtetem Unternehmen z. B. Warenforderungen: Warenverbindlichkeit wie 5:1 → hohe eigene Zahlungsziele, geringe Zahlungsziele der Lieferanten
777		$\frac{\text{Vorräte}}{\text{Warenverbindlichkeiten}}$ $\frac{(605)}{(115)}$	

778	Kurzfristig vorhandene Liquidität	$\dfrac{\text{Liquide Mittel I}}{\text{Kurzfristige Verbindlichk.}}$ $\dfrac{(606)}{(617)} \times 100$	Diese Kennzahl stellt die kurzfristig zur Verfügung stehenden Geldmittel den kurzfristig zu bezahlenden Schulden gegenüber. Bei Werten, die unter 100% liegen, *kann* die Gefahr von Liquiditätsengpässen bestehen. Hierbei ist jedoch zu berücksichtigen, daß zwar am Bilanzstichtag ein Zahlungsmittelbestand ausgewiesen wird (Liquide Mittel I), jedoch nicht alle kurzfristig fälligen Verbindlichkeiten am gleichen Tag zur Zahlung anstehen, sondern z. B. über das gesamte Jahr »verteilt« sind. Eine weitergehende diesbezügliche Analyse mit Hilfe von Umschlagskoeffizienten wird in Abschnitt 7.2 dargestellt.

7. Ermittlung der Werteflüsse im Jahresabschluß

Zur Analyse der Werteflüsse eines Unternehmens im Zeitablauf werden sog. Fluß- bzw. Bewegungsrechnungen angesetzt oder es werden kombinierte Methoden verwendet (vgl. hierzu Kapitel 3).

Die Analyse betrachtet in diesem Fall die »Stromgrößen« einer Periode (Zahlungs-, Aufwands-, Ertragsströme), die zum Teil Bestandsgrößen gegenübergestellt werden, so z. B. im Fall der sog. Umschlagskoeffizienten.

7.1 Umschlagskoeffizienten

Umschlagskoeffizienten sind Kennzahlen, die durch Gegenüberstellung von Kapital- und Vermögenspositionen (Bestandsgrößen) mit periodenbezogenen Zu- bzw. Abgängen (Stromgrößen) entstehen.

Umschlagskoeffizienten können hinsichtlich Umschlagshäufigkeit oder Umschlagsdauer definiert werden. Bei Unterstellung von linearen (gleichmäßigen) Zu- und Abgangsprozessen im Zeitablauf läßt sich folgende Darstellung ableiten:

Fall (I) Anfangsbestand ist nicht vorhanden.

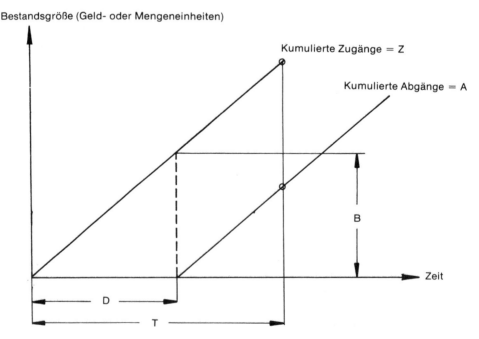

D = Umschlagsdauer bzw. Durchlaufzeit;
   Beispiel: Bis eine DM Materialzugang z. B. durch die Produktion verbraucht wird, vergeht im Mittel die Zeit D (= Lagerzeit)
B = Durchschnittsbestand (im obigen Beispiel: Ø Lagerbestand)
T = Betrachtungszeitraum (z. B. 1 Jahr)
Z = Kumulierte Zugänge während des Zeitraums T
A = Kumulierte Abgänge während des Zeitraums T
Unter Verwendung der o. g. Definition lassen sich folgende Beziehungen ableiten:

(1) $\quad \dfrac{Z}{T} = \dfrac{B}{D}$ (nach Strahlensatz)

(2) $\quad \dfrac{A}{T-D} = \dfrac{B}{D}$ (nach Strahlensatz)

Aus (1):

$$D = \dfrac{B \cdot T}{Z}$$

Umschlagshäufigkeit während des Zeitraums T: = H

$$H = \dfrac{T}{D} = \dfrac{T \cdot Z}{B \cdot T} = \dfrac{Z}{B}$$

Aus (2):

$$A \cdot D + B \cdot D = B \cdot T$$

$$D = \dfrac{B \cdot T}{A + B}$$

$$H = \dfrac{T}{D} = \dfrac{T \cdot (A + B)}{B \cdot T} = \dfrac{A}{B} + 1$$

Damit gilt für die Umschlagskoeffizienten:

a) Umschlagshäufigkeit   = $\dfrac{\text{Zugänge zu einer Position}}{\text{Durchschnittsbestand der Position}}$
   (Mal pro Zeiteinheit)

   = $\dfrac{\text{Abgänge von einer Position}}{\text{Durchschnittsbestand der Position}} + 1$

b) Umschlagsdauer   = $\dfrac{1}{\text{Umschlagshäufigkeit}}$
   (Zeiteinheit)

Fall (II) Anfangsbestand ist vorhanden

Der Anfangsbestand wird näherungsweise in Höhe des Durchschnittsbestandes B angenommen. Damit erhält man folgendes Bild:

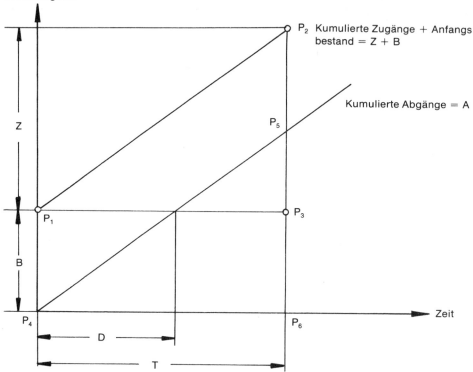

Es gilt:

(1) $\dfrac{Z}{T} = \dfrac{B}{D}$ (nach Strahlensatz)

außerdem

(2) da $Z = A$ ist (Gleichheit des Dreiecks P_1, P_2, P_3 mit P_4, P_5, P_6), gilt gleichermaßen:

$\dfrac{A}{T} = \dfrac{B}{D}$

(3) Die Umschlagshäufigkeit während des Zeitraums T

$= H = \dfrac{T}{D} = \dfrac{Z}{B} = \dfrac{A}{B}$

Damit gilt für die Umschlagskoeffizienten:

a) Umschlagshäufigkeit = $\dfrac{\text{Zugänge zu einer Position}}{\text{Durchschnittsbestand der Position}}$
   (Mal pro Zeiteinheit)

$= \dfrac{\text{Abgänge von einer Position}}{\text{Durchschnittsbestand der Position}}$

b) Umschlagsdauer = $\dfrac{1}{\text{Umschlagshäufigkeit}}$
   (Zeiteinheit)

Üblicherweise sind Anfangsbestände vorhanden, so daß die unter Fall II entwickelten Formeln zur Umschlagshäufigkeit und Umschlagsdauer zu verwenden sind.

Bezüglich der Ermittlung des durchschnittlichen Bestandes sind zwei Situationen denkbar:

Durchschnittlicher Bestand

a) bei Vorliegen einer Einzelbilanz wird er in Höhe der entsprechenden Bilanzposition angenommen.

b) bei Vorliegen zweier aufeinanderfolgender Bilanzen gilt die Näherungsformel:

$$\frac{B_1 + B_2}{2} = \text{durchschnittlicher Bestand}$$

B_1 = Bestand Einzelbilanz 1;
B_2 = Bestand Einzelbilanz 2.

In der folgenden Tabelle 7.1 werden für die Bestandsgrößen in den Berechnungs-Formeln die Bilanzanalyseziffern von Einzelbeständen (z. B. Bilanzpositionen) eingesetzt.

Beim o.g. Verfahren b) bedeutet dies jedoch, daß an diesen Stellen der *durchschnittliche Bestand* (ermittelt aus *zwei* Einzelbeständen, die mit derselben Bilanzanalyseziffer bezeichnet werden, aber verschiedenen Bilanzstichtagen angehören) in die Rechnung eingeht

Tabelle 7.1: Umschlagskoeffizienten

Kennzahl	Benennungen	Berechnung	Erläuterungen
800	UH Forderungen pro Jahr	$$\frac{Bruttoumsatz}{\text{Forderungen aus Lieferungen und Leistungen}}$$ $$\frac{(300) + \text{MWSt-Satz} \times (300)}{(021)}$$	Bruttoumsatz ≈ kumulierter Zugang zur Position Forderungen Begründung: Die Forderungen enthalten gem. § 14 UStG die Ausgangs-Mehrwertsteuer MWSt-Satz als Dezimalzahl z. B. 0,13 entspricht 13%.
801	Zahlungsziel der Kunden in Tagen	$$\frac{1}{\text{UH Forderungen}} \times 365$$ $$\frac{1}{(800)} \times 365$$	Der ermittelte Wert bezieht sich auf Jahre (da jährlicher Bruttoumsatz!) Die Multiplikation mit 365 Tagen ergibt das Zahlungsziel in Tagen
802	UH Lieferschulden pro Jahr	$$\frac{Bruttosumme\ Rechnungseingänge}{\text{Bestand an Verbindlichkeiten aus Lieferung und Leistung}}$$ $$\frac{BSRE}{(115)}$$	Erläuterung zu Formel (802): (1) Anfangsbestand ≦ Endbestand Es gilt: Verbrauch + Bestandserhöhung = Zugänge Zugänge: Anfangsbestand + Bestandserhöhung = Endbestand + Verbrauch

UH = Umschlagshäufigkeit

(2) Anfangsbestand > Endbestand

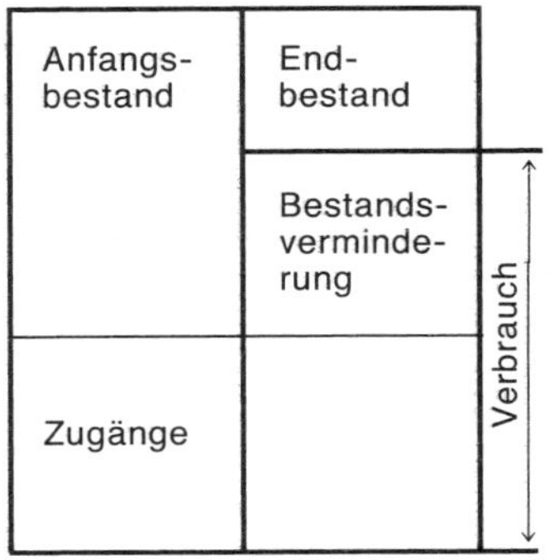

Es gilt:

Verbrauch
− Bestandsverminderung
= Zugänge

Damit errechnet sich in beiden Fällen die Nettosumme der Rechnungseingänge näherungsweise zu:

Aufwendungen für Roh-, Hilfs- und Betriebsstoffe (Verbrauch) (202)
+ Erhöhung (− Verminderung) der Vorräte an Roh-, Hilfs- und Betriebsstoffen (aus Vergleich der Position 015 zweier aufeinanderfolgenden Bilanzen)
+ Anlagenzugänge [ZG (002) + ZG (003) + ZG (004) + ZG (005) + ZG (006) + ZG (007) + ZG (008) + ZG (009) + ZG (010)]

= Nettosumme der Rechnungseingänge (NSRE)

Bruttosumme der Rechnungseingänge = NSRE × (1 + MWSt) = BSRE

Mehrwertsteuersatz (MWSt) als Dezimalzahl z. B. 0,13. BSRE sind die kum. Zugänge zur Position »Verbindlichkeiten aus Lieferungen und Leistungen«.

Die Kennzahl (802) ist nur bei Vorliegen von zwei aufeinanderfolgenden Einzelbilanzen zu ermitteln.

Ist nur *ein* einzelner Jahresabschluß gegeben, so kann näherungsweise angenommen werden, daß die Bestandserhöhung (bzw. -verminderung) gleich Null ist, d. h. Anfangsbestände = Endbestände der Vorräte an Roh-, Hilfs- und Betriebsstoffen.

803	Zahlungsziel der Lieferanten in Tagen	$\frac{1}{\text{UH Lieferschulden}} \times 365$ $\frac{1}{(802)} \times 365$	

Fortsetzung nächste Seite

Kennzahl	Benennungen	Berechnung	Erläuterungen
804	UH Sachanlagen (Erneuerungsfrequenz) pro Jahr	$\dfrac{\text{Abschreibungen Sachanlagen} + \text{Abgänge an Sachanlagen}}{\text{Bestand an Sachanlagen}}$ $\dfrac{(206) + AG\,(002) + AG\,(003) + AG\,(004) + AG\,(005) + AG\,(006) + AG\,(007) + AG\,(008) + AG\,(009) + AG\,(010)}{(602)}$	Die Abschreibungen sind bilanzielle Abschreibungen. Es wird angenommen, daß sie sich nicht allzusehr von den in die Verkaufspreise einkalkulierten und damit »verdienten« kalkulatorischen Abschreibungen unterscheiden. Die Summe aus Abschreibungen und Abgängen entspricht den kumulierten Abgängen des Sachanlagevermögens. Unter diesen Voraussetzungen kann mit Hilfe der Kennzahl (804) die durchschnittliche Nutzungsdauer der Sachanlagen [= (805)] als Kehrwert errechnet werden.
805	Nutzungsdauer Sachanlagen in Jahren	$\dfrac{1}{\text{UH Sachanlagen}}$ $\dfrac{1}{(804)}$	
806	UH Umlaufvermögen pro Jahr	$\dfrac{\text{Nettoumsatz}}{\text{Umlaufvermögen}}$ $\dfrac{(300)}{(611)}$	Die in den Forderungen aus Lieferung und Leistung enthaltene Mehrwertsteuer wird in diesem Fall vernachlässigt, da der überwiegende Teil der sonstigen Gegenstände des Umlaufvermögens zu Nettowerten angesetzt ist.
807	Umschlagszeit des Umlaufvermögens in Tagen	$\dfrac{1}{\text{UH Umlaufvermögen}} \times 365$ $\dfrac{1}{(806)} \times 365$	Diese Zeit kann als Untergrenze für Kreditlaufzeiten im Rahmen der kurzfristigen Finanzierung angesehen werden.
808	UH Roh-, Hilfs- und Betriebsstoffe, Waren	$\dfrac{\text{Aufwendungen für Roh-, Hilfs- und Betriebsstoffe, Waren}}{\text{Bestand an Roh-, Hilfs- u. Betriebsstoffe}}$ $\dfrac{(202)}{(015)}$	Der Bestand an Handelswaren wird vernachlässigt, da in der aktienrechtlichen Bilanzposition (017) Fertigerzeugnisse und Handelswaren zusammengefaßt sind. Eine Trennung dieser Bestände ist deshalb nicht möglich. Ähnliches gilt für die Position (202) der aktienrechtlichen Gewinn- und Verlustrechnung. Die Aufwendungen für Roh-, Hilfs- und Betriebsstoffe entsprechen den kumulierten Abgängen der Position »Roh-, Hilfs- und Betriebsstoffe«.
809	Lagerdauer der Roh-, Hilfs- und Betriebsstoffe, Waren in Tagen	$\dfrac{1}{\text{UH Roh-, Hilfs- und Betriebsstoffe, Waren}} \times 365$ $\dfrac{1}{(808)} \times 365$	Diese Zeitangabe kann als Vergleichswert zur Beurteilung der Materialwirtschaft eines Betriebes herangezogen werden, wobei jedoch zu beachten ist, daß u. U. bewußt hohe Bestände gebildet wurden, um beispielsweise günstige Tagespreise auszunützen.

7.2 Vorausschauende Liquiditätsrechnung unter Verwendung von Umschlagskoeffizienten

Die Umschlagskoeffizienten können für eine vorausschauende *Liquiditätsrechnung* verwendet werden. (810)

Beispiel: Liquiditätsrechnung für die 2 Folgemonate nach Bilanzstichtag (Jahr 2), d. h. für die ersten beiden Monate des Jahres 3

	Daten aus Bilanz (B) sowie GuV.-Rechnung (G)	Daten des Jahresabschlusses (in TDM)	
		Jahr 1	Jahr 2
(B)	Kassenbestand	–	300
(B)	Guthaben bei Kreditinst.	–	160
(B)	Forderungen aus Lieferung und Leistung	100	180
(B)	Verbindlichkeiten aus Lieferung und Leistung	140	240
(B)	Sachanlagen	800	900
(B)	Rückstellungen	–	100
(B)	Roh-, Hilfs- und Betriebsstoffe	110	190
(G)	Abschreibungen	–	160
(G)	Löhne, Gehälter, soz. Abgaben	–	2200
(G)	Zinsen	–	55
(G)	Steuern	–	60
(G)	Sonst. Aufwendg.	–	55
(G)	Nettoumsatz	–	6000
(G)	Aufwendungen für Roh-, Hilfs- und Betriebsstoffe sowie bezogene Waren	–	3100

Mit diesen Zahlenangaben läßt sich eine vorausschauende Liquiditätsrechnung durchführen, indem zunächst die innerhalb des Betrachtungszeitraumes von 2 Monaten zur Verfügung stehenden Mittel den in diesem Zeitraum zu erwartenden Zahlungsverpflichtungen gegenübergestellt werden.

(1) Ermittlung der innerhalb des Betrachtungszeitraums zu erwartenden verfügbaren Mittel: [TDM]

Aus Bilanz: Kassenbestand 300
Guthaben bei Kreditinstituten 160
$\overline{}$
460

Aus Umschlagshäufigkeit der Forderungen:

$$UH\ Forderungen = \frac{6000 + 0{,}13 \times 6000}{(100 + 180) \times 1/2} = 48{,}42\ \text{mal pro Jahr}$$

Umschlagsdauer = $\frac{1}{48,42} \times 12 \approx 0{,}24$ Monate, d. h.

der Bestand wird in den 2 Folgemonaten 8,07 mal umgeschlagen. Daraus folgt ein Zahlungseingang von

	8,07 × 180	1453
Verfügbare Mittel		**1913**

(2) Ermittlung der im Betrachtungszeitpunkt zu leistenden Zahlungen
a) Aus Umschlagshäufigkeit der Schulden:

Summe der Rechnungseingänge 1978: =	
Aufwendungen für Roh-, Hilfs- u. Betriebsstoffe (RHB):	3100
+ Erhöhung des Bestands an RHB	80
+ Anlagenzugänge 900 − (800 − 160)	260
	3440

Umschlagsdauer = $\dfrac{1 \times 12}{\left\{\dfrac{3440 + (0{,}13 \times 3440)}{(140 + 240) \times 1/2}\right\}} \approx 0{,}58$ Monate, d. h.

der Bestand wird in den 2 Folgemonaten 3,4 mal umgeschlagen.
Daraus folgt ein Zahlungsausgang von   3,4 × 140 × 1,13 =   **538**

b) Aus sonstigen Zahlungsverpflichtungen:

Löhne + Gehälter:	= $\dfrac{2200}{12} \times 2 =$	367	
Zinsen:	= $\dfrac{55}{12} \times 2 =$	9	
Rückstellungen:	= $\dfrac{100}{12} \times 2 =$	17	
Steuern:	= $\dfrac{60}{12} \times 2 =$	10	**412**
Sonst. Aufwendungen:	= $\dfrac{55}{12} \times 2 =$	9	

Für die 2 Folgemonate zu erwartende Zahlungsverpflichtungen: **950**
Einnahmeüberschuß/-fehlbetrag = 1913 − 950 = + **963 TDM**,
d. h. es existiert eine Liquiditätsreserve von 963 TDM für die 2 Folgemonate nach Bilanzstichtag!

7.3 Umsatzüberschußziffern (Cash-Flow)

Die Umsatzüberschüsse werden im allgemeinen als Bewertungsmaßstäbe für Innenfinanzierung und Verschuldungsfähigkeit eines Unternehmens herangezogen. Sie gelten ferner als Indikator für die Ertragskraft, die in diesem Fall daran gemessen wird, in welcher Höhe es einem Unternehmen gelingt, pro Jahr frei verfügbare Geldmittel *ohne* Hereinnahme irgendwelcher Kapitalien zu erwirtschaften. Der Umsatzüberschuß ist wie folgt definiert:

Umsatzüberschuß[11] = Teil der gesamten Umsatzerlöse, dem keine ausgabenwirksamen Aufwendungen gegenüberstehen, der also verfügbar ist für
→ Investitionen (Selbstfinanzierung)
→ Dividendenzahlungen
→ Schuldentilgung

Diese Definition ist weitgehend identisch mit der Definition des Cash-Flow (CF):

Cash-Flow: = Überschuß der Einnahmen über die Ausgaben, welche sich aus dem
(CF)   betrieblichen Umsatzprozeß einer Periode ergeben haben.

Eine weitergehende Definition des Cash-Flow bezieht sämtliche Einnahmen und Ausgaben des betrachteten Zeitabschnitts (Geschäftsjahrs) mit ein:

Cash-Flow: = Einnahmen − Ausgaben

Hierbei sind folgende Sachverhalte zu berücksichtigen:

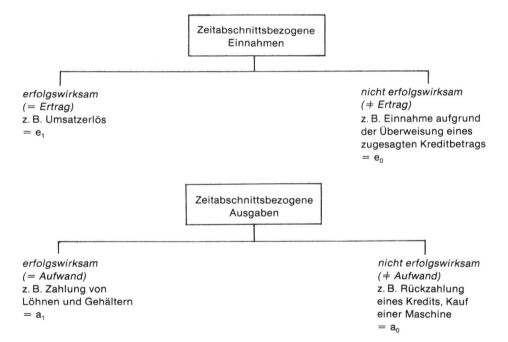

Bei der üblichen Cash-Flow-Ermittlung wird primär von der Auswertung der GuV-Rechnung ausgegangen, deren Aufwands- und Ertragspositionen daraufhin zu untersuchen sind, inwieweit diese als Ausgaben bzw. Einnahmen des Abrechnungszeitraums interpretiert werden können.

Der Cash-Flow (CF) läßt sich somit definieren als Überschuß der *erfolgswirksamen* Einnahmen einer Periode über die *erfolgswirksamen* Ausgaben dieser Periode:

$$CF = e_1 - a_1$$

Bei der Ermittlung des Cash-Flow aus der GuV-Rechnung sind zu berücksichtigen:

Erträge, die *keine* Einnahmen sind (z. B. Erträge aus Auflösung von Rückstellungen) = E_0

Aufwendungen, die *keine* Ausgaben sind (z. B. Abschreibungen) = A_0

Damit gilt

$$\begin{aligned} CF &= (\text{Erträge} - \text{Aufwendungen}) - E_0 + A_0 = e_1 - a_1 \\ &= \text{Gewinn} - E_0 + A_0 \\ &= \text{Jahresüberschuß} - E_0 + A_0 \end{aligned}$$

Je nachdem, wie die Beträge E_0 und A_0 berücksichtigt werden, ergeben sich unterschiedliche Ermittlungsmethoden für den Cash-Flow.

Eine *einheitliche* Begriffsbestimmung und damit eine einheitliche Ermittlungsmethode gibt es noch nicht. Im Katalog werden drei gebräuchliche Cash-Flow-Berechnungen aufgeführt.

Bezüglich der Auswirkungen eines positiven bzw. negativen Jahresüberschusses auf die Höhe des Cash-Flow gelten folgende Überlegungen:

Fall a) positiver Jahresüberschuß (Gewinn) J > 0

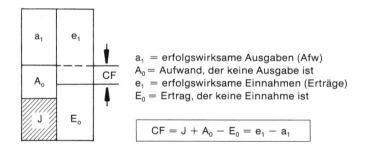

a_1 = erfolgswirksame Ausgaben (Afw)
A_0 = Aufwand, der keine Ausgabe ist
e_1 = erfolgswirksame Einnahmen (Erträge)
E_0 = Ertrag, der keine Einnahme ist

$$CF = J + A_0 - E_0 = e_1 - a_1$$

Fall b) negativer Jahresüberschuß (Verlust) J < 0

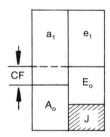

Hier gilt die gleiche Formel zur Berechnung des CF. Der Absolutbetrag der negativen Größe J erhöht sich durch Abzug von E_0 um E_0 und verringert sich durch Addition von A_0.

Je nachdem, wie die Zahlenwerte beschaffen sind, ergibt sich, z. B. wie bei obiger Zeichnung, ein negativer CF.

7.4 Cash-Flow-Beziehungszahlen

Je nach Analysezweck kann entweder der einfache CASH-FLOW-A (Jahresüberschuß + Abschreibungen) oder eine der verfeinerten Kennzahlen (CASH-FLOW-B ... D) für die Bildung der sogenannten Cash-Flow-Beziehungszahlen herangezogen werden.

Deshalb wird der Cash-Flow in den Berechnungsformeln der Beziehungszahlen lediglich mit CF bezeichnet.

Die Cash-Flow-Beziehungszahlen entstehen durch Inbeziehungsetzung des Cash-Flow mit anderen Größen. Hierbei herrschen folgende Grundgedanken vor:

a) Der Cash-Flow stellt einen Geldbetrag (Einnahmeüberschuß) dar, der der Unternehmung zugeflossen ist. Als Maßstab für die »Ertragskraft« des eingesetzten Kapitals kann der CF zu den Kapitalgrößen ins Verhältnis gesetzt werden und gibt dann das Verhältnis erwirtschaftete Geldmittel zu eingesetztem Kapital an.

b) Der Cash-Flow als Geldbetrag kann zu unterschiedlichen Zwecken verwendet werden.
   (1) Schuldentilgung (Rückzahlung von Fremdkapital)
   (2) Neuinvestitionen (»Tausch« von Geldmitteln gegen Anlagevermögen): Innenfinanzierung
   (3) Kombination aus (1) und (2)

Durch Inbeziehungsetzung zu den Schulden des Unternehmens läßt sich (immer unterstellt, daß der CF die Jahre über in der momentan vorliegenden Höhe etwa konstant bleibt) eine mittlere Schuldentilgungsdauer errechnen. Damit sind Angaben bezüglich der Verschuldungsfähigkeit des Unternehmens möglich. Bezüglich der Neuinvestitionen kann durch Schaffung der entsprechenden Beziehungszahl gesagt werden, in welchem Maße sie durch eigene Geldmittel des Unternehmens finanziert sind (ohne äußere Kapitalgeber, d. h. auch *ohne* Eigenkapitalgeber).

Die folgende Abbildung gibt die Zusammenhänge wieder:

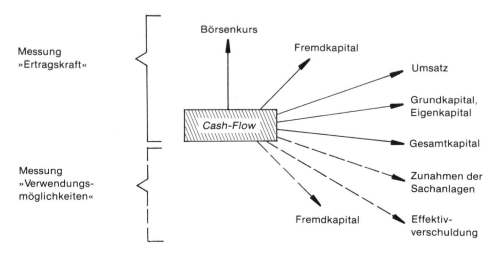

Abb. 7.1: CASH-FLOW-Beziehungszahlen

Eine tabellarische Darstellung soll die vorliegende Abbildung ergänzen.

Tabelle 7.2: CASH-FLOW-Beziehungszahlen (Übersicht)

Zielgröße der Beurteilung	Kennzahl
Wachstum durch Innenfinanzierung	CF % der Investitionen, Relativer CF
Liquidität (Verschuldungsfähigkeit)	Verschuldungsgrad, Schuldentilgungsdauer
Ertragskraft (Ertragslage)	CF je Aktie bzw. bezogen auf das Grundkapital, Umsatzverdienstrate
Geldanlagemöglichkeit auf dem Aktienmarkt	Kurs-CF-Verhältnis Ausschüttung im Verhältnis zum CF

CF = Cash Flow

Tabelle 7.3: Cash-Flow-Beziehungszahlen

Kenn-zahl	Benennungen	Berechnung	Erläuterungen
830	CASH-FLOW-A	Jahresüberschuß/-fehlbetrag + Abschreibungen (663) + (206) + (207)	Bei dieser einfachen Cash-Flow-Kennzahl wird näherungsweise angenommen, daß nur die Abschreibungen Aufwendungen darstellen, die auszahlungslos sind und daß es keine Erträge gibt, die einzahlungslos sind, d.h. A_0 = Abschreibungen* $E_0 = 0$* Gegebene Gewinn- und Verlustvorträge sind im Jahresüberschuß/Jahresfehlbetrag ex definitione nicht enthalten.
831	CASH-FLOW-B	CASH-FLOW-A + ΔR + ΔS + außerordentliche Aufwendungen + Aufwendungen aus Verlustübernahme − außerordentliche Erträge − Erträge aus Verlustübernahme (830) + ΔR + ΔS + (214) + (657) − (656) − (313)	ΔR = Differenz zwischen den Pensionsrückstellungen zweier aufeinander folgender Bilanzen = $(109)_m - (109)_n$, z. B. Bilanzstichtag 1977 = n Bilanzstichtag 1978 = m ΔS = Differenz zwischen den Sonderposten mit Rücklageanteil; wird analog errechnet zu: $(104)_m - (104)_n$ Wenn ΔS bzw. $\Delta R < 0$, dann sind sie mit dem Wert 0 anzusetzen. Beim Cash-Flow-B wird unterstellt, daß A_0 = Abschreichungen + ΔR + ΔS + a. o. Aufwendungen + Aufwendungen aus Verlustübernahme und E_0 = außerordentliche Erträge bzw. Erträge aus Verlustübernahme sind. Rückstellungen sind für erwartete, künftige Zahlungsverpflichtungen reservierte Gewinnanteile. Würde man keine Rückstellungen bilden, so wäre der Gewinn entsprechend höher. Demgemäß sind Rückstellungen Aufwendungen, denen zunächst keine Ausgaben gegenüber stehen. Gleiches gilt für die Sonderposten mit Rücklageanteil. Der CASH-FLOW-B berücksichtigt u. a. diese Zusammenhänge.

* Vgl. S. 157 f. bez. E_0, A_0

Fortsetzung nächste Seite

Kenn-zahl	Benennungen	Berechnung	Erläuterungen
832	CASH-FLOW-C	Cash-Flow-B − aktivierte Eigenleistungen* − Bestandserhöhungen* fertige und unfertige Erzeugnisse + Bestandsminderungen* fertige und unfertige Erzeugnisse (831) − (302) − (301) + (201)	Bei dieser Kennzahl wird berücksichtigt, daß die einzahlungslosen Erträge bzw. auszahlungslosen Aufwendungen um die im folgenden angegebenen Positionen erweitert werden: A_o erfährt Zuwachs durch Bestandsminderungen, da ein Abbau von Beständen nicht mit Ausgaben verbunden ist, jedoch Werteverzehr (Aufw.) darstellt.** E_o erfährt Zuwachs durch aktivierte Eigenleistungen und Bestandserhöhungen, da in diesen Fällen keine Einnahmen stattfinden, jedoch ein Ertrag (Wertezuwachs) vorhanden ist.**
841	Cash-Flow in % der Investitionen	$$\frac{\text{Cash-Flow} \cdot 100}{\text{Zunahme der Sachanlagen}}$$ $$\frac{CF \cdot 100}{(623)}$$	Das betriebliche Sachanlagevermögen hat während des vorangegangenen Zeitabschnitts (letzte Bilanzierung bis zum Bilanzstichtag) an Wert abgenommen. Der Werteverlust in Höhe der Abschreibungen ist bei positivem Gewinn über die Erlöse zurückgeflossen. Verdiente Gewinne und die zurückverdienten Abschreibungen (Rückflüsse) sammeln sich als Einnahmenüberschüsse zunächst in den Geldbeständen. Von dort können sie durch Tätigen von Investitionen »zurücktransferiert« werden in das Anlagevermögen (Aktivtausch). Bezüglich der Transferierung gilt das gleiche für durch Kredite aufgenommene Gelder. Die Zunahme der Sachanlagen kann maximal nur in Höhe des Prozentsatzes der Kennzahl (841) mit eigenen Geldern finanziert sein.
842	Relativer Cash-Flow	$$\frac{\text{Cash-Flow} \cdot 100}{\text{Kapital}}$$ $$\frac{CF \cdot 100}{(619)}$$	Diese Kennzahl zeigt den Anteil des Einnahmeüberschusses, bezogen auf das Gesamtkapital. Von Branche zu Branche bestehen aufgrund der unterschiedlichen durchschnittlichen Ausstattungen mit Anlagevermögen auch verschiedene Zwänge zur Reinvestition. Da diese Kennzahl das »Wofür?« nicht berücksichtigt, ist sie im wesentlichen branchenspezifisch anwendbar. Sie stellt dann das Verhältnis »eigene Mittel« eines Jahres (Innenfinanzierung) zur gesamten Finanzierung dar. Außerdem kann durch diese Kennzahl als Maßstab der Ertragskraft

* es ist entweder nur eine Bestandserhöhung oder eine Bestandsminderung möglich

Nr.	Kennzahl	Formel	Erläuterung
843	Schuldentilgungs-dauer I (Jahre)	$\dfrac{\text{Effektivverschuldung II}}{\text{Cash-Flow}}$ $\dfrac{(774)}{CF}$	angegeben werden, da sie den Einnahmenüberschuß auf das eingesetzte Gesamtkapital bezieht. Bei der Berechnung der Schuldentilgungsdauer wird unterstellt, daß die Schulden des Unternehmens nur durch den Cash-Flow, der über die Jahre hinweg als konstant in Höhe des im Moment gültigen Jahreswertes angenommen wird, erfolgen kann. In diesem Fall können jedoch keine Investitionen über den Cash-Flow finanziert werden, weder Ersatz- noch Erweiterungsinvestitionen. Bei der Schuldentilgungsdauer I werden nur die kurz- und mittelfristigen Verbindlichkeiten, bei der Schuldentilgungsdauer II das gesamte Fremdkapital in die Betrachtung einbezogen.
844	Schuldentilgungs-dauer II (Jahre)	$\dfrac{\text{Fremdkapital}}{\text{Cash-Flow}}$ $\dfrac{(618)}{CF}$	
845	Cash-Flow je Aktie	$\dfrac{\text{Cash-Flow}}{\text{Grundkapital} \cdot \dfrac{1}{\text{Mindestnennwert}}}$ $\dfrac{CF}{(100) \cdot \dfrac{1}{\text{Mindestnennwert}}}$	Diese Kennzahl mißt die Ertragskraft, indem (analog der Eigenkapitalrentabilität [917 bzw. 918]) der Einnahmenüberschuß auf das eingesetzte Grundkapital bezogen wird. Der häufigste Mindestnennwert ist 50 DM je Aktie.
846	Kurs/Cash-Flow-Verhältnis	$\dfrac{\text{Börsenkurs der Aktie}}{\text{Cash Flow je Aktie}}$ $\dfrac{\text{Börsenkurs der Aktie}}{(845)}$	Dieses Verhältnis gibt das Vielfache an, um das der Börsenkurs je Aktie den Cash-Flow je Aktie übersteigt. Er gibt Hinweise auf eventuelle Unter- bzw. Überbewertung der Aktien durch die Börse, wobei die Ertragskraft, gemessen am Einnahmenüberschuß, der Beurteilung zugrunde liegt.
847	Ausschüttung im Verhältnis zum Cash-Flow	$\dfrac{\text{Dividendensumme}^{*)}}{\text{Cash-Flow}} \cdot 100$ $\dfrac{(122)}{CF} \cdot 100$	Diese Kennzahl zeigt, welcher Teil des Einnahmenüberschusses als Dividendenzahlung den Betrieb wieder verläßt. Nur der Restbetrag steht für Investitionen zur Verfügung. Unter Umständen kann erkannt werden, ob die Dividendenzahlung »echt« verdient ist oder nicht.
848	Umsatzverdienstrate	$\dfrac{\text{Cash-Flow}}{\text{Umsatzerlöse}} \cdot 100$ $\dfrac{CF}{(300)} \cdot 100$	Die Umsatzverdienstrate gibt den Anteil am Umsatz an, der dem Unternehmen als Einnahmenüberschuß frei zur Disposition steht, während der Restanteil als Ausgaben zur Aufrechterhaltung des Betriebsprozesses dient.

*) In der Regel ist Bilanzgewinn = Dividendensumme

7.5 Bewegungsbilanzen

Bewegungsbilanzen entstehen durch Auswertung der Anfangsbilanz und der Endbilanz (Schlußbilanz) eines Betrachtungszeitraumes.

Die einzelnen Positionen der zwei aufeinanderfolgenden Bilanzen werden saldiert und die Salden als Mittelherkunft bzw. Mittelverwendung gegenübergestellt. Zur Bestimmung der Salden der einzelnen Positionen wurde in Abschnitt 4.3.2 bereits eine einfache Veränderungsrechnung, die sog. *Beständedifferenzbilanz* aufgestellt.

7.5.1 Einfache Veränderungsrechnungen (Beständedifferenzbilanz)

Bei der einfachen Veränderungsrechnung ging es schlicht um eine Gegenüberstellung der Bilanzpositionen aufeinander folgender Perioden und die betragsmäßige bzw. prozentuale Veränderung der Größen. Für diese Betrachtung wurde folgendes einfaches Schema angewendet:

Bilanzposition	Jahr X	Jahr X + 1	Veränderungen gegenüber Jahr X	
			in DM	(in %)
B	B_x	B_{x+1}	B_{x+1} ./. B_x	wahlweise Ergänzungsmöglichkeit zu der in 4.3.2 gewählten Darstellungsform

Bezeichnet man positive Veränderungen auf der Aktivseite mit A, negative mit a und entsprechend die Veränderungen auf der Passivseite der Bilanz mit P und p ergibt sich folgende Gleichung:

$$A - a = P - p$$

Dieser Differenzbetrag ist gleich dem Differenzbetrag der beiden Bilanzsummen.

7.5.2 Bewegungsbilanz

Die Bewegungsbilanz entsteht durch Verwendung der Veränderungsdaten der Beständedifferenzbilanz.

Als Veränderungsrechnung liegt der Bewegungsbilanz das Beziehungsschema zugrunde:

+ Aktivmehrungen (positive Veränderungen der Aktivpos.)	A
− Aktivminderungen (negative Veränderungen der Aktivpos.)	a
− Passivmehrungen (positive Veränderungen der Passivpos. *ohne* Gewinn)	P
− Gewinnzunahme (−Verlustabnahme)	G
+ Passivminderungen (negative Veränderungen der Passivpos. *ohne* Verlust)	p
+ Verlustzunahme (−Gewinnabnahme)	V
	= 0

Also: A − a − P − G + p + V = 0 (1) oder

A + p + V = a + P + G (2)

Die in dem obigen Beziehungsschema neu eingeführten Größen G und V bedürfen noch einer Erläuterung:

Eine Gewinnzunahme wird als positive Veränderung, eine Gewinnabnahme dagegen als negative Veränderung auf der Passivseite der Bilanz wirksam.

Eine Verlustzunahme dagegen wird als positive, eine Verlustabnahme als negative Veränderung auf der Aktivseite betrachtet.

Für den Sonderfall, daß sowohl Gewinnabnahme wie Verlustzunahme bzw. Verlustabnahme verbunden mit Gewinnzunahme stattfindet, vergleiche die Ausführungen in Absatz 4.3.2 bei der Beständedifferenzbilanz.

Bei der Bewegungs- bzw. Veränderungsbilanz geht es um die Gegenüberstellung von *Mittelverwendung* und *Mittelherkunft* (Mittelquellen). Als Mittelverwendung werden eine Erhöhung aktiver Bestandskonten und die Abnahme von passiven Bestandskonten, d.h. Verwendung von Kapital bezeichnet. Als Mittelquellen werden die Erhöhung von Passivkonten und die Abnahme von Aktivkonten bezeichnet, hier wird also Kapital freigesetzt. Die Grundform der Bewegungsbilanz ist in Tabelle 7.4 wiedergegeben. Für bilanzanalytische Zwecke wird das in Tabelle 7.5 dargestellte Schema verwendet. Dieses Schema wurde von den Autoren speziell für die bilanzanalytische Praxis entwickelt; es erleichtert die Zuordnung von positiven und negativen Beständedifferenzbilanz-Größen in der Bewegungsbilanz.

Tabelle 7.4: Bewegungsbilanz

Mittelverwendung		Mittelherkunft
A + p + V		a + P + G
Aktivmehrungen Passivminderungen Verlustzunahme (Gewinnabnahme)	oder oder	Aktivminderungen Passivmehrungen Gewinnzunahme (Verlustabnahme)

Die Bewegungsbilanz gibt *Aufschluß* über:

→Entwicklung von Anlage-
vermögen (Investitionen) und deren Finanzierung
von Umlauf-
vermögen

→Veränderungen von Vermögens- bzw. Kapitalstruktur

Sie ist eine *Veränderungsrechnung*, der die Tatsache zugrunde liegt, daß die Summe aller Veränderungen gleich Null ist.

Eine ausführliche Aufstellung, durch welche Vorgänge die Mittelherkunft als Quelle der zur Finanzierung erforderlichen Mittel zu begründen ist, gibt Beyer in seinem Buch[12].

Die Darstellung soll auf Seite 168 in stark verkürzter Form wiedergegeben werden.

Tabelle 7.5 (Teil I): (860) Grob-Bewegungsbilanz

Beständedifferenzen		Mittelverwendung	Mittelherkunft
(633) Sachanlagen	+/−		
(634) Finanzanlagen	+/−		
(640) Umlaufvermögen	+/−		
(643) Eigenkapital	+/−		
(− −) Eigenkapital ähnl. Beträge	+/−		
(648) Fremdkapital	+/−		
(649) Bilanzgewinn	+/−		
(641) Bilanzverlust	+/−		
Summe			

Tabelle 7.5 (Teil II): (861) Fein-Bewegungsbilanz

Beständedifferenzen		Mittelverwendung	Mittelherkunft
(631) Materielle Sachanlagen	+/−		
(632) Immater. Sachanlagen	+/−		
(633) Finanzanlagen	+/−		
(636) Vorräte	+/−		
(637) Liquide Mittel I	+/−		
(638) Kurzfristig monetisierbares Umlaufvermögen	+/−		
(639) Übriges Umlaufvermögen	+/−		
(643) Eigenkapital	+/−		
(−−) Eigenkapital ähnl. Beträge	+/−		
(645) Langfristige Verbindlichkeiten	+/−		
(646) Mittelfristige Verbindlichkeiten	+/−		
(647) Kurzfristige Verbindlichkeiten	+/−		
(649) Bilanzgewinn	+/−		
(641) Bilanzverlust	+/−		
Summe			

Vorgänge, die zu einer Mittelherkunft führen

I. Eigenfinanzierung durch eigene Mittel der Unternehmer, z. B. Mehrung des Grundkapitals durch Ausgabe neuer Aktien.
II. Eigenfinanzierung durch Selbstfinanzierung, z. B. Bildung offener Rücklagen.
III. Interne Zwischenfinanzierung, z. B. Abschreibung auf Anlagevermögen.
IV. Umfinanzierung, z. B. Veräußerung von Anlagewerten, Minderung von Forderungen.
V. Fremdfinanzierung, z. B. Aufnahme oder Mehrung von Anleihen, Zunahme von Verbindlichkeiten.

Vorgänge, die zu einer Mittelverwendung führen

I. Anschaffung und Herstellung von oder Zuschreibung zu Sachanlagen, z. B. Kauf einer neuen Maschine.
II. Erwerb von oder Zuschreibung zu Finanzanlagen.
III. Minderung des Eigenkapitals, z. B. Auflösung von Rücklagen, Bilanzverlust.
IV. Mehrung des Umlaufvermögens, z. B. Zukauf von Vorräten.
V. Minderung des Fremdkapitals, z. B. Rückzahlung von Hypothekenschulden.

Das folgende Beispiel soll dies verdeutlichen:

Aktiva	Bilanz Jahr 0		(TDM) Passiva
Sachanlagen	693.541	Eigenkapital	1.550.861
Finanzanlagen	1.319.953	Fremdkapital	4.403.008
Umlaufvermögen	4.006.086		
		Bilanzgewinn	65.711
	6.019.580		6.019.580

Aktiva	Bilanz Jahr 1		(TDM) Passiva
Sachanlagen	745.519	Eigenkapital	1.554.143
Finanzanlagen	1.446.713	Fremdkapital	4.357.748
Umlaufvermögen	3.790.070		
		Bilanzgewinn	70.411
	5.982.302		5.982.302

1) Beständedifferenzbilanz

Bilanzpositionen	Jahr 0	Jahr 1	Veränderungen	Kennbuchstabe
Sachanlagen	693.541	745.519	+ 51.978	A
Finanzanlagen	1.319.953	1.446.713	+ 126.760	A
Umlaufvermögen	4.006.086	3.790.070	− 216.016	a
Eigenkapital	1.550.861	1.554.143	+ 3.282	P
Fremdkapital	4.403.008	4.357.748	− 45.260	p
				p
Bilanzgewinn	65.711	70.411	+ 4.700	G
Bilanzverlust	−	−	−	−
Bilanzsumme	6.019.580	5.982.302	− 223.998	−

A = Aktivmehrungen P = Passivmehrungen G = Gewinnzunahme
a = Aktivminderungen p = Passivminderungen

2) (860) Grob-Bewegungsbilanz

Beständedifferenzen		Mittelverwendung	Mittelherkunft
(633) Sachanlagen	+	51.978	
	−		
(634) Finanzanlagen	+	126.760	
	−		
(640) Umlaufvermögen	+		
	−		216.016
(643) Eigenkapital	+		3.282
	−		
(− −) Eigenkapital ähnl. Beträge	+		−
	−	−	
(648) Fremdkapital	+		−
	−	45.260	
(649) Bilanzgewinn	+		4.700
	−	−	
(641) Bilanzverlust	+	−	
	−		−
Summe		223.998	223.998

8. Analyse der Erfolgs- und Verlustquellen des Betriebsprozesses

8.1 Gesamtergebnisstruktur

Die Analyse der Gesamtergebnisstruktur hat den Zweck, die Anteile, aus denen sich das Gesamtergebnis (Jahresüberschuß) zusammensetzt, aufzuzeigen. Bei der Aufbereitung der Daten der Gewinn- und Verlustrechnung wurde das Gesamtergebnis im Rahmen der sog. Erfolgsspaltung aufgegliedert in drei Einzelkomponenten:

- Betriebsergebnis
- Finanzergebnis (betriebsfremdes Ergebnis)
- außerordentliches Ergebnis.

Die Ermittlung der prozentualen Anteile dieser drei Ergebniskomponenten am Gesamtergebnis legt offen, in welchem Maße betriebsfremde und außerordentliche Einflüsse das Zustandekommen des Gesamtergebnisses bewirkt haben.

Hier sind insbesondere mögliche Manipulationen erkennbar, die den Zweck verfolgen, daß eigentliche schlechte Betriebsergebnis, d. h. das Ergebnis der eigentlichen betrieblichen Tätigkeit bei Verfolgung des Betriebszweckes durch Produktion und Vertrieb von Gütern und Dienstleistungen, im Hinblick auf das Gesamtergebnis zu verschleiern.

Die Analyse in dieser Richtung wird unterstützt, indem man die Anteile der Betriebserträge und der außerordentlichen Erträge an den Gesamterträgen feststellt.

8.2 Wirtschaftlichkeit

Die Definition der Wirtschaftlichkeitskennziffer beruht auf dem sog. ökonomischen Prinzip, dessen beide Formulierungen folgendermaßen lauten:

a) Ein gegebener Ertrag soll mit dem geringsten Aufwand bewirkt werden.
b) Mit einem gegebenen Aufwand soll der größtmögliche Ertrag bewirkt werden.

Welche der Formulierungen als konkretes Einzelziel bei der betrieblichen Tätigkeit angestrebt wird, hängt von der individuellen Betriebssituation ab.

Generell läßt sich deshalb die Wirtschaftlichkeit als das Verhältnis von Erträgen und Aufwendungen definieren. Je nachdem, welche Erträge und Aufwendungen ins Verhältnis gesetzt werden, läßt sich einmal die Wirtschaftlichkeit des eigentlichen Betriebsprozesses (betriebliche Wirtschaftlichkeit), dann die betriebsfremde Wirtschaftlichkeit und die außerordentliche Wirtschaftlichkeit sowie die Gesamtwirtschaftlichkeit des Unternehmens bestimmen.

Die entsprechenden Daten können aus der aufbereiteten Gewinn- und Verlustrechnung entnommen werden.

Die vorliegenden Wirtschaftlichkeitskennzahlen zeigen dann, inwieweit es der Unternehmensführung im vergangenen Zeitabschnitt, auf den sich der Jahresabschluß bezieht, gelungen ist, in den drei genannten Teilbereichen der Erfolgsspaltung ein günstiges Verhältnis der Erträge zu den Aufwendungen zu erwirtschaften.

8.3 Rentabilität[13]

Die Definition der Rentabilitätskennzahlen trägt der Tatsache Rechnung, daß der Gewinn – absolut gesehen – keine sinnvolle Meßgröße zur Beurteilung des Betriebsprozesses ist. Ein und derselbe Gewinn kann mit unterschiedlichem Kapitaleinsatz erzielt worden sein. Die Rentabilität als Verhältnis von in einer Periode erzieltem Gewinn zu dem dafür in dieser Periode eingesetzten Kapital gibt die Verzinsung dieses Kapitals an. Die Verzinsung des eingesetzten Kapitals soll möglichst hoch sein.

Rentabilität ist also ganz allgemein als Verhältnis von Gewinn zum eingesetzten Kapital definiert. In Abhängigkeit von den ins Verhältnis gesetzten Gewinn- und Kapitalgrößen ergeben sich verschiedene Rentabilitätskennziffern. In jedem Fall sollen jedoch Gewinn- und Kapitalgröße in einem ursächlichen Zusammenhang (Kausalzusammenhang) stehen, d. h. ein bestimmter Gewinn wurde durch einen bestimmten Kapitaleinsatz erzielt.

Ferner wird vereinfachend bei allen Rentabilitätskennziffern angenommen, daß eine Kapitalgröße, wie sie sich am Ende einer Abrechnungsperiode in der Bilanz darstellt, in dieser Höhe annähernd über die gesamte vorangegangene Periode hinweg im Betrieb gebunden war.

Der Gewinn kann *vor* und *nach* Abzug der Steuern für die Kennzahlenbildung herangezogen werden.

8.3.1 Gesamtkapitalrentabilität

$$R_g = \frac{\text{Gewinn} + \text{Fremdkapitalzinsen}}{\text{Gesamtkapital}} \cdot 100$$

(Gewinn) = DM/Zeitabschnitt
(Fremdkapitalzinsen) = DM/Zeitabschnitt
(Kapital) = DM
(R_g) = % je Zeitabschnitt

Wenn der Gewinn ≥ 0, dann sind die Fremdkapitalzinsen durch die Erträge zurückverdient worden. Hätte das Unternehmen ausschließlich mit Eigenkapital gearbeitet, so wäre ein zusätzlicher Gewinn in Höhe der Fremdkapitalzinsen erzielt worden. Die im Zeitabschnitt bezahlten Fremdkapitalzinsen können damit als ausgeschüttete Gewinnanteile an die Fremdkapitalgeber angesehen werden. Für den Betrieb sind und bleiben sie jedoch Aufwendungen (Vermögensabnahmen).

Die Gesamtkapitalrentabilität mißt damit die Höhe der Verzinsung des gesamten im Betrieb eingesetzten Kapitals.

8.3.2 Eigenkapitalrentabilität

R_e gibt die Höhe der Verzinsung des innerhalb eines Zeitabschnittes (ZA) eingesetzten Eigenkapitals an:

$$R_e = \frac{Gewinn}{Eigenkapital} \cdot 100$$

(Gewinn)   = DM/ZA
(Eigenkapital) = DM
(R_e)   = % je ZA

Diese Kennzahl ist nicht verursachungsgerecht definiert, da sie den Gewinn, der ja durch das Gesamtkapital erwirtschaftet wurde, ins Verhältnis zum Eigenkapital setzt.

Der erwirtschaftete Gewinn steht jedoch den Eigentümern des Unternehmens zu.

Die Eigenkapitalrentabilität stellt dadurch die Verzinsung des eingesetzten Eigenkapitals dar.

8.3.3 Leverage-Faktor

Bei der Bildung des Leverage-Faktors wird die Frage nach dem optimalen Verhältnis zwischen Eigenkapital und Fremdkapital untersucht. Hierzu kann jedoch keine feste Aussage gemacht werden, weil hier nicht nur der Aspekt des Risikos bezüglich des zurückzuzahlenden Fremdkapitals, sondern auch der der Rentabilität betrachtet werden muß. Aus Gründen der Sicherheit und des Risikos sollte der Anteil des Fremdkapitals am Gesamtkapital zweifellos in Grenzen gehalten werden, d.h. der Eigenkapitalanteil sollte möglichst groß sein. Dadurch sinkt andererseits aber wieder die Verzinsung des eingesetzten Eigenkapitals.

Dieser Zusammenhang zwischen Rendite und Risiko sei hier kurz dargestellt. Man spricht von einer Hebelwirkung des Fremdkapitals, die als Leverage-Effekt bekannt ist. Die Eigenkapitalrentabilität R_e gibt die Verzinsung des in der Unternehmung eingesetzten Eigenkapitals wieder. Sofern die Verzinsung des Gesamtkapitals (= Gesamtkapitalrentabilität R_g) über dem Fremdkapitalzins liegt, lohnt es sich

Fremdkapital aufzunehmen, da hierdurch die Eigenkapitalrentabilität wächst. Formal läßt sich dieser Sachverhalt wie folgt darstellen, wobei die Rentabilitätszahlen als Dezimalzahlen definiert werden:

(1) Fremdkapitalrentabilität $R_f = \dfrac{\text{Zinsen und ähnliche Aufwendungen}}{\text{Fremdkapital}}$

(2) Gewinn $G = R_g \cdot K - R_f \cdot F$
 wobei K = Gesamtkapital
 F = Fremdkapital
 R_g = Gesamtkapitalrentabilität
 Aus der Beziehung (2) läßt sich die Beziehung (3) ermitteln mit E = Eigenkapital:

(3) $G = R_g (E + F) - R_f \cdot F$
 Nach Teilung beider Seiten der Glg. (3) ergibt sich

(4) $\dfrac{G}{E} = R_e = R_g + \dfrac{R_g \cdot F}{E} - R_f \cdot \dfrac{F}{E}$

$R_e = (R_g - R_f) \cdot \dfrac{F}{E} + R_g$

mit R_e = Eigenkapitalrentabilität und $F : E$ als Verhältnis Fremd- zu Eigenkapital. Unter Berücksichtigung der bis jetzt gewonnenen Beziehungen läßt sich der sog. Leverage-Faktor (Gearing-)Faktor bestimmen.

$$\boxed{(5)\ \text{Leverage-Faktor} = f = 1 + \left(1 - \dfrac{R_f}{R_g}\right) \cdot \dfrac{F}{E}}$$

sowie (6) ableiten

$$\boxed{(6)\ R_e = f \cdot R_g}$$

Der Leverage-Faktor ist damit der Beziehungsfaktor zwischen Eigen- und Gesamtkapitalrentabilität.

Solange die Differenz zwischen Gesamtkapitalrentabilität abzüglich Fremdkapitalrentabilität größer als Null ist, besteht also mit wachsendem Verschuldungsgrad als Verhältnis von Fremd- zu Eigenkapital eine Gewinnchance durch wachsende Eigenkapitalrentabilität. Dieser Vorteil der Zuführung kostengünstigen Fremdkapitals schlägt ins Gegenteil um, wenn die Differenz zwischen Gesamtkapitalrentabilität abzüglich Fremdkapitalrentabilität kleiner als Null wird. Die Eigenkapitalrentabilität geht dann in dem Maße zurück, wie der Prozentualanteil des Fremdkapitals am Gesamtkapital ansteigt. Die direkte Beziehung zwischen Eigenkapitalrentabilität, Gesamtrentabilität und dem aufgenommenen Fremdkapital ist durch Bildung des sog. Leverage-Faktors – wie oben geschehen – ableitbar.

Das Risiko von Verlusten und evtl. Eigenkapitalverzehr macht sich um so stärker bemerkbar, je höher der Verschuldungsgrad ist. Eine allgemeine Regel über das optimale Verhältnis von Eigenkapital zu Fremdkapital kann es jedoch nie geben. »Generell kann man lediglich sagen: Da bei größerem Eigenkapitalanteil die finanzielle Stabilität höher ist, sollte bei größerem Ertragsrisiko auch der

Eigenkapitalanteil entsprechend höher sein«.[14] Je größer das Eigenkapital ist, desto besser sind Gläubiger vor Verlusten geschützt. »Ein hoher Eigenkapitalanteil sichert die Dispositionsfreiheit, schützt vor Unternehmenszusammenbrüchen infolge von Überschuldung, vermindert das Risiko für die Gläubiger, stellt somit eine gute Grundlage für neue Kreditaufnahme dar und reduziert die Gefahr kurzfristiger Liquiditätsengpässe«.[15]

Nachteil der Finanzierung mit Eigenkapital ist, daß sie infolge der hohen steuerlichen Belastung des Dividendenanspruchs der Aktionäre teuer ist. Die Zinszahlungen bei Fremdfinanzierung stellen hingegen Aufwand dar und wirken steuermindernd. Für Zwecke der Kennzahlenbildung im Rahmen der externen Bilanzanalyse ist der Fremdkapitalzinssatz und das verzinsliche Fremdkapital nicht genau zu ermitteln.

Ein durchschnittlicher Fremdkapitalzins wird gebildet, indem man das Fremdkapital ins Verhältnis zur Position der Gewinn- und Verlustrechnung »Zinsen und ähnliche Aufwendungen« in Beziehung setzt.

8.3.4 Rentabilität des betriebsnotwendigen Kapitals

Die bisher genannten Rentabilitätskennzahlen haben den Nachteil, daß sie keine Aussage über die Verzinsung des im eigentlichen Betriebsprozeß gebundenen Kapitals gestatten. Zur Beurteilung dieser Größe wird die Rentabilität des betriebsnotwendigen Kapitals definiert:

$$R_b = \frac{\text{Betriebsergebnis} \cdot 100}{\text{Betriebsnotwendiges Kapital}} = \frac{(\text{Gewinn-neutrales Ergebnis}) \cdot 100}{\text{Betriebsnotwendiges Vermögen-Abzugskapital}}$$

(Betriebsergebnis)	= DM/ZA	(Betriebsnotwendiges Vermögen)	= DM
(Neutrales Ergebnis)	= DM/ZA	(Abzugskapital)	= DM
(Gewinn)	= DM/ZA	(Betriebsnotwendiges Kapital)	= DM

a) Betriebsergebnis ist die Differenz zwischen Gewinn (Jahresüberschuß) und der Summe von außerordentlichem Ergebnis und Finanzergebnis (betriebsfremdes Ergebnis).
b) Betriebsnotwendiges Vermögen ist das um die betriebsfremden Vermögensteile verringerte Vermögen.
Betriebsfremde Vermögensteile sind beispielsweise
- Beteiligungen und langfristige Darlehen, die das Unternehmen vergeben hat, sofern sie nicht der Sicherung von Bezugsquellen dienen.
- Wertpapiere des Umlaufvermögens
- überschüssige Kassenbestände und Bankguthaben
- Grundstücke und Gebäude, welche der Betrieb nicht
selbst für den Betriebszweck nutzt

c) *Abzugskapital* sind Kapitalien, welche dem Betrieb für seinen Betriebszweck *kostenlos* (zinslos) zur Verfügung gestellt werden (Lieferantenkredite, Staatskredite) und die damit sein erforderliches betriebsnotwendiges Kapital verringern.

Die Rentabilität des betriebsnotwendigen Kapitals dient in der Hauptsache als unternehmensinterne Meßgröße. Sie kann in der Regel nur betriebsintern ermittelt werden, da ein Außenstehender nur näherungsweise beurteilen kann, welche Vermögensgegenstände dem Betriebszweck dienen und wie hoch das Betriebsergebnis ist.

Die Rentabilität des betriebsnotwendigen Kapitals ist besonders gut als Instrument der Unternehmensführung zur Überwachung von einzelnen Betriebsbereichen geeignet. Als Gesamtzahl, bezogen auf das Gesamtunternehmen gibt sie die Verzinsung an, die durch den eigentlichen Betriebszweck erwirtschaftet wurde, im Hinblick auf das für diesen Betriebszweck eingesetzte Kapital.

8.3.5 Return on Investment-Rechnung

Als Return on Investment-Rechnung (ROI-Rechnung) bezeichnet man eine erweiterte Form der Rentabilitätsrechnung. Die Erweiterung erfolgt durch Einbeziehung des Umsatzes in die Rentabilitätsformel

$$\boxed{\begin{aligned} R &= \frac{G}{U} \cdot \frac{U}{K} \cdot 100 \\ &= s \cdot h \end{aligned}}$$

G = Gewinn (DM/Zeitabschnitt)
U = Umsatz (DM/Zeitabschnitt)
  = Erlöse für die verkauften Leistungsmengen
K = Gesamtkapital (DM)
(R) = % je Zeitabschnitt
(s) = % (vom Umsatz)
(h) = 1/Zeitabschnitt

Die Rentabilität wird in der ROI-Rechnung als eine Funktion
der Umsatzrendite
(Gewinnspanne) $\quad s = \frac{Gewinn}{Umsatz} \cdot 100$ und
der Kapitalumschlagshäufigkeit
(Kapitalumschlag) $\quad h = \frac{Umsatz}{Kapital}$ dargestellt.

Der Zusammenhang von Rentabilität, Umsatzrendite und Kapitalumschlag soll auf S. 176 am Beispiel eines Handelsbetriebs demonstriert werden.

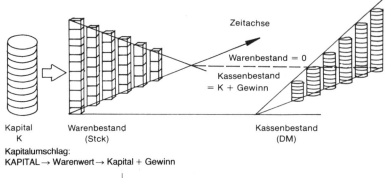

Kapital	Warenbestand		Kassenbestand
K	(Stck)		(DM)

Kapitalumschlag:
KAPITAL → Warenwert → Kapital + Gewinn
 ↳ Warenwert → Kapital + Gewinn
  ↳ u.s.f.

Diagramm des Kapitalumschlags

U = Umsatz/Kapitalumschlag
g = Gewinn/Kapitalumschlag
$U = g + K$
$s = \dfrac{g}{K+g} \times 100$

Zeitpunkte, zu denen das eingesetzte Kapital wieder als Bargeld vorhanden ist.

	1. Kapitalumschlag:	n-ter Kapitalumschlag:
Kumulierter Gewinn G	$G = g = \dfrac{K \cdot \frac{s}{100}}{1 - \frac{s}{100}} = \dfrac{K \cdot s}{100 - s}$	$G = n \cdot g = \dfrac{n \cdot K \cdot \frac{s}{100}}{1 - \frac{s}{100}} = \dfrac{n \cdot K \cdot s}{100 - s}$
Kumulierter Umsatz U	$U = (g + K)$	$U = n \cdot (g + K)$
Gewinnspanne s	$s = \dfrac{g}{K+g} \times 100 = \dfrac{G}{U} \times 100$	$\dfrac{G}{U} \times 100 = s = \dfrac{n \cdot g \times 100}{n \cdot (K+g)} = \dfrac{g \times 100}{K+g} = $ Konst.
Rechnerische Kapitalumschlagshäufigkeit h	$\dfrac{U}{K} = \left(\dfrac{s}{(100-s)} + 1\right) = h$	$h = \dfrac{U}{K} = \left(\dfrac{n \cdot s}{(100-s)} + n\right) = n\left(\dfrac{s}{100-s} + 1\right)$
Rentabilität R	$R = s\left(\dfrac{s}{100-s} + 1\right) = \dfrac{G}{U} \times \dfrac{U}{K} \times 100$	$R = n \cdot s \cdot \left(\dfrac{s}{100-s} + 1\right) = \dfrac{G}{U} \times \dfrac{U}{K} \times 100$

Der Handelsbetrieb beschafft für das Kapital K einen Warenbestand, den er – vereinfacht angenommen – mit einer konstanten Geschwindigkeit absetzt. Durch den Verkauf der Waren nimmt der Warenbestand daher ab, bis schließlich das letzte Stück verkauft ist. Gleichzeitig nimmt jedoch der Kassenbestand durch die Verkaufserlöse linear zu.

Wenn der gesamte Warenbestand verbraucht ist, so beläuft sich der Kassenbestand auf (K + g) = Umsatz U (Geldeinheiten). Das eingesetzte Kapital K ist zusammen mit einem Gewinn g zurückverdient worden, d. h. es ist einmal »umgeschlagen«: Return on Investment (ROI).

Vereinfachend wird nun weiter angenommen, daß g an die Eigentümer des Unternehmens ausgeschüttet wird. Der Gewinn verbleibt also nicht im Betrieb. Würde er im Betrieb investiert, so könnten Waren im Wert (K + g), d. h. ein größerer Warenwert beschafft werden. Man hätte durch den Verkauf dieses Warenbestandes einen größeren Gewinn g, usf.

Dies würde zu einem Wachstum des Betriebes führen. In unserem Beispiel wird jedoch nur das Kapital K immer wieder reinvestiert, d. h. ein Wachstum soll nicht stattfinden, ebenso soll alles andere, wie etwa Verkaufspreis und Gewinnspanne, konstant bleiben.

Unter diesen Annahmen läßt sich der Zusammenhang zwischen Rentabilität, Gewinn und Kapitalumschlagshäufigkeit nach dem untenstehenden Schema ableiten, wobei für g folgende Beziehungen gelten:

(1) Gewinnspanne $s = \frac{g}{U} \cdot 100 = \text{Konst.}$ (%)

(2) Umsatz $= K + g$ (Geldeinheiten)

Aus (1) und (2) folgt: Gewinn je Kapitalumschlag $g = \frac{s \cdot K}{100 - s}$

Aus dem graphischen Schema kann entnommen werden, daß bei konstanter Gewinnspanne s die Rentabilität bei n Kapitalumschlägen sich um das n-fache erhöht.

Trägt man die Umsatzrendite auf der Abszisse und die (rechnerische) Kapitalumschlagshäufigkeit auf der Ordinate eines Koordinatensystems auf, so erhält man Kurven gleicher Rentabilität (Iso-Renditen-Kurven). Auf einer derartigen Kurve liegen alle Punkte mit gleicher Rentabilität mit $R = \text{konstant} = s \cdot h$; dies ist die Gleichung einer Hyperbel:

◁ *Abb. 8.1 Rentabilität, Umsatzrendite, Kapitalumschlag*

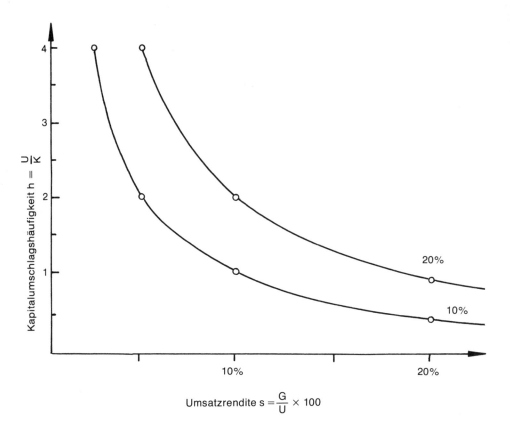

Abb. 8.2 Kurven gleicher Rentabilität (Iso- Renditen-Kurven)

Kapitalumschlagsdauer $t = \frac{1}{h} = \frac{K}{U}$
(Zeitabschnitt)

Tabelle 8.1: Gesamtergebnisstruktur

Kenn-zahl	Benennungen	Berechnung	Erläuterungen
900	Anteil Betriebsergebnis am Gesamtergebnis	$\dfrac{\text{Betriebsergebnis vor Steuern}}{\text{Gesamtergebnis vor Steuern}} \cdot 100$ $\dfrac{(655)}{(662)} \cdot 100$	Unter Verwendung der Ergebnisse der Erfolgsspaltung (aus Aufbereitung der GuV-Daten) sollen diese Kennzahlen die Anteile einzelner Teilergebnisse und Erfolgskomponenten an der Ergebnisentstehung zeigen. Es gilt: (900) + (901) + (902) = 100%
901	Anteil Finanzergebnis am Gesamtergebnis	$\dfrac{\text{Finanzergebnis vor Steuern}}{\text{Gesamtergebnis vor Steuern}} \cdot 100$ $\dfrac{(661)}{(662)} \cdot 100$	
902	Anteil außerordentliches Ergebnis am Gesamtergebnis	$\dfrac{\text{Außerordentliches Ergebnis vor Steuern}}{\text{Gesamtergebnis vor Steuern}} \cdot 100$ $\dfrac{(658)}{(662)} \cdot 100$	
903	Anteil betriebsfremder und außerordentlicher Erträge am Gesamtertrag	$\dfrac{\text{Betriebsfremde Erträge} + \text{a. o. Erträge}}{\text{Gesamterträge}} \cdot 100$ $\dfrac{(659) + (656)}{(650) + (656) + (659)} \cdot 100$	Gibt nähere Informationen über eventuelle Ergebnisverschiebungen zwischen betrieblichem Bereich einerseits und betriebsfremdem bzw. außerordentlichem Bereich anderseits.

Tabelle 8.2.: *Wirtschaftlichkeit*

Kenn-zahl	Benennungen	Berechnung	Erläuterungen
906	Betriebliche Wirtschaftlichkeit	$\dfrac{\text{Betriebsertrag}}{\text{Betriebsaufwand}} \cdot 100\,\%$ $\dfrac{(650)}{(654)} \cdot 100\,\%$	Die vorliegenden Wirtschaftlichkeits-Kennzahlen zeigen im einzelnen, in welchem Umfang prozentual 1 DM Aufwand zu Ertrag führte, wobei unterschieden wird, in welchen Bereichen (Betrieb, betriebsfremd, außerordentlich) Aufwand und Ertrag angefallen sind. Außerdem wird noch das Gesamtverhältnis der Aufwendungen und Erträge bestimmt. Über die Zeit hinweg können Veränderungen dieser Kennzahl Aufschlüsse darüber geben, wie effizient die Unternehmung in den zu vergleichenden Bereichen gearbeitet hat.
907	Betriebsfremde Wirtschaftlichkeit	$\dfrac{\text{Betriebsfremde Erträge}}{\text{Betriebsfremde Aufwendungen}} \cdot 100$ $\dfrac{(659)}{(660)} \cdot 100\,\%$	
908	Außerordentliche Wirtschaftlichkeit	$\dfrac{\text{außerordentl. Erträge}}{\text{außerordentl. Aufwendungen}} \cdot 100$ $\dfrac{(656)}{(657)} \cdot 100\,\%$	
909	Gesamtwirtschaftlichkeit	$\dfrac{\text{Gesamterträge}}{\text{Gesamtaufwendungen}} \cdot 100$ $\dfrac{(650)+(659)+(656)}{(654)+(660)+(657)} \cdot 100\,\%$	

Tabelle 8.3: Rentabilität

Kennzahl	Benennungen	Berechnung	Erläuterungen
915	Gesamtkapitalrentabilität vor Steuern	$\dfrac{\text{Gesamtergebnis vor Steuern} + \text{Fremdkapitalzinsen}}{\text{Kapital}} \cdot 100$ $\dfrac{(662) + (210)}{(619)} \cdot 100$	
916	Gesamtkapitalrentabilität nach Steuern	$\dfrac{\text{Jahresüberschuß} + \text{Fremdkapitalzinsen}}{\text{Kapital}} \cdot 100$ $\dfrac{(663) + (210)}{(619)} \cdot 100$	
917	Eigenkapitalrentabilität vor Steuern	$\dfrac{\text{Gesamtergebnis vor Steuern}}{\text{Eigenkapital incl. Eigenkapital-ähnliche Beträge} + \text{Bilanzgewinn} - \text{Bilanzverlust}^{+)}} \cdot 100$ $\dfrac{(662)}{(614) + (122) - (037)} \cdot 100$	Die Interessenlage und das Informationsbedürfnis des externen Bilanzanalytikers bestimmen die jeweils bevorzugte Rentabilitätskennzahl. Für Kapitalanleger ist insbesondere die Rentabilität nach Steuern interessant. Sind die Rentabilitätskennzahlen negativ, so geben sie den Prozentsatz an (besonders bei Eigenkapitalrentabilität), in dem ein Kapitalverzehr (-schwund) durch den Verlust stattfindet.
918	Eigenkapitalrentabilität nach Steuern	$\dfrac{\text{Jahresüberschuß}}{\text{Eigenkapital incl. Eigenkapital-ähnliche Beträge} + \text{Bilanzgewinn} - \text{Bilanzverlust}^{+)}} \cdot 100$ $\dfrac{(663)}{(614) + (122) - (037)} \cdot 100$	
919	Fremdkapitalrentabilität	$\dfrac{\text{Fremdkapitalzinsen}}{\text{Fremdkapital}} \cdot 100$ $\dfrac{(210)}{(618)} \cdot 100\,\%$	Gibt die durchschnittliche Verzinsung des Fremdkapitals an.

+ Es ist natürlich nur Bilanzgewinn oder Bilanzverlust möglich.

Fortsetzung nächste Seite

Kenn-zahl	Benennungen	Berechnung	Erläuterungen
920	Leverage-Faktor (Gearing-Faktor) vor Steuern	$1 + \left(1 - \dfrac{\text{Fremdkapital}}{\text{Gesamtkapitalrentabilität}}\right) \cdot \dfrac{\text{Fremdkapital}}{\text{Eigenkapital incl. Eigen-kapitalähnliche Beträge + Bilanzgewinn - Bilanz-verlust}}$ $1 + \left(1 - \dfrac{(919)}{(915)}\right) \times \dfrac{(618)}{(614) + (122) - (037)}$	Solange der Leverage-Faktor > 1 bringt das Fremdkapital eine Erhöhung der Eigenkapitalrentabilität. Dies ist der Fall, wenn die Gesamtkapitalrentabilität größer ist als die Fremdkapitalrentabilität. Es gilt die Beziehung: Eigenkapitalrentabilität = Leverage-Faktor – Gesamtkapi-talrentabilität
921	Leverage-Faktor (Gearing-Faktor) nach Steuern	analog (920): $1 + \left(1 - \dfrac{(919)}{(916)}\right) \cdot \dfrac{(618)}{(614) + (122) - (037)}$	
922	Gewinnspanne (Umsatzrendite) Umsatzrentabilität vor Steuern	$\dfrac{\text{Gesamtergebnis vor Steuern}}{\text{Nettoumsatz}} \cdot 100$ $\dfrac{(662)}{(300) - (200)} \cdot 100$	Die ROI-Analyse benötigt zunächst einmal branchenorien-tierte Vergleichszahlen hinsichtlich Gewinnspanne und Kapitalumschlag, da sich diese Größen von Branche zu Branche erheblich unterscheiden können. Je höher der Kapitalumschlag, desto niedriger ist die erforderliche Kapitalbindung im Unternehmen, desto geringer das unternehmerische Risiko. Zu Kennzahl (924) ist zu erwähnen, daß hier verursa-chungsgerecht das Betriebsergebnis zu dem es der Haupt-sache bewirkenden Umsatz ins Verhältnis gesetzt wird.
923	Gewinnspanne (Umsatzrendite, -ren-tabilität) nach Steuern	$\dfrac{\text{Jahresüberschuß}}{\text{Nettoumsatz}} \cdot 100$ $\dfrac{(663)}{(300) - (200)} \cdot 100$	
924	Gewinnspanne bezo-gen auf das eigent-liche Betriebsergeb-nis vor Steuern	$\dfrac{\text{Betriebsergebnis vor Steuern}}{\text{Nettoumsatz}} \cdot 100$ $\dfrac{(655)}{(300) - (200)} \cdot 100$	

Nr.	Bezeichnung	Formel	Erläuterung
925	Kapitalumschlagshäufigkeit (Kapitalumschlag)	$\dfrac{\text{Nettoumsatz}}{\text{Kapital}} \cdot 100$ $\dfrac{(300) - (200)}{(619)} \cdot 100$	
926	ROI-Rentabilität vor Steuern	$(922) \cdot (925)$	
927	ROI-Rentabilität nach Steuern	$(923) \cdot (925)$	
928	ROI-Rentabilität betriebszweckbezogen vor Steuern	$(924) \cdot (925)$	
929	Betriebsnotwendiges Kapital	Betriebsnotwendiges Kapital ./. Kundenanzahlungen ./. Verbindlichkeiten aus Lieferung und Leistung $(620) - (118) - (019) - (115)$	Die Rentabilität des betriebsnotwendigen Kapitals zeigt das Verhältnis des Gewinns aus der eigentlichen betrieblichen Tätigkeit (Betriebsergebnis) zum in diesem Bereich erforderlichen Kapitaleinsatz von Seiten des Unternehmens. Der erforderliche Kapitaleinsatz für das betriebsnotwendige Vermögen ist geringer als dieses, da im normalen Geschäftsverlauf mit Finanzierungen von Kunden und Lieferanten zu rechnen ist, so daß der Betrieb den entsprechenden Anteil nicht selbst finanzieren muß.
930	Rentabilität des betriebsnotwendigen Kapitals vor Steuern	$\dfrac{\text{Betriebsergebnis vor Steuern}}{\text{Betriebsnotwendiges Kapital}} \cdot 100$ $\dfrac{(655)}{(929)} \cdot 100$	
931	Rentabilität des betriebsnotwendigen Kapitals nach Steuern	$\dfrac{\text{Betriebsergebnis nach Steuern}}{\text{Betriebsnotwendiges Kapital}} \cdot 100$ $\dfrac{(665)}{(929)} \cdot 100$	

8.4 Methoden zur Bestimmung des Unternehmens- und Firmenwertes

Bei einer Anzahl von Anlässen ist es erforderlich, den Gesamtwert eines Betriebes zu bestimmen. Solche Anlässe sind z. B. Verkauf oder Kauf eines Betriebes, Verschmelzung (Fusion) von Betrieben, die Aufnahme neuer oder das Ausscheiden bisheriger Gesellschafter.

Die Gesamtbewertung von Betrieben gehört zu den schwierigen Fragen der Betriebswirtschaftslehre und beschäftigt seit Jahrzehnten schon Wissenschaft und Praxis, ohne daß das Problem bisher zufriedenstellend gelöst werden konnte.

Ausgangspunkt der Überlegungen ist der Umstand, daß der Gesamtwert eines Betriebes *nicht* mit der Summe aller im Betrieb vorhandenen Einzelwerte identisch ist und damit *nicht* einfach durch Addition der Einzelwerte ermittelt werden kann. Ein Betrieb entsteht nicht durch bloßes Nebeneinanderstellen seiner Vermögensgegenstände. Diese Wirtschaftsgüter müssen durch unternehmerische Planung und Organisation zu einer Einheit zusammengefaßt werden.

Organisation, Arbeitskräfte, Kundenstamm und Bekanntheitsgrad der Unternehmung am Markt erscheinen jedoch nicht in der Bilanz, ebenso wenig wie die bereits auf Seite 134 erwähnten sog. stillen Reserven, die sich durch die Bewertungsvorschriften des Handels- bzw. Steuerrechts zwangsläufig in der Bilanz ergeben (vgl. 249 ff.).

Der Gesamtwert eines Betriebes kann deshalb nur durch eine *Gesamtbewertung* errechnet werden. In diese Gesamtbewertung gehen zwei Komponenten ein:

1. Reproduktionswert (Substanzwert). 2. Ertragswert.

Der Zusammenhang zwischen diesen Größen ist in der folgenden Abbildung dargestellt:

Abb. 8.3: Gesamtwert eines Unternehmens

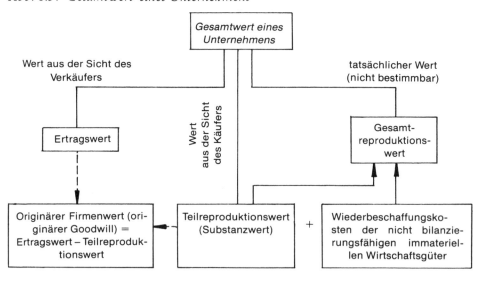

(1) Gesamtreproduktionswert R
Kosten, die aufgewendet werden müßten, um ein Unternehmen der gleichen technischen Leistungsfähigkeit, die das zu bewertende Unternehmen hat, zu errichten.

(1a) Teilreproduktionswert (Substanzwert) S
= Summe der Anschaffungskosten (Wiederbeschaffungskosten) aller selbständigen Wirtschaftsgüter des Unternehmens am Bewertungsstichtag abzüglich Schuldteile, bewertet zu Tageswerten); setzt man entsprechend dem Lebensalter der tatsächlich vorhandenen Wirtschaftsgüter die Abschreibungen von diesem Wert ab, so entsteht der Reproduktionsaltwert.

(1b) Wiederbeschaffungskosten der nicht bilanzierungsfähigen Wirtschaftsgüter[16]
Wert – der Organisation
     – der Produktionsgeheimnisse
     – der Stellung am Absatzmarkt
     – vorhandener Markenartikel und Markennamen
     – des Standorts
     – der Mitarbeiterqualifikation und des Betriebsklimas

(2) Ertragswert E
Barwert aller zukünftigen Reinerträge bezogen auf den Zeitpunkt der Gesamtbewertung des Unternehmens. Die zukünftig zu erwartenden Reinerträge können nur in Anlehnung an die Gewinne früherer Rechnungsperioden geschätzt werden. In der Regel werden die ausgeschütteten Gewinne an die Unternehmenseigner herangezogen[17].

(2a) Zeitliche Begrenzung der Reinerträge ohne Liquidationserlös

$E = \frac{e_1}{q} + \frac{e_2}{q^2} + \ldots + \frac{e_n}{q^n}$; e_i = Reinertrag* im Jahr i
n = Nutzungsdauer (Lebensdauer)
$q = \left(1 + \frac{r}{100}\right)$
r = Kalkulationszinssatz in % pro anno (meist wird r gleichgesetzt mit der Verzinsung risikofreier Anlagen [Staatspapiere])

(2b) Zeitliche Begrenzung der Reinerträge mit Liquidationserlös L_n
Liquidationserlös = Wert des Unternehmens bei Beendigung der unternehmerischen Tätigkeit. In diesem Zeitpunkt fallen Ertragswert und Substanzwert zusammen, da Einnahmen nur noch aus der Veräußerung der den Substanzwert bestimmenden Wirtschaftsgüter nach Begleichung der Schulden anfallen.

$$E = \frac{e_1}{q} + \frac{e_2}{q^2} + \ldots + \frac{e_n}{q^n} + \frac{L_n}{q^n}$$

* (als Reinertrag kann das Betriebsergebnis herangezogen werden)

(2c) Gleichbleibende Reinerträge bei zeitlicher Begrenzung der Reinerträge

$$E = \frac{e \cdot (q^n - 1)}{q^n (q - 1)} + \left(\frac{L_n}{q^n}\right) \quad \text{Rentenbarwertformel}$$

(2d) Gleichbleibender Reinertrag mit unbegrenzter Lebensdauer des Unternehmens

$$\boxed{E = \frac{e}{q - 1} = \frac{e}{r}} \quad \text{In der Regel gebräuchliche Schätzformel}$$

(3) Firmenwert (Goodwill)

Originärer Firmenwert = Ertragswert – Substanzwert
Derivativer Firmenwert = Tatsächlich bezahlter Kaufpreis für das Unternehmen – Bilanzwert

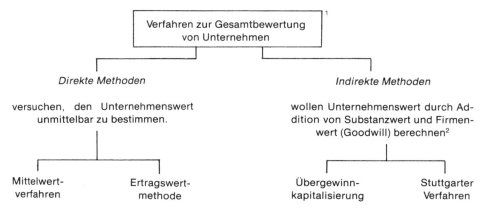

[1] Vgl. Schult, E.: Bilanzanalyse, a.a.O., S. 186
[2] Auf die indirekten Methoden kann im Rahmen dieses Buches nicht eingegangen werden. Auf die umfangreiche Spezialliteratur wird verwiesen.

Das Mittelwertverfahren unterstellt, daß ein Käufer des Unternehmens vom Substanzwert ausgeht, während der Verkäufer den Ertragswert bei den Verkaufsverhandlungen zugrundelegt und sich beide »in der Mitte treffen«, so daß der ausgehandelte Preis dem arithmetischen Mittel von Ertragswert und Substanzwert entspricht.

Tabelle 8.4: Bestimmung des Unternehmens- und Firmenwertes

Kennzahl	Benennungen	Berechnung	Erläuterungen
936	Ertragswert ohne Berücksichtigung von Wachstum und Inflation nach Steuern	$$\frac{\text{Betriebsergebnis} \cdot 100}{\text{Kalkulationszinssatz}}$$ $$\frac{(665) \cdot 100}{\text{Kalkulationszinssatz}}$$ Der Kalkulationszinssatz ist als Dezimalzahl einzusetzen: z. B. 7% = 0,07	Der Ertragswert ist der betriebszweckbezogene, auf den Gegenwartszeitpunkt berechnete Wert, der mit dem Kalkulationszinssatz abgezinsten zukünftigen Betriebsgewinne bei angenommener unbegrenzter Lebensdauer des Betriebes. Inflation und Wachstum der Volkswirtschaft werden hierbei nicht berücksichtigt. Als Kalkulationszinssatz wird der landesübliche Zinssatz für risikofreie Kapitalanlagen, z. B. Staatsanleihen, erststellige Hypotheken etc. verwendet und als prozentuale Zahl in die Berechnung eingesetzt. Für die zukünftigen jährlichen Betriebsgewinne wird angenommen, daß sie – über die kommenden Jahre hinweg – in der gleichen Höhe wie der jetzige Betriebsgewinn anfallen. Der Ertragswert ist derjenige Wert, den ein Außenstehender dem Unternehmen unter ausschließlicher Beurteilung der Ertragskraft beimessen würde. Dabei wird er sich auf das Betriebsergebnis nach Steuern konzentrieren.
937	Ertragswert mit Berücksichtigung von Wachstum und Inflation nach Steuern	$$\frac{(\text{Betriebsergebnis} - \text{Sachanlagen} \cdot \text{Gesamtrate}) \cdot 100}{\text{Kalkulationszinssatz}}$$ $$\frac{\{(665) \cdot [(602) \cdot \text{Gesamtrate}]\} \cdot 100}{\text{Kalkulationszinssatz}^{1)}}$$	Im Rahmen einer verfeinerten Betrachtung muß die durchschnittliche jährliche Inflationsrate der industriellen Erzeugerpreise mit der durchschnittlichen jährlichen Wachstumsrate des realen Bruttosozialproduktes addiert zu einer Gesamtrate berücksichtigt werden. Diese Gesamtrate wird mit dem Sachanlagevermögen multipliziert und gibt dann denjenigen Betrag an, der jährlich aus dem Betriebsergebnis abgezweigt werden muß, um Inflation und dem allgemeinen Wachstum der Volkswirtschaft gerecht zu werden. Die Sachanlagen sind deshalb für diese Betrachtung heranzuziehen, da sie den Vermögensteil darstellen, der zur dauernden Nutzung im Unternehmen verbleibt. Im übrigen gelten die bei (936) aufgeführten Erläuterungen.

Fortsetzung nächste Seite

[1] Der Kalkulationszinssatz ist als Dezimalzahl anzugeben (vgl. bei [936]).

Kenn-zahl	Benennungen	Berechnung	Erläuterungen
938	Substanzwert Teil- (Reproduktionswert)	Vermögen (612)	Als Substanzwert im Rahmen der externen Bilanzanalyse wird üblicherweise der Bilanzwert, der gleich der Vermögenssumme ist, verwendet. Er stellt den Gegenwartswert des betrieblichen Vermögens zu handelsrechtlichen Vorschriften (ohne stille Reserven) dar.
939	Firmenwert (Goodwill) Originär	Ertragswert − Substanzwert (936) − (938) bzw. (937) − (938)	Der Firmenwert (Goodwill) bringt die nicht bilanzierbaren Betriebspotentiale wie z. B. Organisation, Produktionsgeheimnisse, Stellung am Absatzmarkt usw. zum Ausdruck, die letztendlich neben dem Substanzwert die Quellen des betrieblichen Erfolgs darstellen.
940	Substanzwert (Teilreproduktionswert) nach dem Netto-prinzip	Vermögen − Fremdkapital (612) − (618)	Ein externer Beurteiler des Unternehmens, der dessen Vermögensgegenstände als Grundlage der Gesamtbewertung des Unternehmens wertmäßig abschätzen will, muß berücksichtigen, daß die Vermögensteile mit Schulden belastet sind. Die Kennzahl stellt daher das Reinvermögen nach Abzug der Schuldanteile dar.
941	Gesamtwert des Unternehmens nach dem Mittelwertverfahren	$$\frac{\text{Ertragswert} + \text{Substanzwert}}{2}$$ $$\frac{(936) + (940)}{2} \text{ bzw. } \frac{(937) + (940)}{2}$$	Dieses Verfahren der Bestimmung des Gesamtwertes von Unternehmen geht von der Annahme aus, daß der Käufer eines Unternehmens sich am Substanzwert und der Verkäufer sich am Ertragswert orientiert und daß sich beide »in der Mitte« bei ihren Verkaufsverhandlungen treffen.

9. Praktische Anwendung des bilanzanalytischen Instrumentariums auf Jahresabschlüsse von AEG und Siemens

9.1 Vorbemerkungen

Nach der mehr theoretischen Entwicklung des denk- und arbeitsmethodischen Instrumentariums der Bilanzanalyse, soll nunmehr dessen praktische Anwendung demonstriert werden. Die verwendeten Ausgangsdaten der Jahresabschlüsse von AEG und Siemens sind jedermann zugänglich und werden in Abschnitt 9.2 ohne Erläuterungen wiedergegeben.

Auf der Basis dieser Ausgangsdaten werden im Abschnitt 9.3 in Tabellenform die bilanzanalytischen Berechnungen vorgenommen. Die Ergebnisse der Berechnungen sind in diesen Tabellen ebenfalls enthalten. Hinsichtlich der Bedeutung der Ergebnisse darf auf die Erläuterungen in dem in den vorangegangenen Abschnitten dargestellten Gesamt-Katalog verwiesen werden.

Die konsolidierten Jahresabschlüsse innerhalb der Gesamtkonzerne der beiden Unternehmungen werden wegen ihrer begrenzten Aussagefähigkeit nicht behandelt (vgl. hierzu Abschnitt 10.3).

9.2 Ausgangsdaten (Jahresabschlüsse)

Die nachfolgenden Jahresabschlüsse enthalten nicht die Geschäftsberichte. Auf eine Einbeziehung der Geschäftsberichts-Daten wurde aus Platzgründen verzichtet. Interessenten können die Geschäftsberichte bei Banken oder bei den Firmen selbst beziehen.

Die Autoren haben mit Absicht zur Analyse die Jahresabschlüsse aus dem Jahre 1978 ausgewählt, um dem Leser einen Vergleich mit der seitherigen Entwicklung nahezulegen.

Bilanz der ALLGEMEINEN ELEKTRICITÄTS-GESELLSCHAFT AEG-TELEFUNKEN
zum 31. Dezember 1978

Aktiva

	Stand 1. Jan. 1978 DM	Zugang DM	Umbuchungen DM	Abgang DM	Abschreibungen DM	Stand 31. Dez. 1978 DM	Stand 31. Dez. 1977 TDM
Anlagevermögen							
Sachanlagen und immaterielle Werte							
Grundstücke und grundstücksgleiche Rechte mit Geschäfts-, Fabrik- und anderen Bauten	294 414 202	5 866 419	+ 1 362 395	666 662	14 884 170	286 092 184	294 414
Grundstücke mit Wohnbauten	2 004 640	—	—	11 525	41 715	1 951 400	2 005
Grundstücke ohne Bauten	743 615	262 410	—	—	—	1 006 025	744
Bauten auf fremden Grundstücken	8 867 885	1 231 506	+ 83 128	—	1 266 262	8 916 257	8 868
Maschinen und maschinelle Anlagen	352 469 595	87 930 229	+ 12 240 663	2 487 518	97 378 347	352 774 622	352 469
Betriebs- und Geschäftsausstattung	101 122 040	75 484 994	+ 8 764 508	598 002	84 783 578	99 989 962	101 122
Anlagen im Bau und Anzahlungen auf Anlagen	27 461 718	36 455 169	− 22 450 694	580 109	÷	40 886 084	27 462
Patente und ähnliche Rechte	40 000 001	—	—	—	13 000 000	27 000 001	40 000
	827 083 696	207 230 727	—	4 343 816	211 354 072	818 616 535	827 084
Finanzanlagen							
Beteiligungen	1 367 099 009	87 115 540	—	2 200 000	4 004 540	1 448 010 009	1 367 099
Ausleihungen mit einer Laufzeit von mindestens 4 Jahren	17 789 891	1 897 363	—	3 961 937	—	15 725 317	17 790
davon durch Grundpfandrechte gesichert:	(2 967 897)					(2 930 967)	(2 968)
	1 384 888 900	89 012 903	—	6 161 937	4 004 540	1 463 735 326	1 384 889
	2 211 972 596	296 243 630	—	10 505 753	215 358 612	2 282 351 861	2 211 973

	DM	DM	
Umlaufvermögen			
Vorräte			
Roh-, Hilfs- und Betriebsstoffe	285 186 357		277 405
Unfertige Erzeugnisse	430 360 042		396 018
Fertige Erzeugnisse, Waren	727 046 345		699 275
Anlagen in Arbeit	467 495 431		421 841
	1 910 088 175		1 794 539
Erhaltene Anzahlungen	− 619 661 810		− 773 817
		1 290 426 365	1 020 722
Forderungen und sonstige Vermögensgegenstände			
Geleistete Anzahlungen	50 565 779		50 027
Forderungen aus Lieferungen und Leistungen	1 692 624 539		1 693 765
davon mit einer Restlaufzeit von mehr als 1 Jahr: 187 982 321 DM			(183 882)
Forderungen an verbundene Unternehmen	1 370 066 378		1 646 026
Forderungen aus Krediten gem. § 89 AktG	1 512 137		2 232
Sonstige Vermögensgegenstände	265 434 886		312 335
		3 380 203 719	3 704 385
Flüssige Mittel			
Wertpapiere	33 778 078		34 393
Bundesbankfähige Wechsel	58 517 149		41 132
Schecks	28 027 215		31 323
Kassenbestand, Bundesbank- und Postscheckguthaben	5 491 208		9 892
Guthaben bei Kreditinstituten	427 141 076		415 400
		552 954 726	532 140
		5 223 584 810	5 257 247
Rechnungsabgrenzungsposten			
Disagio	17 281 508		24 819
Sonstige	2 474 702		1 976
		19 756 210	26 795
Bilanzverlust		295 326 860	—
		7 821 019 741	7 496 015

Passiva

	DM	DM	Stand 31.Dez.1978 DM	Stand 31.Dez.1977 TDM
Grundkapital			929 807 500	*929 808*
Bedingtes Kapital: 28 000 000 DM[1])				*(48 122)*
Gesetzliche Rücklage			499 115 351	*499 115*
Pauschalwertberichtigung zu Forderungen			70 229 000	*70 222*
Rückstellungen				
für Pensionen			628 801 000	*628 801*
Andere			667 212 000	*1 201 259*
			1 296 013 000	*1 830 060*
Verbindlichkeiten				
Finanzschulden				
mit einer Laufzeit von mindestens 4 Jahren:				
6½%-Wandelanleihe von 1966			—	*60 365*
6%-Wandelanleihe von 1969		112 000 000		*112 000*
Verbindlichkeiten gegenüber Kreditinstituten		2 675 681 095		*2 782 763*
davon durch Grundpfandrechte gesichert:	139 529 700 DM			*(145 277)*
Sonstige Finanzschulden		118 790 189		*138 132*
davon durch Grundpfandrechte gesichert:	42 231 374 DM			*(48 085)*
		2 906 471 284		*3 093 260*
von der Summe sind vor Ablauf von 4 Jahren fällig:	2 071 672 417 DM			*(1 980 357)*
mit einer Laufzeit von unter 4 Jahren:				
Verbindlichkeiten gegenüber Kreditinstituten		251 827 579		*54 559*
			3 158 298 863	*3 147 819*
Andere Verbindlichkeiten				
Erhaltene Anzahlungen		421 640 272		*119 693*
Verbindlichkeiten aus Lieferungen und Leistungen		414 809 158		*410 476*
Verbindlichkeiten gegenüber verbundenen Unternehmen		695 261 610		*234 055*
Sonstige Verbindlichkeiten		335 627 330		*254 449*
			1 867 338 370	*1 018 673*
			5 025 637 233	*4 166 492*
Rechnungsabgrenzungsposten			217 657	*318*
				—
Wechselobligo	302 458 TDM			*(293 216)*
davon gegenüber verbundenen Unternehmen:	(116 TDM)			*(173 908)*
Bürgschaften	674 311 TDM			*(820 484)*
Gewährleistungsverpflichtungen	23 990 TDM			*(22 730)*
davon gegenüber verbundenen Unternehmen:	(22 524 TDM)			*(21 024)*
Sicherheiten für fremde Verbindlichkeiten	386 TDM			*(197)*
			7 821 019 741	*7 496 015*

[1]) Für den Umtausch der Wandelanleihe bestimmt

Gewinn- und Verlustrechnung der
ALLGEMEINEN ELEKTRICITÄTS-GESELLSCHAFT AEG-TELEFUNKEN
für die Zeit vom 1. Januar bis 31. Dezember 1978

	DM	DM	DM	1. Jan. – 31. Dez. 1977 TDM
Umsatzerlöse			8 217 066 312	8 382 541
Erhöhung des Bestands an fertigen und unfertigen Erzeugnissen		+ 62 761 836		+ 45 265
			8 279 828 148	8 427 806
Andere aktivierte Eigenleistungen			+ 44 861 504	+ 47 605
Gesamtleistung			8 324 689 652	8 475 411
Aufwendungen für Roh-, Hilfs- und Betriebsstoffe sowie für bezogene Waren			− 4 234 722 687	− 4 404 210
Rohertrag			4 089 966 965	4 071 201
Erträge aus Gewinnabführungsverträgen			41 405 308	70 665
Erträge aus Beteiligungen			61 840 056	61 089
Erträge aus den anderen Finanzanlagen			1 589 515	1 560
Sonstige Zinsen und ähnliche Erträge			178 239 507	212 039
Erträge aus dem Abgang von Gegenständen des Anlagevermögens			2 435 110	4 590
Erträge aus der Auflösung von Rückstellungen			21 119 965	17 491
Sonstige Erträge			219 063 620	252 723
davon außerordentliche: 14 617 790 DM				(19 979)
			+ 525 693 081	+ 620 157
			4 615 660 046	4 691 358
Löhne und Gehälter			2 466 396 351	2 375 173
Soziale Abgaben			367 345 485	353 409
Aufwendungen für Altersversorgung und Unterstützung				
Pensionszahlungen¹)		99 313 539		86 200
Zuführung zu Pensionsrückstellungen		—		71 873
		99 313 539		158 073
Unterstützungen		2 545 209		1 969
			101 858 748	160 042
Abschreibungen auf Sachanlagen			211 354 072	192 182
Abschreibungen auf Beteiligungen			4 004 540	—
Verluste aus Wertminderungen oder dem Abgang von Gegenständen des Umlaufvermögens außer Vorräten und Einstellung in die Pauschalwertberichtigung zu Forderungen			22 530 820	21 862
Verluste aus dem Abgang von Gegenständen des Anlagevermögens			2 439 907	59 505
Zinsen und ähnliche Aufwendungen			306 210 368	330 559
Steuern		an Organgesell. verrechnet	Aufwand von AEG-TELEFUNKEN	
vom Einkommen, vom Ertrag und vom Vermögen	39 285 475	3 348 147	35 937 328	57 028
sonstige	2 617 690	—	2 617 690	2 152
			38 555 018	59 180
Lastenausgleichsvermögensabgabe			42 757	97
Aufwendungen aus Verlustübernahmen			91 107 481	10
Sonstige Aufwendungen			1 299 141 359	1 139 339
			− 4 910 986 906	− 4 691 358
Jahresfehlbetrag/Bilanzergebnis			− 295 326 860	—

¹) Die Pensionszahlungen der folgenden fünf Jahre werden in Prozent der Zahlungen für 1978 voraussichtlich betragen:
1979: 108%, 1980: 117%, 1981: 127%, 1982: 137%, 1983: 149%.

ALLGEMEINE
ELEKTRICITÄTS-GESELLSCHAFT
AEG-TELEFUNKEN

Der Vorstand

Berlin und Frankfurt am Main, den 10. April 1979

Die Buchführung, der Jahresabschluß und der Geschäftsbericht entsprechen nach unserer pflichtmäßigen Prüfung Gesetz und Satzung.

Deutsche Warentreuhand-Aktiengesellschaft
Wirtschaftsprüfungsgesellschaft,
Steuerberatungsgesellschaft

Hamann   Feik
Wirtschaftsprüfer   Wirtschaftsprüfer

Berlin und Frankfurt am Main, den 12. April 1979

Bilanz der Siemens AG zum 30. September 1978 in DM

Aktiva

	30. 9. 1977	Zugänge	Umbuchungen	Abgänge	Abschreibungen	30. 9. 1978	30. 9. 1977
I. Anlagevermögen							in TDM
Sachanlagen und immaterielle Anlagewerte							
Grundstücke u. grundstücksgleiche Rechte							
mit Geschäfts-, Fabrik- u. anderen Bauten	1 171 446 400	21 997 618	+ 28 056 153	1 400 186	53 308 606	1 166 791 379	1 171 446
mit Wohnbauten	465 320	–	–	15 375	26 088	423 857	465
ohne Bauten	23 403 200	5 713 177	– 636 249	306 231	3 502 467	24 671 430	23 403
Bauten auf fremden Grundstücken	7 994 757	4 203 766	+ 4 667 779	346 270	3 514 927	13 005 105	7 995
Maschinen und maschinelle Anlagen	587 683 555	132 852 766	+ 75 785 323	10 223 306	191 287 326	594 811 012	587 684
Betriebs- und Geschäftsausstattung	410 585 184	395 839 936	+ 27 535 719	4 556 436	368 160 061	461 244 342	410 585
Anlagen i. Bau u. Anzahlungen auf Anlagen	144 676 639	127 042 940	– 135 408 725	1 415 714	18 966 767	115 928 373	144 677
Konzessionen, gewerbl. Schutzrechte u. ä. Rechte sowie Lizenzen an solch. Rechten	1	–	–	–	–	1	[1,–]
	2 346 255 056	687 650 203	–	18 263 518	638 766 242	2 376 875 499	2 346 255
Finanzanlagen							
Beteiligungen	1 785 144 197	267 372 950	–	11 426 594	2 981 130	2 038 109 423	1 785 144
Ausleihungen mit einer vereinbarten Laufzeit von mindestens 4 Jahren	13 120 175	838 003	–	1 589 524	–	12 368 654	13 120
dav. d. Grundpfandrechte gesich. 3 785 250							[4370]
	1 798 264 372	268 210 953	–	13 016 118	2 981 130	2 050 478 077	1 798 264
	4 144 519 428	955 861 156	–	31 279 636	641 747 372	4 427 353 576	4 144 519

II. Umlaufvermögen							
Vermietete Erzeugnisse					399 184 173		389 944
Vorräte							
Roh-, Hilfs- und Betriebsstoffe				475 475 707			449 783
Unfertige Erzeugnisse				1 437 247 092			1 314 854
Fertige Erzeugnisse, Waren				1 290 147 074			1 138 543
Unverrechnete Lieferungen und Leistungen				1 775 827 573			1 576 484
				4 978 697 446			4 479 664
Erhaltene Anzahlungen				-3 554 396 000			-3 193 181
					1 424 301 446		1 286 483
Forderungen und sonstige Vermögensgegenstände							
Geleistete Anzahlungen				196 222 563			258 260
Forderungen aus Lieferungen und Leistungen				3 039 717 551			2 719 398
davon mit einer Restlaufzeit von mehr als 1 Jahr			469 688 418				[523 026]
Forderungen an verbundene Unternehmen				4 970 460 268			3 653 228
Forderungen gemäß § 89 Aktiengesetz				37 464 901			33 495
Sonstige Vermögensgegenstände				600 855 812			448 025
					8 844 721 095		7 112 406
Eigene Aktien (Nennbetrag 4 904 300)					15 301 416		2 359
Wertpapiere und Schuldscheine							
Aktien				72 276 726			65 799
Festverzinsliche Wertpapiere				3 331 072 010			3 219 874
Schuldscheine				871 220 676			946 891
					4 274 569 412		4 232 564
Flüssige Mittel							
Wechsel (davon bundesbankfähig 6 708 772)				8 315 086			4 969
Schecks				7 901 959			11 167
Kassenbestand, Bundesbank- und Postscheckguthaben				16 050 868			11 972
Guthaben bei Kreditinstituten				239 295 890			340 790
					271 563 803		368 898
						15 229 641 345	13 392 654
III. Rechnungsabgrenzungsposten					1 938 533		2 567
						19 658 933 454	17 539 740

Passiva

	30. 9. 1978		30. 9. 1977
I. Grundkapital			in TDM
Stammaktien (Gesamtstimmenzahl 32 126 409)	1 606 320 450		1 569 814
Vorzugsaktien mit Stimmrecht (Gesamtstimmenzahl 755 257*)	37 762 850		37 763
		1 644 083 300	1 607 577
Bedingtes Kapital 87 493 400			[87 500]
Genehmigtes Kapital 296 000 000			[332 500]
II. Offene Rücklagen			
Gesetzliche Rücklage	1 532 576 506		1 479 632
Einstellung des Aufgeldes aus Kapitalerhöhungen	160 593 633		52 945
		1 693 170 139	1 532 577
Freie Rücklagen	2 099 782 430		1 945 982
Einstellung aus dem Jahresüberschuß	205 000 000		153 800
		2 304 782 430	2 099 782
		3 997 952 569	3 632 359
Eigenkapital		5 642 035 869	5 239 936
III. Sonderposten mit Rücklageanteil			
Rücklage gemäß § 1 Entwicklungsländer-Steuergesetz	139 555 085		120 591
Rücklage gemäß § 74 Einkommensteuer-Durchführungsverordnung	64 227 000		61 002
Rücklage gemäß § 6b Einkommensteuergesetz	6 080 988		1 744
		209 863 073	183 337
IV. Rückstellungen			
Pensionsrückstellungen	2 979 500 000		2 654 200
Andere Rückstellungen	2 589 418 550		2 410 428
		5 568 918 550	5 064 628
V. Verbindlichkeiten			
Finanzschulden			
mit einer vereinbarten Laufzeit von mindestens 4 Jahren			
Anleihen	410 000 000		479 754
Verbindlichkeiten gegenüber Kreditinstituten	402 139 686		425 219
Schuldschein- und sonstige Darlehen	117 084		22 255
	812 256 770		927 228
davon durch Grundpfandrechte gesichert	—		[—]
davon vor Ablauf von 4 Jahren fällig	683 705 418		[610 060]
mit einer vereinbarten Laufzeit unter 4 Jahren			
Verbindlichkeiten gegenüber Kreditinstituten	13 768 729		58 520
		826 025 499	985 748
Andere Verbindlichkeiten			
Erhaltene Anzahlungen	475 254 673		549 966
Verbindlichkeiten aus Lieferungen und Leistungen	844 400 843		754 185
Verbindlichkeiten gegenüber verbundenen Unternehmen	4 420 426 860		3 287 590
Sonstige Verbindlichkeiten	1 268 404 654		1 084 940
davon mit einer vereinbarten Laufzeit von mindestens 4 Jahren 91 735 889			[109 921]
davon durch Grundpfandrechte gesichert 551 178			[643]
davon vor Ablauf von 4 Jahren fällig 46 481 391			[42 774]
		7 008 487 030	5 676 681
		7 834 512 529	6 662 429
VI. Rechnungsabgrenzungsposten		141 334 793	132 319
VII. Bilanzgewinn		262 268 640	257 091
Lastenausgleichs-Vermögensabgabe			
Gegenwartswert rund 3 779 000			[11 093]
Vierteljahresbetrag rund 1 910 000			[1 910]
Wechselobligo 135 845 551			[153 756]
davon gegenüber verbundenen Unternehmen 1 684 708			[—]
Bürgschaftsverpflichtungen 125 782 544			[129 247]
Gewährleistungsverpflichtungen 594 144 220			[632 854]
davon gegenüber verbundenen Unternehmen 8 169 438			[—]
Sicherheitenstellung für fremde Verbindlichkeiten 1 805 251			[429]
		19 658 933 454	17 539 740

* Diese Aktien gewähren in bestimmten, in § 23 der Satzung genannten Fällen ein sechsfaches Stimmrecht.

Gewinn- und Verlustrechnung der Siemens AG für die Zeit vom 1. Oktober 1977 bis 30. September 1978 in DM

		1977/78		1976/77
				in TDM
Umsatzerlöse		16 790 450 571		15 818 026
Bestandsveränderung bei unfertigen und fertigen Erzeugnissen, unverrechneten Lieferungen und Leistungen sowie bei vermieteten Erzeugnissen		408 324 172		− 39 088
			17 198 774 743	15 778 938
Andere aktivierte Eigenleistungen		242 792 052		214 057
Gesamtleistung			17 441 566 795	15 992 995
Aufwendungen für Roh-, Hilfs- und Betriebsstoffe sowie für bezogene Waren			6 383 025 025	5 686 529
Rohertrag			11 058 541 770	10 306 466
Erträge aus Gewinnabführungsverträgen		33 606 163		23 890
Erträge aus Beteiligungen		81 895 192		75 942
Erträge aus anderen Finanzanlagen		582 485		3 542
Sonstige Zinsen und ähnliche Erträge		705 589 998		593 440
Erträge aus dem Abgang von Gegenständen des Anlagevermögens		22 144 639		42 786
Erträge aus der Auflösung von Rückstellungen		17 907 277		57 006
Erträge aus der Auflösung von Sonderposten mit Rücklageanteil		−		6 110
Sonstige Erträge		716 182 467		752 007
davon außerordentliche	3 673 622			[3 084]
			1 577 908 221	1 554 723
			12 636 449 991	11 861 189
Löhne und Gehälter		6 227 708 636		5 882 402
Soziale Abgaben		850 025 137		795 209
Aufwendungen für Altersversorgung und Unterstützung		570 822 630		408 731
Abschreibungen auf Sachanlagen		638 766 242		618 359
Abschreibungen auf Finanzanlagen		2 981 130		383 486
Verluste aus Wertminderungen oder dem Abgang von Gegenständen des Umlaufvermögens (außer vermieteten Erzeugnissen und Vorräten)		285 837 342		170 259
Verluste aus dem Abgang von Gegenständen des Anlagevermögens		12 463 801		8 385
Zinsen und ähnliche Aufwendungen		386 125 267		310 307
Steuern	an Organgesellschaften verrechnet	Aufwand der Siemens AG		
vom Einkommen, vom Ertrag und vom Vermögen 593 349 541*	27 913 693	565 435 848		564 793
Sonstige 6 134 537	−	6 134 537		3 758
		571 570 385		568 551
Lastenausgleichs-Vermögensabgabe		7 642 206		7 640
Aufwendungen aus Verlustübernahme		7 161 669		15 268
Einstellung in Sonderposten mit Rücklageanteil		26 525 837		24 742
Sonstige Aufwendungen		2 581 551 069		2 257 759
			12 169 181 351	11 451 098
Jahresüberschuß			467 268 640	410 091
Gewinnvortrag aus dem Vorjahr			−	800
Einstellung in freie Rücklagen aus dem Jahresüberschuß			205 000 000	153 800
Bilanzgewinn			262 268 640	257 091

Pensionszahlungen gemäß § 159 Aktiengesetz: 135,5 Millionen DM; die Pensionszahlungen der folgenden fünf Jahre werden in Prozent der Zahlungen 1977/78 voraussichtlich betragen 1978/79: 115%; 1979/80: 122%; 1980/81: 128%; 1981/82: 135%; 1982/83: 145%.

* darin gekürzt: DM 17 435 236 Körperschaftsteueranrechnungsbetrag für Ausschüttungen inländischer Kapitalgesellschaften

SIEMENS AKTIENGESELLSCHAFT
Der Vorstand

Die Buchführung, der Jahresabschluß und der Geschäftsbericht entsprechen nach unserer pflichtmäßigen Prüfung Gesetz und Satzung.

DEUTSCHE TREUHAND-GESELLSCHAFT
Wirtschaftsprüfungsgesellschaft

Berlin und Frankfurt a. M.
München, 26. Januar 1979

Dr. Goerdeler   Dr. Schulz
Wirtschaftsprüfer   Wirtschaftsprüfer

9.3 Systematische Bilanzanalyse in Tabellenform

Die nachfolgenden Tabellen sprechen für sich. Es darf darauf hingewiesen werden, daß auf dem linken oberen Rand die Nummerngruppe (vgl. Abschnitt 3.4), in der Mitte des oberen Randes das Kapitel, in dem die Bilanzanalyse-Ziffern erläutert werden, und auf dem rechten oberen Rand die fortlaufende Tabellennummer angegeben werden.

Die Tabellenspalten geben zunächst die Nr. und die Benennung der jeweiligen Bilanzanalyse-Ziffer sowie deren Berechnungsformel an. In den weiteren Spalten erfolgt dann die konkrete Berechnung unter Verwendung der Jahresabschlußdaten mit Heraushebung des Ergebnisses in einer gesonderten Spalte, jeweils für die Firmen AEG und Siemens.

| 6 | | | Kapitel | 4 | | Tabelle | 9.1 | |

Systematische Aufbereitung der Jahresabschlußdaten

Kenn-zahl	Benennung	Berechnung	AEG 1977	AEG 1978	TDM	Siemens 1977	Siemens 1978	TDM
600	Materielle Sachanlagen	(002) + (003) + (004) + (005) + (006) + (007) + (008) + (010) − (105)	294 414 2 005 744 8 868 352 469 101 122 27 462 787 084	286 092 1 952 1 006 8 916 352 775 99 990 40 886 791 617	791 617 (787 084)	1 171 446 465 23 403 7 995 587 684 410 585 144 677 2 346 255	1 166 791 424 24 672 13 005 594 811 461 244 115 928 2 376 875	2 376 875 (2 346 255)
601	Immaterielle Sachanlagen	009	40 000	27 000	27 000 (40 000)	0	0	0 (0)
602	Sachanlagen	(600) + (601)	787 084 40 000 827 084	791 617 27 000 818 617	818 617 (827 084)	2 346 255	2 376 875	2 376 875 (2 346 255)
603	Finanzanlagen	(011) + (012) + (013) + (014) − (106)	1 367 099 17 790 1 384 889	1 448 010 15 725 1 463 735	1 463 735 (1 384 889)	1 785 144 13 120 1 798 264	2 038 109 12 369 2 050 478	2 050 478 (1 798 264)
604	Anlagevermögen	(602) + (603)	1 384 889 827 084 2 211 973	818 617 1 463 735 2 282 352	2 282 352 (2 211 973)	2 346 255 1 798 264 4 144 519	2 376 875 2 050 478 4 427 353	4 427 353 (4 144 519)
605	Vorräte	(015) + (016) + (017) + (018) + (020)	277 405 396 018 699 275 421 841 50 027 1 844 566	285 186 430 360 727 046 467 496 50 566 1 960 654	1 960 654 (1 844 566)	449 783 1 314 854 1 138 543 1 576 484 258 260 4 737 924	475 476 1 437 247 1 290 147 1 775 828 196 223 5 174 921	5 174 921 (4 737 924)

Fortsetzung nächste Seite

6				AEG				Siemens	
Kenn-zahl	Benennung	Berechnung	1977	1978	TDM	1977	1978		TDM
606	Liquide Mittel I	(025) + (026) + (027)	31 323 9 892 415 400 456 615	28 027 5 492 427 141 460 660	460 660 (456 615)	11 167 11 972 340 790 363 929	7 902 16 051 239 296 263 249		263 249 (363 929)
607	Liquide Mittel II	(606) + (023) + (028)	456 615 41 132 34 393 532 140	460 660 58 517 33 778 552 955	552 955 (532 140)	363 929 4 969 4 232 564 4 601 462	263 249 8 315 4 274 569 4 546 133		4 546 133 (4 601 462)
608	Monetäres Umlaufvermögen	(607) + (021) + (029)	532 140 1 693 765 2 225 905	552 955 1 692 625 2 245 580	2 245 580 (2 225 905)	4 601 462 2 719 398 2 359 7 323 219	4 546 133 3 039 718 15 302 7 601 153		7 601 153 (7 323 219)
609	Kurzfristig monetisier-bares Umlaufvermögen	(021) + (023) + (028) + (029) − (107)	1 693 765 41 132 34 393 −70 222 1 699 068	1 692 625 58 517 33 778 −70 229 1 714 691	1 714 691 (1 699 068)	2 719 398 4 969 4 232 564 2 359 6 959 290	3 039 718 8 315 4 274 569 15 301 7 337 903		7 337 903 (6 959 290)
610	Übriges Umlaufvermögen	(030) + (036) + (031) + (032) + (033) + (034) − (108)	1 976 1 646 026 2 232 312 335 1 962 569	2 475 1 370 066 1 512 265 435 1 639 488	1 639 488 (1 962 569)	2 567 3 653 228 33 495 448 025 389 944 4 527 259	1 939 4 970 460 37 465 600 856 399 184 6 009 904		6 009 904 (4 527 259)

| 6 | | | | | | | Kapitel | 4 | | Tabelle | 9.1 |

Systematische Aufbereitung der Jahresabschlußdaten

Kenn-zahl	Benennung	Berechnung	AEG 1977	AEG 1978	TDM	Siemens 1977	Siemens 1978	TDM
611	Umlaufvermögen	(605) + (606) + (609) + (610)	1844566 456615 1699068 1962569 5962818	1960654 460660 1714691 1639488 5775493	5775493 (5962818)	4737924 363929 6959290 4527259 16588402	5174921 263249 7337903 6009904 18785977	18785977 (16588402)
612	Vermögen	(604) + (611)	2211973 5962818 8174791	2282352 5775493 8057845	8057845 (8174791)	4144519 16588402 20732921	4427353 18785977 23213330	23213330 (20732921)
613	Eigenkapital	(100) + (101) + (102) + (103) + 0,5 × (104) − Anteil (103) − (001) − (037) − (035)	929808 499115 − 24819 1404104	929808 499115 − 295327 − 17281 1116315	1116315 (1404104)	1607577 1532577 2099782 91668 − 11093 5320511	1644083 1693170 2304782 104931 − 3779 5743187	5743187 (5320511)
614	Eigenkapital incl. eigenkapitalähnliche Beträge	(613) + (109)	1404104 628801 2032905	1116315 628801 1745116	1745116 (2032905)	5320511 2654200 7974711	5743187 2979500 8722687	8722687 (7974711)
615	Langfristige Verbindlichkeiten	(111) + (112) + (113) − (114) + (119)	60365 112000 2782763 138132 − 1980357 234055 1346958	112000 2675681 118790 − 2071672 695262 1530061	1530061 (1346958)	479754 425219 22255 109921 − 610060 − 42774 3287590 3671905	410000 402140 117 91736 − 683705 − 46481 4420427 4594234	4594234 (3671905)

Fortsetzung nächste Seite

6				AEG			Siemens		
Kenn-zahl	Benennung	Berechnung	1977	1978	TDM	1977	1978	TDM	
616	Mittelfristige Verbindlichkeiten	(114) + Anteil (103) + 0,5 × (104)	1 980 357	2 071 672	2 071 672 (1 980 357)	610 060 42 774 11 093 91 669 755 596	683 705 46 481 3 779 104 931 838 896	838 896 (755 596)	
617	Kurzfristige Verbindlichkeiten	(110) + (115) + (116) + (117) + (019) + (118) + (120) + (121) (Die Position (120) »Sonstige Verbindlich-keiten« enthält bei SIEMENS auch lang-fristige und mittelfristige Bestandteile. Diese Teile sind in (615) und (616) zugeordnet worden.)	1 201 259 410 476 54 559 119 693 773 817 254 449 318 2 814 571	667 212 414 809 251 828 421 640 619 662 335 627 218 2 710 996	2 710 996 (2 814 571)	2 410 428 754 185 58 520 549 966 3 193 181 975 019 132 319 8 073 618	2 589 419 844 401 13 769 475 255 3 554 396 1 176 669 141 335 8 795 244	8 795 244 (8 073 618)	
618	Fremdkapital	(615) + (616) + (617)	1 346 958 1 980 357 2 814 571 6 141 886		6 312 729 (6 141 886)	3 671 905 755 596 8 073 618 12 501 119	4 594 234 838 896 8 795 244 14 228 374	14 228 374 (12 501 119)	
619	Kapital	(614) + (618) + (122)	2 032 905 6 141 886 8 174 791	6 312 729 1 745 116 8 057 845	8 057 845 (8 174 791)	7 974 711 12 501 119 257 091 20 732 921	8 722 687 14 228 374 262 269 23 213 330	23 213 330 (20 732 921)	

Kapitel 4 Tabelle 9.1 Systematische Aufbereitung der Jahresabschlußdaten

Fortsetzung nächste Seite

| 6 | Systematische Aufbereitung der Jahresabschlußdaten | | | | | Kapitel | 4 | Tabelle | 9.1 |

Kenn-zahl	Benennung	Berechnung	1977	AEG 1978	TDM	1977	Siemens 1978	TDM
620	Betriebsnotwendiges Vermögen	(612) − (603) − (028) − (029) − (030) − (032) − (033) − (034)	8 174 791 − 1 384 889 − 34 393 − 2 232 − 312 335 6 440 942	8 057 845 − 1 463 735 − 33 778 − 1 512 − 265 435 6 293 385	6 293 385 (6 440 942)	20 732 921 − 1 798 264 − 4 232 564 − 2 359 − 33 495 − 448 025 14 218 214	23 213 330 − 2 050 478 − 4 274 569 − 15 301 − 37 465 − 600 856 16 234 661	16 234 661 (14 218 214)
—	Hinweis: Mit den bis jetzt ermittelten Daten kann die strukturbilanz aufgestellt werden! (Vgl. Tab. 9.7/9.8)							
621	Zunahme materieller Sachanlagen	ZG (002) + ZG (003) + ZG (004) + ZG (005) + ZG (006) + ZG (007) + ZG (008) + ZG (010) + ZS (002) + ZS (003) + ZS (004) + ZS (005) + ZS (006) + ZS (007) + ZS (008) + ZS (010) + alle positiven Umbu-chungen von: UB (002), UB (003), UB (004), UB (006), UB (007), UB (008), UB (010)		5 867 262 1 232 87 930 75 485 36 455 1 362 83 12 241 8 765 229 682	229 682		21 998 5 713 4 204 132 853 395 840 127 043 28 056 4 668 75 785 27 536 823 696	823 696

Fortsetzung nächste Seite

| 6 | Systematische Aufbereitung der Jahresabschlußdaten | | Kapitel | 4 | Tabelle | 9.1 |

Kenn-zahl	Benennung	Berechnung	AEG 1978	TDM	Siemens 1978	TDM
622	Zunahme immaterieller Sachanlagen	ZG (009) + ZS (009) + positive Umbuchung von: UB (009)	0	0	0	0
623	Zunahme Sachanlagen	(621) + (622)	229 682	229 682	823 696	823 696
624	Zunahme Finanzanlagen	ZG (011) + ZG (012) + ZG (013) + ZG (014) + ZS (011) + ZS (012) + ZS (013) + ZS (014) + alle positiven Umbuchungen von: UB (011), UB (012), UB (013), UB (014)	87 116 1 897 89 013	89 013	267 373 838 268 211	268 211
625	Zunahme Anlagevermögen	(623) + (624)	318 695	318 695	268 211 823 696 1 091 907	1 091 907
626	Abnahme materieller Sachanlagen (ohne Wertberichtigungen)	AG (002) + AG (003) + AG (004) + AG (005) + AG (006) + AG (007) + AG (008) + AG (010) + AB (002) + AB (003) + AB (004) + AB (005) + AB (006) + AB (007) + AB (008) + AB (010) + alle Absolutbeträge der negativen Umbuchungen von: UB (002), UB (003), UB	667 12 2 488 598 580 14 884 42 1 266 97 378 84 784 22 451 225 150	225 150	1 400 15 306 346 10 223 4 557 1 416 53 308 26 3 503 3 515 78 615	

Übertrag

Fortsetzung nächste Seite

Kapitel 4 Tabelle 9.1

6 Systematische Aufbereitung der Jahresabschlußdaten

Kenn-zahl	Benennung	Berechnung	AEG 1978	TDM	Siemens 1978	TDM
					Übertrag 78 615 191 287 368 160 18 967 636 135 409 793 074	793 074
626	Abnahme materieller Sachanlagen (ohne Wertberichtigungen)	(004), UB (005), UB (006), UB (007), UB (010)				
627	Abnahme immaterieller Sachanlagen (ohne Wertberichtigungen)	AG (009) + AB (009) + Absolutbetrag der negativen Umbuchungen von: UB (009)	13 000	13 000	0	0
628	Abnahme Sachanlagen	(626) + (627) + Wertberichtigungen auf Sachanlagen (105)	225 150 13 000 238 150	238 150	793 074	793 074
629	Abnahme Finanzanlagen	AG (011) + AG (012) + AG (013) + AG (014) + AB (011) + AB (012) + AB (013) + AB (014) + alle Absolutbeträge der negativen Umbuchungen von: UB (011), UB (012), UB (013), UB (014) + Wertberichtigungen auf Finanzanlagen (106)	2 200 3 962 4 005 10 167	10 167	11 427 1 589 2 981 15 997	15 997

Fortsetzung nächste Seite

203

| | | Kapitel | 4 | Tabelle | 9.1 |

6 Systematische Aufbereitung der Jahresabschlußdaten

Kenn-zahl	Benennung	Berechnung	AEG 1978		TDM	Siemens 1978		TDM
630	Abnahme Anlagevermögen	(628) + (629)	238 150 10 167 248 317		248 317	793 074 15 997 809 071		809 071
631 bis 649	Die mit diesen Nummern gekennzeichneten Beständedifferenzen werden in der gesonderten Tabelle der Beständedifferenzen-Bilanz berechnet (vgl. Tab. 9.9).							
650	Gesamtleistung (Betriebsertrag)	(300) + (301) oder gegebenenfalls minus (201) + (302) – (200)	8 217 066 62 762 44 862 8 324 690		8 324 690	16 790 451 408 324 242 792 17 441 567		17 441 567
651	Rohertrag	(650) – (202)	8 324 690 – 4 234 723 4 089 967		4 089 967	17 441 567 – 6 383 025 11 058 542		11 058 542

| 6 | Systematische Aufbereitung der Jahresabschlußdaten | | | Kapitel | 4 | | | Tab. | 9.2 |

Strukturbilanzen AEG

Aktiva				Passiva			
Kennzahl	Benennung	1977	1978	Kennzahl	Benennung	1977	1978
(600)	Materielle Sachanlagen	787 084	791 617	(613)	Eigenkapital (ohne Verl.)	1 404 104	1 411 642
(601)	Immaterielle Sachanlagen	40 000	27 000	(109)	Eigenkapitalähnliche Beträge (Pensionsrückst.)	628 801	628 801
(602)	Sachanlagen	827 084	818 617				
(603)	Finanzanlagen	1 384 889	1 463 735	(614)	Eigenkapital incl. eigenkapitalähnliche Betr.	2 032 905	2 040 443
(604)	Anlagevermögen	2 211 973	2 282 352	(615)	Langfristige Verbindlichkeiten	1 346 958	1 530 061
(605)	Vorräte	1 844 566	1 960 654	(616)	Mittelfristige Verbindlichkeiten	1 980 357	2 071 672
(606)	Liquide Mittel I	456 615	460 660	(617)	Kurzfristige Verbindlichkeiten	2 814 571	2 710 996
(609)	Kurzfristig monetisierbare Umlaufvermögen	1 699 068	1 714 691	(618)	Fremdkapital	6 141 886	6 312 729
(610)	Übrige Umlaufvermögen	1 962 569	1 639 488	(122)	Bilanzgewinn	–	–
(611)	Umlaufvermögen	5 962 818	5 775 493	(619)	Kapital (ohne Verlust)	8 174 791	8 353 172
(612)	Vermögen	8 174 791	8 057 845				
(037)	Bilanzverlust	–	295 327				
(038)	Bilanzsumme	8 174 791	8 353 172	(123)	Bilanzsumme	8 174 791	8 353 172

Anmerkungen: Da für die spätere Beständedifferenzbilanz und die Bewegungsbilanz die Positionen »Bilanzverlust« und »Bilanzgewinn« benötigt werden, wird der Bilanzverlust für diese Zwecke nicht vom Eigenkapital abgezogen. Entsprechendes gilt für die Kennzahl des Kapitals (619). Die Kennzahlen (613) und (614) sind damit um den Bilanzverlust erhöht.

| 6 | Systematische Aufbereitung der Jahresabschlußdaten | | Kapitel | 4 | | | Tab. | 9.3 |

Strukturbilanzen Siemens

Aktiva

Kennzahl	Benennung	1977	1978
(600)	Materielle Sachanlagen	2 346 255	2 376 875
(601)	Immaterielle Sachanlagen	–	–
(602)	Sachanlagen	2 346 255	2 376 875
(603)	Finanzanlagen	1 798 264	2 050 478
(604)	Anlagevermögen	4 144 519	4 427 353
(605)	Vorräte	4 737 924	5 174 921
(606)	Liquide Mittel I	363 929	263 249
(609)	Kurzfristig monetisierbare Umlaufvermögen	6 959 290	7 337 903
(610)	Übrige Umlaufvermögen	4 527 259	6 009 904
(611)	Umlaufvermögen	16 588 402	18 785 977
(612)	Vermögen	20 732 921	23 213 330
(037)	Bilanzverlust	–	–
(038)	Bilanzsumme	20 732 921	23 213 330

Passiva

Kennzahl	Benennung	1977	1978
(613)	Eigenkapital (ohne Verl.)	5 320 511	5 743 187
(109)	Eigenkapitalähnliche Beträge (Pensionsrückst.)	2 654 200	2 979 500
(614)	Eigenkapital incl. eigenkapitalähnliche Beträge	7 974 711	8 722 687
(615)	Langfristige Verbindlichkeiten	3 671 905	4 594 234
(616)	Mittelfristige Verbindlichkeiten	755 596	838 896
(617)	Kurzfristige Verbindlichkeiten	8 073 618	8 795 244
(618)	Fremdkapital	12 501 119	14 228 374
(122)	Bilanzgewinn	257 091	262 269
(619)	Kapital (ohne Verlust)	20 732 921	23 213 330
(123)	Bilanzsumme	20 732 921	23 213 330

Anmerkungen: Vgl. die Anmerkungen zur Strukturbilanz AEG!

| | 6 | Systematische Aufbereitung der Jahresabschlußdaten | | Kapitel | 4 | Beständedifferenzbilanz Siemens / AEG von 1977 zu 1978 | | | Tab. | 9.3a |

Aktiva				Passiva			
Kenn-zahl	Benennung	Siemens	AEG	Kenn-zahl	Benennung	Siemens	AEG
(631)	Materielle Sachanlagen	+ 30 620	+ 4 533	(643)	Eigenkapital (ohne Verl.)	+ 422 676	+ 7 538
(632)	Immaterielle Sachanlagen	–	– 13 000	–	Eigenkapitalähnliche Beträge (Pensionsrückst.)	+ 325 300	–
(633)	Sachanlagen	30 620	– 8 467	(644)	Eigenkapital incl. eigenkapitalähnliche Beträge	+ 747 976	+ 7 538
(634)	Finanzanlagen	+ 252 214	+ 78 846				
(635)	Anlagevermögen	+ 282 834	+ 70 379	(645)	Langfristige Verbindlichkeiten	+ 922 329	+ 183 103
(636)	Vorräte	+ 436 997	+ 116 088	(646)	Mittelfristige Verbindlichkeiten	+ 83 300	+ 91 315
(637)	Liquide Mittel I	– 100 680	+ 4 045	(647)	Kurzfristige Verbindlichkeiten	+ 721 626	– 103 575
(638)	Kurzfristig monetisierbare Umlaufvermögen	+ 378 613	+ 15 623	(648)	Fremdkapital	+ 1 727 255	+ 170 843
(639)	Übrige Umlaufvermögen	+ 1 482 645	– 323 081	(649)	Bilanzgewinn	+ 5 178	–
(640)	Umlaufvermögen	+ 2 197 575	– 187 325	(642)	Kapital (ohne Verlust)	+ 2 480 409	+ 178 381
(642)	Vermögen	+ 2 480 409	– 116 946				
(641)	Bilanzverlust	–	+ 295 327				
	Bilanzsumme	+ 2 480 409	+ 178 381		Bilanzsumme	+ 2 480 409	+ 178 381

Anmerkungen: Da für die spätere Beständedifferenzbilanz und die Bewegungsbilanz die Positionen »Bilanzverlust« und »Bilanzgewinn« benötigt werden, wird der Bilanzverlust für diese Zwecke nicht vom Eigenkapital abgezogen. Entsprechendes gilt für die Kennzahl des Kapitals (619). Die Kennzahlen (613) und (614) sind damit um den Bilanzverlust erhöht.

6	Systematische Aufbereitung der Jahresabschlußdaten		Kapitel	4	Tabelle	9.4
Kenn-zahl	Benennung	Berechnung	AEG 1978	TDM	Siemens 1978	TDM
652	Personalkosten	(203) + (204) + (205)	2 466 396 367 345 101 859 2 935 600	2 935 600	6 227 709 850 025 570 823 7 648 557	7 648 557
653	Ordentlicher Aufwand (ohne Materialaufwand)	(652) + (206) + (212) + (216)	2 935 600 211 354 2 618 1 299 141 4 448 713	4 448 713	7 648 557 638 766 6 134 2 581 551 10 875 008	10 875 008
654	Betriebsaufwand	(653) + (202)	4 448 713 4 234 723 8 683 436	8 683 436	10 875 008 6 383 025 17 258 033	17 258 033
655	Betriebsergebnis vor Steuern	(651) − (653)	4 089 967 − 4 448 713 − 358 746	− 358 746	11 058 542 −10 875 008 183 534	183 534
656	Außerordentlicher Ertrag	(307) + (308) + (309) + (310) + (312)	2 435 21 120 14 618 38 173	38 173	22 145 17 907 3 674 43 726	43 726
657	Außerordentlicher Aufwand	(208) + (209) + (215)	22 531 2 440 24 971	24 971	285 837 12 464 26 526 324 827	324 827

Fortsetzung nächste Seite

Kapitel 4 Tabelle 9.4

Systematische Aufbereitung der Jahresabschlußdaten

Kenn-zahl	Benennung	Berechnung	AEG 1978	TDM	Siemens 1978	TDM
658	Außerordentliches Ergebnis vor Steuern	(656) − (657)	38 173 − 24 971 13 202	13 202	43 726 − 324 827 − 281 101	− 281 101
659	Betriebsfremder Ertrag	(303) + (304) + (305) + (306) + (311) − (312) + (313)	41 405 61 840 1 590 178 239 219 064 − 14 618 487 520	487 520	33 606 81 895 582 705 590 716 183 − 3 674 1 534 182	1 534 182
660	Betriebsfremder Aufwand	(207) + (210) + (213) + (214) + (217)	4 005 306 210 43 91 108 401 366	401 366	2 981 386 125 7 642 7 162 403 910	403 910
661	Betriebsfremdes Ergebnis (Finanzergebnis) vor Steuern	(659) − (660)	487 520 − 401 366 86 154	86 154	1 534 182 403 910 1 130 272	1 130 272
662	Gesamtergebnis vor Steuern	(655) + (658) + (661)	− 358 746 86 154 13 202 − 259 390	− 259 390	183 534 − 281 101 1 130 272 1 032 705	1 032 705
663	Jahresüberschuß / Jahresfehlbetrag (Gesamtergebnis nach Steuern)	(662) − (211)	− 259 390 − 35 937 − 295 327	− 295 327	1 032 705 − 565 436 467 269	467 269

Fortsetzung nächste Seite

6	Systematische Aufbereitung der Jahresabschlußdaten				Kapitel 4		Tabelle 9.4
Kenn-zahl	Benennung	Berechnung	AEG 1978	TDM	Siemens 1978		TDM
664	Steuerzuordnungs-faktor	(211) : (662) [Bei (662) werden nur die positiven Bestand-teile des Gesamtergeb-nisses für die Steuerzu-ordnung herangezogen. Vgl. Erläutg. zu (664)]	13202 $\frac{86154}{99356}$	35937 : 99356 = 0,3617 Steuer-zuord-nungs-faktor	183534 $\frac{1130272}{1313806}$	565436 : 1313806 = 0,43038	0,4304 Steuer-zuord-nungs-faktor
665	Betriebsergebnis nach Steuern	(655) × (664)		− 358746	183534 × (1 − 0,4304) = 104544		104544
666	Finanzergebnis nach Steuern	(661) × (664)	86154 × (1 − 0,3617) = 54992	54992	1130272 × (1 − 0,4304) = 643826		643826
667	Außerordentliches Ergebnis nach Steuern	(658) × (664)	13202 × (1 − 0,3617) = 8427	8427	− 281101		− 281101

Kapitel 5 Tabelle 9.5

7 Kennzahlen zur Vermögensstruktur

Kenn-zahl	Benennung	Berechnung	AEG		Siemens	
700	Anteil des Anlagevermögens am Vermögen (Anlagenintensität I)	$\frac{(604)}{(612)} \cdot 100$	$\frac{2282352 \cdot 100}{8057845}$	28,3 %	$\frac{442753 \cdot 100}{23213330}$	19,1 %
701	Anteil der Sachanlagen am Vermögen (Anlagenintensität II)	$\frac{(602)}{(612)} \cdot 100$	$\frac{818617 \cdot 100}{8057845}$	10,2 %	$\frac{2376875 \cdot 100}{23213330}$	10,2 %
702	Anteil des Umlaufvermögens am Vermögen (Arbeitsintensität)	$\frac{(611)}{(612)} \cdot 100$	$\frac{5775493 \cdot 100}{8057845}$	71,7 %	$\frac{18785977 \cdot 100}{23213330}$	80,9 %
703	Verhältnis Sachanlagen zu Umlaufvermögen	$\frac{(602)}{(611)} \cdot 100$	$\frac{818617 \cdot 100}{5775493}$	14,2 %	$\frac{2376875 \cdot 100}{18785977}$	12,7 %
704	Nettoinvestition	$(623) - (628)$	$229682 - 238150$	-8468	$823696 - 793074$	$+30622$
705	Grad der Betriebserweiterung	$\frac{(704)}{(602)-(623)+(628)} \cdot 100$	$\frac{-8468 \cdot 100}{818617 + 8468}$	$-1,0$	$\frac{30622 \cdot 100}{2376875 - 30622}$	$+1,3$ %
706	Grad der Innovationsbereitschaft	$\frac{(622)-(627)}{(601)-(622)+(627)} \cdot 100$	$\frac{0-13000 \cdot 100}{27000+13000}$	$-32,5$ %	$\frac{0 \cdot 100}{0}$	0 %
707	Grad der Umsatzbereitschaft	$\frac{(605)}{(607)} \cdot 100$	$\frac{1960654 \cdot 100}{552955}$	354,6 %	$\frac{5174921 \cdot 100}{4546133}$	113,8 %

Fortsetzung nächste Seite

Kapitel 5 Tabelle 9.5

7	Kennzahlen zur Vermögensstruktur					
Kennzahl	Benennung	Berechnung	AEG		Siemens	
708	Anteil der Lagerbestände am Umlaufvermögen	$\frac{(605)}{(611)} \cdot 100$	$\frac{1960654 \cdot 100}{5775493}$	33,9 %	$\frac{5174921 \cdot 100}{18785977}$	27,5 %
709	Anteil des kurzfristig monetisierbaren Umlaufvermögens am Umlaufvermögen	$\frac{(609)}{(611)} \cdot 100$	$\frac{1714691 \cdot 100}{5775493}$	29,7 %	$\frac{7337903 \cdot 100}{18785977}$	39,1 %
710	Anteil der Liquiden Mittel II am Umlaufvermögen	$\frac{(607)}{(611)} \cdot 100$	$\frac{552955 \cdot 100}{5775493}$	9,6 %	$\frac{4546133 \cdot 100}{18785977}$	24,2 %
711	Anteil der Kundenforderungen am Umlaufvermögen	$\frac{(021)}{(611)} \cdot 100$	$\frac{1692625 \cdot 100}{5775493}$	29,3 %	$\frac{3039717 \cdot 100}{18785977}$	16,2 %
712	Umsatzbezogene Anlagenintensität	$\frac{(602)}{(300)} \cdot 100$	$\frac{818617 \cdot 100}{8217066}$	10,0 %	$\frac{2376875 \cdot 100}{16790451}$	14,2 %
713	Umsatzbezogene Umlaufvermögensintensität	$\frac{(611)}{(300)} \cdot 100$	$\frac{5775493 \cdot 100}{8217066}$	70,3 %	$\frac{18785977 \cdot 100}{16790451}$	111,9 %
714	Umsatzbezogene Vorratsintensität I	$\frac{(605)}{(300)} \cdot 100$	$\frac{1960654 \cdot 100}{8217066}$	23,9 %	$\frac{5174921 \cdot 100}{16790451}$	30,8 %
715	Umsatzbezogene Vorratsintensität II	$\frac{(015)}{(300)} \cdot 100$	$\frac{285186 \cdot 100}{8217066}$	3,5 %	$\frac{475476 \cdot 100}{16790451}$	2,8 %
716	Umsatzbezogene Vorratsintensität III	$\frac{(016)}{(300)} \cdot 100$	$\frac{430360 \cdot 100}{2817066}$	15,3 %	$\frac{1437247 \cdot 100}{16790451}$	8,6 %

Fortsetzung nächste Seite

7	Kennzahlen zur Vermögensstruktur		Kapitel 5	Tabelle 9.5
Kennzahl	Benennung	Berechnung	AEG		Siemens	
717	Umsatzbezogene Vorratsintensität IV	$\dfrac{(017)}{(300)} \cdot 100$	$\dfrac{727\,046 \cdot 100}{2\,817\,066}$	8,9 %	$\dfrac{1\,290\,147 \cdot 100}{16\,790\,451}$	7,7 %
718	Anteil Rohmateriallager am Gesamtlagerbestand	$\dfrac{\{(015)+(020)\}\cdot 100}{(605)}$	$\dfrac{(285\,186+50\,566)\cdot 100}{1\,960\,654}$	17,1 %	$\dfrac{(475\,476+196\,223)\cdot 100}{5\,174\,921}$	13,0 %
719	Anteil Zwischenlager am Gesamtlagerbestand	$\dfrac{(016)}{(605)} \cdot 100$	$\dfrac{(430\,360+467\,496)\cdot 100}{1\,960\,654}$	45,8 %	$\dfrac{(1\,437\,247+1\,775\,828)\cdot 100}{5\,174\,921}$	62,1 %
720	Anteil Verkaufslager am Gesamtlagerbestand	$\dfrac{(017)}{(605)} \cdot 100$	$\dfrac{727\,046 \cdot 100}{1\,960\,654}$	37,1 %	$\dfrac{1\,290\,147 \cdot 100}{5\,174\,921}$	24,9 %
721	Grad der Substanzerhaltung	$\dfrac{(206)}{\text{ZG}(002)+\text{ZG}(003)+\text{ZG}(004)+\text{ZG}(005)+\text{ZG}(006)+\text{ZG}(007)+\text{ZG}(008)} \cdot 100$	$\left.\begin{array}{r}5\,866\\262\\1\,232\\87\,930\\75\,485\\36\,455\\\hline 207\,230\end{array}\right\}$ Zugänge zu Sachanlagen $\dfrac{211\,354 \cdot 100}{207\,230}$	101,1 %	$\left.\begin{array}{r}21\,998\\5\,713\\4\,204\\132\,853\\395\,839\\127\,043\\\hline 687\,650\end{array}\right\}$ Zugänge zu Sachanlagen $\dfrac{638\,766 \cdot 100}{687\,650}$	92,9 %

Kennzahlen zur Kapitalstruktur

Kennzahl	Benennung	Berechnung	AEG		Siemens	
730	Eigenkapitalanteil	$\frac{(614)}{(619)} \cdot 100$	$\frac{1745116 \cdot 100}{8057845}$	21,7 %	$\frac{8722687 \cdot 100}{23213330}$	37,6 %
731	Verschuldungs-koeffizient	$\frac{(618)+(122)}{(613)} \cdot 100$	$\frac{6312729 + 0}{1116315}$	5,7	$\frac{14228374 + 262269}{5743187}$	2,5
732	Bankabhängigkeit	$\frac{(112)+(117)}{(613)} \cdot 100$	$\frac{2675681 + 251828}{1116315}$	2,6	$\frac{402140 + 13768}{5743187}$	0,07
733	Bilanzkurs	$\frac{(613)}{(100)} \cdot 100$	$\frac{1116315 \cdot 100}{929808}$	120 % (entspricht bei DM 50,– Aktie DM 60,–)	$\frac{5743187 \cdot 100}{1644083}$	349 % (entspricht bei DM 50,– Aktie ca. DM 175,–)
734	Fremdkapitalanteil (Anspannungskoeffizient)	$\frac{(618)}{(619)} \cdot 100$	$\frac{6312729 \cdot 100}{8057845}$	78,3 %	$\frac{14228374 \cdot 100}{23213330}$	61,3 %
735	Bilanzgewinnanteil	$\frac{(122)}{(619)} \cdot 100$	0	0	$\frac{262269 \cdot 100}{23213330}$	1,1 %
736	Überschußfinanzierung	$\frac{(101)+(102)+(103)+(104)}{(100)} \cdot 100$	$\frac{499115 \cdot 100}{929808}$	53,7 %	$\frac{(1693170 + 2304783 + 209863) \cdot 100}{1644083}$	255,9 %
737	Verhältnis der Fremdkapital-Bestandteile	$\frac{(615)+(616)}{(617)} \cdot 100$	$\frac{1530061 + 2071672}{2710996}$	1,33	$\frac{4594234 + 838896}{8795244}$	0,62
738	Strukturkoeffizient der Lieferantenkredite	$\frac{(116)}{(115)}$	Keine Angaben	–	Keine Angaben	–

Fortsetzung nächste Seite

Kapitel 5 Tabelle 9.6

7 Kennzahlen zur Kapitalstruktur

Kenn-zahl	Benennung	Berechnung	AEG		Siemens	
739	Durchschnittlicher Fremdkapitalzins	$\frac{(210)}{ZFK}$ ZFK = Zinspflichtiges Fremdkapital – Berechnung bitte den Erläuterungen zu (739) entnehmen!	1 530 061 2 071 672 251 828 335 627 ――――― 4 189 188 $\frac{306\,210 \cdot 100}{4\,189\,188}$	Zinspflicht. Fremdkap. 7,3 %	4 594 234 683 705 46 481 13 769 1 176 669 ――――― 6 514 858 $\frac{386\,125 \cdot 100}{6\,514\,858}$	Zinspflicht. Fremdkap. 5,9 %

| 7 | Kennzahlen zur Wechselbeziehung zwischen Kapital und Vermögen | | | | Kapitel 6 | Tabelle 9.7 |

Kennzahl	Benennung	Berechnung	AEG		Siemens	
760	Anlagendeckungsgrad I	$\dfrac{(614)}{(604)} \cdot 100$	$\dfrac{1\,745\,116 \cdot 100}{2\,282\,352}$	76,5 %	$\dfrac{8\,722\,687 \cdot 100}{4\,427\,353}$	197,0 %
761	Anlagendeckungsgrad II	$\dfrac{(614)+(615)}{(604)} \cdot 100$	$\dfrac{(1\,745\,116 + 1\,530\,061) \cdot 100}{2\,282\,352}$	143,5 %	$\dfrac{(8\,722\,687 + 4\,594\,234) \cdot 100}{4\,427\,353}$	300,8 %
762	Relation Rücklagen zu Finanzanlagen	$\dfrac{(101)+(102)+(103)+(104)}{(603)} \cdot 100$	$\dfrac{(499\,115 + 0 + 0 + 0) \cdot 100}{1\,463\,737}$	34,1 %	$\dfrac{(1\,693\,170 + 2\,304\,782 + 209\,863 + 4\,207\,815) \cdot 100}{2\,050\,478}$	205,0 %
763	Deckungsgrad I des nicht monetären Vermögens (Sachvermögens)	$\dfrac{(614)}{(602)+(605)} \cdot 100$	$\dfrac{1\,745\,116 \cdot 100}{818\,617 + 1\,960\,654}$	62,8 %	$\dfrac{8\,722\,687 \cdot 100}{2\,376\,875 + 5\,174\,921}$	115,5 %
764	Deckungsgrad II des nicht monetären Vermögens (Sachvermögens)	$\dfrac{(614)+(615)}{(602)+(605)} \cdot 100$	$\dfrac{(1\,745\,116 + 1\,530\,061) \cdot 100}{818\,617 + 1\,960\,654}$	117,8 %	$\dfrac{(8\,722\,687 + 4\,594\,234) \cdot 100}{2\,376\,875 + 5\,174\,921}$	176,3 %
765	Liquidität 1. Grades »Quick ratio«	$\dfrac{(606)}{(617)+(616)} \cdot 100$	$\dfrac{460\,660 \cdot 100}{2\,710\,996 + 2\,071\,672}$	9,6 %	$\dfrac{263\,249 \cdot 100}{8\,795\,244 + 838\,896}$	2,7 %
766	Liquidität 2. Grades	$\dfrac{(608)}{(617)+(616)} \cdot 100$	$\dfrac{2\,245\,580 \cdot 100}{2\,710\,996 + 2\,071\,672}$	47,0 %	$\dfrac{7\,601\,153 \cdot 100}{8\,795\,244 + 838\,996}$	78,9 %
767	Liquidität 3. Grades	$\dfrac{(608)+(015)}{(617)+(616)} \cdot 100$	$\dfrac{(2\,245\,580 + 277\,405) \cdot 100}{2\,710\,996 + 2\,071\,672}$	52,7 %	$\dfrac{(7\,601\,153 + 449\,783) \cdot 100}{8\,795\,244 + 838\,996}$	83,6 %

Fortsetzung nächste Seite

| 7 | Kennzahlen zur Wechselbeziehung zwischen Kapital und Vermögen | | Kapitel | 6 | Tabelle | 9.7 |

Kenn-zahl	Benennung	Berechnung	AEG		Siemens	
768	Relation zwischen nominalen Vermögenswerten und nominal rückzahlbarem Fremdkapital	(603) + (611) − (605) NRF NRF = Nominal rückzahlbares Fremdkapital − Berechnung bitte den Erläuterungen zu (768) entnehmen!	6312729 − 667212 − 421640 NRF − 619662 − 217657 4386558 $\frac{1463735 + 5775493 = 1960654}{4386558}$	1,2 : 1	14228374 − 2589419 − 475255 NRF − 3554396 − 141335 7467969 $\frac{2050478 + 18785977 + 5174921}{7467969}$	2,1 : 1
769	Netto-Geldvermögen	(608) − (029) + (034) − (617) + (019) + (118) + (121) − (107)	2245580 312335 − 2710996 619662 421640 217657 − 70229 600335	600335 TDM	7601155 15301 − 8795244 3554396 475225 141335 3562422	3562422 TDM
770	Netto-Umlaufvermögen »Working Capital«	(611) − (617)	5775493 − 2710996 = 3064497	3064497 TDM	18785977 − 8795244 = 9990733	9990733 TDM
771	Working Capital Ratio »Current Ratio«	$\frac{(611)}{(617)}$	$\frac{5775493}{2710996} = 2,13$	2,13	$\frac{18785977}{8795244} = 2,14$	2,14
772	Investiertes Kapital »Capital Employed«	(604) + (770)	2282352 + 3064497 = 5346849	5346849 TDM	4427353 + 9990733 = 14418086	14418086 TDM

Fortsetzung nächste Seite

7	Kennzahlen zur Wechselbeziehung zwischen Kapital und Vermögen			Kapitel 6 Tabelle 9.7	
Kennzahl	Benennung	Berechnung	AEG		Siemens	
773	Effektivverschuldung I	$(617) - [(608) - (107)]$	$2710996 - 2245580 + 70229 = 535645$	535645 TDM	$8795244 - 7601153 + 0 = 1194091$	1194091 TDM
774	Effektivverschuldung II	$(616) + (617) - [(608) - (107)]$	$\begin{array}{r}2710996\\2071672\\-2245580\\70229\\\hline 2607317\end{array}$	2607317 TDM	$\begin{array}{r}8795244\\838896\\-7601153\\\hline 2032987\end{array}$	2032987 TDM
775	Partielle Liquiditätskennzahlen (775 bis 777)	$\dfrac{(617)}{(021) + (033) - (107)}$	$\dfrac{2710996}{1692625 + 0 - 70229} = 1{,}67$	1,67	$\dfrac{8795244}{3039718 + 0 - 0} = 2{,}89$	2,89
776	dto.	$\dfrac{(021)}{(115)}$	$\dfrac{1692625}{414808} = 4{,}08$	4,08	$\dfrac{3039718}{844401} = 3{,}6$	3,6
777	dto.	$\dfrac{(605)}{(115)}$	$\dfrac{1960654}{414809} = 4{,}73$	4,73	$\dfrac{5174921}{844401} = 6{,}13$	6,13
778	Kurzfristig vorhandene Liquidität	$\dfrac{(606)}{(617)} \cdot 100$	$\dfrac{460660}{2710996} \cdot 100 = 17{,}0\,\%$	17,0 %	$\dfrac{263249}{8785244} \cdot 100 = 3{,}0\,\%$	3,0 %

8	Umschlagskoeffizienten				Kapitel 7	Tabelle 9.8

Kenn-zahl	Benennung	Berechnung	AEG		Siemens	
800*	Umschlagshäufigkeit der Forderungen pro Jahr	$\dfrac{(300) + (11\% \text{ MWSt.}) + \text{MWSt-Satz} \cdot (300)}{(021)}$	$\dfrac{8217066 + 903877}{\dfrac{1692624 + 1693765}{2}}$	5,4	$\dfrac{16790451 + 1846950}{\dfrac{30397718 + 2719398}{2}}$	6,5
801	Zahlungsziel der Kunden in Tagen	$\dfrac{1}{(800)} \cdot 365$	$\dfrac{1 \cdot 365}{5,4}$	67,6 Tage	$\dfrac{1 \cdot 365}{6,5}$	56,2 Tage
802	Umschlagshäufigkeit der Lieferschulden pro Jahr	$\dfrac{\text{BSRE}}{(115)}$ BSRE = Bruttosumme der Rechnungseingänge – Berechnung bitte den Erläuterungen zu (802) entnehmen!	4234722 7780 Diff.Best.RHB-St. 207230 Zug.z.Sachanlagen $\dfrac{4449732 \cdot 1,11}{= 4939202} = \text{BSRE}$ $\dfrac{4939202}{\dfrac{414809 + 410476}{2}} = 12$	12	6383025 + 25693 Auf Diff. Best. RHB. St. + 687650 Zug.z.Sachanlagen $\dfrac{7096368 \cdot 1,11}{= 7876968} = \text{BSRE}$ $\dfrac{7876968}{\dfrac{844401 + 754185}{2}} = 10$	10
803	Zahlungsziel der Lieferanten in Tagen	$\dfrac{1}{(802)} \cdot 365$	$\dfrac{1 \cdot 365}{12}$	30,4 Tage	$\dfrac{1 \cdot 365}{12}$	36,5 Tage

Fortsetzung nächste Seite

* Die Kennzahlen (800) bis (809) werden unter der Voraussetzung ermittelt, daß die Einzelbilanzen der zwei aufeinanderfolgenden Jahre vorliegen, so daß ein durchschnittlicher Bestand gebildet werden kann, der die in den Berechnungsformeln jeweils genannte Einzelgröße ersetzt.

Kapitel 7   Tabelle 9.8

8 Umschlagskoeffizienten

Kenn-zahl	Benennung	Berechnung	AEG		Siemens	
804	Umschlagshäufigkeit der Sachanlagen (Erneuerungsfrequenz pro Jahr)	$\frac{(206) + AG(002) + AG(003) + AG(004) + AG(005) + AG(006) + AG(007) + AG(008) + AG(009) + AG(010)}{(602)}$	$\begin{array}{r} 667 \\ 12\,211\,354 = \text{Abschreibungen a/Sachanlagen} \\ 2488 \\ 598 \\ 580 \\ 4345 = \text{Abgänge auf Sachanlagen} \\ \hline \frac{215\,699}{\frac{818\,617 + 827\,084}{2}} \end{array}$	0,3	$\begin{array}{r} 1400 \\ 15\,638\,766 = \text{Abschreibungen} \\ 306 \\ 346 \\ 10\,223 \\ 4557 \\ 1416 \\ 18\,263 = \text{Abgänge auf Sachanlagen} \\ \hline \frac{638\,766 + 18\,263}{\frac{2\,376\,875 + 2\,346\,255}{2}} \end{array}$	0,3
805	Nutzungsdauer der Sachanlagen in Jahren	$\frac{1}{(804)}$	$\frac{1}{0,3} = 3,3$	3,3 Jahre	$\frac{1}{0,3} = 3,3$	3,3 Jahre
806	Umschlagshäufigkeit des Umlaufvermögens pro Jahr	$\frac{(300)}{(611)}$	$\frac{8\,217\,066}{\frac{5\,775\,493 + 5\,962\,813}{2}}$	1,4	$\frac{16\,790\,451}{\frac{16\,588\,402 + 18\,785\,977}{2}}$	0,95
807	Umschlagszeit des Umlaufvermögens i. Tagen	$\frac{1}{(806)} \cdot 365$	$\frac{1 \cdot 365}{1,4}$	261 Tage	$\frac{1 \cdot 365}{0,95}$	384 Tage
808	Umschlagshäufigkeit der Roh-, Hilfs- und Betriebsstoffe, Waren	$\frac{(202)}{(015)}$	$\frac{4\,234\,722}{\frac{285\,186 + 277\,405}{2}}$	15,1	$\frac{638\,025}{\frac{475\,476 + 449\,783}{2}}$	13,8
809	Lagerdauer der Roh-, Hilfs- und Betriebsstoffe, Waren in Tagen	$\frac{1}{(808)} \cdot 365$	$\frac{1 \cdot 365}{15,1}$	24,2 Tage	$\frac{1 \cdot 365}{13,8}$	26,5 Tage
810	Vorausschauende Liquiditätsrechnung	(ausführl. Berechnung auf den Folgeseiten)				

Berechnung zu Kennzahl (810):

AEG

Vorausschauende Liquiditätsrechnung unter Verwendung von Bilanzdaten, GuV-Daten und Umschlagskoeffizienten

Zeitraum: 2 Folgemonate nach Bilanzstichtag 1978

(1) Ermittlung der innerhalb des Betrachtungszeitraums zu erwartenden verfügbaren Mittel: TDM

    a) Aus Bilanz: Kassenbestand (Liquide Mittel I) (606): 460 660

    b) Aus Umschlagshäufigkeit der Forderungen (800):
       UH Forderungen = 5,4mal pro Jahr

       Umschlagsdauer = $\frac{1}{5,4} \cdot 12$ 2,2 Monate, d.h. der Bestand wird in den Folgemonaten 0,9 mal umgeschlagen. Daraus folgt ein Zahlungseingang von 0,9 mal dem vorhandenen Forderungsbestand (021): $0,9 \cdot 1\,692\,625$ = 1 523 363

Verfügbare Mittel a) + b) 1 984 022

(2) Ermittlung der im Betrachtungszeitpunkt zu leistenden Zahlungen:

    c) Aus Umschlagshäufigkeit der Schulden (802):

       Umschlagsdauer = $\frac{1}{12} \cdot 12 = 1$ Monat, d.h. der Bestand wird in den 2 Folgemonaten 2mal umgeschlagen. Daraus folgt ein Zahlungsausgang von 2mal dem vorhandenen Bestand an Verbindlichkeiten aus Lieferungen/Leistungen (115) $2 \cdot 414\,809$ = 829 618

    d) Aus Bilanz nicht direkt ersichtliche Verbindlichkeiten:

Löhne + Gehälter + Soziale Abgaben = $\frac{(203) + (204)}{12} \cdot 2 = \frac{2\,466\,396 + 367\,345}{12} \cdot 2 = 412\,290$

Zinsen und ähnliche Aufwendungen = $\frac{(210)}{12} \cdot 2 = \frac{306\,210}{12} \cdot 2 = 51\,035$

Rückstellungen (für Pensionen u. a.) = $\frac{(109) + (110)}{12} \cdot 2 = \frac{628\,801 + 667\,212}{12} \cdot 2 = 216\,002$

Steuern (gesamt) = $\frac{(211) + (212)}{12} \cdot 2 = \frac{35\,937 + 2\,618}{12} \cdot 2 = 6\,426$

Für die 2 Folgemonate zu erwartende Zahlungsverpflichtungen c) + d): 1 515 371

Einnahmeüberschuß/-fehlbetrag = 468 651

d.h. es existiert eine Liquiditätsreserve von 468 651
für die 2 Folgemonate nach Bilanzstichtag!

Siemens

Vorausschauende Liquiditätsrechnung unter Verwendung von Bilanzdaten, GuV-Daten und Umschlagskoeffizienten

Zeitraum: 2 Folgemonate nach Bilanzstichtag 1978

(1) Ermittlung der innerhalb des Betrachtungszeitraums zu erwartenden verfügbaren Mittel: TDM

    a) Aus Bilanz: Kassenbestand (Liquide Mittel I) (606)   263 249

    b) Aus Umschlagshäufigkeit der Forderungen (800):
UH Forderungen = 6,5mal pro Jahr

Umschlagsdauer = $\frac{1}{6,5} \cdot 12$ 1,85 Monate, d.h. der Bestand wird in den 2 Folgemonaten 1,08mal umgeschlagen. Daraus folgt ein Zahlungseingang von 1,08mal dem vorhandenen Forderungsbestand (021): $1,08 \cdot 3\,039\,717 = 3\,282\,894$

Verfügbare Mittel a) + b)   3 546 143

(2) Ermittlung der im Betrachtungszeitpunkt zu leistenden Zahlungen:

    c) Aus Umschlagshäufigkeit der Schulden (802):

Umschlagsdauer = $\frac{1}{10} \cdot 12 = 1,2$ Monate, d.h. der Bestand wird in den 2 Folgemonaten 1,67mal umgeschlagen. Daraus folgt ein Zahlungsausgang von 1,67mal dem vorhandenen Bestand an Verbindlichkeiten aus Lieferungen/Leistungen (115): $1,67 \cdot 844\,400 = 1\,410\,148$

    d) Aus Bilanz nicht direkt ersichtliche Verbindlichkeiten:

Löhne + Gehälter + Soziale Abgaben $= \frac{(203) + (204)}{12} \cdot 2 = \frac{6\,227\,708 + 850\,025}{12} \cdot 2 = 1\,179\,622$

Zinsen und ähnliche Aufwendungen $= \frac{(210)}{12} \cdot 2 = \frac{386\,125}{12} \cdot 2 = 64\,354$

Rückstellungen (für Pensionen u. a.) $= \frac{(109) + (110)}{12} \cdot 2 = \frac{2\,979\,500 + 2\,589\,418}{12} \cdot 2 = 928\,153$

Steuern (gesamt) $= \frac{(211) + (212)}{12} \cdot 2 = \frac{565\,436 + 6\,135}{12} \cdot 2 = 95\,261$

Für die 2 Folgemonate zu erwartende Zahlungsverpflichtungen c) + d):   3 677 538

Einnahmeüberschuß/-fehlbetrag   – 131 395

d.h. es existiert ein Liquiditätsengpaß von für die 2 Folgemonate nach Bilanzstichtag!   – 131 395

| 8 | Umsatzüberschußziffern (CASH-FLOW) | | | | Kapitel | 7 | Tabelle | 9.10 |

Kenn-zahl	Benennung	Berechnung	AEG 1978	TDM	1978 Siemens	TDM
830	CASH-FLOW – A*)	(663) + (206) + (207)	− 295327 101859 211354 17886	17886	467269 638766 2981 1109016	1109016
831	CASH-FLOW – B	(830) + ΔR + ΔS + (214) + (657) − (656) − (313)	17886 91107 24971 − 38173 95791	95791	$\Delta R = 2979500 - 2654200$ $\quad = 325300$ $\Delta S = 209863 - 183337$ $\quad = 26524$ 1109016 + 325300 + 26526 + 7162 + 324827 − 43726 = 1749105	1749105
832	CASH-FLOW – C	(831) − (302) − (301) − (201)	− 95791 − 44862 − 62762 − 11833	− 11833	1749105 − 242792 − 408324 = 1097989	1097989

*) Für die CASH-FLOW-Beziehungszahlen (841) ... (848) wird zur Berechnung lediglich der CASH-FLOW A (CF-A) herangezogen.

| 8 | CASH-FLOW-Beziehungszahlen | | | Kapitel | 7 | Tabelle | 9.11 |

Kenn-zahl	Benennung	Berechnung	AEG		Siemens	
841	CASH FLOW in % der Investitionen	$\dfrac{\text{CASH FLOW A} \cdot 100}{(623)}$	$\dfrac{17886 \cdot 100}{229682} = 7,8\%$	7,8%	$\dfrac{1109016 \cdot 100}{823696} = 134,6\%$	134,6%
842	Relativer CASH FLOW	$\dfrac{\text{CASH FLOW A} \cdot 100}{(619)}$	$\dfrac{17886 \cdot 100}{8057845} = 0,22\%$	0,22%	$\dfrac{1109016 \cdot 100}{23213330} = 4,8\%$	4,8%
843	Schuldentilgungs-dauer I (Jahre)	$\dfrac{(774)}{\text{CASH FLOW A}}$	$\dfrac{2607317}{17886} = 145,8 \text{ J.}$	145,8 J.	$\dfrac{2032987}{1109016} = 1,83 \text{ J.}$	1,83 J.
844	Schuldentilgungs-dauer II (Jahre)	$\dfrac{(618)}{\text{CASH FLOW A}}$	$\dfrac{6312729}{17886} = 352,9 \text{ J.}$	352,9 J.	$\dfrac{14228374}{1109016} = 12,83 \text{ J.}$	12,83 J.
845	CASH FLOW je Aktie	$\dfrac{\text{CASH FLOW A}}{(100) \cdot \dfrac{1}{\text{Mindest-nennwert}}}$	$\dfrac{17886}{929808 \cdot \dfrac{1}{50}} = \text{DM } 0,96$	DM 0,96	$\dfrac{1109016}{1644083 \cdot \dfrac{1}{50}} = \text{DM } 33,73$	DM 33,73
846	Börsenkurs: CASH FLOW-Verhältnis	$\dfrac{\text{Börsenkurs der Aktie}}{(845)}$	$\dfrac{77}{0,96} = 80,21$ (Letzter Börsenkurs: 77)	80,21	$\dfrac{285,5}{33,73} = 8,54$ (Letzter Börsenkurs: 285,5)	8,54
847	Ausschüttung im Ver-hältnis zum CASH FLOW	$\dfrac{(122)}{\text{CASH FLOW A}} \cdot 100$	$\dfrac{0}{17886} = 0$	0	$\dfrac{262269}{1109016} = 23,4\%$	23,4%
848	Umsatzverdienstrate	$\dfrac{\text{CASH FLOW A} \cdot 100}{(300)}$	$\dfrac{17886 \cdot 100}{8217066} = 0,22\%$	0,22%	$\dfrac{1109016}{16790451} = 6,61\%$	6,61%
860	Bewegungsbilanz	Teil 1: Grob-Bewegungsbilanz Teil 2: Fein-Bewegungsbilanz (Die Aufstellung erfolgt in besonderen Formularen auf den Folgeseiten)				

Tabelle 9.12: (860) Grob-Bewegungsbilanz AEG von 1977 zu 1978

Beständedifferenzen		Mittelverwendung	Mittelherkunft
(633) Sachanlagen	+	---	
	−		8.467
(634) Finanzanlagen	+	78.846	
	−		---
(640) Umlaufvermögen	+	---	
	−		187.325
(643) Eigenkapital	+		7.538
	−	---	
(− −) Eigenkapitalähnliche Beträge (Pensionsrückstellungen)	+		
	−	---	
(645) Fremdkapital	+		170.843
	−		
(649) Bilanzgewinn	+		---
	−	---	
(641) Bilanzverlust	+	295.327	
	−		---
Summe		374.173	374.173

Tabelle 9.13: (860) Grob-Bewegungsbilanz Siemens von 1977 zu 1978

Beständedifferenzen		Mittelverwendung	Mittelherkunft
(633) Sachanlagen	+	30.620	
	−		---
(634) Finanzanlagen	+	252.214	
	−		---
(640) Umlaufvermögen	+	2197.575	
	−		---
(643) Eigenkapital	+		
	−		
(---) Eigenkapitalähnliche Beträge (Pensionsrückstellungen)	+		747.976
	−	---	
(645) Fremdkapital	+		1.727.255
	−	---	
(649) Bilanzgewinn	+		5.178
	−	---	
(641) Bilanzverlust	+	---	
	−		---
Summe		2.480.409	2.480.409

Tabelle 9.14: (861) Fein-Bewegungsbilanz AEG von 1977 zu 1978

Beständedifferenzen		Mittelverwendung	Mittelherkunft
(631) Materielle Sachanlagen	+	4.533	
	–		---
(632) Immater. Sachanlagen	+	---	
	–		13.000
(633) Finanzanlagen	+	78.846	
	–		---
(636) Vorräte	+	116.088	
	–		---
(637) Liquide Mittel I	+	4.045	
	–		---
(638) Kurzfristig monetisierbares Umlaufvermögen	+	15.623	
	–		---
(639) Übriges Umlaufvermögen	+	---	
	–		323.081
(643) Eigenkapital	+		7.538
	–	---	
(– – –) Eigenkapitalähnl. Beträge (Pensionsrückstellungen)	+		---
	–	---	
(645) Langfristige Verbindlichkeiten	+		183.103
	–	---	
(646) Mittelfristige Verbindlichkeiten	+		91.315
	–	---	
(647) Kurzfristige Verbindlichkeiten	+		---
	–	103.575	
(649) Bilanzgewinn	+		---
	–	---	
(641) Bilanzverlust	+	295.327	
	–		---
Summe		618.037	618.037

Tabelle 9.15: *(861) Fein-Bewegungsbilanz Siemens von 1977 zu 1978*

Beständedifferenzen		Mittelverwendung	Mittelherkunft
(631) Materielle Sachanlagen	+	30.620	
	−		---
(632) Immater. Sachanlagen	+	---	
	−		---
(633) Finanzanlagen	+	252.214	
	−		---
(636) Vorräte	+	436.997	
	−		---
(637) Liquide Mittel I	+	---	
	−		100.680
(638) Kurzfristig monetisierbares Umlaufvermögen	+	378.613	
	−		---
(639) Übriges Umlaufvermögen	+	1.482.645	
	−		---
(643) Eigenkapital	+		422.676
	−	---	
(---) Eigenkapitalähnl. Beträge (Pensionsrückstellungen)	+		325.300
	−	---	
(645) Langfristige Verbindlichkeiten	+		922.329
	−	---	
(646) Mittelfristige Verbindlichkeiten	+		83.300
	−	---	
(647) Kurzfristige Verbindlichkeiten	+		721.626
	−	---	
(649) Bilanzgewinn	+		5.178
	−	---	
(641) Bilanzverlust	+	---	
	−		---
Summe		2.581.089	2.581.089

| Kapitel | 8 | Tabelle | 9.16 |

9	Gesamtergebnis-Struktur					
Kennzahl	Benennung	Berechnung	AEG		Siemens	
900	Anteil Betriebsergebnis am Gesamtergebnis	$\frac{(655)}{(662)} \cdot 100$	$\frac{-358746}{-259390} \cdot 100 = +138,3\%$	$+138,3\%$	$\frac{183534}{1032705} \cdot 100 = 17,8\%$	$17,8\%$
901	Anteil Finanzergebnis am Gesamtergebnis	$\frac{(661)}{(662)} \cdot 100$	$\frac{86154}{-259390} \cdot 100 = -33,2\%$	$-33,2\%$	$\frac{1130272}{1032705} \cdot 100 = 109,4\%$	$109,4\%$
902	Anteil außerordentliches Ergebnis am Gesamtergebnis	$\frac{(658)}{(662)} \cdot 100$	$\frac{13202}{-259390} \cdot 100 = -5,1\%$	$-5,1\%$	$\frac{-281101}{1032705} \cdot = -27,2\%$	$-27,2\%$
903	Anteil betriebsfremder und außerordentlicher Ertrag am Gesamtertrag	$\frac{(659)+(656)}{(650)+(656)+(659)} \cdot 100$	$\frac{487520+38173}{8324690+38173+487520} =$ $\frac{525693 \cdot 100}{8850383} = 5,9\%$	$5,9\%$	$\frac{1534182+43726}{17441567+43726+1534182} =$ $\frac{1577908 \cdot 100}{19019475} = 8,3\%$	$8,3\%$
906	Betriebliche Wirtschaftlichkeit	$\frac{(650)}{(654)} \cdot 100$	$\frac{8324690}{8683436} \cdot 100 = 95,9\%$	$95,9\%$	$\frac{17441567}{17258033} \cdot 100 = 101,1\%$	$101,1\%$
907	Betriebsfremde Wirtschaftlichkeit	$\frac{(659)}{(660)} \cdot 100$	$\frac{487520}{401366} \cdot 100 = 121,5\%$	$121,5\%$	$\frac{1534182}{403910} \cdot 100 = 379,8\%$	$379,8\%$
908	Außerordentliche Wirtschaftlichkeit	$\frac{(656)}{(657)} \cdot 100$	$\frac{38173}{24971} \cdot 100 = 152,9\%$	$152,9\%$	$\frac{43726}{324827} \cdot 100 = 13,5\%$	$13,5\%$

Fortsetzung nächste Seite

9	Gesamtergebnis-Struktur					Kapitel 8 Tabelle 9.16	
Kenn-zahl	Benennung	Berechnung	AEG		Siemens		
909	Gesamt-wirtschaftlichkeit	$\dfrac{(650)+(659)+(656)}{(654)+(660)+(657)} \cdot 100$	$\dfrac{8324690+487520+38173}{8683436+401366+24971} \cdot 100 = \dfrac{8850383}{9109773} \cdot 100 = 97{,}2\%$	97,2%	$\dfrac{17441567+1534182+43726}{17258033+403910+324827} \cdot 100 = \dfrac{19019475}{17986770} \cdot 100 = 105{,}7\%$	105,7%
915	Gesamtkapital-rentabilität vor Steuern	$\dfrac{(662)+(210)}{(619)} \cdot 100$	$\dfrac{-259390+306210}{80578445} \cdot 100 = 0{,}06\%$	0,06%	$\dfrac{1032705+386125}{23213330} \cdot 100 = 6{,}1\%$	6,1%
916	Gesamtkapital-rentabilität nach Steuern	$\dfrac{(663)+(210)}{(619)} \cdot 100$	$\dfrac{-295327+306210}{80578445} \cdot 100 = 0{,}01\%$	0,01%	$\dfrac{467269+386125}{23213330} \cdot 100 = 3{,}7\%$	3,7%
917	Eigenkapital-rentabilität vor Steuern	$\dfrac{(662)}{(614)+(122)-(037)} \cdot 100$	$\dfrac{-259390}{1745116-295327} \cdot 100 = -0{,}18\%$	−0,18%	$\dfrac{1032705}{8722687+262269} \cdot 100 = 11{,}5\%$	11,5%
918	Eigenkapital-rentabilität nach Steuern	$\dfrac{(663)}{(614)+(122)-(037)} \cdot 100$	$\dfrac{-295327}{1745116-295327} \cdot 100 = -20{,}4\%$	−20,4%	$\dfrac{467269}{8722687+262269} \cdot 100 = 5{,}2\%$	5,2%
919	Fremdkapital-rentabilität	$\dfrac{(210) \cdot 100}{(618)}$	$\dfrac{306210}{6312729} \cdot 100 = 4{,}9\%$	4,9%	$\dfrac{386125}{14228374} \cdot 100 = 2{,}7\%$	2,7%

Fortsetzung nächste Seite

9	Gesamtergebnis-Struktur		Kapitel 8	Tabelle 9.16
Kenn-zahl	Benennung	Berechnung	AEG	Siemens
920	Leverage-Faktor (Gearing-Faktor) vor Steuern	$1+\left(1-\frac{(919)}{(915)}\right) \cdot \frac{(618)}{(614)+(122)-(037)}$	Bei negativer Eigenkapital-rentabilität ist die Ermittlung dieser Ziffern nicht sinnvoll.	$1+\left(1-\frac{2{,}7}{6{,}1}\right) \cdot \left(\frac{14228374}{8722687+262269}\right)$ = 1,89	1,89%
921	Leverage-Faktor (Gearing-Faktor) nach Steuern	$1+\left(1-\frac{(919)}{(916)}\right) \cdot \frac{(618)}{(614)+(122)+(037)}$		$1+\left(1-\frac{2{,}7}{3{,}7}\right) \cdot \left(\frac{14228374}{8722687+262269}\right)$ = 1,43	1,43
922	Gewinnspanne (Umsatzrendite, Umsatzrentabilität) vor Steuern	$\frac{(662)}{(300)-(200)} \cdot 100$	$\frac{-259390}{8217066-0} \cdot 100 = -3{,}16\%$	$\frac{1032705}{17441567-0} \cdot 100 = 5{,}92\%$	5,92%
923	Gewinnspanne (Umsatzrendite, Umsatzrentabilität) nach Steuern	$\frac{(663)}{(300)-(200)} \cdot 100$	$\frac{-295327}{8217066-0} \cdot 100 = -3{,}6\%$	$\frac{467269}{17441567} \cdot 100 = 2{,}7\%$	2,7%
924	Gewinnspanne bezogen auf das eigentliche Betriebsergebnis vor Steuern	$\frac{(655)}{(300)-(200)} \cdot 100$	$\frac{-358746}{8217066} \cdot 100 = -4{,}4\%$	$\frac{183534}{17441567} \cdot 100 = 1{,}05\%$	1,05%
925	Kapitalumschlags-häufigkeit (Kapitalumschlag)	$\frac{(300)-(200)}{(619)} \cdot 100$	$\frac{8217066}{8057845} \cdot 100 = 1{,}02\%$	$\frac{17441567}{23213330} \cdot 100 = 0{,}75\%$	0,75%

Fortsetzung nächste Seite

9	Gesamtergebnis-Struktur			Kapitel 8	Tabelle 9.16
Kennzahl	Benennung	Berechnung	AEG		Siemens	
926	ROI-Rentabilität vor Steuern (Return on Investment)	(922) · (925)	$-3,16 \cdot 1,02 = -3,22\%$	$-3,22\%$	$5,92 \cdot 0,75 = 4,44\%$	$4,44\%$
927	ROI-Rentabilität nach Steuern	(923) · (925)	$-3,6 \cdot 1,02 = -3,67\%$	$-3,67\%$	$2,7 \cdot 0,75 = 2,03\%$	$2,03\%$
928	ROI-Rentabilität betriebszweckbezogen vor Steuern	(924) · (925)	$-4,4 \cdot 1,02 = -4,49\%$	$-4,49\%$	$1,05 \cdot 0,75 = 0,79\%$	$0,79\%$
929	Betriebsnotwendiges Kapital	(620) − (118) − (115) − (019)	$\begin{array}{r} 6\,293\,385 \\ -\ 421\,640 \\ -\ 619\,662 \\ -\ 414\,809 \\ \hline 4\,837\,274 \end{array}$	4 837 274 TDM	$\begin{array}{r} 16\,234\,661 \\ -\ 475\,255 \\ -\ 3\,554\,396 \\ -\ 844\,401 \\ \hline 11\,360\,609 \end{array}$	11 360 609 TDM
930	Rentabilität des betriebsnotwendigen Kapitals vor Steuern	$\frac{(655)}{(929)} \cdot 100$	$\frac{-358\,746}{4\,837\,274} \cdot 100 = -7,4\%$	$-7,4\%$	$\frac{183\,534}{11\,360\,609} \cdot 100 = 1,62\%$	$1,62\%$
931	Rentabilität des betriebsnotwendigen Kapitals nach Steuern	$\frac{(665)}{(929)} \cdot 100$	$\frac{-358\,746}{4\,837\,274} \cdot 100 = -7,4\%$	$-7,4\%$	$\frac{104\,544}{11\,360\,609} \cdot 100 = 0,92\%$	$0,92\%$

9	Firmenwert				Kapitel 8	Tabelle 9.17
Kennzahl	Benennung	Berechnung	AEG	TDM	Siemens	TDM
936	Ertragswert ohne Berücksichtigung von Wachstum und Inflation nach Steuern	$\dfrac{(665) \cdot 100}{\text{Kalkulationszinssatz}}$	0	0	$\dfrac{104\,544}{0{,}07} \cdot 100 = 1\,493\,486$ *Anmerkung:* Es werden 7% zugrunde gelegt.	1 493 486
937	Ertragswert mit Berücksichtigung von Wachstum und Inflation nach Steuern	$-\left[\dfrac{\{(665)\} - [(602)\cdot\text{Gesamtrate}]\}\cdot 100}{\text{Kalkulationszinssatz}}\right]$	0	0	$\dfrac{(104\,544 - 0{,}08 \cdot 2\,376\,875)}{0{,}07} \cdot 100 = -1\,222\,943 = 0$ 5 % Inflation 3 % Wachstum	0
938	Substanzwert (Teilreproduktionswert)	(612)	8 057 845	8 057 845	23 213 330	23 213 330
939	Firmenwert (Goodwill) originär	(936) − (938) bzw. (937) − (938)	0	0	0	0
940	Substanzwert (Teilreproduktionswert) nach dem Nettoprinzip	(612) − (618)	8 057 845 − 6 312 729 1 745 116	1 745 116	23 213 330 − 14 228 374 8 984 956	8 984 956
941	Gesamtwert des Unternehmens nach dem Mittelwertverfahren	$\dfrac{(936)+(940)}{2}$ bzw. $\dfrac{(937)+(940)}{2}$	$\dfrac{(936)\ 0}{+\ 1\,745\,116}$ $\dfrac{1\,745\,116}{2} = 872\,558$	872 558	$\dfrac{1\,493\,486}{+\ 8\,984\,956}$ $\dfrac{10\,478\,442}{2} = 5\,239\,221$	5 239 221

10. Exkurse

10.1 Das System und die Arbeitstechnik der doppelten Buchführung (Doppik)

10.1.1 Aufriß des Systems

Wer Bilanzanalysen erstellen und Bilanzkritik üben will, für den ist ein orientierendes Grundwissen über die doppelte Buchführung von Vorteil. Auf organisatorische Besonderheiten kann dabei weitgehend verzichtet werden; der Bilanzanalytiker sollte in der Lage sein, die Grundprinzipien zu erkennen und das Systemgeschehen zu durchschauen. In diesem Sinne zunächst einige Grundgedanken und Grundzusammenhänge:

1. In der doppelten Buchführung werden die Geschäftsvorfälle und die sonst zu verbuchenden Wertbewegungen nach der *Herkunft* des Wertes und nach der *Hinkunft* des Wertes in einem System von Konten und nach bestimmten Grundsätzen festgehalten.

– Woher kommt der Wert?
– Wohin geht der Wert?

Das sind die einfachen zwei Fragestellungen, die dem Leser den gedanklichen Zugang zur doppelten Buchführung ermöglichen. Daher auch der Zusatz »doppelt«!

Jede Bilanz enthält – gleichgültig ob Eröffnungsbilanz, Zwischenbilanz oder Schlußbilanz – Antworten auf diese zwei Fragestellungen. Die Passivseite der Bilanz beantwortet global die Frage nach dem *Woher* der eingesetzten Mittel, die Aktivseite die Frage nach dem *Wohin*. In anderen Worten könnte man auch sagen

– Passivseite = Quellen der Mittel
– Aktivseite = Form der Mittel

In Kapitel 1 dieses Buches wurde das bereits erläutert.

2. Am Anfang einer Unternehmung und am Anfang eines jeden Geschäftsjahres steht eine Eröffnungsbilanz. Der Leser wird sich daran erinnern, daß für die Eröffnungsbilanz eines Geschäftsjahres die Schlußbilanz des vorangegangenen Geschäftsjahres maßgeblich ist. Die Struktur einer Eröffnungsbilanz ändert sich aber schon durch die ersten Geschäftsvorfälle. Mit der ansteigenden Zahl von Geschäftsvorfällen entstünde also hundert- und tausendfach das Erfordernis, die wertmäßige Bilanzstruktur zu

ändern, wenn man nicht die aus den Bilanz- und GuV-Positionen abgeleiteten Konten hätte. Auf ihnen werden bis zur nächsten Bilanzierung die vielen Geschäftsvorfälle verbucht.

Diese Auflösung der Bilanz und der GuV-Rechnung in Konten ist prinzipiell folgendermaßen zu verstehen:

Aktiva	Bilanz	Passiva
Aktivkonten		*Passivkonten*
Aus der Aktivseite der Bilanz werden die Konten gebildet, die der Erfassung von Vermögensbeständen und deren Zu- und Abgängen dienen.		Aus der Passivseite der Bilanz werden die Konten gebildet, die der Erfassung von Kapitalbeständen und deren Zu- und Abgängen dienen.

– Die Aktiv- und Passivkonten nennt man insgesamt *Bestandskonten*.

Aufwand	Gewinn- und Verlustrechnung	Ertrag
Aufwandskonten		*Ertragskonten*
Aus der Aufwandsseite der GuV-Rechnung werden die Konten gebildet, die der Erfassung von Aufwendungen (Aufwandszugängen) und evtl. Aufwandsberichtigungen dienen.		Aus der Ertragsseite der GuV-Rechnung werden die Konten gebildet, die der Erfassung von Erträgen (Ertragszugängen) und evtl. Ertragsberichtigungen dienen.

– Die Aufwands- und Ertragskonten nennt man insgesamt *Erfolgskonten*.

3. Aus den beiden genannten Grundfragestellungen und der Auflösung in Konten ergeben sich im Rahmen der doppelten Buchführung die Aufgaben der obenstehenden Kontenbereiche.

Dabei wird die Konvention praktiziert, daß die linke Seite eines Kontos mit *Soll* überschrieben wird, die rechte Seite mit *Haben*. Philologische Ausdeutungen der Begriffe *Soll* und *Haben* sollte man allerdings unterlassen, weil diese Begriffe in der heutigen Buchführung wirklich nur noch »links« und »rechts« bedeuten. Im Bankenwesen haben sie teilweise noch die ursprüngliche verbale Bedeutung, sonst nicht.

Zunächst die *Bestandskonten:*

Der Leser kann sich die Zuordnungen leicht merken:

- Dort, wo die Position in der Bilanz steht (links, rechts), kommen auch ins jeweilige Konto der Anfangsbestand und die Zugänge hin.
- Dort, wo die Position in der Bilanz *nicht* steht (links, rechts), kommen im jeweiligen Konto die Abgänge und der Endbestand (= Saldo) hin.

Wenn zum Geschäftsjahresabschluß bilanziert wird, so werden nur die Salden, also die zeitpunktgerechten Endbestände, in die Bilanz übernommen. Der Saldo kann auch als die Wertdifferenz zwischen Soll- und Habenseite eines Kontos zu einem bestimmten Zeitpunkt angesehen werden.

Hinsichtlich der *Erfolgskonten* kann das Wesentliche ebenfalls kurz zusammengefaßt werden:

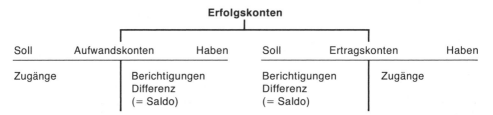

Auch hier kann sich der Leser die Zuordnungen leicht merken:

- Dort, wo die Position in der Gewinn- und Verlustrechnung steht (links, rechts), kommen im jeweiligen Konto die Zugänge hin.
- Dort, wo die Position in der Gewinn- und Verlustrechnung *nicht* steht (links, rechts), kommen im jeweiligen Konto die Berichtigungen und die Differenz (= Saldo) hin.

Beim Jahresabschluß werden die Salden in die Gewinn- und Verlustrechnung übernommen.

4. Insbesondere für den Leser, der diesen Exkurs vor der Lektüre des bilanzanalytischen Hauptteils dieses Buches liest, sei der Zweck der GuV-Rechnung kurz erläutert:

Über die Bestandskonten können alle Geschäftsvorfälle verbucht werden, die Vermögenspositionen (Aktiva) oder Kapitalpositionen (Passiva) betreffen.

Treten Geschäftsvorfälle auf, die eine Eigenkapitalverminderung oder eine Eigenkapitalvermehrung darstellen, wie das bei Aufwendungen (z. B. eigene Mietzahlungen, Löhne, Bezahlung der Stromrechnung) und Erträgen (z. B. Zinseinnahmen, Verkaufserlösen, Mieteinnahmen) der Fall ist, so *müßte* die Gegenbuchung eigentlich im Konto Eigenkapital erfolgen. Das ist aber nicht praktikabel.

Um die Fülle der Aufwands- und Ertrags-Verbuchung übersichtlich und auswertbar zu erhalten, hat man die Gewinn- und Verlustrechnung als eine Vorauserfassung und Vorauszusammenstellung geschaffen; sie ist also dem Eigenkapitalkonto vorgeschaltet. Dort, wo im Eigenkapitalkonto die Aufwendungen stehen müßten, nämlich im Soll (links), sind die Aufwendungen in der GuV-Rechnung zu finden, die Erträge analog auf der rechten Seite der GuV-Rechnung.

Die entsprechenden Geschäftsvorfälle werden also erst einmal in den aus der GuV-Rechnung abgeleiteten Konten verbucht; die Salden dieser Erfolgskonten werden zum Bilanzierungszeitpunkt in der Gewinn- und Verlustrechnung gesammelt; und von dort wird dann der Saldo (Gewinn oder Verlust) auf das Eigenkapitalkonto übertragen. Der Saldo des Eigenkapitalkontos geht dann in die Schlußbilanz ein.

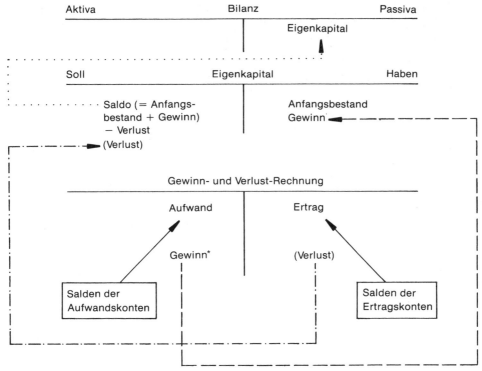

* Gewinn ist der Saldo zwischen Ertrag und Aufwand. Beim Überwiegen des Aufwands entsteht ein Verlust, der das Eigenkapital schmälert. Es ist stets nur Gewinn oder Verlust möglich.

Dieser Ablauf wird zwar in der Praxis verfeinert (z. B. durch Zwischenschaltung des »Betriebsergebnisses« und des »Neutralen Ergebnisses«) und durch die aktienrechtlichen Vorschriften modifiziert, jedoch zum Verdeutlichen des Systemzusammenhanges sollte man sich diese Skizze zunächst einmal gut einprägen.

5. Die verschiedenen Arten von Buchungsvorgängen, wie sie sich nach den Regeln der Doppik ergeben, lassen sich in die folgende Matrix bringen. Dabei wird von den 4 erläuterten Kontoarten ausgegangen und von den Aussagen, die die Buchungen treffen können, nämlich Zugang (Z), Abgang (A) und Berichtigung (B):

Tabelle 10.1: Beispiele für Geschäftsvorfälle und deren Verbuchung

	Kontoart/Buchungsvorgangsart				Beispiele/ Geschäftsvorfälle	Verbuchung auf den Konten im:	
	Aktiv-konten	Passiv-konten	Auf-wands-konten	Ertrags-konten		Soll	Haben
1	Z	Z			Kauf einer Maschine auf Ziel (Kredit)	Maschinen	Verbindlichkeiten
2	Z		B		Rückzahlung überzahlten Lohnes	Kasse	Löhne
3	Z			Z	Warenverkauf gegen Barzahlung	Kasse	Verkaufserlöse
4	A	A			Banküberweisung an Lieferanten (Gläubiger)	Verbindlichkeiten	Bank
5	A		Z		Stromrechnung wird über Bank überwiesen	Energiekosten	Bank
6	A			B	Barrückzahlung an Kunden wegen Mangels	Verkaufserlöse	Kasse
7		Z	Z		Eigene Mietzahlung wird fällig	Mieten	Verbindlichkeiten
8		A		Z	Mietzahlung wird durch Lieferung abgegolten	Verbindlichkeiten	Verkaufserlöse
9		Z		B	Rückerstattung an Kunden zugesagt, aber noch nicht gezahlt	Verkaufserlöse	Verbindlichkeiten
10		A	B		Schulden eines Mitarbeiters werden mit Lohn verrechnet	Verbindlichkeiten	Löhne

10.1.2 Formale Regelungen

Einige formale Regelungen innerhalb der doppelten Buchführung sollen kurz verdeutlicht werden (die Grundsätze ordnungsmäßiger Buchführung und Bilanzierung werden später behandelt).

1. Jeder Geschäftsvorfall wird zunächst im *Grundbuch* festgehalten, das chronologisch geführt wird (Journal). Die Eintragung in die Konten erfolgt zusätzlich; alle Konten zusammengenommen werden *Hauptbuch* genannt. Durch *Buchungssätze*, die jeweils auf dem Beleg angebracht und zum Teil auch in das Journal eingetragen werden, wird die Verbuchung erleichtert. Mit Hilfe von Buchungssätzen werden also die Belege vorkontiert.

Der Buchungssatz trennt durch das Wörtchen »an« die Soll- von der Habenbuchung.

Beispiele:

Kasse an Bank   4.000,–

(Das Konto »Kasse« nimmt den Betrag im Soll auf, das Konto »Bank« den Betrag im Haben. Es handelt sich um eine Barabhebung von der Bank.)

Betriebsausstattung an Verbindlichkeiten   8.000,–

(Es handelt sich um den Kauf eines Gegenstandes der Betriebsausstattung – z. B. einer Rechenmaschine – auf Ziel.)

Verbindlichkeiten an Kasse   1.000,–

(Die Firma zahlt eine Lieferantenschuld durch Barzahlung.)

2. Wie bereits dargelegt wurde, wird zu Beginn einer Periode die Schlußbilanz der vorhergehenden Periode (= Eröffnungsbilanz der jetzigen Periode) in Konten aufgelöst. Den Positionen der Bilanz und der GuV-Rechnung werden entsprechende Konten – gegebenenfalls noch in Unterkonten untergliedert – zugewiesen. Die Bestände der Bilanz erscheinen dann als Anfangsbestände in den Aktivkonten (auf der Soll-Seite) und in den Passivkonten (auf der Haben-Seite).

In der Praxis entstehen durch Unterteilungen sehr rasch große Zahlen von Konten, die irgendwie geordnet werden müssen. Unternehmungen mit 50.000, 100.000 und mehr Konten sind keine Seltenheit. Es wurde daher der sog. Industriekontenrahmen geschaffen, dessen Grobgliederung in der folgenden Übersicht wiedergegeben wird.

Tabelle 10.2: Inhalt, Eigenart und Zweck der Kontenklassen des GKR

Klasse	Inhalt der Konten	Eigenart	Zweck
0	Anlagevermögen (AV) und seine Wertberichtigungen langfristiges Fremdkapital Eigenkapital zeitliche Abgrenzung	aktive und passive Bestandskonten	Erfassung des AV Erfassung der langfristigen Finanzierung
1	Finanz-Umlaufvermögen (UV) kurzfristiges Fremdkapital (Anhang: Privatkonten)	aktive und passive Bestandskonten	Erfassung des Finanz-UV Erfassung der kurzfristigen Finanzierung
2	neutrale Aufwendungen neutrale Erträge Gegenposten der Kosten- und Leistungsrechnung das Gesamtergebnis betreffende Aufwendungen und Erträge	Aufwandskonten Ertragskonten	Erfassung von betriebsfremden Aufw. u. Ertr. u. betriebl. neutral behandelten Aufw. u. Ertr. Gegenposten der Kosten- u. Leistungsrechnung Posten, die das Gesamtergebnis beeinflussen
3	Roh-, Hilfs- und Betriebsstoffe fertig bezogene Teile fertig bezogene Handelswaren	aktive Bestandskonten	Erfassung der für die Fertigung beschafften Stoffe-Bestände
4	Kosten, untergeteilt nach Arten und Gruppen	Kostenkonten	Erfassung der Kosten, geordnet nach Kostenarten
5	Kosten, geordnet nach Kostenstellen in Anlehnung an die Betriebsabrechnung	Durchlaufkonten	Erfassung der Kosten, verteilt auf die Kostenstellen
7	unfertige Erzeugnisse (UE) und fertige Erzeugnisse (FE)	aktive Bestandskonten	Erfassung der Erzeugnisse-Bestände
8	Erlöse aus Verkäufen und Nebenleistungen zu den Verkäufen innerbetriebliche Eigenleistungen Bestandsveränderungen der UE und FE	Ertragskonten	Erfassung der Erträge, insbesondere der Erlöse
9	Betriebsergebnis Verrechnungsergebnis Abgrenzungsergebnis Gewinn und Verlust Bilanzen	Abschlußkonten	Zusammenfassung der verschiedenen Ergebnisse zum Gesamtergebnis und der Aktiva/Passiva zur Bilanz

Die Feingliederung des Kontenrahmens zeigt die auf Seite 242 folgende Übersicht auf. An diese Kontengliederung halten sich normalerweise die Industrie-Unternehmungen, wenn sie ihren unternehmensspezifischen Kontenplan entwickeln. Letzterer ist dann für die jeweilige Unternehmung maßgebend.

3. Das organisatorische Gebilde *Buchhaltung,* das in der Unternehmung die Buchführungs- und Bilanzierungsaufgaben wahrnimmt, ist das Herzstück des *industriellen Rechnungswesens.* Zum Rechnungswesen gehören:

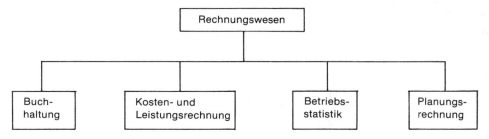

Arbeitet die Buchhaltung nicht sachkundig, ordnungsgemäß und pünktlich, dann sind nicht nur die Handels- und die Steuerbilanz gefährdet (Steuereinschätzungen stehen u. U. ins Haus), sondern auch die Kosten- und Leistungsrechnung, die Betriebsstatistik und die Planungsrechnung geraten dann in Schwierigkeiten. Alle sind sie nämlich auf den geordneten Zahlen-Pool der Buchhaltung angewiesen.

4. An dieser Stelle soll auch auf die Begriffe »*Finanzbuchhaltung*« und »*Betriebsbuchhaltung*« eingegangen werden.

Die Finanzbuchhaltung erfaßt und verarbeitet die Geschäftsvorfälle und Wertebewegungen, die im Verhältnis zur Außenwelt geschehen und die mit dem Jahresabschluß zu tun haben.

Die Betriebsbuchhaltung erfaßt und verarbeitet die Wertebewegungen innerhalb der Unternehmung und ist stark auf den Wertschöpfungsprozeß ausgerichtet.

Finanzbuchhaltung und Betriebsbuchhaltung sind im Sinne des sog. Zweikreissystems der Buchhaltung miteinander verkoppelt. Die auf Seite 243 folgende Skizze soll das verdeutlichen.

Aus den Kostenartenkonten der Klasse 4 übernimmt die Betriebsbuchhaltung, die auf den Wertschöpfungsprozeß und damit auf die Kosten- und Leistungsrechnung ausgerichtet ist, die konkret vorliegenden Kostenwerte, wie z. B. Löhne, Materialkosten, Energiekosten.

Die abstrakt errechneten kalkulatorischen Kosten, denen kein Aufwand gegenübersteht, wie z. B. kalkulatorische Zinsen, kalkulatorische Abschreibungen, kalkulatorische Wagniskosten, werden der Betriebsbuchhaltung für Zwecke der Herstellkostenbestimmung und damit der Preiskalkulation aus Sonderrechnungen zugeführt.

Tabelle 10.3: Der Aufbau des Kontenrahmens für die Industrie

Klasse 0	Klasse 1	Klasse 2	Klasse 3	Klasse 4	Klasse 5/6	Klasse 7	Klasse 8	Klasse 9
Anlagevermögen und langfristiges Kapital	Finanz-Umlaufvermögen und kurzfristige Verbindlichkeiten	Neutrale Aufwendungen und Erträge	Stoffe-Bestände	Kostenarten	Kostenstellen	Bestände an halbfertigen und fertigen Erzeugnissen	Kostenträger Erträge	Abschluß
00 Grundstücke und Gebäude 000 Unbebaute Grundstücke 001 Bebaute Grundstücke 003 Gebäude 008 Im Bau befindl. Gebäude **01/02 Maschinen und maschinelle Anlagen** 010 der Betriebe 020 der Neben- und Hilfsbetriebe 023 Transportanlagen 028 Im Bau befindliche Maschinen u. Anlagen **03 Fahrzeuge, Werkzeuge, Betriebs- u. Geschäftsausstatt.** 030 Transportgeräte Fahrzeuge 034 Werkzeuge 037 Betriebs- und Geschäftsausstattung **04 Sachanlagen-Sammelkonto** **05 Sonstiges Anlagevermögen** 050 Urheberrechte, Patente 054 Beteiligungen 055 Wertpapiere des Anlagevermögens 056 Ausleihungen Forderungen 057 Andere langfristige Forderungen 058 Ausstehende Kapitaleinlagen, Anleihendisagio usw. **06 Langfristiges Fremdkapital** 060 Anleihen 065 Grundpfandschulden 066 Andere langfristige Verbindlichkeiten **07 Eigenkapital** 070 Grundkapital 072 Gesetzliche Rücklagen 073 Freie Rücklagen 079 Gewinn- und Verlustvortrag **08 Wertberichtigungen, Rückstellungen und dergl.** 080/083 Wertberichtigung der Lohn- 084 Wertberichtigung auf Außenstände 087 Rückstellungen 088 Bürgschaftsverpflichtungen, Rückgriffsrechte (Avale) und dergl. **09 Rechnungsabgrenzung** 090 Zeitlicher Aufwandsausgleich (bei Zwischenbilanzen) 096 Aktive Rechnungsabgrenzung (der Jahresrechnung) 099 Passive Rechnungsabgrenzung (der Jahresrechnung)	**10 Kasse** 100 Hauptkasse 105/9 Nebenkasse **11 Geldanstalten** 110 Postscheck 112 Landeszentralbank 113 Banken **12 Schecks, Besitzwechsel** 120 Schecks 125 Besitzwechsel 129 Protestwechsel **13 Wertpapiere des Umlaufvermögens** **14 Forderungen auf Grund von Warenlieferungen und Leistungen** 140 Kundenforderungen 149 Zweifelhafte Forderungen **15 Andere Forderungen** 150 Sonstige Forderungen 151 Eigene Anzahlungen **16 Verbindlichkeiten auf Grund von Warenlieferungen und Leistungen** **17 Andere Verbindlichkeiten** 170 Sonstige Verbindlichkeiten 171 Anzahlungen von Kunden 175 Noch abzuführende Abgaben der Sozialversicherungsbeiträge usw. 1751 abzuführende Umsatzsteuer usw. 176 Dividenden 177 Tantiemen **18 Schuldwechsel, Bankschulden** 180 Schuldwechsel 182 Bankschulden **19 Durchgangs-, Oberganga- und Privatkonten** 190 Durchgangskonten für Rechnungen 192 Durchgangskonten für Zahlungsverkehr 195 Obergangskonten 197 Privatkonten	**20 Betriebsfremde Aufwendungen und Erträge** 200 Betriebsfremde Aufwendungen 205 Betriebsfremde Erträge **21 Aufwendungen und Erträge für Grundstücke und Gebäude** 210 Haus- und Grundstücksaufwendungen 215 Haus- und Grundstückserträge **22 frei** **23 Bilanzmäßige Abschreibungen** **24 Zinsaufwendungen und -erträge** 240 Zinsaufwendungen (einschl. Kreditprovisionen) 242 Diskontaufwendungen 244 Skonto-Aufwendungen 245 Zinserträge 247 Diskonterträge 248 Skonto-Erträge **25 Betriebliche außerordentliche Aufwendungen u. Erträge** 250 Betriebliche a. o. Aufwendungen 255 Betriebliche a. o. Erträge **26 Betriebliche periodenfremde Aufwendungen u. Erträge** (mehrere oder andere Zeitabschnitte betreffend) z. B. 260 Großreparaturen — im Bau befindliche Sachanlagen usw. 268 periodenfremde Erträge **27/28 Gegenposten der Kosten- und Leistungsrechnung** 27 Verrechnete Anteile betrieblicher periodenfremder Aufwendungen 28 Verrechnete kalkulatorische Kosten **29 Das Gesamtergebnis betreffende Aufwendungen u. Erträge** z. B. Körperschaftsteuer (290)	**30 Rohstoffe** 300 Rechnungsbeträge 301 Bezugskosten **33 Hilfsstoffe** 330 Rechnungsbeträge 331 Bezugskosten **34 Betriebsstoffe** 340 Rechnungsbeträge 341 Bezugskosten **38 Bezogene Bestand- und Fertigteile, auswärtige Bearbeitung** **39 Handelswaren und auswärts bezogene Fertigerzeugnisse (Fertigwaren)**	**40/42 Stoffkosten und dergl.** **40 Fertigungsmaterial (Einzelstoffkosten)** **41 Gemeinkostenmaterial** **42 Brennstoffe und Energie und dgl.** 420 Brenn-, Gas, Wasser Strom, Gas, Wasser **43 Löhne und Gehälter** 431 Fertigungslöhne 433 Hilfslöhne 439 Gehälter 4390 Kaufmännische Gehälter 4391 Technische Gehälter **44 Sozialkosten** 440/45 Gesetzliche 440 Krankenversicherung 441 Invalidenversicherung 442 Angestelltenversicherung 443 Arbeitslosenversicherung 444 Beiträge zur Berufsgenossenschaft 446/49 freiwillige 446 Unterstützungen 447 Pensionen und sonstige Personenversicherungen 448 Andere Personenkosten **45 Instandhaltung und verschiedene andere Leistungen** 450 Instandhaltung an Maschinen u. masch. Anlagen (Kleinreparatur.) 451 Instandhaltung an Fahrzeugen 452 Instandhaltung an Werkzeugen, Betriebs- u. Geschäftsausstatt. 455 allgem. Dienstleistungen 456 Entwicklungs-, Versuchs- und Konstruktionskosten 457 Mehr- u. Minderkosten (Ober- und Unterschreitungen) 459 Ausschuß, Gewährleistungen usw. **46 Steuern, Gebühren, Beiträge, Versicherungsprämien und dergl.** 460 Steuern 464 Abgaben und Gebühren, Rechts- und Beratungskosten 468 Versicherungsprämien 469 Versicherungsspesen 4691 Diebstahlversicherung 4692 Haftpflichtversicherung 4693 Kreditversicherung **47 Mieten, Verkehrs-, Büro-, Werbekosten (Verschiedene Kosten) usw.** 470 Raumkosten und Maschinenmieten 472 Verkehrskosten (Transport, Versand, Reise, Post) 476 Bürokosten 479 Werbe- und Vertreterkosten Finanzkosten (= Kosten des Geldverkehrs, wie Bankprovisionen, Bankspesen, Wechselsteuer usw.) **48 Abschreibungen** 480 Abschreibungen auf Anlagen 481 Abschreibungen auf Außenstände **49 Sondereinzelkosten** 494 Sondereinzelkosten d. Fertigung 495 Sondereinzelkosten d. Vertriebs 4950 Umsatzsteuer 4951 Vertreterprovisionen 4952 Transportversicherungen, Ausgangsfrachten usw.	Frei für Kostenstellen-Kontierungen der Betriebsabrechnung Bei Anwendung des Umsatzkostenverfahrens werden in Klasse 6 „Herstellkonten", bei buchhalterischer Verankerung der Betriebsabrechnung in Klasse 5 zusätzlich „Verrechnungskonten" für die Kostenstellenbereiche eingerichtet.	**78 Bestände an halbfertigen Erzeugnissen (Halberzeugnisse)** **79 Bestände an fertigen Erzeugnissen (Fertigerzeugnisse)**	**83 Erlöse für Erzeugnisse und andere Leistungen (Verkaufskonto)** **85 Erlöse für Handelswaren** **86 Erlöse aus Nebengeschäften** **87 Eigenleistungen** **88 Erlösberichtigungen** 880 Zusatzerlöse 883 Erlösschmälerungen **89 Bestandsveränderungen in halbfertigen und fertigen Erzeugnissen**	**98 Ergebniskonten** 980 Betriebsergebnis 985 Verrechnungsergebnis 987 Neutrales Ergebnis 988 Gewinnverwendung 989 Gewinn- u. Verlust-K. **99 Bilanzkonten** 998 Eröffnungsbilanzkonto 999 Schlußbilanzkonto

Gemeinschaftskontenrahmen der Industrie, vgl. Hahn, Lenz, Tunnißen. Die

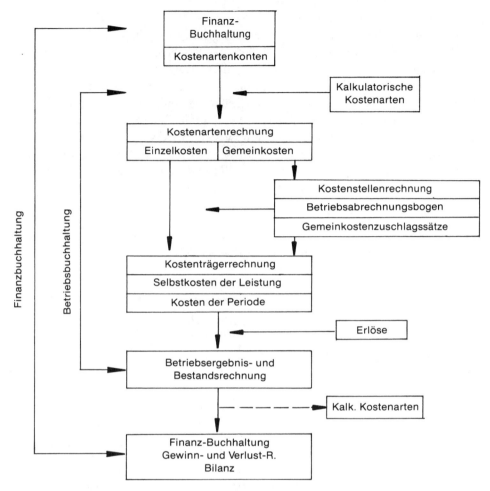

Abb. 10.1: *Finanz- und Betriebsbuchhaltung im Überblick*[18]

Insoweit ihnen kein echter Aufwand gegenübersteht, werden sie bei der Gewinnermittlung auf der Aufwandsseite nicht berücksichtigt. Sie stellen damit Gewinnbestandteile dar.

Obwohl an dieser Stelle nicht auf alle Aufgaben und Eigenarten der Betriebsbuchhaltung eingegangen werden kann, sei doch ausdrücklich darauf hingewiesen, daß der Weg zur Selbstkostenermittlung und Betriebsergebniserstellung über eine jeweils differenzierte Kostenartenrechnung, Kostenstellenrechnung (Betriebsabrechnung) und Kostenträgerrechnung führen muß. Hierfür ist die Betriebsbuchhaltung unerläßlich; übrigens auch für zahlreiche Bewertungen im Zuge der Bilanzierung (z. B. halbfertige Erzeugnisse).

10.1.3 Von der Eröffnungs- zur Schlußbilanz

Nach der Systemübersicht und den formalen Regelungen der Doppik sollen in diesem Abschnitt praktische Beispiele und Abläufe die Möglichkeit bieten, das Gelernte anzuwenden und zu vertiefen. Es darf aber ausdrücklich nochmals darauf hingewiesen werden, daß dieser Exkurs nur der Orientierung dient und nicht die Vollständigkeit bieten kann, wie sie ein Buchführungsstudium verlangen würde. Für die Leser, die sich für ein weitergehendes Studium der Buchführung und vielleicht sogar des gesamten betrieblichen Rechnungswesens interessieren, enthält das Literaturverzeichnis eine Fülle von Hinweisen. Mit den hier gelernten Grundlagen wird sich der Leser in die weiterführende Literatur rasch einarbeiten können.

Das erste Übungsbeispiel ist sehr einfach konzipiert; es sind keine Erfolgskonten nötig.

Übungsbeispiel (A):

Gegeben sind: Eröffnungsbilanz, Konten, Geschäftsvorfälle
Aufgabenstellung: Konten eröffnen, Buchungssätze, Geschäftsvorfälle verbuchen, Schlußbilanz erstellen.

Aktiva		Eröffnungsbilanz (Keine AG)	Passiva
Grundstücke und Gebäude	2.000.000,–	Eigenkapital	2.500.000,–
Maschinen	800.000,–	Darlehen	500.000,–
Geschäftsausstattungen	200.000,–	Verbindlichkeiten aus Warenlieferung	300.000,–
Roh-, Hilfs- und Betriebsstoffe	80.000,–		
Forderungen	120.000,–		
Bank	60.000,–		
Kasse	40.000,–		
	3.300.000,–		3.300.000,–

Die zu eröffnenden Konten entsprechen den Positionen der Bilanz. Die Bestände lt. Bilanz sind einzutragen.

Geschäftsvorfälle:

Nr. (anstelle Datum)	Geschäftsvorfall	Betrag (DM)
1	Verkauf einer Maschine gegen bar	10.000,–
2	Einkauf von Rohstoffen auf Ziel	5.000,–
3	Banküberweisung an Lieferer (Gläubiger)	15.000,–
4	Kunde überweist per Bank	20.000,–
5	Umwandlung von Lieferschuld in Darlehen	30.000,–
6	Eigene Bareinzahlung auf Bank	5.000,–

Buchungssätze:

Nr. (anstelle Datum)	Buchungssatz	Betrag (DM)
1	Kasse an Maschinen	10.000,–
2	Roh-, Hilfs- u. Betriebsstoffe an Verbindlichkeiten	5.000,–
3	Verbindlichkeiten an Bank	15.000,–
4	Bank an Forderungen	20.000,–
5	Verbindlichkeiten an Darlehen	30.000,–
6	Bank an Kasse	5.000,–

Buchungen:
Die Geschäftsvorfälle werden nunmehr nach den Buchungssätzen in den Konten verbucht.
Beachte: Im Konto chronologisch verbuchen (Datum angeben) und Gegenkonto aufführen!

Abschlußbuchungen:
Es werden die Schlußbestände zum Bilanzierungszeitpunkt ermittelt und in die Schlußbilanz eingetragen. Andere Abschlußbuchungen entfallen.

EB = Eröffnungsbestand, SB = Schlußbestand

S	Grundstücke und Gebäude		H		S	Forderungen		H
EB	2.000.000,–	SB	2.000.000,–		EB	120.000,–	4. Bank	20.000,–
							SB	100.000,–

S	Maschinen		H		S	Bank		H
EB	800.000,–	1. Kasse	10.000,–		EB	60.000,–	3. Verb.	15.000,–
		SB	790.000,–		4. Ford.	20.000,–	SB	70.000,–
					6. Kasse	5.000,–		

S	Gesch. Ausstg.		H		S	Kasse		H
EB	200.000,–	SB	200.000,–		EB	40.000,–	6. Bank	5.000,–
					1. Masch.	10.000,–	SB	45.000,–

S	Roh-, Hilfs- u. B.-Stoffe		H		S	Eigenkapital		H
EB	80.000,–	SB	85.000,–		SB	250.000,–	EB	250.000,–
2. Verb.	5.000,–							

S	Darlehen		H		S	Verbindlichkeiten aus W. L.		H
SB	530.000,–	EB	500.000,–		3. Bank	15.000,–	EB	300.000,–
		5. Verb.	30.000,–		5. Darl.	30.000,–	2. RHB. St.	5.000,–
					SB	260.000,–		

Aktiva	Schlußbilanz		Passiva
Grundstücke und Gebäude	2.000.000,–	Eigenkapital	2.500.000,–
Maschinen	790.000,–	Darlehen	530.000,–
Geschäftsausstattung	200.000,–	Verbindlichk.	260.000,–
RHB.-Stoffe	85.000,–		
Forderungen	100.000,–		
Bank	70.000,–		
Kasse	45.000,–		
	3.290.000,–		3.290.000,–

Kontenabschluß:
Die Konten müssen abgeschlossen werden, damit keine Zwischenräume für spätere Änderungen bleiben. Das geschieht durch Striche wie in der Eröffnungsbilanz und Schlußbilanz gezeigt. Bei EDV-Einsatz geschieht der Abschluß durch EDV-gerechte Entwertung.

Beachte:
In der Praxis werden sowohl die Eröffnungsbuchungen als auch die Abschlußbuchungen zuerst in das Grundbuch eingetragen. Darauf wurde hier verzichtet.

Übungsbeispiel (B):

Gegeben sind: Eröffnungsbilanz, Konten (s. Skizze), Geschäftsvorfälle

Aufgabenstellung:
Es sind:
a) die Konten mit den Anfangsbeständen zu eröffnen,
b) die folgenden Geschäftsvorfälle tabellarisch vorzukontieren (unter Verwendung der Kontennummern des Kontenrahmens),
c) die Verbuchungen in den Konten durchzuführen,
d) die Abschlußbuchungen vorzukontieren und in die Konten einzutragen und
e) die GuV-Rechnung und die Schlußbilanz zu erstellen.

a) Geschäftsvorfälle der Periode 1:
   1. Kauf der Maschine M gegen Barzahlung von 10.000,– DM
   2. Kauf von Waren gegen Barzahlung: 1.000 Stück à 25,– DM
   3. Verkauf von Waren gegen Ziel: 500 Stück à 40,– DM
   4. Der Kunde zahlt die bei 3.) entstandene Summe
   5. Abschreibung der Maschine M um 2.000,– DM
   6. Zahlung der Zinsen für Fremdkapital: 1.500,– DM
   7. Zahlung von Löhnen: 1.000,– DM

b) Abschluß der Periode 1:
   8. Gewinnermittlung (G + V-Rechnung)
   9. Gutschrift Gewinn auf Eigenkapital
   10. Erstellung der Schlußbilanz für Periode 1

Buchungsvorgänge:

Vorgangs-nummer	(Soll) Konto-Nr.	(Haben)[11] Konto-Nr.	Betrag	Buchungsphasen	
0.1	100	998	100.000,–	Eröffnung	Auflösung der Eröffnungsbilanz in das Kontensystem
0.2	998	070	60.000,–		
0.3	998	060	40.000,–		
1.1	020	100	10.000,–	Erfassung	Verbuchung der genannten Geschäftsvorfälle 1)...7)
1.2	390	100	25.000,–		
1.3.1	140	390	12.500,–		
1.3.2	140	938	7.500,–		
1.4	100	140	20.000,–		
1.5	400	020	2.000,–		
1.6	400	020	1.500,–		
1.7	400	020	1.000,–		
2.1	980	400*	4.500,–	Abschluß	Gewinnermittlung mit Übertrag auf Eigenkapitalkonto
2.2	938*	980	7.500,–		
2.3	980*	070	3.000,–***		
3.1	999	020*	8.000,–		Aufstellung der Schlußbilanz der Periode 1
3.2	999	140**	0,–		
3.3	999	100*	82.500,–		
3.4	999	390*	12.500,–		
3.5	070	999	60.000,–		
3.6	070*	999	3.000,–		
3.7	060*	999	40.000,–		

* Das Konto wird mit dieser Buchung abgeschlossen (ausgeglichen).
** Das Konto war schon ausgeglichen zum Zeitpunkt des Abschlusses: Bestand an Forderungen = 0. Deshalb wird diese Position in der Schlußbilanz der Periode 1 nicht aufgeführt.
*** Dieser Saldo ist der Gewinn als Differenz zwischen (Rein)Erträgen und Aufwendungen.

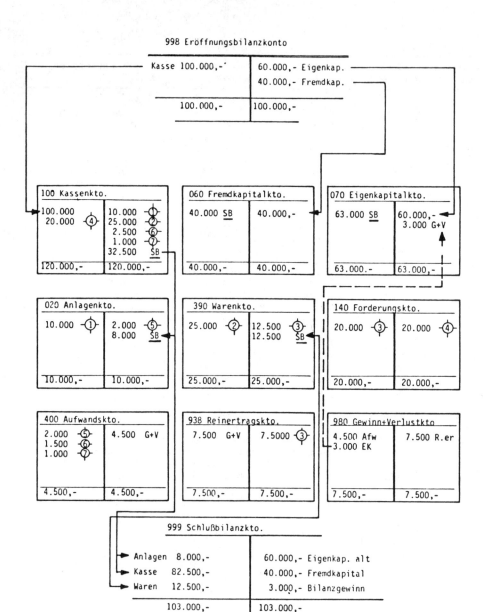

Beachte:
In diesem vereinfachten Übungsbeispiel wird das Konto »Reinertrag« anstelle des Kontos »Verkaufserlöse« geführt und das »Warenkonto« als einfaches Konto für Wareneingänge und Warenausgänge, wie das teilweise beim Handel üblich ist.

10.2 Bilanzierung bei Handels- und Steuerbilanzen

Unter Bilanzierung wird ganz allgemein die Aufstellung einer Bilanz verstanden (Bilanzansatz). Beim Bilanzansatz treten folgende Sachverhalte bzw. Fragen auf:

a) *Formeller Bilanzansatz:* Hier ist zu klären, was in der Bilanz auszuweisen ist. Es handelt sich hier also um die Frage der Aufnahme eines Vermögensgegenstandes in die Bilanz (Aktivierung) bzw. um die Aufnahme einer Kapitalposition (Passivierung).

b) *Materieller Bilanzansatz:* Beim materiellen Bilanzansatz geht es nur um die Fragen der Bewertung, d.h. mit welchem Betrag das einzelne zu aktivierende bzw. zu passivierende Wirtschaftsgut nach Handels- bzw. Steuerrecht in der Bilanz anzusetzen ist. Sowohl bezüglich des formellen Bilanzansatzes als auch beim materiellen Bilanzansatz sind Vorschriften des Handels- und des Steuerrechts vorhanden. Durch die Anwendung der handelsrechtlichen Vorschriften, wie sie im HGB, AktG, GmbH-Gesetz, Genossenschafts-Gesetz und im Publizitäts-Gesetz enthalten sind, entsteht die Handelsbilanz. Sie dient der Information externer Interessengruppen, wie

- Kapitalgeber
- Gläubiger
- Arbeitnehmer
- Öffentlichkeit
- Kapitalmarkt.

Die Steuerbilanz entsteht durch Abwandlung der Handelsbilanz nach den Vorschriften des Steuerrechts, die in der Abgabenordnung (AO) sowie im Einkommensteuergesetz (EStG) festgelegt sind. *Die Handelsbilanz ist damit für die Steuerbilanz maßgeblich.* Der Grundsatz der Maßgeblichkeit der Handelsbilanz für die Steuerbilanz bedeutet also, daß die aus dem kaufmännischen Ermessen sich ergebenden Bilanzierungs- und Bewertungsmöglichkeiten, die für die Handelsbilanz immer vorhanden sind, auf die Steuerbilanz und damit auf die Steuerveranlagung übertragen werden, soweit dem nicht zwingende Gründe entgegenstehen. Der Hauptgrund für das Auseinanderfallen von Handelsbilanz und Steuerbilanz liegt darin, daß der handelsrechtliche Bewertungsspielraum häufig über den steuerrechtlichen hinausgeht.

Im Handelsrecht kommt es dem Gesetzgeber darauf an, daß die Vermögensteile nicht zu hoch bewertet sind, um den Gläubiger nicht zu täuschen und auch den Unternehmer vor einer Selbsttäuschung zu bewahren. Deshalb schreibt das Handelsrecht grundsätzlich für die Aktiva Höchstwerte und für die Passiva Mindestwerte vor. Bei der Steuerbilanz ist es im Gegensatz zur Handelsbilanz dem Gesetzgeber darum zu tun, daß die Vermögensteile nicht zu niedrig bewertet werden, damit der Gewinn nicht geschmälert wird. Die handelsrechtlichen Bewertungsvorschriften geben also für die Bewertung die obere Grenze an, die Steuerbilanzvorschriften bestimmen auch die Grenze nach unten. Die Bewertungsvorschriften für die beiden Bilanzen dienen also zwei ganz verschiedenen Zwecken.

Die Unternehmen sind vom Gesetz her, das den Begriff »Steuerbilanz« nicht erwähnt, nicht verpflichtet, eine gesonderte Steuerbilanz aufzustellen.

Es genügt, die steuerrechtlichen Abweichungen in einer Nebenrechnung zur Handelsbilanz zu erfassen.

Die Steuerbilanz ist – wie gezeigt wurde – von der Handelsbilanz abhängig. In der Praxis ist es oft so, daß das Maßgeblichkeitsprinzip gerade umgekehrt wird. Oft wird nur eine Steuerbilanz erstellt. Da in der Handelsbilanz u. U. höhere Wertansätze möglich sind als in der Steuerbilanz, hat das AktG in den §§ 154 und 155 einen niedrigeren Wertansatz der Gegenstände des Anlage- und Umlaufvermögens zugelassen, wenn dieser für Zwecke der Steuern vom Einkommen und vom Ertrag für zulässig gehalten wird.

Durch diese Bestimmungen ist das Maßgeblichkeitsprinzip geändert worden. In den folgenden Abschnitten, die den formellen und materiellen Bilanzansatz betreffen, werden sowohl die handelsrechtlichen Vorschriften als auch die besonderen steuerrechtlichen Anforderungen behandelt.

Grundsätzlich ist aber davon auszugehen, daß bei veröffentlichten Jahresabschlüssen die handelsrechtlichen Vorschriften angewandt werden, so daß den Externen in der Regel nur die Handelsbilanz zur Verfügung steht. Die auf Seite 251 folgende Abbildung soll die genannten Zusammenhänge nochmals verdeutlichen.

10.2.1 Formeller Bilanzansatz (Aktivierung und Passivierung) nach Handels- und Steuerrecht

Die Lösung des vor der Bewertung zu klärenden Problems des formellen Bilanzansatzes, d. h. der Frage der Aktivierung oder Passivierung eines Wirtschaftsgutes, verlangt von dem Bilanzierenden verschiedene Teilentscheidungen, nämlich die Lösung folgender Fragen:

a) Ist das Gut überhaupt bilanzierungsfähig (aktivierungs- bzw. passivierungsfähig)?
b) Ist die Bilanzierung verboten (Aktivierungs- bzw. Passivierungsverbot)?
c) Ist es aufgrund gesetzlicher Vorschriften oder gemäß den Grundsätzen ordnungsgemäßer Buchführung bilanzierungspflichtig (Aktivierungs- bzw. Passivierungsgebot)?
d) Besteht ein Bilanzierungswahlrecht (Aktivierungs-Passivierungswahlrecht)? D. h. überlassen es Gesetz und die Grundsätze der ordnungsgemäßen Buchführung dem Unternehmen, ob es für ein Wirtschaftsgut im konkreten Falle ein Aktiva oder ein Passiva ansetzen will oder nicht?

Die bei der Bilanzierung zu treffenden *Teilentscheidungen* in ihrem logischen Zusammenhang zeigt das Ablaufdiagramm des formellen Bilanzansatzes auf Seite 252.

Abb. 10.2: Handelsbilanz und Steuerbilanz

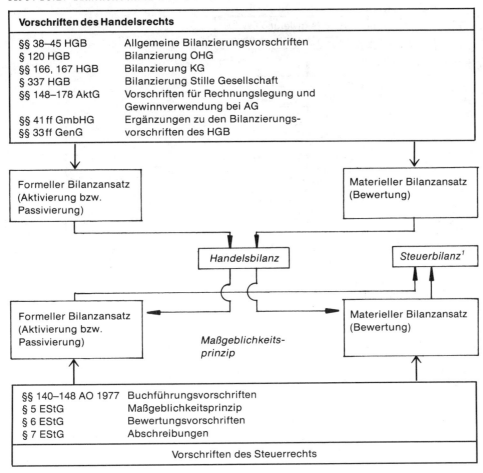

[1] bzw. Handelsbilanz mit Nebenrechnung zur Berücksichtigung der steuerlichen Vorschriften

Abb. 10.3: Ablaufdiagramm des formellen Bilanzansatzes (formelle Bilanzierung):[20]

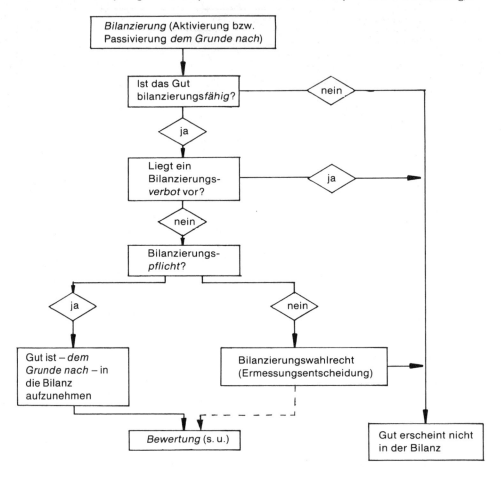

Die einzelnen Kriterien des formellen Bilanzansatzes nach Handels- und Steuerrecht sind in der folgenden gleichnamigen Tabelle 10.4 wiedergegeben.

Tabelle 10.4: Kriterien des formellen Bilanzansatzes

Kriterien des formellen Bilanzansatzes	Handelsrecht	Steuerrecht
Bilanzierungs-fähigkeit	– *auf Aktivseite:* alle selbständigen verkehrsfähigen, d. h. einzeln veräußerbaren Güter (Sachen, Rechte, aber auch Güter, die keine Rechte sind, z. B. Firmenwert) – *auf Passivseite:* alle künftigen Belastungen, von denen man mit ausreichender Sicherheit erwartet, daß sie zu Vermögensminderungen führen	§ 6 Abs. 1, § 2 Abs. 2 EStG – *positive Wirtschaftsgüter* ($\triangleq$ Vermögensgegenstände): Sachen, Rechte, Wirtschaftliche Vorteile und Gegebenheiten, die nach der Verkehrsauffassung selbständig bewertbar sind und von den Unternehmen durch *einmalige, klar abgrenzbare Aufwendungen* erlangt wurden – *negative Wirtschaftsgüter* ($\triangleq$ Schulden): selbständig bewertbare Last für das Unternehmen
Bilanzierungs-pflicht[1]	§40 HGB: *Sämtliche Vermögensgegenstände und Schulden* des Betriebs sind in der Bilanz zu erfassen. Die Zugehörigkeit eines Vermögensgegenstandes richtet sich nach den *wirtschaftlichen* nicht nach den juristischen Gesichtspunkten. Voraussetzung ist, daß das Unternehmen den Gegenstand, der juristisch Eigentum fremder Personen ist, selbst nutzt und für dessen Verlust selbst haftet (»wirtschaftliches« Eigentum)	Alle Wirtschaftsgüter, welche im steuerlichen Sinn bilanzierungsfähig sind und für die kein Bilanzierungsverbot bzw. Bilanzierungswahlrecht besteht
Bilanzierungs-verbot	– Allgemeines Bilanzierungsverbot für Güter, bei denen das Unternehmen weder juristisches noch wirtschaftliches Eigentum hat (§ 39 HGB) – Güter, die *nicht* zum Betrieb gehören, z. B. notwendiges Privatvermögen des Unternehmers – selbstgeschaffene (»originäre«) immaterielle Werte – selbstgeschaffener Firmenwert § 153 AktG – Rückstellungen zu anderen als im Gesetz genannten Zwecken § 157 Abs. 7 AktG – Aufwendungen für Gründung und Kapitalbeschaffung – antizipative Abgrenzungsposten § 152 AktG	dto. dto.

[1] Anm. s. S. 254

Fortsetzung nächste Seite

Kriterien des formellen Bilanzansatzes	Handelsrecht	Steuerrecht
Bilanzierungswahlrecht[2]	– Bilanzierungsfähige Vermögensgegenstände des »gewillkürten« Betriebsvermögens = Gegenstände, die keinen unmittelbaren Bezug zum notwendigen Privatvermögen oder Betriebsvermögen besitzen, über deren Zuordnung zum Privat- oder Betriebsvermögen frei entschieden werden kann (z. B. Bürogebäude, das dem Unternehmen gehört und an fremde Firmen vermietet wurde) und die nicht dem Bilanzierungsverbot unterliegen	dto.
	– unentgeltlich erworbene Wirtschaftsgüter, für die kein Bilanzierungsverbot gilt	dto.
	Bei Aktiva:	
	– entgeltlich erworbene immaterielle Anlagegüter § 153 AktG	Aktivierungspflicht
	– entgeltlich erworbener (= »derivativer«) Firmenwert § 153 AktG	Aktivierungspflicht
	– Kosten der Ingangsetzung des Geschäftsbetriebs § 156 AktG	Aktivierungspflicht
	– Damnum (Disagio) bei Verbindlichkeiten § 156 AktG	Aktivierungspflicht
	Bei Passiva:	
	– Pensionsrückstellungen §§ 159, 152 AktG	dto.
	– Rückstellung für unterlassene Instandsetzung § 152 AktG	dto. (bedingt)
	– Rückstellung für ohne rechtliche Verpflichtung zu erbringende Gewährleistungen § 152 AktG	dto.
	– Sonderposten mit Rücklageanteil § 152 AktG	dto.

[1] Eigenkapital sowie Rechnungsabgrenzungsposten (Ausnahme: antizipative RAP bei AG) werden in jedem Fall bilanziert.
[2] Hier bleibt es der autonomen Entscheidung des Unternehmens überlassen, durch Ansatz bzw. Nichtansatz eines Gutes die Höhe des Vermögensausweises den unternehmenspolitischen Interessen entsprechend auszunutzen.

10.2.2 Materieller Bilanzansatz (Bewertung) nach Handels- und Steuerrecht

In diesem Abschnitt werden die Fragen des materiellen Bilanzansatzes, d. h. der Bewertung von Wirtschaftsgütern nach den Vorschriften des Handels- und Steuerrechts behandelt.

10.2.2.1 Allgemeine Bewertungsgrundsätze und Bewertungsarten

Bewertung schließt einen Entscheidungsprozeß mit ein und unterscheidet sich dadurch von einer bloßen Wertfeststellung. Der Entscheidungsprozeß ist ziel- und zweckgerichtet; Ziele werden in bestimmten Grenzen von dem Bilanzierenden autonom gesetzt (Bilanzpolitik!) und können im Rahmen der durch den Gesetzgeber vorgegebenen Grenzen verfolgt werden. In diesem Zusammenhang sind die maßgebenden Rechtsnormen des Handels- und Steuerrechts sowohl Entscheidungsgrundlage, Entscheidungshilfe wie auch Voraussetzungen der Entscheidung selbst.

Um Bewertungswillkür auszuschließen und Informationskontrolle zu ermöglichen, hat der Gesetzgeber Bewertungsgrundsätze vorgegeben, die in der folgenden Tabelle enthalten sind:

Tabelle 10.5: Allgemeine Bewertungsgrundsätze[21] und Bewertungsarten

Grundsatz	Erläuterungen
Bewertungsnormierung	Für Zwecke der Bewertung wird vom Gesetzgeber sowohl im Handels- wie im Steuerrecht ein System fester Wertansätze (Fixwertsystem) vorgeschrieben, das die Bewertungsentscheidung sowohl nach oben als nach unten begrenzt.
Methodenfreiheit	Dem Bilanzierenden wird hinsichtlich der *Methoden* zur Ermittlung der einzelnen vom Gesetzgeber vorgeschriebenen Wertansätze weitgehend Freiheit eingeräumt.
Stichtagsbezogenheit der Wertansätze	Für die einzelnen Vermögensgegenstände und Verbindlichkeiten sind die Wertverhältnisse am Bilanzstichtag maßgebend, wobei entsprechend dem sogenannten Going-Concern-Prinzip davon auszugehen ist, daß die Unternehmung fortgeführt wird. § 148 AktG läßt jedoch eine zeitliche Divergenz zu zwischen Bilanzstichtag und Bilanzerstellung. Umstände, die zum Bilanzstichtag gegeben waren, aber erst zum Zeitpunkt der Bilanzerstellung bekannt werden, sind zu berücksichtigen (»werterhellende« Ereignisse).
Einzelbewertung	§ 39 (1) HGB; § 6 EStG: Jedes Wirtschaftsgut ist *individuell*, d. h. gesondert zu bewerten: Einzelbewertung. Bei Unmöglichkeit bzw. wirtschaftlicher Unzumutbarkeit wird die Anwendung des Grundsatzes der Einzelbewertung durch gesetzliche Ausnahmeregelung eingeschränkt: § 40 (4) HGB: Gruppenbewertung (Sammelbewertung) § 40 (4) HGB: Festbewertung (Festrechnung)

Bewertungsarten:
a) Einzelbewertung: Bewertung jedes einzelnen Wirtschaftsgutes.
b) Gruppenbewertung: Anwendung bei annähernd gleichwertigen Gegenständen
   (Sammelbewertung) bzw. bei *gleichartigen* Gegenständen mit bekanntem Durchschnittswert. Nach genauer Mengenfeststellung wird die gesamte Gruppe der Gegenstände mit einem Durchschnittswert bewertet.
c) Festbewertung: Der Bestand wird mit einem unveränderten fortzuführenden Wertansatz (Festwert) in die Jahresbilanzen aufgenommen. Dieses Verfahren ist zulässig, wenn bestandsmäßig keine wesentlichen Schwankungen hinsichtlich Wert, Menge und Zusammensetzung zu erwarten sind. Überprüfung der Bestände alle 3 Jahre durch Inventur.

10.2.2.2 Bilanzielle Bewertungsmaßstäbe

Innerhalb des Handels- und Steuerrechts wird die Verwendung bestimmter Werte zur Bewertung von Wirtschaftsgütern (Vermögensgegenstände und Kapitalien) vorgeschrieben. Als Bewertungsmaßstäbe kommen die in der unten stehenden Abbildung enthaltenen Größen in Betracht. Diese Größen werden im einzelnen anschließend ausführlich erläutert.

Abb. 10.4: Bilanzielle Bewertungsmaßstäbe

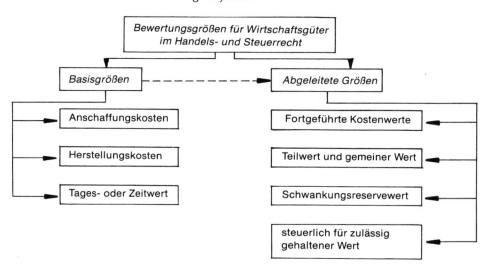

In den folgenden Ausführungen werden die möglichen bilanziellen Bewertungsmaßstäbe noch näher behandelt.

a) Anschaffungskosten (handelsrechtlicher und steuerrechtlicher Ansatz):
  Kaufpreis (ohne MWSt)
− Rabatte
− Skonto
+ Anschaffungsnebenkosten
− Subventionen und Zuschüsse der öffentlichen Hand
= Anschaffungskosten

Anschaffungsnebenkosten sind Kosten des Transports und der Transportversicherung, Aufwendungen für das Aufstellen und die Montage, Fundamentierungskosten, Gebühren für die Beurkundung von Kaufverträgen, Provisionen und Vermittlungsgebühren sowie Zölle und Steuern (außer MWSt) und sonstige Abgaben. Die Kosten der Geldbeschaffung (z. B. Kreditzinsen und -gebühren) sind in der Regel *nicht* den Anschaffungsnebenkosten hinzuzurechnen. Ausnahmen bestehen allerdings in solchen Fällen, in denen die Kredite als Anzahlung oder Vorauszahlung für Neuanlagen mit längerer Bauzeit verwendet werden.

Verwaltungsgemeinkosten – etwa für Einholung des günstigsten Angebots – dürfen in keinem Fall den Anschaffungskosten zugerechnet werden.

b) Herstellungskosten
Für die Bewertung von fertigen und unfertigen Erzeugnissen sowie vom Betrieb selbst erstellte Anlagen kommen die Herstellungskosten in Betracht. Während die Anschaffungskosten aufgrund vorliegender Rechnungen gleich bestimmt werden können, bestehen bei der Ermittlung der Herstellungskosten große Schwierigkeiten, weil die Herstellungskosten aus der Kostenrechnung abgeleitet werden müssen, die Kostenrechnung aber anderen Zwecken dient als die Bilanzierung.

So darf z. B. der Materialverbrauch für Zwecke der Bilanzierung zu historischen Einstandspreisen und nicht zu Wiederbeschaffungspreisen angesetzt werden. Außerdem dürfen nur tatsächliche Aufwendungen (Zweckaufwand) und keine kalkulatorischen Kosten in den Wertansatz einbezogen werden. Das auf Seite 258 folgende Schema zeigt die Kann- und Mußbestandteile der Herstellkosten nach steuerrechtlichen und handelsrechtlichen Grundsätzen.

c) Tages- oder Zeitwert
Neben den Herstellungskosten kommen als Bewertungsmaßstab die Tages- oder Zeitwerte in Betracht. Für die Ableitung der Tageswerte eines Wirtschaftsgutes kann je nach Zweckbestimmung oder Marktgängigkeit des Wirtschaftsgutes in Frage kommen:
− Beschaffungsmarkt (Anlagevermögen, Roh-, Hilfs- und Betriebsstoffe)
− Absatzmarkt (fertige und unfertige Erzeugnisse)
− beide Märkte (kleinster Wert z. B. bei Handelswaren)
Da es sich bei den Tageswerten um Preise aufgrund der Marktverhältnisse handelt,

Tabelle 10.6: Schematische Übersicht zum Ansatz der Herstellkosten nach Handels- und Steuerrecht[22]

Kostenart		Handelsrecht § 153 (Abs. 2) AktG			Steuerrecht § 33 EStR		
		P	W	V	P	W	V
	Materialeinzelkosten (Fertigungsmaterial)	X			X		
+	Fertigungslöhne	X			X		
+	Sondereinzelkosten der Fertigung	X			X		
+	Variable Materialgemeinkosten	X			X		
+	Variable Fertigungsgemeinkosten	X			X		
+	Fixe Materialgemeinkosten		X		X		
+	Fixe Fertigungsgemeinkosten		X		X		
+	Sondergemeinkosten der Fertigung		X		X		
+	Entwicklungs-, Versuchs- und Konstruktionskosten (auftragsgebunden)	X			X		
+	Sonstige Verwaltungsgemeinkosten		X			X*	
+	Vertriebsgemeinkosten			X			X
+	Sondereinzelkosten des Vertriebs			X			X
=	Selbstkosten bzw. Herstellkosten						

P = Pflicht zum Ansatz *(muß)*
W = Wahlweiser Ansatz *(kann)*
V = Verbotener Ansatz *(darf nicht)*

* Die in den Verwaltungsgemeinkosten enthaltenen Abschreibungsanteile müssen in die Herstellkosten einbezogen werden.
Generell gilt: Kein Ansatz von kalkulatorischen Kosten.

sind bei Gütern, für die noch keine sonstigen Unterlagen vorliegen, folgende Größen hinzuzurechnen:

1. Beim Preis vom Beschaffungsmarkt: fiktive Anschaffungsnebenkosten (dem Anschaffungspreis zuzurechnen).
2. Beim Preis vom Absatzmarkt: fiktiv anfallende Verkaufskosten, die vom möglichen Verkaufspreis abgezogen werden.

Abb. 10.5 stellt die diesbezüglichen Gesamtzusammenhänge dar.

d) Fortgeführte Kostenwerte
Anschaffungs- oder Herstellungskosten sind nur im Zeitpunkt der Anschaffung oder Herstellung eines abnutzbaren Wirtschaftsgutes als aktueller Wert charakterisiert. Wie im späteren Zeitpunkt sind sie historische Werte.

In § 153 Abs. 1 in Verbindung mit § 154 Abs. 1 AktG schreibt der Gesetzgeber die

Abb. 10.5: Tages- oder Zeitwerte

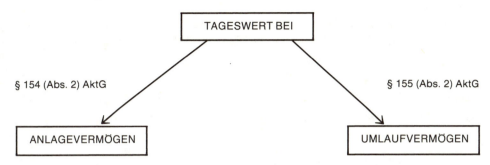

§ 154 (Abs. 2) AktG	§ 155 (Abs. 2) AktG
ANLAGEVERMÖGEN	**UMLAUFVERMÖGEN**
Wiederbeschaffungswert, d.h. die Anschaffungs- oder Herstellungskosten eines vergleichbaren Gegenstandes Bei abnutzbaren Gegenständen: *Wiederbeschaffungszeitwert* (= Wiederbeschaffungswert abzüglich planmäßiger Wertminderungen [Abschreibungen]) *Ertragswert* (= Barwertsumme zukünftiger Einnahmen abzüglich Barwertsumme zukünftiger Ausgaben) bei Patenten, Rechten, Lizenzen, derivativem Firmenwert *Einzelveräußerungserlös* als Hilfsgröße, wenn geplant ist, das Wirtschaftsgut zu verkaufen	*Börsen- oder Marktpreis;* wenn ein solcher nicht feststellbar ist, dann: *Wert, der dem Gegenstand »beizulegen« ist,* d.h. Anschaffungs- oder Herstellungskosten gemindert um Wertverlust z. B. durch Veralten → Schrottwert

Berücksichtigung von fiktiven Anschaffungsnebenkosten des Beschaffungsmarktes bzw. fiktiven Verkaufskosten des Absatzmarktes bei der Festlegung der Tageswerte

Wertfortführung der »historischen« Kostenwerte im Zeitablauf bei abnutzbaren Wirtschaftsgütern vor:

Fortgeführte Kostenwerte (Buchwerte) = Anschaffungs- bzw. Herstellungskosten ./. *planmäßige* Wertminderungen durch Nutzung und Alterung (Abschreibungen) im Zeitablauf.

e) *Teilwert und gemeiner Wert*
Der Teilwert ist ein rein steuerrechtlicher Wertmaßstab.
  Definition gem. § 6 EStG und § 10 BewG:
  Betrag, den ein Erwerber des ganzen Betriebes im Rahmen des Gesamtkaufpreises für das einzelne Wirtschaftsgut ansetzen würde unter der Voraussetzung, daß der Erwerber das Unternehmen fortführt.

Der Teilwert ist äußerst schwierig zu bestimmen, da hierbei folgende Probleme auftreten:

1. Ein fiktiver Käufer soll den Gesamtwert des Unternehmens ermitteln.

2. Die Ermittlung soll unter dem Aspekt der Fortführung des Unternehmens gesehen werden.
3. Der so bestimmte Gesamtpreis ist auf die einzelnen Wirtschaftsgüter zu verteilen.

Aus diesem Grund hat der Fiskus die sog. Teilwertvermutung zugelassen:

Teilwertvermutungen:
Folgende Wertansätze werden vom Fiskus solange als Teilwertvermutet, d. h. angesetzt, bis der Steuerpflichtige eine Widerlegung dieser Vermutungen darlegt:

I. Anlagevermögen
(1) Zeitpunkt der Anschaffung/Herstellung
Teilwert = Anschaffungs- oder Herstellungskosten
(2) Zeitpunkt nach Anschaffung/Herstellung
Abnutzbare Wirtschaftsgüter: Teilwert = fortgeführter Kostenwert
Nichtabnutzb. Wirtschaftsgüter: Teilwert = Anschaffungs- bzw. Herstellungskosten

II. Umlaufvermögen
Teilwert = Wiederbeschaffungskosten bzw. Einzelveräußerungspreis, der bis zum Schrottwert absinken kann.

Diese Definition ist identisch mit der Definition nach § 9 BewG für den gemeinen Wert.

Gemeiner Wert = Preis, der im gewöhnlichen Geschäftsverkehr nach der Beschaffenheit des Wirtschaftsgutes bei einer Veräußerung zu erzielen wäre.

f) Schwankungsreservewert
Bei diesem Wertansatz handelt es sich um Verwendung von Zukunftswerten. Die niederen Preise, wie sie innerhalb der nächsten zwei Jahre zu erwarten sind, werden bereits bei der Bewertung zum Abschlußstichtag verwendet. Ein niedriger Wertansatz nach dieser Vorschrift kommt vor allem bei erwartetem Preisverfall der Roh-, Hilfs- und Betriebsstoffe, bei sinkenden Wertpapierkursen, bei Absatzschwierigkeiten aufgrund von Modeänderungen und Nachfrageverschiebungen sowie bei Schwankungen der Zahlungsfähigkeit von Kunden in Betracht.

Der Schwankungsreservewert ergibt sich gem. *§ 155 (Abs. 3) AktG* als Wert, welcher durch Preisverfall im Laufe der nächsten zwei Jahre nach vernünftiger kaufmännischer Beurteilung – also aufgrund objektiver Anhaltspunkte und unter angemessener Berücksichtigung der Risiken und Chancen – zu erwarten ist *(Schätzwert).*

g) Steuerlich für zulässig gehaltener Wert
Es handelt sich hier um einen Wertansatz, welcher steuerlich für Gegenstände des Anlage- und Umlaufvermögens zulässig ist. Er wird ausschließlich unter Berücksich-

tigung steuerlicher Sondervorschriften ermittelt und liegt in der Regel sowohl unter den Anschaffungs- bzw. Herstellkosten als auch unter den fortgeführten Kostenwerten.

Dennoch ist dieser Wertansatz gem. § 154 (Abs. 2), § 155 (Abs. 3) AktG auch handelsrechtlich gültig (umgekehrtes Maßgeblichkeitsprinzip), obwohl er u. U. gegen handelsrechtliche Vorschriften verstößt.

10.2.3 Die Bewertung der Vermögensgegenstände

10.2.3.1 Allgemeine Bewertungsgrundsätze

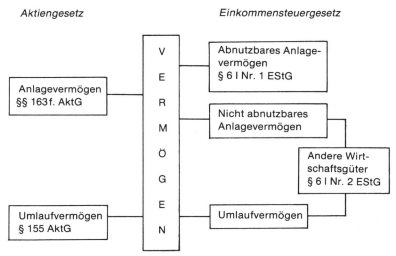

Abb. 10.6: *Vermögensarten nach Aktiengesetz (Handelsrecht) und Einkommensteuergesetz (Steuerrecht)*

Die Bewertungsansätze nach Handels- und Steuerrecht werden bestimmt nach den Arten von Vermögensgegenständen, die es zu bewerten gilt.

Die Abb. 10.6 gibt die diesbezüglichen Vermögensdefinitionen nach Handels- und Steuerrecht wieder.

Als allgemeiner Bewertungsgrundsatz gilt zunächst das *Anschaffungskostenprinzip*: *Anschaffungskosten* (Herstellungskosten) sind die *absoluten Obergrenzen* für die Bewertung betrieblicher Vermögensgegenstände.

Abweichung von dieser Obergrenze nach unten ist zwingend vorgeschrieben gem. HGB nach folgenden Regeln:

a) *Anlagevermögen mit zeitlich begrenzter Nutzungsdauer: Abschreibungsprinzip*

a1) Die Vermögensgegenstände sind zu bewerten mit ihren Anschaffungskosten

(Herstellungskosten) *abzüglich* der Absetzungen (Abschreibungen) für die Wertminderung durch Nutzung und/oder Alterung (planmäßige Abschreibung). Die Abschreibungstechniken sind
- lineare Abschreibung
- geometrisch degressive Abschreibung

Dadurch entstehen die fortgeführten Kostenwerte (Buchwerte).

a2) *Außerplanmäßige Abschreibung* (Sonderabschreibung)
Zulässig, wenn »beizulegender« Wert kleiner ist als der Buchwert bzw. wenn Teilwert kleiner ist als Buchwert (vgl. Bewertung mit Teilwert)

b) *alle übrigen Vermögensgegenstände:*
Niederstwertprinzip

b1) *Strenges* Niederstwertprinzip für das *Umlaufvermögen:*
Die Vermögensgegenstände sind zu bewerten mit dem jeweils niedrigsten Wert von

- Tageswert
- Anschaffungskosten

b2) *Mildes* Niederstwertprinzip für das Anlagevermögen mit zeitlich unbegrenzter Nutzung: Ansatz zu Anschaffungskosten, es sei denn, daß eine *voraussichtlich dauernde Wertminderung* eingetreten ist. In diesem Fall: Ansatz des geminderten Werts gem. HGB zulässig (vgl. hierzu auch Bewertung mit Teilwert).

10.2.3.2 Spezielle Bewertungsansätze

Neben dem Ansatz der Vermögensgegenstände zu

- Anschaffungskosten bzw. Herstellkosten   } gem. dem
- Tageswerten bzw. Zeitwerten   } Niederstwertprinzip
- sowie den fortgeführten Kostenwerten (Buchwerten)

sind Wertansätze zulässig, welche Wertkorrekturen in der Handelsbilanz bewirken.

Es sind dies die Bewertungen mit:

- Schwankungsreservewerten
- steuerlich für zulässig gehaltenen Werten
- niedrigeren, am Abschlußstichtag beizulegenden Werten

Der letztere Wertansatz kommt dann in Betracht, wenn eine *dauernde* Wertminderung eines abnutzbaren Anlagegutes eingetreten ist, wobei der fortgeführte Kostenwert (Buchwert) über dem durch die Wertminderung hervorgerufenen tatsächlichen

Tageswert liegt. Die Differenz zwischen beiden Werten führt zu Sonderabschreibungen (a. o. Aufwand)

Aufgrund § 6 Abs. 1 EStG ist auch ein Wertansatz zum *Teilwert* möglich, der Wertkorrekturen in der Steuerbilanz bewirken kann.

Gelingt es dem Steuerpflichtigen, einen Teilwert nachzuweisen, der *unter* der Teilwertvermutung (vgl. Seite 260) liegt, so darf der niedrigere Teilwert angesetzt werden, auch wenn es sich um eine vorübergehende Wertminderung handelt. Dies führt zu der sog. Teilwertabschreibung:

Tabelle 10.7: Teilwertabschreibung

Bilanzposition ▶ Sachverhalt ▼	Anlagevermögen		Umlaufvermögen
Der handelsrechtliche Korrekturwert (»beizulegender Wert« bzw. der Börsen- oder Marktpreis) und der steuerliche Korrekturwert (Teilwert) sind niedriger als der Buchwert.	a) vorübergehende Wertminderung: Handelsrechtlich ist eine Abschreibung auf den niedrigeren Korrekturwert möglich (§ 154 Abs. 2 AktG). Für die Steuerbilanz ist der Ansatz der Handelsbilanz maßgeblich (§§ 5 Abs. 1; 6 Abs. 1 Nr. 1, 2 EStG).	b) dauerhafte Wertminderung: Handels- und steuerrechtlich ist eine Abschreibung auf den niedrigeren Korrekturwert nötig (§§ 154 Abs. 1 AktG., 6 Abs. 1 Nr. 1, 2 EStG).	Handels- und steuerrechtlich ist eine Abschreibung auf den niedrigeren Korrekturwert nötig (§§ 155 Abs. 2 AktG; 5 Abs. 1; 6 Abs. 1 Nr. 1, 2 EStG).

Entnommen aus: Coenenberg, A. G.: Jahresabschluß..., a. a. O., S. 72

Fällt der Grund für die Wertkorrektur nach Vornahme einer Teilwertabschreibung später einmal fort, so kann gegebenenfalls eine Zuschreibung (a. o. Ertrag) bis zu den Anschaffungs- oder Herstellungskosten erfolgen. Einzelheiten zeigt die auf Seite 264 folgende Übersicht. (Tabelle 10.8.)

Zusätzlich wird der Teilwert noch zur Bestimmung von Einlagen und Entnahmen als Wertansatz gewählt. Der Ansatz des gemeinen Wertes erfolgt dagegen steuerrechtlich nur bei Auflösung des Betriebes (Betriebsaufgabe) gem. § 16 EStG.

Tabelle 10.8: Zuschreibungsmöglichkeiten

Bilanzposition▶ Sachverhalt ▼	Anlagevermögen		Umlaufvermögen
	nicht abnutzbar	abnutzbar	
Der Grund für die außerordentliche Abschreibung ist fortgefallen.	In Handels- und Steuerbilanz Zuschreibung bis zu den AK/HK möglich (§§ 154 Abs. 2 AktG; 6 Abs. 1 Nr. 2 EStG).	In der Handelsbilanz Zuschreibung bis zu AK/HK abzüglich Normalabschreibung möglich (§ 154 Abs. 2 AktG). In der Steuerbilanz darf der Wertansatz den letzten Buchwert nicht übersteigen, Zuschreibung also nicht möglich (§ 6 Abs. 1 Nr. 1 EStG) (Grundsatz des Wertzusammenhangs). Steuerbilanzwert darf beibehalten werden, wenn in der Handelsbilanz eine Zuschreibung erfolgt.	In Handels- und Steuerbilanz Zuschreibung bis zu den AK/HK möglich (§§ 155 Abs. 2 AktG; 6 Abs. 1 Nr. 2 EStG).

AK/HK = Anschaffungs- bzw. Herstellungskosten

Entnommen aus: Coenenberg, A. G.: Jahresabschluß..., a. a. O., S. 73

10.2.3.3 Spezielle Verfahren zur Ermittlung der Anschaffungskosten bei schwankenden Preisen für Vermögensgegenstände des Umlaufvermögens

Wenn gleichartige Vermögensgegenstände des Vorratsvermögens (Umlaufvermögen) vorliegen, so ist gemäß § 155 Abs. 1 AktG eine Sammelbewertung möglich, wobei entweder Durchschnittswerte gebildet oder bestimmte Verbrauchsfolgen der Güter unterstellt werden. Diese Verbrauchsfolgen haben besondere Bedeutung bei im Zeitablauf schwankenden Preisen. Die Anwendung der genannten Verfahren entbindet die Unternehmen nicht davon, stets zu prüfen, ob nicht anstelle der ermittelten Anschaffungskosten ein niedrigerer Bilanzansatz für die Bewertung der Endbestände am Abschlußstichtag gewählt werden muß, um das strenge *Niederstwertprinzip* zu beachten.

Die Verfahren sollen in einem Beispiel dargestellt werden bei dem lediglich der Endbestand bzw. Periodenverbrauch variiert wird, um die einzelnen Auswirkungen der Verfahren aufzuzeigen.

Führt das Niederstwertprinzip zur Anwendung eines niedrigeren Tageswertes, so entstehen außerordentliche Aufwendungen. Dieser Fall wird in dem Beispiel, das auf Seite 266 folgt, nicht behandelt.

Während nach Ansicht der Finanzverwaltung lediglich die Durchschnittsbewertung ein zweckentsprechendes Bewertungsverfahren darstellt und die übrigen Methoden *steuerrechtlich* grundsätzlich nicht anerkannt werden (§ 6 EStG, Abschn. 36 II EStR) steht *handelsrechtlich* die Wahl des Bewertungsverfahrens weitgehend im Ermessen des Bilanzierenden. Insbesondere gestattet § 155 AktG ausdrücklich die Fifo-Methode. Jedoch muß das *Prinzip der Kontinuität* beachtet werden.[23]

Sowohl handelsrechtlich als steuerrechtlich ist in jedem Fall der Tageswert des Wirtschaftsgutes einzusetzen, wenn dieser unter den ermittelten Anschaffungskosten liegt *(Strenges Niederstwertprinzip)*.

10.2.4 Bewertung des Kapitals

10.2.4.1 Eigenkapital

a) §§ 152, 156 AktG: Das Grundkapital ist zum Nennwert anzusetzen (Nominalwertprinzip)

b) Gewinn wird nicht bewertet, sondern ist das Ergebnis der Bewertung

c) Rücklagen sind Gewinnverwendung der jetzigen und früherer Perioden (§ 58 AktG) und unterliegen damit auch nicht der Bewertung

10.2.4.2 Fremdkapital

a) Rückstellungen: § 156 Abs. 2 AktG gibt die Wertobergrenze an. Dies ist der Wert, der nach vernünftiger kaufmännischer Beurteilung das Risiko einer eventuellen Inanspruchnahme bzw. die voraussichtlich entstehenden Aufwendungen voll abdeckt.
Bei passivierungspflichtigen Rückstellungen (dies sind Rückstellungen für ungewisse Verbindlichkeiten) ist die Wertobergrenze gem. § 156 Abs. 2 AktG zu wählen. Bei Rückstellungen mit Bilanzierungswahlrecht (vgl. hierzu 10.2.1 Aktivierung und Passivierung) kann ein Wert zwischen »Null« und der Wertobergrenze des § 156 Abs. 2 AktG angesetzt werden.[24] Pensionsrückstellungen und

Beispiel:

Anfangsbestand und Lagerzugänge	Datum	Stück (Menge)	Preis pro Stück	Wert (DM)
Anfangsbestand	1.1.	100	6	600
+ Zugänge	15.1.	50	8	400
+ Zugänge	15.2.	50	9	450
Buchbestand		200	–	1450

Bewertungs-Verfahren	Angenommener Endbestand AEBM und Verbrauch	Wertmäßiger Endbestand und Materialaufwand
Periodische Durchschnitts-bewertung	AEBM = 60 St. Verbrauch = 140 St.	Durchschnittspreis = $\frac{1450}{200}$ = 7,25 $\frac{DM}{St.}$ Endbestand = 60 St. × 7,25 = 435 DM Materialaufwand = 140 St. × 7,25 = 1015 DM 1450 DM

Perioden-Lifo (**L**ast **i**n – **f**irst **o**ut)	(a) AEBM = 100 St.
	Verbrauch = 100 St.
		Endbestand = 100 × 6,00 = 600 DM
		Materialaufwand = 50 × 9
		                  +50 × 8 = 850 DM
		                                 1450 DM

	(b) AEBM = 160 St.
	Verbrauch = 40 St.
		Endbestand = 100 × 6
		              +50 × 8
		              +10 × 9 = 1090 DM
		Materialaufwand = 40 × 9 = 360 DM
		                                 1450 DM

	(c) AEBM = 60 St.
	Verbrauch = 140 St.
		Endbestand = 60 × 6 = 360 DM
		Materialaufwand = 50 × 9
		                  +50 × 8
		                  +40 × 6 = 1090 DM
		                                 1450 DM

Fifo (**F**irst **i**n – **f**irst **o**ut)	(a) AEBM = 60 St.
	Verbrauch = 140 St.
		Endbestand = 50 × 9
		              +10 × 8 = 530 DM
		Materialaufwand = 100 × 6
		                  +40 × 8 = 920 DM
		                                 1450 DM

	(b) AEBM = 160 St.
	Verbrauch = 40 St.
		Endbestand = 50 × 9
		              +50 × 8
		              +60 × 6 = 1210 DM
		Materialaufwand = 40 × 6 = 240 DM
		                                 1450 DM

Perioden-Hifo (**H**ighest **i**n – **f**irst **o**ut)	AEBM = 60 St.
	Verbrauch = 140 St.
		Endbestand = 60 × 6 = 360 DM
		Materialaufwand = 50 × 9
		                  +50 × 8
		                  +40 × 6 = 1090 DM
		                                 1450 DM

Perioden-Lofo (**L**owest **i**n – **f**irst **o**ut)	AEBM = 60 St.
	Verbrauch = 140 St.
		Endbestand = 50 × 9
		               +10 × 8 = 530 DM
		Materialaufwand = 100 × 6
		                  +40 × 8 = 920 DM
		                                 1450 DM

Rückstellungen für Rentenverpflichtungen sind stets mit dem versicherungsmathematischen Barwert anzusetzen.

b) Verbindlichkeiten
Verbindlichkeiten sind handelsrechtlich mit dem Betrag anzusetzen, mit dem die Schuld zu erfüllen ist (Rückzahlungsbetrag) gem. § 156 Abs. 2 AktG (unterster Wertansatz).
Abweichend von dieser Vorschrift schreibt § 6 Abs. 1 EStG (bei sinngemäßer Anwendung der Vorschriften über die Bewertung des nichtabnutzbaren Anlagevermögens) vor, daß Verbindlichkeiten mit dem Betrag bewertet werden müssen, über den das Unternehmen *nach* Abzug aller Aufwendungen, die mit der Aufnahme der Schuld entstanden sind, tatsächlich verfügen kann *(Verfügungsbetrag)* und daß dieser Betrag die unterste Grenze der Bewertung für die Verbindlichkeiten darstellt.
Differenzen zwischen Rückzahlungsbetrag und Verfügungsbetrag bei Anleihen und Darlehen (Disagio + Agio) dürfen gem. § 156 Abs. 3 AktG aktiviert und über die Laufzeit abgeschrieben werden oder aber direkt als Aufwand in dem Jahr gebucht werden, wo die Verbindlichkeit erstmals zu passivieren war.

10.3 Konsolidierte Bilanzen

Bei größeren wirtschaftlichen Einheiten (Konzernen), die mehrere rechtlich selbständige Unternehmen unter einheitlicher Leitung zusammenfassen, verlieren die Jahresabschlüsse und damit auch die Jahresbilanzen der Einzelunternehmen viel von ihrer Aussagekraft. Die einzelnen Unternehmen (Konzernunternehmen) können nicht unabhängig handeln, sondern sind in wichtigen Bereichen an die Interessen der Konzernleitung gebunden. Dadurch ist ihre wirtschaftliche Entwicklung weitgehend von der des Gesamtkonzerns abhängig. Außerdem bietet die wirtschaftliche Verflechtung der Konzernunternehmen die Möglichkeit, den Ausweis ihrer Vermögens- und Ertragslage in erheblichem Umfang zu verfälschen, ohne daß die Bilanzierungsvorschriften für Einzelunternehmen verletzt würden. So kann z. B. die Einzelbilanz eines Unternehmens ohne besonderen Hinweis Vermögensgegenstände (liquide Mittel) enthalten, die nur vorübergehend von anderen Konzernunternehmen zur Verfügung gestellt wurden, damit das Bilanzbild verbessert wird. Oder die ausgewiesene Ertragslage wird dadurch verbessert, daß andere Konzernunternehmen die Produkte des bilanzierenden Unternehmens zu überhöhten Preisen kaufen. Aus diesen Gründen hat der Gesetzgeber die Vorschriften der §§ 329–338 AktG über die Rechnungslegung im Konzern eingeführt, auf die auch im § 11 f. des Publizitätsgesetzes verwiesen wird. Gemäß den Vorschriften des AktG soll der Konzernabschluß die genannten Mängel der Einzelabschlüsse beseitigen, in dem er die Einzelabschlüsse (Bilanzen sowie GuV-Rechnungen) zusammenfaßt. Dies soll nicht etwa durch eine einfache Addition erfolgen, sondern unter weitgehender Einschaltung zwischenbetrieblicher Beziehungen. Ein in dieser Weise bereinigter Konzernabschluß ist geeignet, die Vermögens- und Ertragslage des Gesamtkonzerns besser wiederzugeben als die Einzelabschlüsse.

§ 15ff. AktG: Ein Konzern besteht aus mehreren rechtlich selbständigen Unternehmen (Konzernunternehmen), die infolge des *Merkmals der einheitlichen Leitung eine* wirtschaftliche *Einheit* bilden.

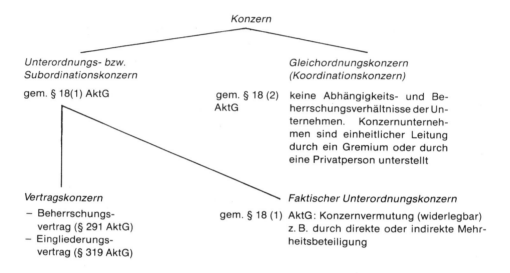

Bei der Erstellung des Konzernabschlusses werden die Einzelabschlüsse der Konzernunternehmen zunächst zu einem Summenabschluß zusammengefaßt. Aus diesem Summenabschluß erhält man sodann nach Vornahme der erforderlichen Korrekturen an Vermögens-, Kapital- und Erfolgskompenenten den Konzernabschluß. Die Korrekturvorgänge werden als *Konsolidierung,* der Konzernabschluß als *Konsolidierte Bilanz* (Konzernbilanz) sowie *Konsolidierte Gewinn- und Verlustrechnung* bezeichnet. Abb. 10.7 auf Seite 269 gibt einen Überblick.

10.3.1 Konsolidierungskreis

Unter Konsolidierungskreis versteht man alle Unternehmen des Konzerns, die in die Konsolidierung einzubeziehen sind. Im einzelnen wird die Zugehörigkeit eines Konzernunternehmens zum Konsolidierungskreis durch den § 329 AktG geregelt. Die auf Seite 270 folgende Abbildung gibt eine Gesamtschau der Zugehörigkeit eines Unternehmens zum Konsolidierungskreis des Konzerns.

Abb. 10.7: *Konsolidierung*

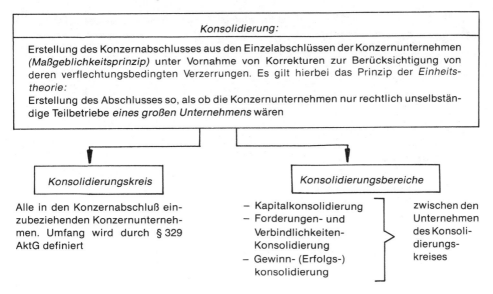

10.3.2 Kapitalkonsolidierung

Zweck der Kapitalkonsolidierung ist die Vermeidung von Doppelrechnungen, da das Eigenkapital der einbezogenen Konzernunternehmen (Untergesellschaften) sowohl in deren Einzelbilanzen als auch in der Einzelbilanz desjenigen Unternehmens zum Ausdruck kommt, das die Beteiligungen an diesen Konzernunternehmen besitzt (Obergesellschaft). Liegt der Wert einer Beteiligung über oder unter dem tatsächlichen Reinvermögenswert (dies ist der Eigenkapitalanteil, bestehend aus Grundkapital plus Rücklagen) in der Untergesellschaft, so wird die Differenz unter der Pos. »Ausgleichsposten aus der Konsolidierung« bzw. »Konsolidierungsausgleichsposten« in der konsolidierten Bilanz ausgewiesen.

Die Anteile von Minderheiten bzw. Fremdanteile von Dritten am Reinvermögen der Untergesellschaft wird unter »Ausgleichposten für Fremdbesitz« in der konsolidierten Bilanz erfaßt, wobei differenziert wird nach Kapitalanteil sowie Gewinn- und Verlustanteil. Beispielhaft sollen vier Fälle von Kapitalkonsolidierung dargestellt werden.

Im Fall (1) besitzt die Obergesellschaft je 100% der Kapitalanteile der Untergesellschaften A und B.

Im Fall (2) besitzt die Obergesellschaft 80% der Anteile der Untergesellschaft A.

Im Fall (3) besitzt die Obergesellschaft 80% der Anteile der Untergesellschaft A, und A besitzt wiederum 60% der Anteile der Untergesellschaft B.

Im Fall (4) schließlich liegt eine wechselseitige Beteiligung vor, wobei die

Abb. 10.8: Konsolidierungskreis

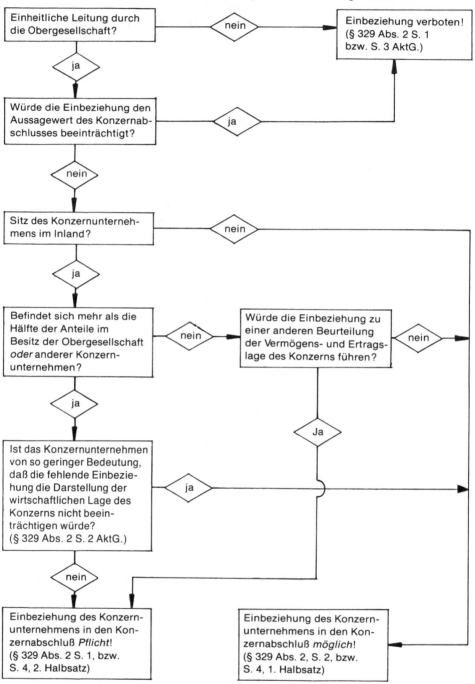

Obergesellschaft 100% der Anteile der Untergesellschaft A besitzt. A jedoch selbst 10% der Anteile der Obergesellschaft im Besitz hat. Die folgenden Skizzen verdeutlichen den Sachverhalt:

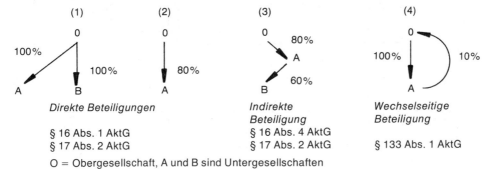

O = Obergesellschaft, A und B sind Untergesellschaften

Annahmen: (a) Es finden keinerlei Lieferungen und Leistungen zwischen den verbundenen Unternehmen statt.
(b) Es existieren keine Forderungen und Verbindlichkeiten zwischen den Unternehmen.
(c) Umsätze werden nur an Außenstehende getätigt.

Wenn diese Annahmen *nicht* gegeben sind:
→ Konsolidierung von Forderungen und Verbindlichkeiten
→ Gewinnkonsolidierung

mit entsprechenden Rückwirkungen auf konsolidierte Bilanz. Diese Konsolidierungsprobleme werden in den folgenden Abschnitten noch näher behandelt.

In den folgenden Beispielen zur Kapitalkonsolidierung sind Ausgleichsposten der Konsolidierung zu berücksichtigen. Diese Ausgleichsposten entstehen durch Saldierung (Gegeneinanderaufrechnung) von dem ausgewiesenen Wert einer Beteiligung der Obergesellschaft an der Untergesellschaft mit dem real vorhandenen Reinvermögen der Untergesellschaft als Summe von Grundkapital plus Rücklagen. Ist das Reinvermögen kleiner als die ausgewiesene Beteiligung, dann muß auf der Aktivseite der konsolidierten Bilanz ein Ausgleichsposten zurückbleiben, der genau diesen Differenzbetrag enthält, da dieser aus der Gegeneinanderaufrechnung verblieben ist. Im umgekehrten Fall, d. h. der ausgewiesene Wert der Beteiligung ist geringer als das tatsächlich vorhandene Reinvermögen der Untergesellschaft, verbleibt ein Ausgleichsposten auf der Passivseite der konsolidierten Bilanz.

Im einzelnen zeigen die Beispiele die Vorgehensweise bei der Kapitalkonsolidierung.

◁ * Wir beziehen uns hier auf die *aktienrechtlichen* Regelungen, da diese auch für Konzernabschlüsse nach dem PublG analog gelten, vgl. § 13 Abs. 2 PublG. Wir werden auch zukünftig aus Raumgründen uns auf die aktienrechtlichen Konsolidierungsvorschriften beschränken.
** Entnommen aus: Bähr, G., Fischer-Winkelmann, W. F.: Buchführung und Bilanzen, a. a. O., S. 231

Tabelle 10.9: *Beispiele zur Kapitalkonsolidierung*

Fall Nr.	Bilanzpositionen	Aktiva				Bilanzpositionen	Passiva			
	Einzelbilanzen	O	A	B	Kons. Bilanz	Einzelbilanzen	O	A	B	Kons. Bilanz
1	Diverse Aktiva[1]	400	100	150	650	Grundkapital	300	60	70	300
	Beteiligung A	130	–		–	Rücklagen	150	20	30	150
	Beteiligung B	70	–		–	Diverse Passiva[1]	100	10	20	130
						Gewinn	50	10	30	90
	Konsolidierungsausgleichsposten[2]				50	Konsolidierungsausgleichsposten[2]				30
	Bilanzsumme	600	100	150	700	Bilanzsumme	600	100	150	700
2	Diverse Aktiva	470	100		570	Grundkapital	300	60		300
	Beteiligung A	130	–		–	Rücklagen	150	20		150
						Diverse Passiva	100	10		110
						Gewinn	50	10		58
	Konsolidierungsausgleichsposten				66	Konsolidierungsausgleichsposten				
						Ausgleichsposten für Fremdbesitz				
						nach: – Kapital				12
						– Rücklagen				4
						– Gewinn				2
	Bilanzsumme	600	100		636	Bilanzsumme	600	100		636
	Diverse Aktiva		100	150	(A) 250	Grundkapital		80	70	(A) 80
	Beteiligung A		–	–	–	Rücklagen		20	30	20
	Beteiligung B		50	–	–	Diverse Passiva		40	40	80
	Konsolidierungsausgleichsposten				–	Gewinn		10	10	16
						Konsolidierungsausgleichsposten				10
						Ausgleichsposten für Fremdbesitz				
						nach: – Kapital				28
						– Rücklagen				12
						– Gewinn				4
	Bilanzsumme		150	150	250	Bilanzsumme		150	150	250

[1] Anm. s. S. 275
[2] Anm. s. S. 275

Fall	Bilanzpositionen	Aktiva				Bilanzpositionen	Passiva		
Nr.	Einzelbilanzen	O	A	B	Ko.Bi.	Einzelbilanzen	A	B	Ko.Bi.
3					(0)				(0)
	Diverse Aktiva	470	250		720	Grundkapital	300	80	300
	Beteiligung A	130	–			Rücklagen	150	20	150
	Konsolidierungsausgleichsposten[3]					Diverse Passiva	100	80	180
						Gewinn	50	16	62,8
						Konsolidierungsausgleichsposten[3]		10	8
						Ausgleichsposten für Fremdbesitz nach: – Kapital		28	44
						– Rücklagen[4]		12	18
						– Gewinn		4	7,2
	Bilanzsumme	600	250		770	Bilanzsumme	600	250	770
4	Diverse Aktiva	1200	800		2000	Grundkapital	800	360	800
	Beteiligung A	320	–			Rücklagen	80	40	80
	Beteiligung 0		100			Diverse Passiva	580	420	1000
	Eigene Aktien Obergesellschaft 0				100	Gewinn	60	80	140
						Konsolidierungsausgleichsposten			80
	Bilanzsumme	1520	900		2100	Bilanzsumme	1520	900	2100

[1] Einschließlich RAP bzw. Sonderposten mit Rücklageanteil, Wertberichtigungen, Rückstellungen auf Passivseite.
[2] Statt Konsolidierungsposten Aktivseite wird auch der Begriff »Kapitalaufrechnungsdifferenz«, statt Konsolidierungsposten Passivseite werden auch die Begriffe »Konsolidierungsrücklage« bzw. »Rücklagen aus Konsolidierung« verwendet.
[3] Eine Saldierung zwischen den Konsolidierungsposten auf Aktiv- und Passivseite ist zulässig und in der Praxis üblich. Im Beispiel würde dies die Bilanzsumme der Konsolidierungsbilanz der Obergesellschaft 0 um 8 auf 762 reduzieren. Es würde dann nur noch auf der Aktivseite ein Konsolidierungsausgleichsposten von 42 ausgewiesen werden.
[4] Unter den Rücklagen ist auch die anteilige Konsolidierungsrücklage ausgewiesen.

Erläuterungen zu den Beispielen der Kapitalkonsolidierung:

In der konsolidierten Bilanz sind grundsätzlich nur Grundkapital und Rücklagen der Obergesellschaft auszuweisen!

Fall 1:
Kons. diverse Aktiva	= 400 + 100 + 150 = 650
Kons. diverse Passiva	= 100 + 10 + 20 = 130
Kons. Gewinn	= 50 + 10 + 30 = 90
Buchwert A – Reinvermögen A	= 130 – 80 = 50*
Buchwert B – Reinvermögen B	= 70 – 100 = -30*
Reinvermögen = Grundkapital + Rücklagen	
Konsolidierungsausgleichsposten:	Aktiva = 50
	Passiva = 30

Es erfolgt eine *Saldierung* (Gegeneinanderaufrechnung) von Beteiligung gegen Reinvermögen. Bei Unternehmen A bleiben 50 (Mehrwert der Beteiligung) auf Aktivseite übrig, beim Unternehmen B dagegen bleiben 30 (Minderwert der Beteiligung) auf Passivseite übrig.

Fall 2:
Kons. diverse Aktiva	= 470 + 100 = 570
Kons. diverse Passiva	= 100 + 10 = 110

	Untergesellschaft A	Anteile der Obergesellschaft	Anteile Fremdbesitz
Gewinn	10	80% — 8	2
Kapital	60	80% — 48 } 64	12
Rücklagen	20	80% — 16	4

Buchwert A — anteiliges Reinvermögen A = 130 – 64	= 66
Konsolidierungsausgleichsposten Aktiva	= 66
Kons. Gewinn = 50 + 8	= 58

Fall 3:
Die Konsolidierung erfolgt in zwei Schritten:

a) Konsolidierung mit A als Obergesellschaft für B
b) Konsolidierung mit O als Obergesellschaft für A

a) Kons. diverse Aktiva	A = 100 + 150 = 250
Kons. diverse Passiva	A = 40 + 40 = 80

	Untergesellschaft B	Anteile der Obergesellschaft A	Anteile an Fremdbesitz B
Gewinn	10	60% — 6	4
Kapital	70	60% — 42 } 60	28
Rücklagen	30	60% — 18	12

Buchwert B — Reinvermögen B = 50 – 60	= – 10	} Konsolidierungsrücklage
Konsolidierungsausgleichsposten Passiva A	= 10	
Kons. Gewinn A = 10 + 6	= 16	
b) Kons. diverse Aktiva	0 = 250 + 470 = 720	
Kons. diverse Passiva	0 = 80 + 100 = 180	

	Untergesell-schaft A	Anteile Obergesellschaft O	Anteile an Fremdbesitz A
Gewinn	16	⎤ ⎡ 12,8	3,2
Kapital	80	⎥ 80% ⎢ 64	16
Rücklagen	20	⎥ ⎢ 16	4
Konsolid.rücklage	10	⎦ ⎣ 8	2

Buchwert A − Reinvermögen A = 130 − 80 = 50
Konsolidierungsausgleichsposten Aktiva 0 = 50
Konsolidierungsausgleichsposten Passiva 0 = 8 = anteilige Konsolidierungs-
Anteile an Fremdbesitz O nach: rücklage

Kapital   = 28 + 16   = 44
Rücklagen = 12 + 4 + 2 = 18
Gewinn   = 4 + 3,2   = 7,2

Der Anteil der Fremdbesitzer an der Konsolidierungsrücklage von A wird bei O unter dem Anteil Fremdbesitz an Rücklagen ausgewiesen.
Konsolidierter Gewinn O = 50 + 12,8 = 62,8

Fall 4:
Kons. diverse Aktiva   = 1200 + 800 = 2000
Kons. diverse Passiva   = 580 + 420 = 1000

Der Anteil von A an O ist sofort als »Eigene Aktien der Obergesellschaft« in die Aktivseite der konsolidierten Bilanz zu übernehmen.

Buchwert A − Reinvermögen A =   320 − 400 = −80
Konsolidierungsausgleichsposten Passiva (Kons.rücklage)   = 80
Kons. Gewinn   =   60 + 80   = 140

10.3.3 Konsolidierung von Forderungen und Verbindlichkeiten

Um einen sicheren Einblick in die Finanzlage des Konzerns zu gewährleisten, werden die rechtlich selbständigen Konzernunternehmen gemäß der Einheitstheorie wie Betriebsabteilungen im Rahmen des Konzerns betrachtet, so daß Forderungen gegenüber einbezogenen Unternehmen und die dazu korrespondierenden Verbindlichkeiten *nicht* in den Konzernanschluß übernommen werden dürfen.

§ *331 Abs. 1 AktG:* Forderungen und Verbindlichkeiten zwischen den in den Konzernabschluß einbezogenen Unternehmen sind bei Aufstellung des konsolidierten Abschlusses »wegzulassen«.

a) Gewinneutrale Forderungs- und Schuldenkonsolidierung
Reine Aufrechnung: Die Summe der konzerninternen Forderungen und Verbindlichkeiten gleicht sich zu Null aus; jeder Forderung entspricht eine Verbindlichkeit in gleicher Höhe.
→ Verkürzung der Konzernbilanz *ohne* Auswirkung auf Konzerngewinn.

b) Gewinnwirksame Forderungs- und Schuldenkonsolidierung
Die Forderungen und Verbindlichkeiten decken sich *nicht:* z. B. durch:
– zeitlich unterschiedliche Buchung von Geschäftsvorfällen (technisches Problem)
– unterschiedliche Bewertung, z. B. Wechsel einmal mit Barwert, beim Wechselschuldner mit Nennwert.
Die vorhandenen Differenzen sind zu Lasten des Konzernbilanzgewinns zu verrechnen.

Beispiele für die Konsolidierung von Schulden mit und ohne Restbeträge (entnommen aus: Bauch, G., Bossert, R.: Handels- und Steuerbilanzen, a. a. O., S. 157)
– Unter der Position ›Forderungen an verbundene Unternehmen‹ weist die Obergesellschaft O eine Mietforderung gegenüber der Untergesellschaft A in Höhe von 200 aus, die bei A mit dem selben Betrag als ›Verbindlichkeit gegenüber verbundenen Unternehmen‹ passiviert wurde;
– B weist einen von O akzeptierten Wechsel (Wechselsumme = 300) zum Barwert von 280 unter der Position ›Wechsel; davon gegenüber verbundenen Unternehmen‹ aus;
– eine von B gegenüber A bestehende (A und B = Untergesellschaften) Verbindlichkeit in Höhe von 190 wurde per 30. 12. 19.. durch Banküberweisung beglichen. A war zum Bilanzstichtag 31. 12. 19.. noch nicht im Besitz der Gutschrift und weist, da eine wechselseitige Saldenabstimmung irrtümlich unterblieb, im Abschluß diese Forderung gegenüber A aus.

Bilanzpositionen	Bilanzen	Einzelbilanzen			Konsolidierung		Konzern-bilanz
		0	A	B	Soll	Haben	
Wechsel, davon gegenüber verbundenen Unternehmen				280		[2]280	–
Guthaben bei Kreditinstituten					[3]190		190
Forderungen an verbundene Unternehmen		200	190			[1]200 [3]190	–
Verbindlichkeiten aus der Annahme gezogener Wechsel, davon gegenüber verbundenen Unternehmen				300		[2]300	–
Verbindlichkeiten gegenüber verbundenen Unternehmen			200			[1]200	–
Gewinn/Verlust (+) (–)					+ 500	+ 20	+ 520

[1] Schuldenkonsolidierung ohne Restbetrag.
[2] Schuldenkonsolidierung mit echten Restbeträgen; die Aufrechnungsdifferenz in Höhe von 20 stellt einen echten Restbetrag dar, der im Jahr der Entstehung erfolgswirksam zu konsolidieren ist; der Konzernjahresüberschuß wird um 20 erhöht.
[3] Schuldenkonsolidierung mit unechtem Restbetrag. Der Restbetrag wird erfolgsneutral verrechnet, die Buchungsverwerfung in den Einzelabschlüssen ist für die Konzernbilanz entsprechend zu korrigieren.

10.3.4 Gewinnkonsolidierung

Die konsolidierte Gewinn- und Verlustrechnung des Konzerns muß die gegenseitigen Wechselbeziehungen berücksichtigen, die durch Forderungen, Verbindlichkeiten, Umsatzerlöse sowie sonstiger Aufwendungen und Erträge *zwischen* den verbundenen Unternehmen bestehen.

Gemäß der Einheitstheorie sind bei der konsolidierten Gewinn- und Verlustrechnung des Konzerns folgende Punkte zu berücksichtigen:

a) Eliminierung von Zwischengewinnen (§ 331 Abs. 2 AktG)
Sämtliche Lieferungen und Leistungen zwischen den Konzernunternehmen sind mit den *Konzernherstellkosten* zu bewerten:

ADS-Bewertungsschema, enthalten in:
ADS (Hrsg.): Rechnungslegung und Prüfung der Aktiengesellschaft, 1. Auflage, Stuttgart 1972, Tz 160 zu § 331 AktG
Der Ermittlung der Konzernherstellkosten wird nach ADS[3] folgendes Schema zugrunde gelegt:
(Hersteller und Lieferer = Konzernunternehmen A; Empfänger = Konzernunternehmen B)
(1)   Aktivierte Herstellungskosten A

(2) + nicht aktivierte Herstellungskosten A
      (z. B. leistungsunabhängige Gemeinkosten)
    = volle Herstellungskosten A

(3) − aus der Sicht von A aktivierungspflichtig, aus der Sicht des Konzerns nicht aktivierungsfähige Kosten (z. B. von A an B zu zahlende Lizenzen)

(4) + aus der Sicht von A nicht aktivierungsfähige, aus der Sicht des Konzerns aktivierungspflichtige Kosten (z. B. Vertriebskosten aus Lieferung A → B)

(5) + bei B entstandene Anschaffungsnebenkosten
    = Konzernherstellungskosten

Liegt der Einzelbilanzwert unter den Konzernanschaffungs- oder -herstellungskosten, so ist dieser niedrigere Wert aufgrund des Maßgeblichkeitsprinzips anzusetzen. Für die Wertansätze der Vermögensgegenstände, die aus Lieferungen oder Leistungen anderer einbezogener Konzernunternehmen stammen, gilt das sog. Konzernniederstwertprinzip mit den Einzelbilanzwerten und den Konzernanschaffungs- oder -herstellungskosten als Vergleichswerte, wobei der jeweils niedrigere zwingend anzusetzen ist.

b) Konsolidierung der Innenumsatzerlöse (§ 332 Abs. 1 AktG)
Nach Eliminierung der Zwischengewinne sind die Lieferungen und Leistungen zwischen den verbundenen Unternehmen mit *Konzernherstellungskosten* bzw. *Konzernanschaffungskosten* bewertet (Innenumsätze auf Konzernherstellungskosten- bzw. Konzernanschaffungskostenbasis).

In diesem Fall sind folgende Konsolidierungsmöglichkeiten gegeben:

b1) Lieferung ins Umlaufvermögen und Verbrauch durch Empfänger:

Verrechnung Materialaufwand des Empfängers mit Umsatzerlös des Lieferers: ± 0; keine weitere Berücksichtigung.

b2) Lieferung ins Umlaufvermögen und Lagerung durch Empfänger:

- Aktivierung der Lieferung als *Bestandserhöhung* in der konsolidierten Bilanz.
- Ansatz der Konzernherstellungskosten der Lieferung in der konsolidierten Gewinn- und Verlustrechnung als Aufwand.

b3) Lieferung ins Anlagevermögen:

- Aktivierung der Lieferung als »aktivierte Eigenleistung« in der konsolidierten Bilanz.
- Ansatz der Konzernherstellungs- bzw. -anschaffungskosten der Lieferung in der konsolidierten Gewinn- und Verlustrechnung als Aufwand.

c) Konsolidierung der anderen Erträge (§ 332 Abs. 1 AktG)
Volle Verrechnung der dem Empfänger zufließenden Erträge mit den Aufwendungen des Lieferers. Andere Erträge sind alle denkbaren Erträge aus Lieferungen und Leistungen, soweit sie nicht (Innen-)umsatzerlöse sind.
z. B.
- Beteiligungserträge

- Zinserträge
- Mieterträge
- Erträge aus dem Abgang von Gegenständen des Anlagevermögens.

In der Regel entsprechen sich Aufwendungen und Erträge (analog wie Forderungen und Schulden). Wenn dies nicht der Fall ist, so sind die Differenzen ebenfalls mit dem Konzerngewinn zu verrechnen.

Beispiel:

Konzernunternehmen A veräußert an Konzernunternehmen B einen Gegenstand des Anlagevermögens:
Buchwert des Gegenstandes = 100 bei A
Verkaufspreis = 80; Aktivierung bei B

Verbuchung des
Veräußerungsverlustes = 20 als Abschreibung in der konsolidierten Gewinn- und Verlustrechnung

→ Schmälerung des Konzerngewinns

Formen der Konzern-Gewinn- und -Verlustrechnung
(1) Vollkonsolidierte GuV (§ 332 Abs. 1 AktG)

Entspricht voll den Forderungen der Einheitstheorie, d.h. einer *vollständigen Aufrechnung und Umgliederung*. Formales Gliederungsschema wie § 157 AktG für Einzel-Gewinn- und Verlustrechnung vorsieht.

(2) Teilkonsolidierte GuV (§ 332 Abs. 1 AktG)

- Verzicht auf Konsolidierung der Innenumsatzerlöse, *nicht* hingegen der anderen Erträge
- Eliminierung der Zwischengewinne, z. B. durch Bewertung der Innenumsätze mit Konzernherstellungskosten

Besonderheiten: Getrennter Ausweis der gesamten Innenumsatzerlöse von den Außenumsatzerlösen.

Rein theoretisch läßt sich der Inhalt der so entstehenden GuV-Rechnung folgendermaßen gliedern:

		Materieller Inhalt der teilkonsolidierten GuV-Rechnung		
Gesamtaufwand und Konzerngewinn	Auf Innenumsatz der Lieferer bezogen	– Materialaufwand – Sonstiger Aufwand – Bestandsabnahmen*	Innenumsatzerlöse (*ohne* Zwischengewinne) der Lieferer	*Gesamterträge*
	Auf Außenumsätze bezogen	– Materialaufwand – Sonstiger Aufwand – Bestandsabnahmen	Außenumsatzerlöse***	
		– Umsatzgewinn		
	Auf Bestandszunahmen und aktivierte Eigenleistungen bezogen	– Materialaufwand – Sonstiger Aufwand – Bestandsabnahmen	Bestandszunahmen*	
			Aktivierte Eigenleistungen**	
	Auf sonstige Erträge von Dritten bezogen	– Materialaufwand – Sonstiger Aufwand – Bestandsabnahmen	Sonstige Erträge von Dritten (Außenerträge)	
	Sonstiger Gewinn			

* Bestandsabnahmen bzw. -zunahmen an selbsterstellten fertigen und unfertigen Erzeugnissen (summiert über alle Konzernunternehmen)
** Aktivierte Eigenleistungen jedes Konzernunternehmens
Bestände und aktivierte Eigenleistungen sind bewertet zu Konzernherstellungs- bzw. -Anschaffungskosten. Durch Aggregation werden die hier materiell getrennten Werte, z. B. Materialaufwand, zusammengefaßt zu einer einzigen Position: *Materialaufwand,* die dann entsprechend dem auf die Innenumsätze entfallenden Anteil »aufgebläht« ist.
*** Umsatzerlöse aus Geschäften mit Dritten außerhalb des Konzerns

Durch Zusammenfassung der einzelnen Positionen erhält man folgendes Schema analog § 157 AktG:

Teilkonsolidierte GuV*

Materialaufwand	Innenumsatzerlöse
Sonstiger Aufwand	Außenumsatzerlöse**
Bestandsabnahmen	Sonstige Erträge (von Dritten)
Gewinn	Bestandszunahmen
	Aktivierte Eigenleistungen

* Formaler Aufbau bzw. Aufgliederung gem. § 157 AktG; lediglich zusätzliche Trennung Innen-/Außenumsatzerlöse.
Die gelieferten Waren und Dienstleistungen sind – falls sie nicht verbraucht wurden – bei den Empfängern in den in der Bilanz ausgewiesenen Vorräten (Roh-, Hilfs- und Betriebsstoffe) bzw. im Anlagevermögen enthalten.
Entsprechend hat sich deren Bestand an liquiden Mitteln verringert bzw. beim Lieferer erhöht:
** Außenumsatzerlöse mit Dritten außerhalb des Konzerns

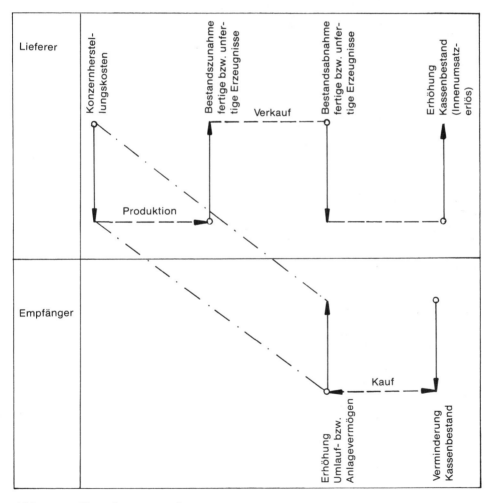

Abb. 10.9: *Verrechnung von Innenumsätzen*

Im Endeffekt steht den angefallenen Konzernherstellungskosten die Bestandszunahme im Anlage- bzw. Umlaufvermögen gegenüber, welche dann auf den Konzern bezogen, den Charakter der Bestandserhöhung bzw. aktivierten Eigenleistung hat. Der Kassenbestand im Gesamtkonzern bleibt unverändert. Wurde auf Ziel geliefert, so werden Forderungen aus der Lieferung mit den ihnen zugehörigen Verbindlichkeiten aufgerechnet.

Dieser Sachverhalt ist in Abb. 10.9 skizziert.

(3) Konzern-Gewinn- und Verlustrechnung in vereinfachter Form (§ 333 AktG)

Die Konzern-Gewinn- und Verlustrechnung ist eine Unterart der vollkonsolidierten Gewinn- und Verlustrechnung, bei der sich durch weitgehende Saldierungsmöglichkeiten zahlreiche Verrechnungen und Umgliederungen erübrigen:

1. Außenumsatzerlöse
2. nicht gesondert auszuweisende Aufwendungen nach Verrechnung mit Bestandsänderungen und Eigenleistungen

3. Erträge aus Beteiligungen an nicht in den Konzernabschluß einbezogenen Unternehmen
4. Erträge aus den anderen Finanzanlagen
5. sonstige Zinsen und ähnliche Erträge
6. Erträge aus Zuschreibungen
7. Erträge aus der Auflösung von Rückstellungen
8. sonstige Erträge

9. Abschreibungen und Wertberichtigungen auf Sachanlagen und immaterielle Anlagewerte
10. Abschreibungen und Wertberichtigungen auf Finanzanlagen
11. Zinsen und ähnliche Aufwendungen
12. Steuern
    a) vom Einkommen, vom Ertrag und vom Vermögen
    b) sonstige
13. Aufwendungen aus der Übernahme des Verlustes eines nicht in den Konzernabschluß einbezogenen Unternehmens
14. Jahresüberschuß/Jahresfehlbetrag
15. Gewinnvortrag/Verlustvortrag aus dem Vorjahr

16. Entnahmen aus offenen Rücklagen

17. Einstellungen in offene Rücklagen
18. konzernfremden Gesellschaftern zustehender Gewinn
19. auf konzernfremde Gesellschafter entfallender Verlust
20. Konzerngewinn/Konzernverlust

Die aufgeführten Positionen entsprechen – sofern nicht bereits erläutert – den aktienrechtlichen Positionen des Jahresabschlusses gem. § 157 ff. AktG (vgl. hierzu Kapitel 2).

Es sind in diesem einfachen Schema nur bestimmte Aufwendungen und Erträge auszuweisen. Der Posten 2 enthält das Ergebnis einer Saldierung der gesamten Innenumsatzerlöse mit Materialaufwand, sonstigen, nicht gesondert auszuweisenden Aufwendungen und Bestandszunahmen/Bestandsabnahmen an fertigen und unfertigen Erzeugnissen.

Beispiel:
a) Teilkonsolidierte GuV*

Materialaufwand	1.500.000	Innenumsatzerlöse	
Sonstiger Aufwand	1.500.000	(ohne Zwischengewinne)	1.000.000
Bestandsminderung	10.000	Außenumsatzerlöse	3.000.000
Sonstiger Aufwand (gem.		Bestandserhöhung	40.000
§ 333 AktG auszuweisen)	1.000.000	Aktivierte Eigenleistung	50.000
Jahresüberschuß/		Sonstige Erträge (gem.	
-Fehlbetrag	90.000	§ 333 AktG auszuweisen)	10.000
	4.100.000		4.100.000

b) Vollkonsolidierte GuV in vereinfachter Form gem. § 333 AktG

1. Außenumsatzerlöse	3.000.000
2. nicht gesondert auszuweisende Aufwendungen nach Verrechnung mit Bestandsänderungen und Eigenleistungen**	− 1.920.000
3. Sonstige Erträge***	+ 10.000
9…13. Sonstige Aufwendungen***	− 1.000.000
Jahresüberschuß/-Fehlbetrag	90.000

* In geraffter Form; entspricht im Beispiel nicht der Gliederung gem. § 157 AktG

** *Saldierung:*

Innenumsatzerlöse	1.000.000
− Materialaufwand	1.500.000
− Sonstiger Aufwand	1.500.000
+ Bestandserhöhung	40.000
− Bestandsminderung	10.000
+ Aktivierte Eigenleistung	50.000
=	1.920.000

*** Weitere Untergliederung dieser Positionen vgl. obenstehendes Gliederungsschema der vereinfachten GuV-Rechnung.

Literaturverzeichnis

[1] Vgl. hierzu G. Braune/B. Streck; Betriebswirtschaftslehre für technische und naturwissenschaftliche Fach- und Führungskräfte; Grafenau 1981; S. 25 ff.
[2] Olfert, K; Ehreiser, H.-J.; Welter, K.: Bilanzen, 2. Auflage, Ludwigshafen (Rh.) 1976, S. 25
[3] Vgl. Olfert, K. u. a.: Bilanzen, a. a. O., S. 27
[4] Vgl. auch A. G. Coenenberg; Jahresabschluß und Jahresabschlußanalyse 1974; 239 ff.
[5] Vgl. hierzu: Schult, E.: Bilanzanalyse, 3. Auflage, Freiburg 1978, S. 38 ff. und Olfert, K. u. a.: Bilanzen, a. a. O., S. 330 ff.
[6] Vgl. Schult, E.: Bilanzanalyse, a. a. O., S. 37
[7] Vgl. Olfert, K.: Bilanzen, a. a. O., S. 327
[8] Entnommen aus: Monatsberichte der Deutschen Bundesbank, November 1980, S. 15 ff.
[9] Vgl. hierzu Coenenberg, H. G.: Jahresabschluß, a. a. O., S. 326 f.
[10] Vogler, G., Mattes, H.: Theorie und Praxis der Bilanzanalyse, Berlin 1975, S. 111 ff.
[11] Vgl. Coenenberg, A. G.: Jahresabschluß..., a. a. O., S. 331
[12] Beyer, Erwin: Wie liest man Bilanzen?, Wiesbaden 1979, S. 61–63
[13] Die in diesem Abschnitt enthaltenen Ausführungen stützen sich auf: G. Braune/B. Streck; Betriebswirtschaftslehre...; a. a. O.; S. 70 ff.
[14] Coenenberg, Adolf: Jahresabschluß und Jahresabschlußanalyse, München 1979, S. 378
[15] Gräfer, Horst: Einführung in die Bilanzanalyse, Herne/Berlin 1978, S. 135
[16] Vgl. hierzu auch Wöhe, G.: Einführung in die allgemeine Betriebswirtschaftslehre, 7. Auflage, 1967, S. 439 ff.
[17] Vgl. Schult, E.: Bilanzanalyse, a. a. O., S. 185
[18] In abgeänderter Fassung entnommen aus: Rieper/Waldmann; Programmierte Einführung in das betriebliche Rechnungswesen; München 1972, S. 152
[19] Beispiel entnommen aus: G. Braune/B. Streck; Betriebswirtschaftslehre für technische und naturwissenschaftliche Fach- und Führungskräfte; Grafenau 1981; S. 51 ff.
[20] Entnommen aus: Bähr, G.; Fischer-Winkelmann, W. F.: Buchführung und Bilanzen, Wiesbaden 1978, S. 188
[21] Vgl. hierzu: G. Bauch, R. Bossert: Handels- und Steuerbilanzen, Heidelberg 1977, S. 45 ff.
[22] Vgl. hierzu: Coenenberg, A. G.: Jahresabschluß und Jahresabschlußanalyse, München 1974, S. 65 ff. und Bauch, G. Bossert, R.: Handels- und Steuerbilanzen, a. a. O., S. 54
[23] Vgl. hierzu: Olfert, K. u. a.: Bilanzen, a. a. O., S. 234
[24] Vgl. hierzu: Bauch, G., Bossert, R.: Handels- und Steuerbilanzen, a. a. O., S. 84 ff.

Für ein intensiveres Studium der Thematik werden zusätzlich die nachfolgenden Literaturquellen empfohlen:

Achtermeyer, Klaus: Was bringt die Cash Flow Analyse? Liquiditätsnachweise durch Bewegungsbilanz und Kapitalflußrechnung, in: Der Betrieb, Heft 22, 1973, S. 1081–1089 und Heft 23, S. 1133–1135

Adler, Düring, Schmaltz: Rechnungslegung und Prüfung der Aktiengesellschaft, Bd. 1 und 2, 4. Auflagen; Stuttgart 1968 und 1971

ADS (Hrsg.): Rechnungslegung und Prüfung der Aktiengesellschaft, 1. Auflage, Stuttgart 1972

Angermann, A.: Industriekontenrahmen und Gemeinschaftskontenrahmen in der Praxis; Berlin 1973

Böning, D. J.: Zum Aussagewert von Cash-Flow-Kennziffern, in: Der Betrieb 1973, S. 437 ff.

Brombach, Olfert, Ehreisen: Sonderbilanzen; Ludwigshafen (Rh.) 1976

Brönner, H.: Die Bilanz nach Handels- und Steuerrecht, 8. Auflage; Stuttgart 1971

Egle, Junge, Reuther, Andres, Köhl: Rechnungswesen der Unternehmung; Wuppertal 1968

Egner, H.: Bilanzen; München 1974
Erhard, F.: Bilanzanalyse und steuerliche Betriebsprüfung, 2. Auflage; Wiesbaden 1975
Ertner, U.: Der Geschäftsbericht als Instrument erweiterter aktienrechtlicher Rechnungslegung, in: Betriebswirtschaftliche Schriften, Heft 26
Gallenmüller, Neubert, Pflug: Rentabilitätsanalyse; Leipzig 1966
Hahn, Lenz, Tunnißen: Industriebuchführung; Bad Homburg v. d. H.
Harrmann, Alfred: Bilanzanalyse auf Grund veröffentlichter Bilanzen, in: Der Betrieb, Heft 36, S. 1685–1687
Harrmann, Alfred: Bilanzanalyse für die Praxis unter Berücksichtigung moderner Kennzahlen, Herne/Berlin 1977
Hecker, Rainer: Ein Kennzahlensystem zur externen Analyse der Ertrags- und Finanzkraft von Industriegesellschaften, Frankfurt/Zürich 1975
Heinen, E.: Handelsbilanzen, 7. Auflage; Wiesbaden 1974
Herbst, Manfred/Hentze, Joachim: Bilanzanalyse in der betrieblichen Praxis, was läßt sich aus Jahresabschlüssen erkennen, Köln 1975
Hofmann, R.: Bilanzkennzahlen, 3. Auflage; Opladen 1973
Holland, Reiners: Das Rechnungswesen der Industriebetriebe, Band 1; Bad Homburg v. d. H. 1973
Hub, H./Strebel, H.: Neuere Methoden der Erfolgsanalyse anhand veröffentlichter Jahresabschlüsse, in: Die Wirtschaftsprüfung, Heft 10 und 11, 1976
IBM Deutschland: IBM Form 80711-1, MABILA, Maschinelle Bilanzanalyse mit dem IBM System / 360, Dezember 1968
Jacobs, H./Greif, M.: Kapitalflußrechnungen als mögliche Ergänzungsinstrumente zum aktienrechtlichen Jahresabschluß, in: Die Wirtschaftsprüfung, Heft 1/2, 1974, S. 19–24
Jacobs A./Greif, M./Weber, D.: Möglichkeiten und Grenzen der Informationsgewinnung mit Hilfe der Bilanzanalyse, in: Wirtschaftswissenschaftliches Studium (WiSt), Heft 10, Oktober 1972, S. 425–431
Juesten, Wolfgang: Cash-Flow und Unternehmensbeurteilung, 3. Aufl., Berlin 1973
Käfer, Karl: Praxis der Kapitalflußrechnung, Stuttgart 1969
Kosiol, E.: Buchhaltung als Erfolgs-, Bestands- und Finanzrechnung
Kormann, B.: Die neue Handels- und Steuerbilanz, 2. Auflage; Berlin 1970
Lachnit, Laurenz: Systemorientierte Jahresabschlußanalyse, Wiesbaden 1979
Lachnit, Laurenz: Zur Weiterentwicklung betriebswirtschaftlicher Kennzahlensysteme, in: ZfbF, 1976, S. 216–230
Leffson, Ulrich: Bilanzanalyse, 2. Aufl., Stuttgart 1977
Leffson, U.: Die Grundsätze ordnungsmäßiger Buchführung, 3. Auflage; Düsseldorf 1974
Mayer/Mayer: Bilanz- und Betriebsanalyse, 4. Auflage; Wiesbaden 1970
Meyer, C.: Bilanzierung nach Handels- und Steuerrecht; Herne–Berlin 1976
Meyer, Claus: Betriebswirtschaftliche Kennzahlen und Kennzahlensysteme, Stuttgart 1976
Moxter, A: Bilanzlehre; Wiesbaden 1974
Nowak, Paul: Betriebswirtschaftliche Kennzahlen, in: Handbuch der Wirtschaftswissenschaften, Bd. I, 2. Aufl., S. 701–726, Köln/Opladen 1966
Olfert, K.: Kostenrechnung, 2. Auflage; Ludwigshafen 1976
Peter, Bornhaupt: Ordnungsmäßigkeit der Buchführung; 6. Auflage; Herne–Berlin 1972
Reinheimer, H.: Der Jahresabschluß – Analyse und Kritik; Ludwigshafen 1975
v. Wysocki, Klaus: Die Kapitalflußrechnung als integrierter Bestandteil des aktienrechtlichen Jahresabschlusses, in: Die Wirtschaftsprüfung, Heft 23, 1971, S. 617–625
Zentralverband der Elektrotechnischen Industrie e. V. (Hrsg.) ZVEI – Kennzahlensystem, Frankfurt/M. 1970
Zimmerer, Carl: Industriebilanzen lesen und beurteilen, 6. Aufl., München 1978

Stichwortverzeichnis / Kennzahlenregister

Die Bilanzkennzahlen sind kursiv gedruckt.

Abgaben, soziale 59
Abgänge 34, 38
–, kumulierte 149
Abrechnungszeitraum 15
Abschlußerläuterungen 65
Abschreibungen 34, 38
–, außerplanmäßige 262
–, bilanzielle 35
–, direkte und indirekte 35
–, kalkulatorische 35
Abschreibungen u. Wertberichtigungen 59
Abschreibungsmethoden 35, 78
Abschreibungsprinzip 261
Abzugskapital 174 f.
ADS-Bewertungsschema 277
Aktien 45
–, eigene 42, 78
Aktiva 28
Aktivkonten 235
Altersversorgung, Aufwendungen für 59
Anfangsbestand 34, 38
Anlageintensität 134
–, *umsatzbezogene* 136
Anlagendeckungsgrad 143
Anlagen im Bau 36
Anlagevermögen 115
–, *Abnahme* 122
–, *Zunahme* 121
Anlagevermögen 28, 34, 78
–, Abgänge 57
–, abnutzbares 261
–, nichtabnutzbares 261
–, sonstiges 37
–, Zuschreibungen 57
Anlagewerte, immaterielle 35, 37
Anleihen 50
Anteile 42
Anschaffungskosten 257
Anschaffungskostenprinzip 261
Anzahlungen auf Anlagen 36
–, erhaltene 40, 52
–, geleistete 40
Anzahlungen, geleistete 40
Arbeitsintensität 134
Arbeitssicherheit 77
Arbeitszeit, Veränderungen der 77
Aufsichtsratsbezüge 78
Auftragseingang 77
Aufwand 18
Aufwand, außerordentlicher 129
–, *betriebsfremder* 129
–, *ordentlicher* 128
Aufwandskonten 235
Aufwands-Positionen 55
Aufwendungen, außerordentliche 78
– für RHB-Stoffe 56
–, sonstige 61
Ausgleichsposten für Fremdbesitz 261'
Ausleihungen 37
Ausschüttung 16
Ausschüttung 163

Bankabhängigkeit 138
Bauten auf fremden Grundstücken 36

Beschäftigungsstruktur 77
Beständedifferenzbilanz 125, 164
Bestand, durchschnittlicher 148
Bestandskonten 235
Bestandsrechnung 243
Bestandsvermehrung 56
Bestandsverminderung 56
Beteiligung, wechselseitige 78
Beteiligungen 37, 57
Beteiligungserwerb 77
Betriebsabrechnung 243
Betriebsanalyse 79
Betriebsaufwand 128
Betriebsbuchhaltung 241, 243
Betriebsergebnis 170, 174, 237, 243
Betriebsergebnis, Anteil am Gesamtergebnis 179
– *nach Steuern* 132
– *vor Steuern* 128
Betriebsergebnisrechnung 243
Betriebserweiterung 124
Betriebsstoffe 39
Betriebs- und Geschäftsausstattung 36
Betriebsvergleich 82
Betriebsvermögen, gewillkürtes 254
Bewegungsbilanz 85, 164
Bewegungsbilanz 166
Bewegungsrechnungen 84
Bewertungsmethode 78
Bewertungsnormierung 255
Bilanz 14, 28, 243
–, konsolidierte 268
Bilanzanalyse, Ablaufphasen 82
–, Arbeitsphasen 87
–, Arten der 80
–, mehrperiodische 79
Bilanzansatz, formeller 249
–, materieller 253
Bilanzgewinn 28, 53, 63
Bilanzgewinnanteil 138
Bilanzierungsfähigkeit 253
Bilanzierungspflicht 253
Bilanzierungsverbot 253
Bilanzierungswahlrecht 254
Bilanzkritik 19
Bilanzkurs 138
Bilanzpolitik 255
Bilanzregel, goldene 143
Bilanzreihen 79
Bilanzstichtag 14
Bilanzsumme Aktiva 44
– Passiva 54
Bilanzverlust 28, 44, 63
Bruttoumsatz 152
BSRE (Bruttosumme der Rechnungseingänge) 153
Buchführung, doppelte 234
Buchhaltung 241
Buchungsvorgänge 237 ff.
Buchwert 259
Bürgschaft 54
Bundesbankguthaben 41

Capital employed 145
Cash-Flow 157

Cash-Flow 161 ff.
– *Beziehungszahlen* 159
Current ratio 145

Darlehensforderungen 43
Deckungsrelationen 140
Disagio 43
Dividende 63
Durchlaufzeit 149
Durchschnittsbewertung 265
–, periodische 266

EDV-Programme 9
Effektivverschuldung 145 f.
Eigenfinanzierung 168
Eigenkapital 45
Eigenkapital 118
–, *Anteil am Kapital* 138
Eigenkapitalrentabilität 172
Eigenkapitalrentabilität 181
Eigenleistung 56
Eingangszölle 61
Einheitstheorie 276
Einlagen, ausstehende auf das Grundkapital 34
Einnahmeüberschuß 159
Einstellung 63
Einzelangaben 65
Einzelbewertung 255
Einzelbilanzwert 278
Einzelkosten 243
Einzelveräußerungserlös 259
Entlohnung 77
Entnahmen 62
Entwicklungskosten 37
Erfolgskonten 235 f.
Erfolgsspaltung 170
Ergebnis, außerordentliches 170
–, neutrales 174, 237
Ergebnis, außerordentliches – Anteil am Gesamtergebnis 179
–, *außerordentliches nach Steuern* 132
–, *außerordentliches vor Steuern* 129
–, *betriebsfremdes vor Steuern* 129
Ergebniskomponenten 170
Erläuterungsbericht 23, 65, 67
Eröffnungsbilanz 14
Erträge, außerordentliche 58, 78
–, Konsolidierung der 278
Ertrag 18
–, *außerordentlicher* 128, 179
–, *betriebsfremder* 129, 179
Ertragskraft 159 f.
Ertrags-Positionen 55
Ertragswert 184 f., 259
–, *Berücksichtigung von Wachstum und Inflation* 187
Ertragswertmethode 186
Erzeugnisse, fertige 39
–, unfertige 39, 56

Fabrikbauten 35
Fertigerzeugnisse 56
Festbewertung 256
Fifo 266

Filialgründung 77
Finanzanlagen 37
–, Erträge aus 57
Finanzanlagen 115
–, *Abnahme* 122
–, *Zunahme* 121
Finanzbuchhaltung 241, 243
Finanzergebnis 170
Finanzergebnis 129
–, *Anteil am Gesamtergebnis* 179
–, *nach Steuern* 132
Finanzvermögen
Firmenwert 186
–, derivativer 186
–, originärer 184, 186
Firmenwert 188
Fixwertsystem 255
Flußrechnung 84
Forderungen 42
– aus Lieferungen und Leistungen 40, 48
–, Fristigkeit und Bonität der 78
–, sonstige 43
Forderungskonsolidierung 276
Fremdbesitz, Ausgleichsposten für 269
Fremdfinanzierung 168
Fremdkapital 120
– anteil 138
– *Bestandteile* 139
– *rentabilität* 181
– zins 139
Fristenkongruenz 140

Gearing-Faktor 173
Gearing-Faktor 182
Gebrauchsgüter 24
Gehaltsvorschuß 43
Gemeinkosten 243
Genußrechte 78
Gesamtergebnis 130
– nach Steuern 132
Gesamtkapitalrentabilität 171
Gesamtkapitalrentabilität 181
Gesamtkatalog 87
Gesamtlagerbestand 137
Gesamtleistung 56
Gesamtleistung (Betriebsertrag) 127
Gesamtkostenverfahren 56
Gesamtregister 89
Gesamtreproduktionswert 184 f.
Gesamtwert 184
Gesamtwert nach dem Mittelwertverfahren 188
Gesamtwirtschaftlichkeit 180
Geschäftsbauten 35
Geschäftsbericht 23, 64, 67
Geschäftsvorfälle 234, 238
Gesellschaft, herrschende 42
Gewährleistungsverträge 54
Gewerbeertragsteuer 60
Gewerbekapitalsteuer 60
Gewerkschaft, bergrechtliche 42
Gewinn 15
–, zu versteuernder 16
Gewinnabführungsvertrag 57, 62
Gewinnbeteiligung der Vorstandsmitglieder 62
Gewinngemeinschaft 57, 62
Gewinnspanne 175
Gewinnspanne 182

Gewinn- u. Verlustrechnung 18, 55, 236, 243
–, konsolidierte 268
–, vollkonsolidierte 279
Gewinnvortrag 62
Gleichheitsgrundsatz, Prinzhorn'scher 146
Gleichordnungskonzern 268
Gliederungsvorschrift 27
Going-Concern-Prinzip 255
Goodwill 186
–, originärer 184
Goodwill 188
Gratisaktien 46, 62
Grundbuch 239
Grundkapital 28, 45, 78
Grundsteuer 60
Grundstücke 35 f.
Gruppenbewertung 256
Guthaben 41

Haftungsverhältnisse, nicht ersichtliche 78
Handelsbilanz 249, 251
Hauptbuch 239
Hauptversammlung 63
Herstellkosten 36, 56
Hifo 266
Hilfsstoffe 39

Inflationsrate 187
Innenfinanzierung 156
Innenumsatzerlöse, Konsolidierung der 278
Innovationsbereitschaft 135
Inventar 20
Inventur 20
Investitionen, durchgeführte 77
Iso-Renditen-Kurven 177

Jahresabschluß, Bestandteile 22
Jahresfehlbetrag 62
Jahresüberschuß 62
–, Unterschiedsbetrag 78
Journal 239

Kapital 11
–, bedingtes 45
–, betriebsnotwendiges 174
–, genehmigtes 45, 78
Kapital 120
–, *betriebsnotwendiges* 183
–, *investiertes* 145
Kapitalanlagen, risikofreie 187
Kapitalerhöhung 46
Kapitalertragsteuer 60
Kapitalherabsetzung 62 f.
Kapitalstruktur 133
Kapitalumschlag 175
Kapitalumschlag 183
Kapitalumschlagsdauer 178
Kapitalumschlagshäufigkeit 175 f.
Kapitalzuflußdifferenz 15
Kassenbestand 41
Kennzahlen, dynamische 85
Kennzahlenarten 83
Kennzahlenzerlegung 83
Körperschaftsteuer 60
Konkurs-Orientierung 24
Konsolidierung 268
–, Grundsätze der 78
Konsolidierungsausgleichsposten 269

Konsolidierungsbereiche 269
Konsolidierungskreis 268 ff.
Konsolidierungsrücklage 274 f.
Kontenklassen 240
Kontenrahmen 239, 242
Konzern 268
Konzern-GuV-Rechnung 282
Konzernherstellkosten 277
Konzernvermutung 268
Konzessionen 37
Kostenartenkonten 243
Kosten, kalkulatorische 241, 243
Kostenstellenrechnung 243
Kostenträgerrechnung 243
Kostenwerte, fortgeführte 258
Kundenforderungen 135

Lagebericht 23, 64, 67
Lagerbestände, Anteil am Umlaufvermögen 135
Lagerdauer der Roh-, Hilfs- und Betriebsstoffe 154
Lastenausgleichs-Vermögensabgabe 46, 55, 61
Leasing 36, 51
Leverage-Effekt 172
Leverage-Faktor 182
Lieferantenkredite, Strukturkoeffizient der 139
Lifo 266
Liquidationserlös 185
Liquidität 24
Liquidität 1. Grades 144
Liquidität 2. Grades 144
Liquidität 3. Grades 144
Liquidität, kurzfristig vorhandene 147
Liquiditätsentwicklung 77
Liquiditätskennzahlen, partielle 146
Liquiditätslage 140
Liquiditätsrechnung, vorausschauende 155
Lizenzen 37
Löhne und Gehälter 59
Lofo 266

Maschinen u. maschinelle Anlagen 36
Maßgeblichkeit, Grundsatz der 249 f.
Mehrstimmrechtsaktien 45
Mehrwertsteuer 55
Methoden, kombinierte 148
Methodenfreiheit 255
Mittel I, liquide 116
Mittel II, liquide 116
Mittelherkunft 165
Mittelverwendung 165
Mittelwertverfahren 186

Netto-Geldvermögen 145
Nettoinvestition 134
Netto-Umlaufvermögen 145
Niederstwertprinzip 262
NSRE (Nettosumme der Rechnungseingänge) 153
Nummernsystematik 87 f.

Passiva 28
Passivkonten 235
Pauschalwertberichtigungen 48

287

Pauschalwertberichtigungen zu Forderungen 58
Pensionsrückstellungen 49
Pensionszahlungen 55
Perioden-Fifo 266
Perioden-Hifo 266
Perioden-Lifo 266
Perioden-Lofo 266
Personalkosten 128
Postscheckguthaben 41
Preisentwicklung 77
Prinzhorn'scher Gleichheitsgrundsatz 146
Prinzip, ökonomisches 170
Produktpalette, Änderungen der 77
Publizitätsgesetz 27

Quick ratio 144

Rechenschaftsbericht 25
Rechnungsabgrenzungsposten 28, 43, 53
Rechnungswesen 241
Rechte, grundstücksgleiche 35f.
Reingewinn 17
Regeln, horizontale 140
Remonetisierungsprozeß 141
Rentabilität 171
– des betriebsnotwendigen Kapitals 174
Rentabilitätsentwicklung 77
Reproduktionswert 184
Rohaufwand 56
Rohaufwand 127
Rohertrag 56
Rohertrag 127
Roh-, Hilfs- u. Betriebsstoffe 39
Rohmateriallager, Anteil am Gesamtlagerbestand 137
ROI-Rechnung 175
ROI-Rentabilität 183
Rücklagen 16
– für eigene Aktien 46
–, gesetzliche 46
–, offene 28, 45
–, Relation zu Finanzanlagen 143
Rückstellungen 16, 28, 46, 48f., 58

Sachanlagen 35
–, Abnahme 121f.
–, immaterielle 115
–, materielle 115
–, Nutzungsdauer in Jahren 154
–, Verhältnis zu Umlaufvermögen 134
–, Zunahme 121
Sachvermögen 11
Sachvermögen, Deckungsgrad 143
Saldenabstimmung 276
Saldo 235
Sammelbewertung 256
Scheck 41
Scheckbürgschaft 54
Schlußbilanz 14
Schuldentilgungsdauer 163
Schuldenkonsolidierung 276
Schutzrechte, gewerbliche 37
Schwankungsreservewert 260
Selbstfinanzierung 168

Selbstkosten 243
Selbstkostenermittlung 243
Sicherheiten für fremde Verbindlichkeiten 54
Solawechsel 51
Soll-Ist-Vergleich 82
Soll und Haben 235
Sonderabschreibung 262
Sonderposten mit Rücklagenanteil 16, 46, 58, 61
Sonderprüfung 63
Sozialbericht 23
Sozialleistungen 77
Staffelform 55
Steueranteile, Zuordnungsfaktor für 131
Steuerbilanz 249, 251
Steuern 60f.
Stichtagsbezogenheit 255
Stromgrößen 148
Strukturbilanz 124
Stuttgarter Verfahren 186
Subordinationskonzern 268
Substanzerhaltung, Grad der 137
Substanzwert 188
Subventionen 257

Tageswert 257
Teilkonsolidierte GuV 279
Teilreproduktionswert 184f.
Teilreproduktionswert 188
Teilwert 259f.
Teilwertabschreibung 263

Übergewinnkapitalisierung 186
Überschußfinanzierung 139
UH-Forderungen 152
UH-Lieferschulden 152
UH Roh-, Hilfs- und Betriebsstoffe 154
UH-Sachanlagen 154
UH-Umlaufvermögen 154
Umbuchungen 34, 38
Umfinanzierung 168
Umlaufvermögen 28, 39f.
Umlaufvermögen 118, 135
–, kurzfristig monetisierbares 117
–, monetäres 116
–, übriges 117
–, Umschlagszeit des 154
Umlaufvermögensintensität, umsatzbezogene 136
Umsatzbereitschaft 135
Umsatzentwicklung 77
Umsatzerlöse 55
Umsatzrendite 175
Umsatzrentabilität 182
Umsatzüberschüsse 156f.
Umsatzverdienstrate 163
Umsatzverteilung 77
Umschlagsdauer 148
Umschlagshäufigkeit 148
Unfallschutz 77
Unternehmen, verbundene 42, 78
Unternehmensgliederung 77
Unterordnungskonzern 268

Veränderungsrechnung 164, 166
Verbindlichkeiten 28, 49ff.
Verbindlichkeiten 119
Verbindlichkeiten aus Lieferungen und Leistungen 51

Verbrauchsfolgen der Güter 264
Verbrauchsgüter 24
Verfügungsbetrag 267
Vergleichszahlen 89
Verkaufslager, Anteil am Gesamtlagerbestand 137
Verluste 60
Verlustübernahme 58f., 61
Verlustvortrag 62
Vermögen 11
–, betriebsnotwendiges 174
Vermögen 118
–, *betriebsnotwendiges* 120
Vermögensgegenstände, sonstige 43
Vermögensstruktur 133
Vermögensteuer 60
Vermögens-Vergleichsrechnung 19
Verschuldungsfähigkeit 156
Vertragskonzern 268
Verschuldungskoeffizient 138
Verwaltungsgemeinkosten 257
Vorräte 39
Vorräte 116
Vorratsaktien 78
Vorratsintensität, umsatzbezogene 136
Vorratsvermögen 78
Vorstandsbezüge 78

Wachstumsrate 187
Waren 39f.
Wechsel, bundesbankfähige 41
Wechselbürgschaft 54
Wechselobligo 54
Wechselschuldner 51
Wert, gemeiner 259
–, steuerlich für zulässig gehaltener 260
Wertberichtigungen 28, 35, 46ff.
Wertminderungen 60
Wertgleichheit, Prinzip der 144
Wertpapiere 37, 41, 78
Wertschöpfung 127
Wiederbeschaffungskosten 184f.
Wiederbeschaffungswert 259
Wirtschaftlichkeit, betriebliche 180
Wirtschaftsgüter 253
Wirtschaftsgüter, andere 261
Working Capital 145
Working Capital ratio 145

Zahlungen, zu leistende 156
Zahlungsziel der Kunden 152
Zahlungsziel der Lieferanten 153
Zeitvergleich 82
Zeitwert 257
Zielgruppen 25
Zinsen 60
Zinsen, sonstige 57
Zugänge 34, 38, 149
Zuschreibungen 34, 38
Zuschreibungsmöglichkeiten 264
Zweikreissystem 241
Zwischenfinanzierung 168
Zwischengewinne, Eliminierung von 277
Zwischenlager, Anteil am Gesamtlagerbestand 137